# Avanzando

## Gramática española y lectura

Cuarta edición

# Avanzando

## Gramática española y lectura

Sara Lequerica de la Vega
Carmen Salazar
*Los Angeles Valley College*

John Wiley & Sons, Inc.
New York • Chichester • Weinheim • Brisbane • Singapore • Toronto

| | |
|---|---|
| ACQUISITIONS EDITOR | Lyn McLean |
| MARKETING MANAGER | Leslie Hines |
| PRODUCTION EDITOR | Edward Winkleman |
| TEXT DESIGNER | Levavi & Levavi |
| COVER DESIGNER | Karin Gerdes Kincheloe |
| PHOTO EDITOR | Kim Khatchatourian |
| ILLUSTRATION COORDINATOR | Anna Melhorn |
| COVER PHOTO | © Lance Nelson/The Stock Market |

This book was set in 10/12 Berkeley by University Graphics, Inc. and printed and bound by Donnelley/Crawfordsville. The cover was printed by Phoenix Color.

Recognizing the importance of preserving what has been written, it is a policy of John Wiley & Sons, Inc. to have books of enduring value published in the United States printed on acid-free paper, and we exert our best efforts to that end.



*Library of Congress Cataloging in Publication Data:*

De la Vega, Sara Lequerica.
Avanzando : gramática española y lectura / Sara Lequerica de la Vega, Carmen Salazar.—4. ed.
p. cm.
Chiefly Spanish, some English.
Includes index.
ISBN 0-471-16707-X (pbk. : alk. paper)
1. Spanish language—Grammar. 2. Spanish language—Textbooks for foreign speakers—I. Salazar, Carmen. II. Title.
PC4112.D38 1988
468.2′421—dc21 97-20639
CIP

Printed in the United States of America

10 9 8 7 6 5 4 3 2 1

# Preface

*Avanzando: gramática española y lectura* is a review of spoken and written Spanish grammar, complemented by a selection of short stories by well-known Spanish and Latin American authors. Written to address today's diverse student population, this grammar/reader is accompanied by two separate workbooks: *Cuaderno A* for students who are learning Spanish as a second language, and *Cuaderno B* for Spanish-speaking students who want to improve their formal knowledge of the language. The text has been prepared to help overcome the different language-learning problems of students who grew up speaking English, as well as those who grew up speaking Spanish at home and English at school. While the textbook itself provides the common core of material for study and discussion in class, the two workbooks have been prepared to meet the requirements of both groups.

*Avanzando* is designed primarily for use in a one-semester course at the high intermediate or advanced level of college instruction, having as a prerequisite the equivalent of at least two semesters of Spanish, but it may be used in two semesters whenever the classes meet fewer than 4–5 hours per week. This text may also be used in a one-year course at the advanced level in high school, especially in the Advanced Placement Program in Spanish. Depending on their language proficiency, students whose dominant language is Spanish may successfully use this text in a first-year course designed for native speakers (SNS). In covering the lessons, each instructor must set a pace that is appropriate to the needs of the students as they move toward the goals of the course. Most chapters can be covered in seven or eight days of one-hour instruction.

The text is divided into two parts. Part I consists of a preliminary chapter that reviews accentuation, spelling, parts of speech, sentence structure, capitalization, and punctuation and ten grammar chapters based on the parts of speech. Each chapter also includes a short cultural selection and a very short literary work with vocabulary and reading comprehension exercises. Part II consists of five short stories with biographical sketches and exercises based on the stories.

The text is written in Spanish and the grammar explanations are given in as simplified a manner as possible, an important feature we believe distinguishes *Avanzando* from other intermediate texts. English translations appear when necessary to highlight a given contrast between the two languages or to gloss certain vocabulary. Every explanation is illustrated with numerous examples using basic vocabulary. The grammatical material is grouped so as to avoid separating items within the same category: for example, all pronouns are grouped together in chapter 6.

The fourth edition of *Avanzando* has been revised, taking into account valuable comments and suggestions from reviewers who have used previous editions of the text. Changes in the text and the workbooks reflect those suggestions and include the following features:

1. The grammatical material has been redistributed to allow a more even distribution of grammatical structures. This edition maintains the original sequencing with verbs taken up in the first part of the book. However, since each chapter is self-contained, it is possible for an instructor to alter the order; for instance, to begin with chapter 5 instead of chapter 1.
2. The preliminary lesson has been modified and expanded to review capitalization and punctuation.
3. Each chapter is preceded by a short dialogue and an *Estudio de palabras* to contextualize and clarify the meaning of some of the vocabulary used in the exercises. The short vocabulary list focuses on frequently misused and confused words—for example, **contar** (*to count*) / **contar** (*to narrate*); **volver / devolver**; **moverse / mudarse**.
4. The examples used to illustrate grammatical explanations have been contextualized as much as possible around a certain topic and use verb tenses and vocabulary learned in the preceding chapters, thus providing review and continuity.
5. More contextualized and communication-based exercises have been added, reflecting current pedagogy. The *Temas de conversación* section in each chapter has been expanded, providing students with more opportunities for oral practice of the grammar reviewed.
6. Each chapter now includes short readings of two types: a cultural selection and one or more short literary pieces, either poetry or prose. The exercises that accompany these readings are designed to develop reading skills, with emphasis on comprehension and vocabulary building. In addition, more *Temas de conversación* use the readings as a point of departure.
7. The ten self-tests (*Compruebe lo que aprendió*) that appear at the end of Part I include a new section based on the *Estudio de palabras* in each chapter.
8. Workbook exercises have been modified to reflect the changes in the text. Importantly, more exercises are now based on the reading selections in each chapter.

The five literary selections in Part II are preceded by short biographical sketches of the authors. Each short story is preceded by a preliminary vocabulary list and vocabulary-building exercises. The vocabulary lists include both Spanish definitions and English equivalents to permit various types of study and self-testing by students with different linguistic backgrounds. The exercises that follow the stories follow a different approach and are designed to encourage students to do a close reading of the text, to stimulate critical thinking and class discussion, and to provide a basis for an introduction to literary analysis. They focus on vocabulary expansion, reading comprehension, grammar review, and oral participation. These readings, together with the *Lecturas* in Part I, may eliminate the need for a supplementary reader in many courses.

*Cuaderno A* (Workbook A) has been specifically designed to help non-native students overcome their problems with Spanish, focusing on key grammatical structures from the book. The new workbook has additional exercises, including new ones based on the reading selections in each chapter. An answer key allows students to check their work.

*Cuaderno B* (Workbook B) is designed to review and reinforce the grammatical structures in the text while simultaneously concentrating on the problem areas of Spanish speakers. Emphasis is on reading and writing (orthography, accentuation, and composition). It includes additional rules not found in the text, such as rules for orthography, with corresponding exercises. To develop self-correction, each chapter includes a drill entitled *¿Es Ud. un buen redactor?* An answer key is provided to allow students to check their work.

Both workbooks contain materials integral to an intermediate/advanced course, and though one may be particularly relevant to students in a given class, they may be used side-by-side in mixed classes or independently in dual-track programs. Answer keys allow students to correct their own work and proceed at their own pace.

Finally, we wish to thank the reviewers who took the time and care to fill out the publisher's questionnaires with valuable comments and suggestions, the editorial staff at John Wiley & Sons, and Ernst Schrader for his editorial comments.

SARA LEQUERICA DE LA VEGA
CARMEN SALAZAR

# Contenido

## Parte I

# El mundo hispano

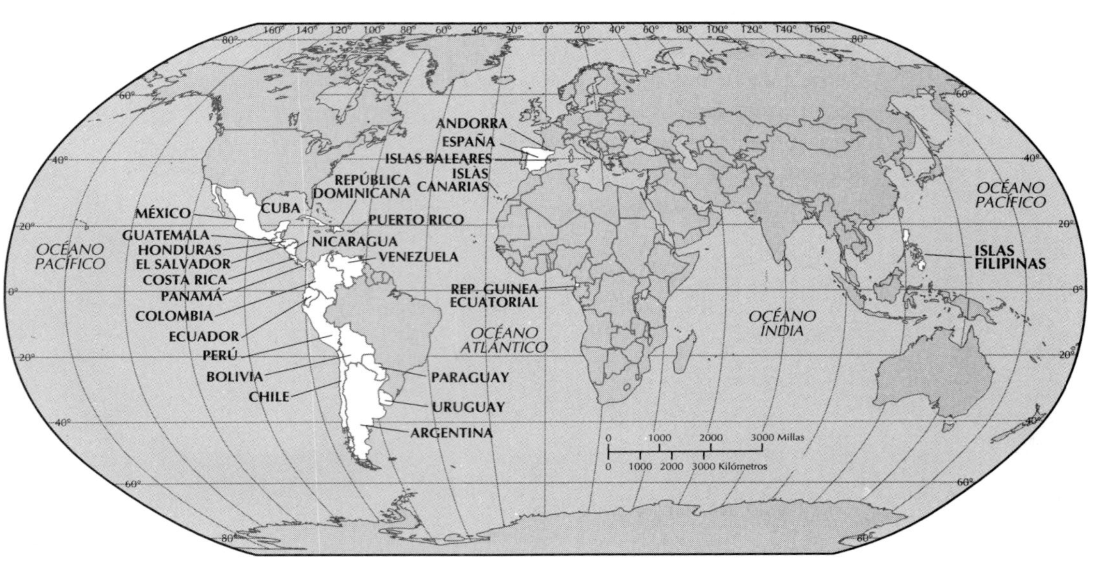

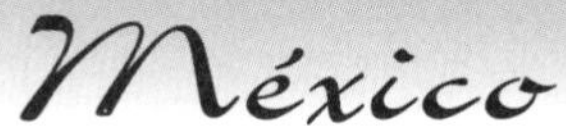

# México

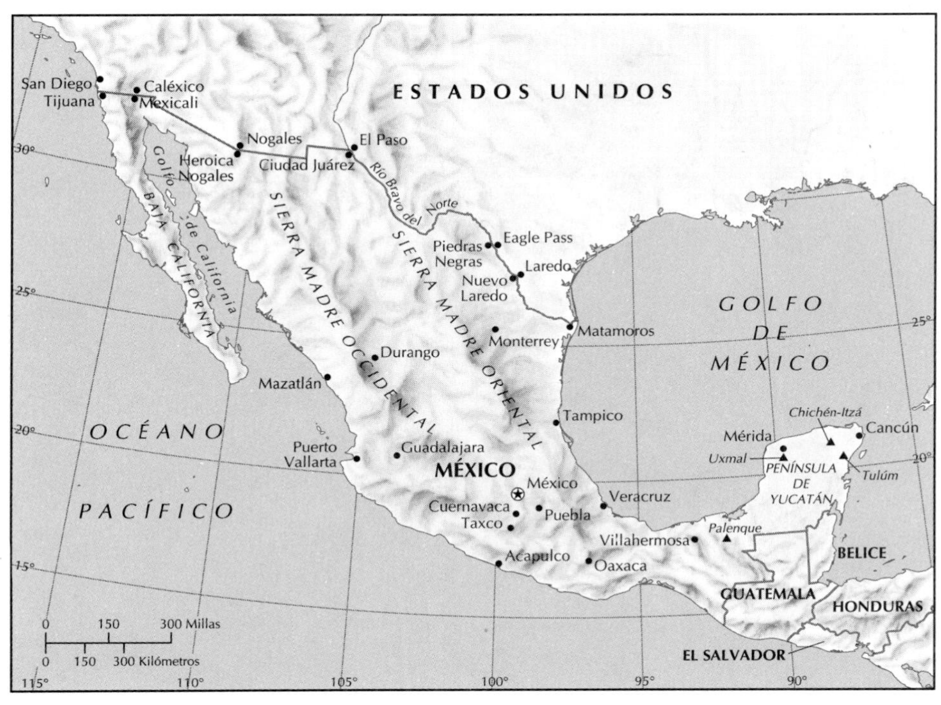
ESTADOS UNIDOS
San Diego
Tijuana
Caléxico
Mexicali
Nogales
Heroica Nogales
El Paso
Ciudad Juárez
Río Bravo del Norte
Golfo de California
BAJA CALIFORNIA
SIERRA MADRE OCCIDENTAL
SIERRA MADRE ORIENTAL
Piedras Negras
Eagle Pass
Laredo
Nuevo Laredo
Matamoros
Monterrey
Durango
Mazatlán
GOLFO DE MÉXICO
Tampico
OCÉANO PACÍFICO
Puerto Vallarta
Guadalajara
MÉXICO
México
Cuernavaca
Taxco
Puebla
Veracruz
Acapulco
Oaxaca
Villahermosa
Palenque
Mérida
Chichén-Itzá
Cancún
Uxmal
Tulúm
PENÍNSULA DE YUCATÁN
BELICE
GUATEMALA
HONDURAS
EL SALVADOR
0 150 300 Millas
0 150 300 Kilómetros
115° 110° 105° 100° 95° 90°
30° 25° 20° 15°

# España

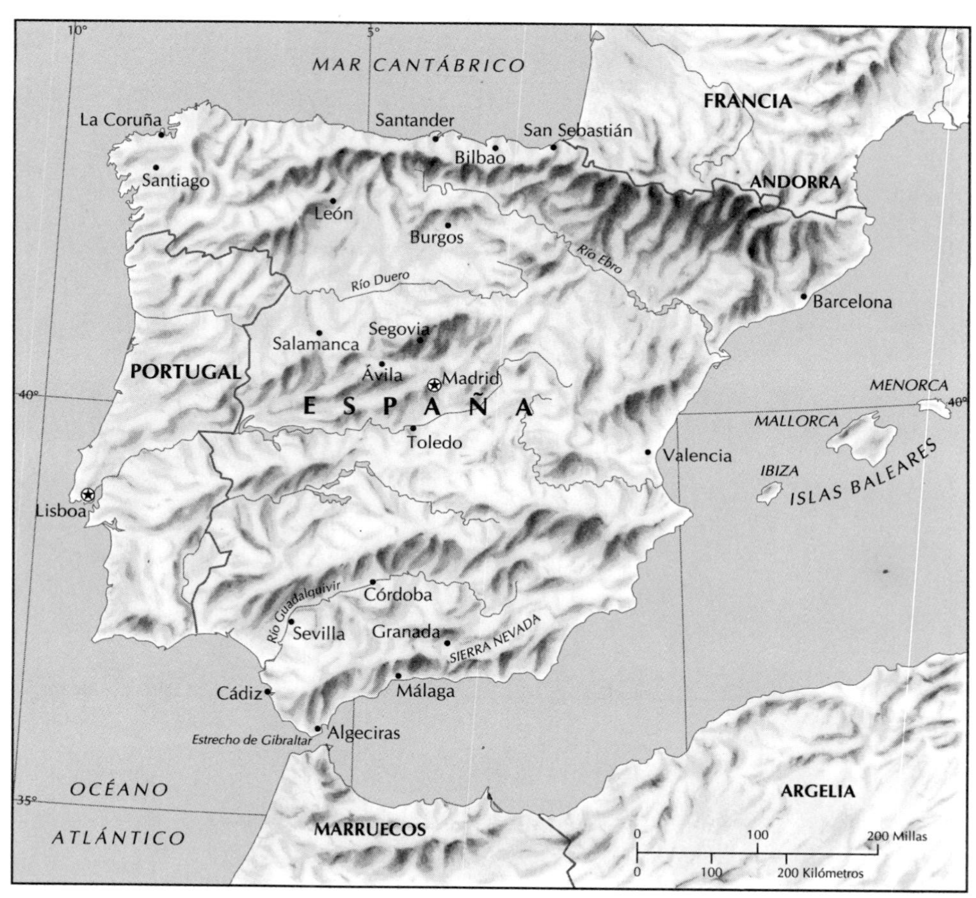
10°
5°
MAR CANTÁBRICO
FRANCIA
La Coruña
Santander
San Sebastián
Bilbao
Santiago
ANDORRA
León
Burgos
Río Ebro
Río Duero
Barcelona
Segovia
Salamanca
PORTUGAL
Ávila
Madrid
MENORCA
40°
E S P A Ñ A
MALLORCA
Toledo
Valencia
IBIZA
ISLAS BALEARES
Lisboa
Córdoba
Río Guadalquivir
Sevilla
Granada
SIERRA NEVADA
Cádiz
Málaga
Estrecho de Gibraltar
Algeciras
OCÉANO
35°
ARGELIA
ATLÁNTICO
MARRUECOS
0
100
200 Millas
0
100
200 Kilómetros

# La América Central y Las Antillas

# Colombia y Venezuela

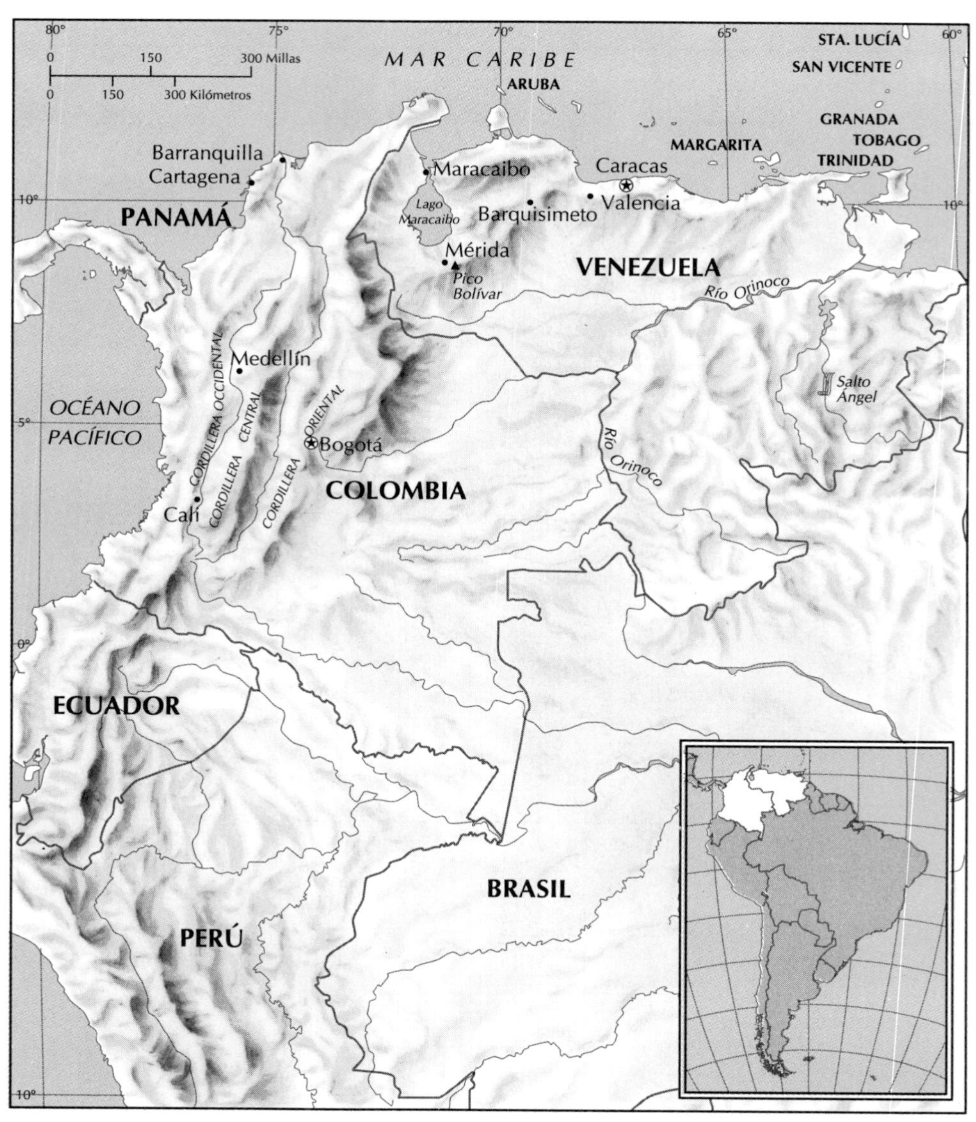

# Los países del Cono Sur: Chile, la Argentina, el Uruguay y el Paraguay

# Los países andinos: el Perú, Bolivia y el Ecuador

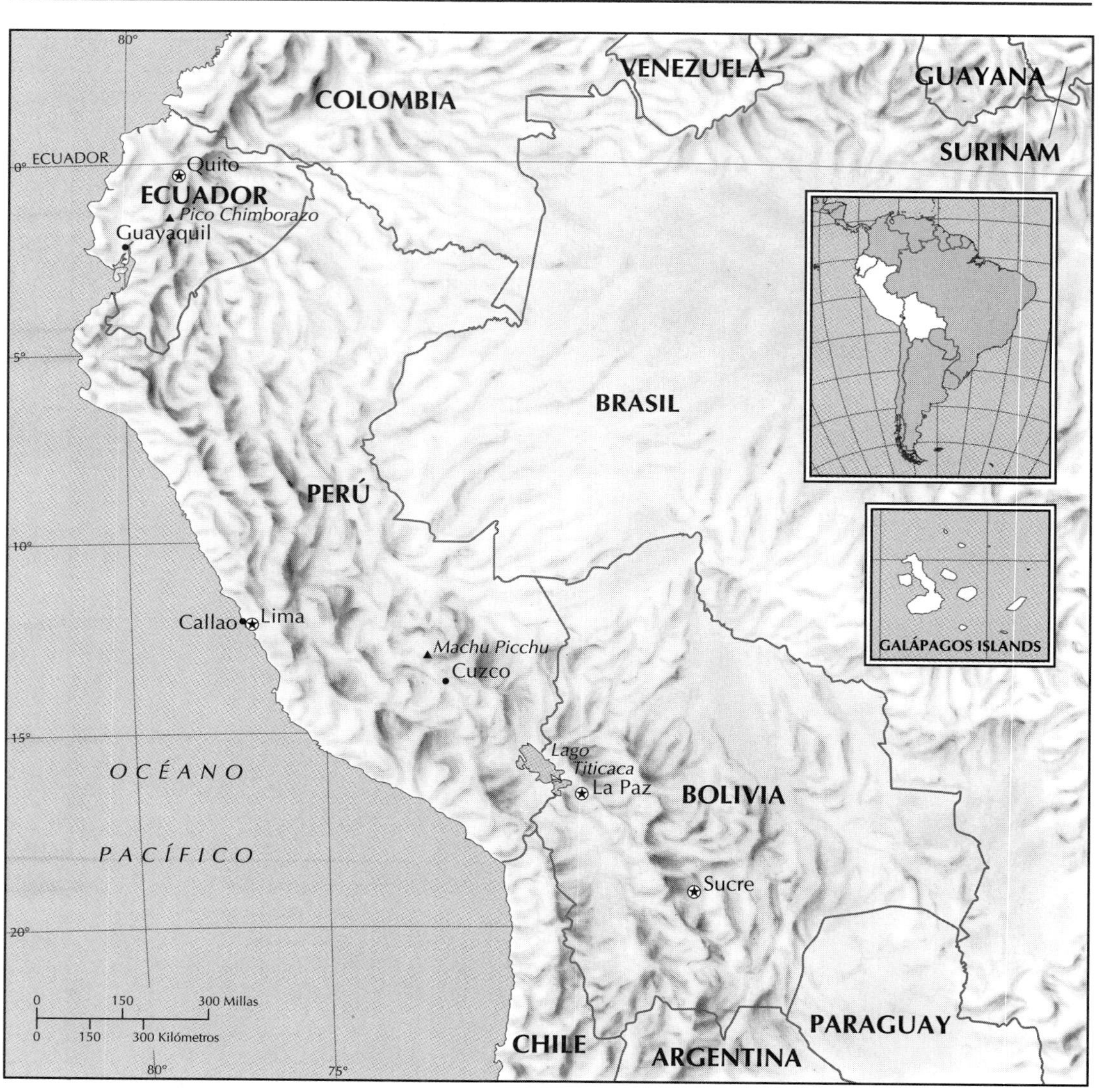

# Parte I

# *Capítulo* Preliminar

*Una villa maya cerca del mar. Mural en las ruinas de Chichén Itzá, Península de Yucatán, México.*

- Diptongos y triptongos
- División de sílabas
- Acentuación
- Reglas ortográficas
- Mayúsculas
- La oración y sus elementos principales
- Signos de puntuación

## A Diptongos y triptongos

Vocales fuertes = **a, e, o**. Vocales débiles = **i, u**.

| *Diptongos* | *Triptongos* |
|---|---|
| Combinación de una vocal débil y una fuerte, o dos vocales débiles, cuya duración equivale a una sílaba. | Combinación de una vocal fuerte entre dos vocales débiles cuya duración equivale a una sílaba. |
| **ai ia au ua ei ie**<br>**eu ue oi io ou uo iu ui** | **iai iei uai uei** |
| aire gloria autor agua<br>reino nadie socio cuota | apreciáis pronunciéis<br>Uruguay buey |

**NOTAS:** Cuando la **i** final de los diptongos y triptongos ocurre al final de una palabra, se escribe con **y**.

hoy hay ley Paraguay

Los diptongos **ue** y **ie** se escriben con **h (hue, hie)** cuando están al principio de una palabra.

| | | | | | |
|---|---|---|---|---|---|
| hueso | huésped | huevo | hierro | hiena | hiel |
| hueco | huerta | huella | hielo | hierba | hiedra |

Observe la conjugación del verbo **oler: huelo, hueles, huele, olemos, huelen**.

## B División de sílabas

1. En las palabras con prefijos se separan las partículas añadidas.

   des i gual des in te re sa do sub ra yar in ú til

2. En las palabras sin prefijos, una consonante entre dos vocales siempre forma sílaba con la vocal que le sigue.

   A li cia e ne mi go o pe rar a ma ne cer u sar

3. Si hay dos consonantes juntas, usualmente se separan.

   car ta cuan do guan tes más ca ra puer ta at le ta

**NOTA:** En palabras provenientes de la lengua Náhuatl la combinación **tl** no se separa: **Ma za tlán.**

4. No se separan las siguientes combinaciones:

| | | | |
|---|---|---|---|
| **ch, ll, rr** | mu **cha cha**<br>ca ba **llo**<br>co **rrer** | **gl, gr** | con **glo** me ra do<br>a le **gre** |
| **bl, br** | ha **blar**<br>a **bri** go | **pl, pr** | re **plan** tar<br>a **pre** tar |
| **cl, cr** | a **cla** mar<br>re **cre** o | **dr, tr** | cua **dro**<br>de **trás** |
| **fl, fr** | in **fluen** cia<br>re **fres** co | | |

5. Si hay tres consonantes entre dos vocales y la segunda consonante es una **s**, se divide después de ésta.

   cons tar   ins ta lar   obs tá cu lo   abs ti nen cia

   Pero cuando hay una combinación de consonante + **l** o **r**, esta combinación se une a la segunda vocal.

   em ple a do   no viem bre   dis tri to

6. Si hay cuatro consonantes entre dos vocales, dos consonantes se unen a la primera vocal y dos a la segunda.

   cons truir   cons truc tor   ins cri bir   abs trac to

7. Las únicas letras que se doblan y se separan son **c** y **n**.

   ac ción   ac ce der   in ne ce sa rio

8. No se separan las vocales de los diptongos y triptongos.

   bai lar   a gen cia   aun que   U ru guay

   Cuando la vocal débil lleva el acento hablado se deshace el diptongo y se separan las vocales. La disolución del diptongo se señala con un acento escrito sobre la vocal débil.

   co mí a   o í do   le í do   i rí a   rí o   ve í a

## Ejercicio

Divida las palabras en sílabas.

| | | |
|---|---|---|
| 1. abril | 6. perro | 11. miércoles |
| 2. diciembre | 7. vallecito | 12. automóvil |
| 3. iría | 8. baile | 13. inspección |
| 4. cuarto | 9. tarde | 14. profesor |
| 5. organizar | 10. usado | 15. interesante |

## C Acentuación

En todas las palabras de dos o más sílabas, hay una sílaba que se pronuncia con más fuerza (*stress*) que las demás. Esta sílaba más fuerte se llama **tónica** (*stressed syllable*).

1. En la mayoría de las palabras que terminan en **vocal**, **n** o **s**, la sílaba tónica es la penúltima (*next to the last*).

   **gran** de   **ha** blo   **co** mo   ca **mi** nan   **bai** las

2. En la mayoría de las palabras que terminan en consonante, excepto **n** o **s**, la sílaba tónica es la última (*the last*).

es pa **ñol** a **rroz** a **mor** ca pa ci **dad** cla **vel**

3. Toda palabra cuya acentuación es diferente lleva un acento escrito (o tilde) sobre la sílaba fuerte.

ca **fé** a **llá** **lá** piz a **diós** **Pé** rez

Según el lugar donde esté la sílaba tónica, las palabras se dividen en **agudas**, **breves** o **llanas**, **esdrújulas** y **sobresdrújulas**.

**NOTA:** Frecuentemente no se escriben los acentos sobre las letras mayúsculas, pero en este texto se escribirán.

**Él** salió para Los **Ángeles**.

*Agudas*

En las palabras agudas la sílaba tónica es la última.

pa **sar** a **mor** ge ne **ral** li ber **tad** a **zul** ca **paz**

Llevan acento escrito cuando terminan en **vocal**, **n** o **s**.

ma **má** can **té** sa **lí** pa **só** hin **dú** Ra **món** na **ción** es **tás**

*Breves o llanas*

En las palabras breves la sílaba tónica es la penúltima.

**ro** sa **co** me ca **mi** no lle **va** mos es **cri** ban **ca** sas

Llevan acento escrito cuando terminan en consonante, excepto **n** o **s**.

**dó** lar **ár** bol Fer **nán** dez ca **dá** ver di **fí** cil **Fé** lix

*Esdrújulas*

En las palabras esdrújulas la sílaba tónica es la antepenúltima (*the third syllable counting back from the end of the word*).

re **pú** bli ca A **mé** ri ca **pá** ja ro re **gí** me nes ven **dér** se la

Siempre llevan acento escrito.

*Sobresdrújulas*

En las palabras sobresdrújulas la sílaba tónica es la anterior a la antepenúltima (*fourth syllable counting back from the end of the word*).

**llé** ve se lo es **crí** ba me lo **lé** a me lo

Siempre llevan acento escrito. Note que son formas verbales con pronombres.

1. En ciertas palabras que se escriben y se pronuncian de la misma manera, el acento escrito sirve para indicar diferencia de significado y uso gramatical.

| | |
|---|---|
| **aún** *yet; still* (adverbio) | **Aún** no ha pagado el carro. |
| **aun** *even* (adverbio) | **Aun** ella sabe ir al centro. |
| **dé** *give* (verbo) | Es posible que Pedro **dé** una fiesta mañana. |
| **de** *of* (preposición) | La casa **de** María es grande. |
| **él** *he* (pronombre personal) | **Él** llegó ayer, ¿verdad? |
| **el** *the* (artículo) | **El** niño está llorando. |
| **más** *more* (adverbio) | El niño quiere **más** helado. |
| **mas** *but* (conjunción y adverbio) | No la vi, **mas** le escribí. |
| **mí** *me* (pronombre preposicional) | Los boletos son para **mí**. |
| **mi** *my* (pronombre posesivo) | **Mi** primo está en Sevilla. |
| **sé** *I know; be* (*a command*) (verbo) | No **sé** la lección.<br>**Sé** un poco más cortés. |
| **se** (pronombre reflexivo y de complemento indirecto) | Ella **se** mira en el espejo.<br>Yo **se** lo dije a Luis. |
| **sí** *yes* (adverbio) | ¿Quieres ir al baile? **Sí**, me gustaría mucho. |
| **si** *if* (conjunción) | **Si** ella vino ayer, no la vi. |
| **sólo** *only* (adverbio) | Tenemos **sólo** un carro para toda la familia. |
| **solo** *alone* (adjetivo) | Eliseo estaba **solo** en la fiesta. |
| **té** *tea* (nombre) | Ya serví el **té**. |
| **te** *you* (pronombre de complemento directo, indirecto y reflexivo) | Sonia **te** llamó ayer.<br>**Te** daré los datos que quieres.<br>¿A qué hora **te** levantas todos los días? |
| **tú** *you* (pronombre personal) | ¿Cuándo se van **tú** y Jorge? |
| **tu** *your* (pronombre posesivo) | Aquí está **tu** cuaderno. |

2. Cambios en los acentos escritos al formar el plural.

Las palabras agudas que terminan en **n** o **s** pierden el acento escrito porque se convierten en palabras llanas.

corazón → **corazones** nación → **naciones**
francés → **franceses** alemán → **alemanes**

Las palabras llanas que terminan en consonante, excepto **s**, llevan acento escrito porque se convierten en palabras esdrújulas.

examen → **exámenes** árbol → **árboles** lápiz → **lápices**

3. Cuando el acento hablado recae en la vocal débil no hay diptongo y se requiere el acento escrito indicando separación de sílabas. Compare las siguientes palabras.

**dí a** co me **dia** **o í** **oi** go **pa ís** **pai** sa je

4. Las palabras interrogativas y exclamativas, directas e indirectas, llevan acento escrito.

| *Directas* | *Indirectas* |
|---|---|
| ¿**Qué** quieres? | No sé **qué** quieres. |
| ¿**Cómo** estás? | Ella preguntó **cómo** estás. |
| ¡**Qué** bello día! | Elsa dijo que **qué** día tan bello hacía. |

**NOTA:** Observe la diferencia: **por qué** (*why*), **porque** (*because*).

5. Reglas de acentuación que se deben observar al conjugar los verbos:

a. Las formas con **yo, Ud., él** y **ella** en los pretéritos regulares (*preterit tense of regular verbs*) siempre llevan acento escrito.

| | | | |
|---|---|---|---|
| (yo) | compré | vendí | recibí |
| (Ud.) | compró | vendió | recibió |

Las formas con **yo, Ud., él** y **ella** en los pretéritos irregulares no llevan acento.

| | | | |
|---|---|---|---|
| dije | puse | hice | tuve |
| dijo | puso | hizo | tuvo |

b. Todas las personas del imperfecto de indicativo (*imperfect tense*) de los verbos terminados en **-er** y en **-ir** llevan acento (excepto **ser** e **ir**) sobre la **i**.

| VENDER | RECIBIR | TENER |
|---|---|---|
| vendía | recibía | tenía |
| vendías | recibías | tenías |
| vendía | recibía | tenía |
| vendíamos | recibíamos | teníamos |
| vendíais | recibíais | teníais |
| vendían | recibían | tenían |

c. Todas las personas del condicional (*conditional tense*) llevan acento.

| COMPRAR | SABER | IR |
|---|---|---|
| compraría | sabría | iría |
| comprarías | sabrías | irías |
| compraría | sabría | iría |
| compraríamos | sabríamos | iríamos |
| compraríais | sabríais | iríais |
| comprarían | sabrían | irían |

d. Todas las personas del futuro (*future tense*), excepto **nosotros**, llevan acento.

| TRABAJAR | HACER | SALIR |
|---|---|---|
| trabajaré | haré | saldré |
| trabajarás | harás | saldrás |
| trabajará | hará | saldrá |
| trabajaremos | haremos | saldremos |
| trabajaréis | haréis | saldréis |
| trabajarán | harán | saldrán |

e. Los participios pasados (*past participles*) terminados en **-ido** llevan acento sobre la **i** si ésta va precedida de vocal fuerte **(a, e, o)**.

caer **caído** leer **leído** oír **oído**

## Ejercicios

I. Escuche la pronunciación de las siguientes palabras que leerá el profesor o la profesora. Subraye la sílaba que lleva el acento hablado y escriba los acentos necesarios.

| | | | |
|---|---|---|---|
| 1. dije | 4. tendre | 7. arboles | 10. examenes |
| 2. azucar | 5. bailaria | 8. comio | 11. facil |
| 3. leido | 6. aire | 9. escribeselo | 12. paciencia |

II. Ponga el acento en las palabras que lo necesiten.

**A. Agudas.**

| | | | | |
|---|---|---|---|---|
| nacion | saldras | almorce | frances | estas |
| amor | azul | dolor | ciudad | leyo |

**B. Breves o llanas.**

| | | | | |
|---|---|---|---|---|
| martes | verde | util | Perez | dificil |
| arbol | tuvo | dolar | escriben | famoso |

III. Ponga el acento, cuando sea necesario, en las palabras subrayadas.

1. A el no le gusta el tener que viajar en avión.
2. ¿Cantas tu en el concierto mañana? Tu voz me gusta mucho.
3. ¿Quieres que te de una taza de te?
4. No se si se lo dije.
5. Carlos tiene solo un amigo. Por eso siempre está tan solo.

IV. Se han omitido los acentos en las siguientes oraciones. Cópielas y escriba los acentos donde sea necesario.

1. ¿Cuantas poesias leyo Rosalia?
2. Mi tio lo trajo para mi.
3. ¡Que problema! Tu hijo quiere que le de las llaves del carro nuevo.
4. Me gustaria visitar los paises de Sudamerica.

5. ¿De quien es el termometro?
6. El tren aun no ha llegado.
7. Salimos rapidamente despues del examen.
8. Ella pregunto como esta el Sr. Fernandez.
9. Ramon vendia seguros de vida[1] cuando vivia en Mexico.
10. Cuando Maria llamo me dijo que recibio carta de su hermano.

[1]*life insurance*

**V.** Escuche el siguiente párrafo que va a leer el profesor o la profesora, prestando atención a la pronunciación. Después escriba las palabras que llevan acento escrito.

El español ha sido uno de los pueblos° mas emigrantes° del mundo. Solo el ingles y el portugues pueden compararsele. La continua emigracion hispana hizo que la lengua española se extendiera por muchas partes del mundo.

*peoples / emigrating*

## D Reglas ortográficas

Se usa:

**b** En las terminaciones del imperfecto de indicativo de los verbos terminados en **-ar**, y en el imperfecto del verbo **ir**.

| MIRAR | | IR | |
|---|---|---|---|
| miraba | mirábamos | iba | íbamos |
| mirabas | mirabais | ibas | ibais |
| miraba | miraban | iba | iban |

**v** En todas las personas del pretérito de **tener**, **estar**, **andar** y sus derivados (**retener**, **mantener**, etc.).

| TENER | |
|---|---|
| tuve | tuvimos |
| tuviste | tuvisteis |
| tuvo | tuvieron |

retener **retuve** mantener **mantuve**
estar **estuve** andar **anduve**

**c** En los verbos con **z** en el infinitivo, delante de la vocal **e**.

**ALMORZAR**

| *Pretérito* | *Presente de subjuntivo* | |
|---|---|---|
| almorcé | almuerce | almorcemos |
| | almuerces | almorcéis |
| | almuerce | almuercen |

En los nombres que terminan en **z** al formar el plural.

luz → **luces** lápiz → **lápices** feliz → **felices**

En las terminaciones de los diminutivos **-cito (-os, -a, -as)** y **-cillo (-os, -a, -as)**.

vallecito piececitos manecitas pececillo

En la terminación **-ción** (*-tion* en inglés).

nación relaciones

s En la terminación **-sión** (*-ssion* y *-sion* en inglés).

pasión televisión

En la terminación **-ísimo** del superlativo absoluto.

carísimo lindísimas

En la terminación **-oso (-os, -a, -as)** de los adjetivos.

famoso valiosas

y En los verbos que tienen vocal delante de la terminación del infinitivo, la **i** cambia a **y** en las terminaciones del pretérito (-ió → **-yó**, -ieron → **-yeron**), en el gerundio y en el imperfecto de subjuntivo.

| | *Pretérito* | *Gerundio* | *Imperfecto de subjuntivo* | | |
|---|---|---|---|---|---|
| CAER | cayó, cayeron | cayendo | LEER | leyera | leyéramos |
| LEER | leyó, leyeron | leyendo | | leyeras | leyerais |
| HUIR | huyó, huyeron | huyendo | | leyera | leyeran |

j En el pretérito y en el imperfecto de subjuntivo de los verbos terminados en **-decir** y **-ducir**.

| MALDECIR (*to curse*) | | PRODUCIR | |
|---|---|---|---|
| *Pretérito* | | *Imperfecto de subjuntivo* | |
| maldije | maldijimos | produjera | produjéramos |
| maldijiste | maldijisteis | produjeras | produjerais |
| maldijo | maldijeron | produjera | produjeran |

g En las terminaciones **-gio (-a)** y **-gía**.

colegio magia biología

r Al principio de palabra y después de **l**, **n** o **s** para representar el sonido fuerte de **rr** (*trilled sound*).

rosa alrededor honra israelita

rr En todos los demás casos para representar el sonido fuerte.

carro perro tierra

h En todas las formas de los verbos **haber** y **hacer**.

| HABER | | HACER | |
|---|---|---|---|
| **he** de ir | **habremos** dicho | **hago** | **harían** |
| **habían** llegado | **habrían** hablado | **hicimos** | **haga** |
| **hubo** leído | **hubiera** visto | **hacían** | **hiciéramos** |
| | | **harán** | **hecho** |

Las siguientes palabras se escriben con **h**:

alhaja almohada azahar

## Ejercicios

I. Escriba las siguientes palabras escogiendo la letra correcta para completarlas. Si no está seguro, consulte el diccionario.

1. espa__io (c, z, s)
2. produ__ca (z, s)
3. hi__imos (c, s)
4. lu__es (z, c, s)
5. via__ero (j, g)
6. re__io (j, g)
7. tu__ieron (v, b)
8. canta__an (v, b)
9. __orro (z, s)
10. valle__ito (c, s)
11. pa__iencia (c, s)
12. reci__imos (v, b)
13. andu__e (v, b)
14. tradu__e (g, j)
15. altí__imo (s, c)
16. comi__ión (s, c)
17. almor__é (s, c)
18. geolo__ía (j, g)
19. má__ico (j, g)
20. di__eron (j, g)

II. Escriba las siguientes oraciones escogiendo la letra correcta para completar las palabras. Si no hace falta ninguna letra, escoja el signo ∅. Si no está seguro, consulte el diccionario.

1. Cuando ha__e (c, s) calor me gusta ir a la pla__a (ll, y).
2. En el in__ierno (b, v) el río está __elado (h, ∅).
3. __abía (∅, H) más de dos__ientas (c, s) personas en la fiesta.
4. Ayer re__ibí (c, s) la nota del examen de geolo__ía (j, g).
5. Tu__imos (b, v) que comprar almo__adas (h, ∅) para la cama.
6. Ese tra__e (g, j) cuesta mucho dinero.
7. Pedro lan__ó (s, z) la pelota con mucha fuer__a (s, z).

## E Mayúsculas

1. Se escriben con mayúscula:

   a. Los nombres propios de personas, animales, países, ciudades, pueblos, ríos, lagos, montañas, etc.

| | | | |
|---|---|---|---|
| Pedro López | España | el río Guadalquivir | los Andes |
| el gato Micifuz | Jalisco | el lago Titicaca | la Sierra Madre |

**b.** La primera palabra del título de un libro, artículo o pieza teatral.

*Lo que el viento se llevó* *Bodas de sangre*
*La arena de los políticos*

Pero en los títulos de publicaciones periodísticas van con mayúsculas no sólo la primera palabra, sino los nombres y adjetivos que formen parte de ellos.

*El País* *El Hogar y la Moda*

**c.** Las abreviaturas de:

| | | | |
|---|---|---|---|
| usted **Ud.** o **Vd.** | señor **Sr.** | señorita **Srta.** | doña **D.ª** |
| doctor **Dr.** | señora **Sra.** | don **D.** | |

**d.** Los títulos y nombres de dignidad y empleo que se refieren a persona determinada.

| | | | |
|---|---|---|---|
| el Presidente | el Gobernador | el Papa | el Director |
| el General | el Ministro | el Coronel | el Obispo |

**e.** Los nombres de instituciones.

el Museo Arqueológico la Real Academia Española

**2.** No se escriben con mayúscula:

**a.** Los días de la semana y los meses del año: **martes, julio**.

**b.** Los adjetivos que denotan nacionalidad: **francés, alemana**.

**c.** Los nombres de los idiomas: **inglés, español**.

Observe que esto es lo contrario de lo que ocurre en inglés.

## Ejercicio

En las siguientes oraciones se han omitido las letras mayúsculas. Escríbalas donde sea necesario.

1. el aconcagua es el pico más alto de américa y tiene 6.959 metros de altura. está en las montañas de los andes en la provincia de mendoza, en la argentina.
2. el venezolano simón bolívar, conocido como el libertador, dedicó su vida a la lucha por la independencia de su patria. murió en la pobreza el 17 de diciembre de 1830.
3. el café colombiano es muy apreciado en el mundo entero.
4. el español es la lengua oficial de casi todos los países de sudamérica, excepto el brasil, donde se habla portugués.
5. el ministro de educación, el sr. sánchez, está en su oficina sólo dos días a la semana: los lunes y los jueves.

# F La oración y sus elementos principales

Hay ocho tipos de palabras que se usan para formar las oraciones: nombre (o sustantivo), artículo, adjetivo, verbo, adverbio, pronombre, preposición y conjunción.

- El nombre: Designa personas, cosas, lugares y conceptos. **Juan, mesa, libertad**.
- El artículo: Acompaña y modifica el nombre o su equivalente. **el** río, **unas** casas.
- El adjetivo: Acompaña y modifica el nombre o su equivalente. rosa **blanca, cinco** programas.
- El verbo: Expresa acción o condición y es el elemento principal de la oración. ella **juega**.
- El adverbio: Modifica el verbo, el adjetivo u otro adverbio. llega **tarde**.
- El pronombre: Sustituye el nombre. **ellos** salen.
- La preposición: Enlaza las palabras indicando la relación entre ellas. clase **de** español.
- La conjunción: Enlaza oraciones y palabras no complementarias. ellos tocan la guitarra **y** ellas cantan y beben refrescos **o** vino.

1. Oración es toda palabra o conjunto de palabras con que se expresa un pensamiento. En toda oración hay dos partes: el sujeto y el predicado. *Sujeto* es la persona o cosa de la cual decimos algo. *Predicado* es todo lo que se dice del sujeto.

**El volcán Paricutín** (sujeto) **está en México.** (predicado)

**El Río Grande** (sujeto) **nace en las montañas Rocallosas.** (predicado)

2. Los predicados pueden ser nominales o verbales.

   a. *Predicado nominal* es el verbo **ser** o **estar** + complemento predicativo (sustantivo o adjetivo).

   predicado nominal
   Mi madre **es** (verbo) **enfermera.** (sustantivo)

   predicado nominal
   Los jóvenes **están** (verbo) **tristes.** (adjetivo)

**NOTA:** Los verbos **ser** y **estar** se llaman verbos *copulativos* porque sirven de nexo entre el sujeto y el complemento predicativo. El complemento predicativo califica o clasifica al sujeto.

   b. *Predicado verbal* es el verbo + complementos (directos, indirectos o circunstanciales).

predicado verbal

**Le** **escribo** **una carta** **a mi novio.**

| Le | escribo | una carta | a mi novio. |
|---|---|---|---|
| complemento indirecto | verbo | complemento directo | complemento indirecto |

predicado verbal

El perro **duerme** **en el patio.**

| El perro | duerme | en el patio. |
|---|---|---|
| | verbo | complemento circunstancial |

El verbo del predicado verbal puede ser transitivo o intransitivo.

*Verbo transitivo* es el que no tiene completo su significado y necesita un complemento directo para completarlo.

El viento **mueve las hojas**. La madre **abraza a su hijo**.

*Verbo intransitivo* es el que tiene significado completo sin necesidad de complemento directo.

La niña **llora**. El avión **vuela**. La tierra **tiembla**.

c. Los complementos completan el significado del verbo. Pueden ser directos, indirectos o circunstanciales.

*Complemento directo* es la palabra o palabras que reciben directamente la acción del verbo transitivo. Generalmente se puede encontrar el complemento directo preguntándole al verbo "¿qué?" o "¿a quién?"

Hacemos **el trabajo**. ¿Qué hacemos? El trabajo.
Llamé a **Elena**. ¿A quién llamé? A Elena.

**NOTA:** El complemento directo va precedido de la preposición **a** cuando es persona o cosa personificada.

Veo **a** Luis. Veo las montañas.
Conozco **a** tu primo. Conozco el pueblo.

*Complemento indirecto* es la palabra o palabras que indican a quien o para quien va dirigido el complemento directo. Generalmente se puede encontrar el complemento indirecto preguntándoles al verbo y al complemento directo "¿a quién?" o "¿para quién?"

Le llevamos las flores a **mi madre**. ¿A quién le llevamos flores? A mi madre.
Traigo el abrigo para **Carolina**. ¿Para quién traigo el abrigo? Para Carolina.

**NOTA:** Cuando el complemento indirecto es un sustantivo, va precedido de la preposición **a** o **para**. Los complementos directos o indirectos pueden también estar representados por un pronombre.

| | | | |
|---|---|---|---|
| **Los** | conozco. | **Me** | escribió. |
| **Nos** | llamó. | **Le** | dijo. |
| complemento directo | | complemento indirecto | |

*Complemento circunstancial* es la palabra o palabras que modifican el significado del verbo denotando una circunstancia de lugar, tiempo, modo, materia, contenido, etc.

Salimos **de la Ciudad de México** (complemento circunstancial de lugar) **a las tres de la tarde.** (complemento circunstancial de tiempo)

## Ejercicios

**I.** Indique en las siguientes oraciones el sujeto (S), el verbo (V) y los complementos (C): predicativo (pr), directo (dir), indirecto (ind), circunstancial (cir).

**MODELO:** Ignacio Cervantes (S) escribió (V) muchas danzas. (C-dir)

1. Manuel de Falla fue un gran compositor español.
2. Falla escribió muchas obras importantes.
3. *El amor brujo* es un ballet muy conocido.
4. Falla le dejó una bella herencia musical al pueblo español.
5. Falla nació en 1876 y murió en 1946.

**II.** Complete las oraciones con los elementos gramaticales que se especifican. Use las palabras que Ud. desee.

1. Ayer ________ (sujeto) compré ________ (complemento directo).
2. ________ (sujeto) es ________ (complemento predicativo).
3. La muchacha ________ (verbo) a su prima.
4. Pablo trajo las flores para ________ (complemento indirecto).
5. Llevo ________ (complemento directo) a la biblioteca.

## G Signos de puntuación

| | | |
|---|---|---|
| **punto, punto final** | *period* | (.) |
| **dos puntos** | *colon* | (:) |

| | | |
|---|---|---|
| **punto y coma** | *semicolon* | (;) |
| **puntos suspensivos** | *suspension points* | (...) |
| **coma** | *comma* | (,) |
| **principio y fin de interrogación** | *question marks* | (¿ ?) |
| **principio y fin de exclamación** o **admiración** | *exclamation marks* | (¡ !) |
| **comillas** | *quotation marks* | (" ") |
| **raya** o **guión** | *dash; hyphen* | (–) |
| **paréntesis** | *parentheses* | ( ) |

La puntuación en español es similar a la puntuación en inglés, excepto que en el caso de una interrogación y de una exclamación se usa un signo invertido al principio de la frase además del que se usa al final: (¿ ?) (¡ !).

1. *El punto* se usa con los números para separar grupos de tres cifras y la coma para la separación de los decimales.

| *Español* | *Inglés* |
|---|---|
| 1.234 | 1,234 |
| 5,6 | 5.6 |

2. Los dos puntos se usan:

   a. En los saludos de las cartas.

   Querido Ernesto: Muy estimada Sra. Rosas:

   b. Para introducir citas textuales.

   El Presidente dijo: "Estábamos al borde del abismo y hoy hemos dado un paso adelante".

   c. Para enumerar el contenido de lo que se anunció previamente.

   Juanito le pidió a los Reyes Magos (*Three Wise Men*) lo siguiente: una bicicleta, un bate y un guante de pelota.

3. El punto y coma indica una pausa mayor que la coma y se usa para separar frases y enumeraciones largas dentro de un párrafo.

   No quiero hablar con ese vendedor tan insistente; si llama le dices que no estoy.

4. En cuanto a *comillas*, si el texto que va entre comillas es una oración completa, el punto final se pone *delante* de la comilla que cierra; si lo que está entre comillas es parte de una oración mayor, se pone el punto final *después* de la comilla que cierra.

   Entré en la sala y sentí un olor especial. "Caramba, se quemó la comida." Fui corriendo a la cocina para ver que pasaba.

   En aquella reunión todo el mundo opinaba y discutía sobre su futuro que parecía indicar que "tenía todas las cualidades para ser una gran actriz".

*Entrada al Parque Güell, Barcelona, España. Obra del arquitecto español Antonio Gaudí (1852–1926), creador de un estilo personal y atrevido.*

5. La raya se usa:

   a. En los diálogos para indicar la persona que habla.

   > —¿Cómo te sientes?—le preguntó.
   > —Muy bien, ¿y tú?
   > —Muy bien también.

   b. Para separar frases incidentales.

   > El Sr. Suárez—el que llamó ayer para una reservación—dice que llegará el jueves en vez del martes.

   Las frases incidentales también pueden estar separadas por comas o entre paréntesis.

6. Si una pregunta o una exclamación queda en el medio de una oración, no se usa letra mayúscula después del signo que abre la interrogación o la exclamación.

   > Sentimos que tocaban en la puerta y mi hermano me preguntó, ¿esperas a alguien?

# *Capítulo* 1

*Acueducto de Segovia construido por los romanos en España.*

- Estudio de palabras
- Del verbo: Persona, número, modo y tiempo
- Presente de indicativo
- Verbos irregulares en el indicativo
- Verbos reflexivos
- El pasado: Pretérito e imperfecto
- Pretérito
- Lectura: "España, país de contrastes"

—¿Qué me **cuentas** de tu viaje a España?

—**Fue** una experiencia magnífica. **Visité** varios lugares llenos de historia, **saqué** muchas fotografías, **me divertí** y **me enamoré** de una arquitecta española.

## Estudio de palabras*

| | | |
|---|---|---|
| **contar** (ue) | 1. *to narrate, tell* | ¿Le **contaste** a tu hermana lo que pasó ayer? |
| | 2. *to count* | **Contamos** las reservaciones y hay sólo veinte. |
| **cobrar** | 1. *to cash* | Fui al banco y **cobré** el cheque. |
| | 2. *to charge* | ¿Cuánto **cobra** un taxi por ir al aeropuerto? |

*(continuado)*

| | | |
|---|---|---|
| **devolver** (ue) | *to return* | Voy a **devolver** la tostadora. Está defectuosa. |
| **regresar** | *to return* | ¿Volviste temprano anoche? Sí, **regresé** a las nueve. |
| **conseguir** (i) | *to obtain* | Arturo siempre **consigue** todo lo que quiere. |
| **seguir** (i) | 1. *to continue* | ¿**Sigues** estudiando español? |
| | 2. *to follow* | Ellos **siguieron** las instrucciones y todo salió bien. |
| **escoger** (j) | *to choose, select* | ¿Qué camisa **escogiste**, la blanca o la azul? |
| **recoger** (j) | *to pick up* | Fui al correo y **recogí** el paquete que me mandó mi padre. |
| **dirigir** (j) | 1. *to direct* | ¿Quién **dirige** la película? |
| | 2. *to address* | ¿Ya **dirigiste** todos los sobres? |
| | 3. (-se) *to address* | El director de la escuela **se dirigió** a todos los estudiantes. |
| **quebrarse** | *to break* | Luisa se cayó y **se quebró** una pierna. |
| **lastimarse** | *to hurt oneself* | Al caerse ella también **se lastimó** la espalda. |

El ejercicio correspondiente al "Estudio de palabras" para este capítulo, así como para todos los demás, aparece en los Cuadernos de Ejercicios A y B.

## A Del verbo: Persona, número, modo y tiempo

1. El verbo expresa una acción o indica un estado o una condición.

Rafael **canta**. **Estoy** enferma.

a. El infinitivo es el nombre del verbo y es la forma que aparece en los diccionarios.

comprar vender recibir

b. El verbo cambia de forma para indicar la persona, el número, el tiempo y el modo. Estos cambios o accidentes tienen gran importancia porque indican **quién** hace la acción, **cuándo** ocurre y la **actitud** de la persona que habla con respecto a esta acción.

**compro:** primera persona singular del presente de indicativo
**compraran:** tercera persona plural del imperfecto de subjuntivo

c. De acuerdo con la terminación del infinitivo, los verbos en español pertenecen a una de las tres conjugaciones:

Primera conjugación: El infinitivo termina en **-ar**.
Segunda conjugación: El infinitivo termina en **-er**.
Tercera conjugación: El infinitivo termina en **-ir**.

d. Existe un modelo regular para cada conjugación. La mayoría de los verbos cambian de acuerdo con este modelo regular.

*Molinos de viento en La Mancha, España.*

| *Primera conjugación* | | | *Segunda conjugación* | | | *Tercera conjugación* | | |
|---|---|---|---|---|---|---|---|---|
| **AMAR** | | ***Otros Verbos*** | **COMER** | | ***Otros Verbos*** | **ESCRIBIR** | | ***Otros Verbos*** |
| amo | amamos | cantar | como | comemos | beber | escribo | escribimos | vivir |
| amas | amáis | bailar | comes | coméis | leer | escribes | escribís | partir |
| ama | aman | comprar | come | comen | romper | escribe | escriben | dividir |

e. Los verbos que son irregulares no siguen el modelo de los verbos regulares. Algunos verbos sufren cambios ortográficos o cambio de vocal en la raíz. En este libro estos cambios están indicados y aparecen entre paréntesis junto al infinitivo.

| | | | | | |
|---|---|---|---|---|---|
| perder (ie) | **pierdo** | volver (ue) | **vuelvo** | conocer (zc) | **conozco** |
| pedir (i) | **pido** | dirigir (j) | **dirijo** | vencer (z) | **venzo** |

f. Hay un pequeño número de verbos cuyas irregularidades son completamente caprichosas y, por lo tanto, no pertenecen a ningún grupo. Como se verá más adelante, dos de estos verbos son **ser** e **ir**.

2. Cuando en clase conjugamos un verbo, presentamos las distintas formas o cambios que indican la persona y el número en los distintos tiempos y modos.

a. La raíz (*root*) es la parte que antecede a la terminación del verbo.

**compr** ar   **vend** er   **recib** ir

b. La terminación es todo lo que se añade detrás de la raíz. Indica la persona, el número, el tiempo y el modo.

compr **as**   compr **aron**

**NOTA:** Puesto que la terminación del verbo indica la persona y el número, no es necesario el pronombre correspondiente en los casos que no ofrecen ambigüedad.

| | |
|---|---|
| (yo) converso | **yo** saldría |
| (nosotros) conversamos | **ella** saldría |

3. Hay tres personas: primera, segunda y tercera.

| *Persona gramatical* | *Pronombre sujeto correspondiente* *Singular* | *Plural* | *Persona actual indicada por la forma gramatical* |
|---|---|---|---|
| 1ª | **yo** | **nosotros (-as)** | quien habla |
| 2ª | **tú** | **vosotros (-as)** | con quien se habla |
| | **Ud.** | **Ud.** | |
| 3ª | **él, ella** | **ellos (-as)** | de quien se habla |
| | **ello** | | de que se habla |

**NOTAS:** **Ud.** y **Uds.** gramaticalmente son formas de tercera persona; se usan con las formas verbales de tercera persona. Sin embargo, por su significado, **Ud.** y **Uds.** son formas de segunda persona puesto que indican la persona **con quien se habla**.

El pronombre sujeto es el que determina el número y la persona en una forma verbal. En las conjugaciones que aparecen en este texto se usan **Ud.** y **Uds.** para las formas verbales de tercera persona. Recuerde que estas mismas formas verbales son las que se usan para los otros pronombres sujeto de tercera persona **(él, ella, ello, ellos, ellas)**, después de nombres de personas (Srta. Suárez, Miriam y Encarnación, los Maldonado), y después de sustantivos usados como sujetos (el árbol, los perros, el avión, los estudiantes).

4. Los modos son cambios del verbo que expresan la actitud de la persona que habla ante una acción o estado verbal. Hay tres modos: modo indicativo, modo subjuntivo y modo imperativo.

*El modo indicativo* se usa cuando la persona que habla informa sobre una acción o condición sin hacer comentario.

Leonor **habla** con Andrea por teléfono.
Andrea **vive** en Sevilla.
Leonor y Andrea **son** primas.

Las distintas formas *del modo subjuntivo* generalmente se usan en cláusulas subordinadas para mencionar una acción o condición, como concepto, sobre cuya ocurrencia o existencia se comenta en la cláusula principal.

> Espero que Uds. **puedan** visitar el Museo del Prado en Madrid.
> Los turistas deseaban que los **llevaran** al museo.
> Me alegro de que **hayan podido** ver los cuadros (*paintings*) de Velázquez.

*El modo imperativo* **se** usa para dar órdenes.

> Jaime, **cierra** las ventanas por favor.
> Niños, no **se sienten** allí.

5. Los tiempos son las distintas formas que tiene el verbo para indicar cuándo se verifica la acción. Hay tiempos simples y tiempos perfectos. *Los tiempos simples* no necesitan de otro verbo auxiliar. *Los tiempos perfectos* necesitan del verbo auxiliar **haber**.

a. *El modo indicativo* tiene diez tiempos.

| *Tiempos simples* | | *Tiempos perfectos* | |
|---|---|---|---|
| Presente: | **compro** | Presente perfecto: | **he comprado** |
| Pretérito: | **compré** | Pretérito perfecto: | **hube comprado** |
| Imperfecto: | **compraba** | Pluscuamperfecto: | **había comprado** |
| Futuro: | **compraré** | Futuro perfecto: | **habré comprado** |
| Condicional: | **compraría** | Condicional perfecto: | **habría comprado** |

b. *El modo subjuntivo* tiene seis tiempos. El futuro y el futuro perfecto están casi en desuso hoy día y se encuentran rara vez en la literatura. Por este motivo no los incluimos y sólo anotamos cuatro tiempos.

| *Tiempos simples* | | *Tiempos perfectos* | |
|---|---|---|---|
| Presente: | **compre** | Presente perfecto: | **haya comprado** |
| Imperfecto: | **comprara** (comprase) | Pluscuamperfecto: | **hubiera comprado** (hubiese comprado) |

c. *El modo imperativo* tiene sólo dos formas.

> **compra** (tú) **comprad** (vosotros)

Para el imperativo con **Ud., Uds.** y **nosotros** se usan las formas correspondientes al presente de subjuntivo*.

> **compre** (Ud.) **compren** (Uds.) **compremos**

---

*Ver Capítulo 3, Presente de subjuntivo, páginas 75–79.

## B Presente de indicativo

1. El presente de indicativo se usa:

   - Para expresar acciones que ocurren en el momento en que se habla.
     **Hablo** con mis amigos.
   - Para expresar acciones que ocurrirán en el futuro.
     Mañana **salgo** para Barcelona.
   - Para expresar verdades generales.
     El cielo **es** azul.
   - Para expresar acciones que ocurren habitualmente.
     **Van** a los toros todos los domingos.
   - Para expresar un pasado histórico.
     Cervantes **muere** en 1616.
   - Con la frase **por poco** para expresar una acción pasada que no ocurrió.
     Por poco **vengo** a verte ayer.
     *I almost came to see you yesterday.*

2. Verbos regulares.

*Verbos terminados en*

| *-ar* | | *-er* | | *-ir* | |
|---|---|---|---|---|---|
| **COMPRAR** | | **VENDER** | | **RECIBIR** | |
| compr **o** | compr **amos** | vend **o** | vend **emos** | recib **o** | recib **imos** |
| compr **as** | compr **áis** | vend **es** | vend **éis** | recib **es** | recib **ís** |
| compr **a** | compr **an** | vend **e** | vend **en** | recib **e** | recib **en** |

### Ejercicio

Piense que Ud. es una estudiante norteamericana que está estudiando arquitectura en la Universidad de Barcelona. Un compañero de clase le hace una entrevista para publicarla en el periódico de la universidad. Conteste sus preguntas.

1. ¿Desde cuándo estás en Barcelona?
2. ¿Es la primera vez que estás en esta ciudad?
3. Hablas español muy bien. ¿Es el idioma que hablan en tu casa?
4. ¿De dónde son tus padres?
5. ¿Dónde vive tu familia en los Estados Unidos?
6. ¿Crees que la Universidad de Barcelona es un lugar bueno para estudiar arquitectura? ¿Por qué?
7. ¿Qué deseas hacer al terminar los estudios de arquitectura?
8. ¿Piensas viajar por España antes de regresar a los Estados Unidos?

## Verbos irregulares en el indicativo

1. Verbos que sufren cambios ortográficos para indicar que la pronunciación de la raíz no cambia cuando añadimos ciertas terminaciones.

| *Terminación del verbo* | *Cambio* | *Infinitivo* | *Presente de indicativo* |
|---|---|---|---|
| **-cer, -cir** (con consonante | **c → z** | vencer | (yo) **venzo** |
| delante de la terminación) | ante **a, o** | ejercer | **ejerzo** |
| **-ger, -gir** | **g → j** | proteger | **protejo** |
| | ante **a, o** | dirigir | **dirijo** |
| **-guir** | **gu → g** | seguir | **sigo** |
| | ante **a, o** | distinguir | **distingo** |

2. Verbos que tienen cambios en la vocal de la raíz en las formas correspondientes a **yo, tú, Ud.**, y **Uds.**, cuando ésta lleva acento tónico o hablado. Estos cambios ocurren en el presente. Como se verá más adelante, el cambio de **e** en **i** ocurre también en el pretérito en **Ud.** y **Uds.*** Estos verbos se agrupan de acuerdo con el cambio que sufren.

| *Cambio* | *Presente de indicativo* | | *Otros verbos* |
|---|---|---|---|
| | ATENDER | | apretar, defender, |
| **e → ie** | **atiendo** | atendemos | divertirse, gobernar, |
| | **atiendes** | atendéis | mentir, preferir, querer, |
| | **atiende** | **atienden** | sentir, extender |
| | ENCONTRAR | | dormir, morir, mostrar, |
| **o → ue** | **encuentro** | encontramos | poder, probar, recordar, |
| | **encuentras** | encontráis | rodar, rogar, volver |
| | **encuentra** | **encuentran** | |
| | PEDIR | | conseguir, despedirse, |
| **e → i** | **pido** | pedimos | impedir, medir, reír, |
| | **pides** | pedís | reñir, repetir, seguir, |
| | **pide** | **piden** | servir, vestirse |

**NOTA: Adquirir, inquirir** y **jugar** pertenecen a esta categoría de verbos. Cambian la **i → ie** o la **u → ue** en **yo, tú, Ud.** y **Uds.**

---

*Estos cambios también ocurren en el presente de subjuntivo y en la forma con **tú** del imperativo.

| ADQUIRIR | | JUGAR | |
|---|---|---|---|
| **adquiero** | adquirimos | **juego** | jugamos |
| **adquieres** | adquirís | **juegas** | jugáis |
| **adquiere** | **adquieren** | **juega** | **juegan** |

3. Otros verbos irregulares.

| *Irregularidad* | *Personas* | *Infinitivo* | *Presente* | |
|---|---|---|---|---|
| Verbos con terminación **-cer**, **-cir** precedida de vocal cambian **c** → **zc** ante **a**, **o**. | yo | aparecer | (yo) **aparezco** | |
| | | conducir | **conduzco** | |
| | | conocer | **conozco** | |
| | | merecer | **merezco** | |
| | | padecer | **padezco** | |
| | | producir | **produzco** | |
| Llevan **g**. | yo | hacer | (yo) **hago** | |
| | | poner | **pongo** | |
| | | salir | **salgo** | |
| | | tener | **tengo** | |
| | | valer | **valgo** | |
| | | venir | **vengo** | |
| | | decir | **digo** | |
| Verbos terminados en **-uir** llevan **y**. | yo, tú, Ud., Uds. | huir | **huyo** | huimos |
| | | | **huyes** | huís |
| | | | **huye** | **huyen** |
| | | incluir | **incluyo** | incluimos |
| | | | **incluyes** | incluís |
| | | | **incluye** | **incluyen** |

Otros verbos que pertenecen a este grupo son: **construir**, **destruir**, **distribuir**, **atribuir**.

**NOTA:** Los verbos **tener** y **venir**, además, sufren cambio de **e** → **ie**, y el verbo **decir** cambia la **e** → **i** en la vocal de la raíz en la segunda y tercera persona.

| TENER | | VENIR | | DECIR | |
|---|---|---|---|---|---|
| **tengo** | tenemos | **vengo** | venimos | **digo** | decimos |
| **tienes** | tenéis | **vienes** | venís | **dices** | decís |
| **tiene** | **tienen** | **viene** | **vienen** | **dice** | **dicen** |

4. Los siguientes verbos tienen irregularidades propias.

| IR | | DAR | | SER | |
|---|---|---|---|---|---|
| **voy** | **vamos** | **doy** | damos | **soy** | **somos** |
| **vas** | **vais** | das | dais | **eres** | **sois** |
| **va** | **van** | da | dan | **es** | **son** |

| ESTAR | | SABER | | HABER | |
|---|---|---|---|---|---|
| **estoy** | estamos | **sé** | sabemos | **he** | **hemos** |
| **estás** | estáis | sabes | sabéis | **has** | habéis |
| **está** | **están** | sabe | saben | **ha** | **han** |

| CABER | | CAER | | TRAER | |
|---|---|---|---|---|---|
| **quepo** | cabemos | **caigo** | caemos | **traigo** | traemos |
| cabes | cabéis | caes | caéis | traes | traéis |
| cabe | caben | cae | caen | trae | traen |

| OÍR | |
|---|---|
| **oigo** | oímos |
| **oyes** | oís |
| **oye** | **oyen** |

5. Los verbos derivados de otros verbos siguen las irregularidades de éstos en todos sus tiempos.

   a. Como **tener**:

| MANTENER | |
|---|---|
| **mantengo** | mantenemos |
| **mantienes** | mantenéis |
| **mantiene** | **mantienen** |

   b. Como **hacer**:

| DESHACER | |
|---|---|
| **deshago** | deshacemos |
| deshaces | deshacéis |
| deshace | deshacen |

**NOTA:** El verbo **satisfacer** se conjuga como **hacer**, sustituyendo la **h** por **f**.

| SATISFACER | |
|---|---|
| satisfago | satisfacemos |
| satisfaces | satisfacéis |
| satisface | satisfacen |

6. Cambios en la acentuación.

   Algunos verbos terminados en **-iar** y **-uar** (excepto **-guar**) llevan acento escrito en la vocal débil cuando, en la conjugación, ésta tiene el acento hablado.

| ENVIAR | | ACTUAR | |
|---|---|---|---|
| **envío** | enviamos | **actúo** | actuamos |
| **envías** | enviáis | **actúas** | actuáis |
| **envía** | **envían** | **actúa** | **actúan** |

| Otros verbos: | ampliar | continuar |
|---|---|---|
| | enfriar | efectuar |
| | guiar | situar |
| | | acentuar |
| | | graduar(se) |

**NOTA:** La misma regla de acentuación se sigue en el presente de subjuntivo y en el imperativo con **tú**.

| ENVIAR | | | ACTUAR | | |
|---|---|---|---|---|---|
| **envíe** | enviemos | **envía tú** | **actúe** | actuemos | **actúa tú** |
| **envíes** | enviéis | | **actúes** | **actuéis** | |
| **envíe** | **envíen** | | **actúe** | **actúen** | |

## Ejercicios

I. Cambie las oraciones empleando los verbos en paréntesis en el presente de indicativo.

**MODELO:** El Sr. Ruiz supervisa la correspondencia. (leer)
**El Sr. Ruiz lee la correspondencia.**

1. Recibo una carta certificada. (enviar)
2. Le escribo una nota a Elisa. (dirigir)
3. Cobro el giro postal. (conseguir)
4. Ellos certifican el paquete. (despachar)
5. Echo las cartas en el correo. (recoger)

II. Haga nuevas oraciones cambiando un sujeto singular a uno plural y uno plural a uno singular. Haga los cambios necesarios de acuerdo con los nuevos sujetos.

**MODELOS:** Pensamos viajar mucho este año.
**Pienso viajar mucho este año.**
No recuerdo la fecha del primer viaje a la luna.
**No recordamos la fecha del primer viaje a la luna.**

1. Queremos salir bien temprano por la mañana pues ellas prefieren llegar a Valencia antes del anochecer.
2. Prefiero tomar un refresco en vez de un daiquirí porque tengo mucho calor.
3. Seguimos las instrucciones que Ud. nos dio para llegar a Málaga.
4. Jugamos al tenis en la cancha que está cerca de nuestra casa.
5. Repito los mismos errores porque no presto atención.

III. El Sr. García conversa con Basilio, el empleado de la estación de gasolina. Combine los elementos dados, de acuerdo con el modelo, para reproducir la conversación entre Basilio y el Sr. García.

**MODELO:** Basilio / trabajar / estación de gasolina / estar / la esquina.
**Basilio trabaja en la estación de gasolina que está en la esquina.**

| | |
|---|---|
| *Sr. García* | (Yo) Querer / llenar / el tanque / estar vacío. |
| *Basilio* | ¿Querer / gasolina sin plomo? |
| *Sr. García* | Claro que sí. Yo / proteger / el medio ambiente. |
| *Basilio* | ¿Preferir / pagar / tarjeta de crédito, o en efectivo[1]? Ser / $28. |
| *Sr. García* | Aquí estar / tarjeta de crédito. ¡Qué cara / estar / la gasolina! Costar / mucho más que el mes pasado. |

[1]*cash*

IV. Composición oral. Su amigo cree que Ud. es perezoso y que Ud. no hace nada. Dígale lo que Ud. hace diariamente. Recuerde Ud. el uso del presente para expresar acciones habituales.

## D Verbos reflexivos*

Los verbos reflexivos se usan con los pronombres reflexivos

**me te se nos os se**

para indicar que el mismo sujeto que ejecuta la acción del verbo la recibe. Los pronombres reflexivos se colocan:

| | |
|---|---|
| delante de un verbo conjugado: | **Me** afeito por la mañana. (afeitarse) |
| delante de un mandato negativo: | No **se** siente ahí. (sentarse) |
| detrás de un infinitivo: | ¿Quieres levantar**te** temprano? (levantarse) |
| detrás de un gerundio: | Estamos vistiéndo**nos** para ir a la fiesta. (vestirse) |
| detrás de un mandato afirmativo: | ¡Cállen**se**! (callarse) |

## Ejercicios

I. Composición dirigida (oral o escrita). Su amigo quiere saber lo que Ud. hace diariamente. Usando los verbos en presente, explíquele oralmente o por escrito lo que Ud. hace. Use como guía el siguiente vocabulario.

| | | | |
|---|---|---|---|
| levantarse | pasear | periódicos | cine |
| desayunarse | estudiar | biblioteca | novio (-a) |
| vestirse | hablar por teléfono | deportes | hijos |
| ir al trabajo | escuchar las noticias | comida | siesta |
| jugar | preparar | tiendas | televisión |

*Ver Capítulo 6, página 166.

**II.** Complete las frases con ideas originales usando el verbo que está entre paréntesis en el presente de indicativo.

**MODELO:** (tener) Voy a ver al médico porque...
**Voy a ver al médico porque tengo un resfriado fuerte.**

1. (estar) Tengo que tomar aspirina porque...
2. (toser) La doctora me hace una radiografía porque...
3. (cansarse) Creo que tengo anemia porque...
4. (sentirse) No voy al trabajo porque...
5. (padecer) Tengo que dejar de fumar porque...

EL INGENIOSO HIDALGO DON QVIXOTE DE LA MANCHA,

*Compueſto por Miguel de Ceruantes Saauedra.*

DIRIGIDO AL DVQVE DE BEIAR, Marques de Gibraleon, Conde de Benalcaçar, y Bañares, Vizconde de la Puebla de Alcozer, Señor de las villas de Capilla, Curiel, y Burguillos.



Año, 1605.

CON PRIVILEGIO, EN MADRID, Por Iuan de la Cueſta.

Véndeſe en caſa de Franciſco de Robles, librero del Rey nro ſeñor.

*Cubierta de la primera edición de* Don Quijote de la Mancha, *publicada en Madrid en 1605.*

**III.** Complete las frases con el presente de indicativo de los verbos que aparecen entre paréntesis.

*Don Quijote de la Mancha* ________________ una obra universal en la *(ser)*
que Miguel de Cervantes ________________ lo trágico con lo *(unir)*
cómico, y lo real con lo irreal en una forma maravillosa. Esta novela
de caballerías[1] ________________ y ________________ gusto a todo *(divertir) (dar)*
el que la lee. En ella ________________ gran profundidad *(existir)*

psicológica y filosófica. Don Quijote, acompañado de su escudero[2] Sancho Panza, ________________ de aventura en aventura por los caminos de España luchando contra los males y las injusticias que ________________ en el mundo. Un gran sentido de justicia lo ________________ siempre para defender sus ideales. La frase "luchar contra molinos de viento", que ________________ decir luchar contra cosas imaginarias, ________________ de un episodio de esta novela. En este episodio Don Quijote ________________ que los molinos ________________ gigantes y por más que Sancho le ________________ que él no ________________ gigantes sino molinos, Don Quijote ________________ al ataque y pronto ________________ por el suelo junto con su caballo Rocinante. Cervantes ________________ en 1616, pero la figura del caballero andante[5] ________________ inmortal.

*(ir)* *(existir)* *(acompañar)* *(querer)* *(proceder)* *(pensar)* *(ser)* *(decir)(ver)* *(lanzarse[3])* *(rodar[4])* *(morir)* *(ser)*

1. *book of chivalry,* 2. *shield bearer,* 3. *to throw oneself,* 4. *to roll,* 5. *knight errant*

¿Conoce Ud. a una persona que, como Don Quijote, lucha contra las injusticias y los males de la sociedad? Escriba una composición (o hable en clase) sobre esta persona y sus ideales.

**IV.** Temas de conversación.

1. Su prima quiere ir de vacaciones y no sabe adónde ir. Como Ud. viaja tanto, ella le pide informes sobre algún lugar interesante para ella ir. Déle la información necesaria de los lugares que Ud. conoce para que ella pase unas buenas vacaciones.
2. Imagine que Ud. tiene un amigo en Costa Rica que piensa venir a vivir a los Estados Unidos. Él desea saber cómo es la vida en un pueblo pequeño o en una ciudad grande de este país. Ud. le va a dar la información que él pide.

**V.** Composición dirigida (oral o escrita). Su profesor desea saber por qué Ud. estudia español. Escriba una nota informativa dando sus razones. También explique si Ud. necesita el español en su trabajo o profesión, y si alguien en su familia habla este idioma.

## E El pasado: Pretérito e imperfecto

En español hay dos tiempos simples para expresar el pasado: el pretérito y el imperfecto. Su uso depende de la idea que quiere comunicar la persona que habla.

- *El pretérito* expresa una acción, estado o condición que se considera completamente terminada.
- *El imperfecto* narra una escena y expresa una acción, estado o condición que estaba en progreso.

| PASADO | |
|---|---|
| *Pretérito* | *Imperfecto** |
| La semana pasada **fui** a la playa.<br>(*Last week I went to the beach.*) | |
| | **Hacía** una mañana hermosa.<br>(*It was a beautiful morning.*) |
| **Salí** de casa a las diez.<br>(*I left home at ten.*) | |
| | **Me sentía** feliz.<br>(*I felt happy.*) |
| Cuando **llegué me senté** en la arena.<br>(*When I arrived I sat on the sand.*) | |
| | Las olas **eran** suaves.<br>(*The waves were gentle.*) |
| Después **nadé** un rato.<br>(*Later, I swam for a while.*) | |
| | El mar **estaba** claro y tibio.<br>(*The sea was clear and warm.*) |
| **Volví** a casa a las cuatro.<br>(*I came home at four.*) | |
| | Cuando **regresaba** a casa en el coche **pensaba** que **debía** ir a la playa con más frecuencia.<br>(*When I was coming back home in the car I was thinking that I should go to the beach more often.*) |

## F Pretérito

1. Verbos regulares.

*Verbos terminados en*

| *-ar* | *-er* | *-ir* |
|---|---|---|
| COMPRAR | VENDER | RECIBIR |
| compr **é** | vend **í** | recib **í** |
| compr **aste** | vend **iste** | recib **iste** |
| compr **ó** | vend **ió** | recib **ió** |
| compr **amos** | vend **imos** | recib **imos** |
| compr **asteis** | vend **isteis** | recib **isteis** |
| compr **aron** | vend **ieron** | recib **ieron** |

*El imperfecto se estudia en el Capítulo 2.

2. Verbos irregulares.

a. Los verbos de la segunda y tercera conjugación que tienen una vocal delante de la terminación del infinitivo cambian las terminaciones **-ió, -ieron** en **-yó, -yeron**.

| *Infinitivo* | | *Pretérito* |
|---|---|---|
| caer | (Ud.) **cayó** | (Uds.) **cayeron** |
| creer | **creyó** | **creyeron** |
| leer | **leyó** | **leyeron** |
| oír | **oyó** | **oyeron** |
| huir | **huyó** | **huyeron** |
| incluir | **incluyó** | **incluyeron** |
| construir | **construyó** | **construyeron** |
| atribuir | **atribuyó** | **atribuyeron** |

b. Hay una clase de verbos irregulares que en el pretérito tienen las siguientes terminaciones:

| | |
|---|---|
| **-e** | **-imos** |
| **-iste** | **-isteis** |
| **-o** | **-ieron** |

Observe que las terminaciones en **yo** y **Ud.** son **-e, -o** (en vez de **-í, -ió**) y no llevan acento.

| *Infinitivo* | | *Pretérito* |
|---|---|---|
| poder | (yo) **pude** | (Ud.) **pudo** |
| poner | **puse** | **puso** |
| saber | **supe** | **supo** |
| caber | **cupe** | **cupo** |
| haber | **hube** | **hubo** |
| tener | **tuve** | **tuvo** |
| estar | **estuve** | **estuvo** |
| andar | **anduve** | **anduvo** |
| querer | **quise** | **quiso** |
| hacer | **hice** | **hizo** |
| venir | **vine** | **vino** |

These verbos have irregular futures also.

c. Los verbos terminados en **-decir, -ducir**, llevan **j**.

El verbo **traer** cae en esta categoría. Observe que la terminación de estos verbos, cuyas raíces terminan en **j**, en **Uds.** es **-eron** (en vez de **-ieron**). Observe también que no llevan acento.

| DECIR | | PRODUCIR | | TRAER | |
|---|---|---|---|---|---|
| **dije** | **dijimos** | **produje** | **produjimos** | **traje** | **trajimos** |
| **dijiste** | **dijisteis** | **produjiste** | **produjisteis** | **trajiste** | **trajisteis** |
| **dijo** | **dijeron** | **produjo** | **produjeron** | **trajo** | **trajeron** |

d. El verbo **ser** y el verbo **ir** tienen las mismas formas en el pretérito.

| SER | | IR | |
|---|---|---|---|
| **fui** (*I was*) | **fuimos** | **fui** (*I went*) | **fuimos** |
| **fuiste** | **fuisteis** | **fuiste** | **fuisteis** |
| **fue** | **fueron** | **fue** | **fueron** |

e. El pretérito del verbo **dar** es:

| DAR | |
|---|---|
| **di** | **dimos** |
| **diste** | **disteis** |
| **dio** | **dieron** |

f. Los verbos terminados en **-ir** tienen cambio en la vocal de la raíz en **Ud.** y **Uds.** Las terminaciones son regulares.

| *Cambio* | *Infinitivo* | *Pretérito* | |
|---|---|---|---|
| **e → i** | pedir | (Ud.) **pidió** | (Uds.) **pidieron** |
| | preferir | **prefirió** | **prefirieron** |
| **o → u** | morir | **murió** | **murieron** |
| | dormir | **durmió** | **durmieron** |

Otros verbos que sufren este cambio son:

| | | | |
|---|---|---|---|
| **mentir** | **sentir** | **conseguir** | **divertirse** |
| **servir** | **teñir** | **repetir** | **despedirse** |
| **seguir** | **impedir** | **reñir** | **vestirse** |

g. Los verbos de la tercera conjugación—como **reñir** (*to fight, to argue*) y **teñir** (*to dye*)—cuya raíz termina en **ñ**, excluyen la **i** de las terminaciones en:

- pretérito (Ud., Uds.): riñ**ó**, riñ**eron**
- imperfecto de subjuntivo (en todas las personas): riñ**era**, riñ**eras**...
- gerundio: riñ**endo**

Los niños riñ**eron** en la calle.
Lupe se está tiñ**endo** el pelo.

h. Los verbos terminados en **-car**, **-gar** y **-zar** sufren cambios ortográficos en **yo** para indicar que el sonido de la consonante del infinitivo no cambia. Las terminaciones son regulares.

| *Cambio ortográfico* | *Infinitivo* | *Pretérito* |
|---|---|---|
| **c → qu** | sacar | (yo) **saqué** |
| | atacar | **ataqué** |
| **g → gu** | llegar | **llegué** |
| | pagar | **pagué** |
| **z → c** | empezar | **empecé** |
| | almorzar | **almorcé** |

i. La forma correspondiente a **yo** del verbo **averiguar** requiere dos puntitos (diéresis) sobre la **u** para indicar el sonido de esta letra.

(yo) **averigüé**

## Ejercicios

I. Haga nuevas oraciones usando en pretérito los verbos en paréntesis.

**MODELO:** García Lorca vivió en Granada. (nacer) (estudiar) (morir)
**García Lorca nació en Granada.**
**García Lorca estudió en Granada.**
**García Lorca murió en Granada.**

1. El ladrón entró por la ventana. (salir) (huir) (saltar)
2. Ellos bailaron mucho. (divertirse) (lastimarse) (reñir)
3. Ella leyó la noticia ayer por la mañana. (oír) (traducir) (saber)
4. Compré las entradas para el concierto. (pagar) (obtener) (traer)
5. Abelardo salió en el avión de las cinco. (venir) (ir) (llegar)

II. Imagine que Ud. ha ido a almorzar con un amigo que hace tiempo que no ve y conversan durante el almuerzo. Complete el diálogo usando el pretérito de los verbos que están entre paréntesis.

*Amigo* ¿Qué me cuentas de tu prima Luisita?

*Ud.* Tengo muchas noticias que darte. Figúrate, que hace un año ella ________________ la lotería y ________________ de viaje *(sacarse)(andar)* por toda la América del Sur durante seis meses. Cuando ________________ a Bariloche, en la Argentina, en el mes de *(ir)* agosto que, como sabes, es invierno allí, ________________ *(tener)* un accidente serio.

*Amigo* No me digas, ¿qué le ________________? *(pasar)*

| | | |
|---|---|---|
| *Ud.* | A ella le encanta esquiar y ______________ una pierna | *(quebrarse)* |
| | y ______________ una vértebra. | *(lastimarse)* |
| *Amigo* | ¡Pobre Luisita! ¿______________ en Bariloche hasta estar | *(quedarse*[1]*)* |
| | bien, o ______________ a los Estados Unidos? | *(regresar)* |
| *Ud.* | Al principio, ______________ en un hospital en Bariloche | *(estar)* |
| | dos semanas y cuando ______________ hacer el viaje | *(poder)* |
| | ______________ irse a Buenos Aires a casa de unos amigos | *(decidir)* |
| | que la quieren mucho. | |
| *Amigo* | Menos mal, porque un viaje de Buenos Aires a los Estados Unidos con una pierna quebrada y una vértebra lastimada es horrible. Son muchas horas de avión. | |
| *Ud.* | Dímelo a mí, que ______________ a Buenos Aires para | *(volar)* |
| | traerla a casa y ______________ de aquí un lunes y | *(salir)* |
| | ______________ el miércoles con ella. | *(volver)* |
| *Amigo* | ¿Y ya está completamente bien? | |
| *Ud.* | Sí, y dice ahora que va a ir a Suiza para esquiar en los Alpes. Ya | |
| | le ______________ que si le pasa algo yo no voy a buscarla. | *(decir)* |

[1] *to remain*

**III.** En el siguiente párrafo se habla del famoso pintor español Pablo Picasso (1881–1974). Complételo usando el pretérito de los verbos que están entre paréntesis.

| | |
|---|---|
| Aunque Pablo Picasso ______________ en Francia por muchos años, | *(vivir)* |
| siempre ______________ conectado con España, su patria de origen. | *(seguir)* |
| Su fuerza creadora ______________ en los artistas de su época. La | *(influir)* |
| destrucción de Guernica en 1937 por un bombardeo aéreo[1] le __________ | *(inspirar)* |
| su famoso cuadro que, ese mismo año, se ______________ en el | *(exhibir)* |
| pabellón español de la exposición de París. Picasso ______________ en | *(nacer)* |
| 1881 en la ciudad de Málaga y ______________ en Francia en 1974. | *(morir)* |

[1] *air raid*

**IV.** En esta página aparece el cuadro *Guernica* de Pablo Picasso. Conteste oralmente las siguientes preguntas.

1. ¿Qué figuras puede Ud. encontrar en este cuadro?
2. ¿Qué animales aparecen?
3. ¿Qué sentimientos cree Ud. que expresan las bocas abiertas?

Guernica *(1937) de Pablo Picasso. Este cuadro está actualmente en el Centro de Arte Reina Sofía, en Madrid.*

V. Composición dirigida (oral o escrita). Imagine que Ud. hizo un viaje el verano pasado y ahora sus amigos quieren que Ud. les diga cómo fue porque ellos piensan hacer lo mismo. Use para su narración los verbos en pasado y la guía que se da a continuación.

1. El viaje en avión. Sobre el mar o sobre tierra.
2. El vuelo directo o con escala.
3. El precio del pasaje. Pasaje de ida y vuelta, o pasaje de ida nada más.
4. El tiempo que estuvo de viaje.
5. Los lugares que visitó.
6. Las cosas que compró.
7. Los restaurantes y hoteles donde estuvo.
8. Las personas que conoció.

Comience así: **El verano pasado fui a...**

VI. Temas de conversación.

1. Ayer ocurrió algo muy interesante. El Secretario de Educación estuvo en la universidad y...
2. Ayer me quedé en casa todo el día, pero hice muchas cosas...
3. Pasé unas navidades muy buenas el año pasado porque...

VII. Lea el párrafo cambiando los verbos subrayados al pretérito.

La dominación romana en España dura°, aproximadamente, seis siglos (del II antes de Cristo hasta principio del V después de Cristo). Los romanos llevan a la Península su civilización, cultura, costumbres y lengua. Más tarde, en el año 711, los árabes llegan a España y establecen su capital en Córdoba. En arquitectura los árabes introducen y desarrollan° un nuevo estilo a base de arcos

*lasts*
*develop*

de herradura° y columnas delgadas. Construyen la Mezquita en Córdoba, la Alhambra en Granada y la Giralda en Sevilla, todos monumentos ejemplares de la arquitectura árabe. La influencia árabe se extiende mayormente en el sur y afecta el espíritu, las costumbres y el idioma.

° *Moorish arches in the shape of a horseshoe*

## Ejercicio de composición (opcional)

Haga una composición, oral o escrita, sobre el tema que se da a continuación. Use el esquema siguiente.

TEMA: La importancia del estudio del español en los Estados Unidos.

INTRODUCCÍON: La población hispana en los Estados Unidos. Las relaciones comerciales con los países de Hispanoamérica. México, el país vecino más cercano al sur de los Estados Unidos.

DESARROLLO: La importancia del español en las siguientes profesiones y trabajos: médicos, enfermeros, trabajadores sociales, secretarios, policías. Explique por qué. Aspectos de la vida diaria en los Estados Unidos donde se nota la influencia hispana. Los estados y las ciudades donde viven más hispanos.

CONCLUSIÓN: Ventajas que tiene el hablar español para obtener trabajo. ¿Qué otros aspectos positivos tiene para Ud. el poder hablar español?

*Patio de los Leones en el palacio de la Alhambra, Granada, España.*

# Lectura

## España, país de contrastes

España, situada en el extremo suroeste de Europa, forma parte de la Península Ibérica que está separada de África por el Estrecho° de Gibraltar y del resto de Europa por los Pirineos. La Península Ibérica, rodeada° de mares y altas montañas, ha sido testigo° de múltiples invasiones que fueron llegando a través de° los años. La presencia de las variadas civilizaciones que la invadieron—fenicios°, griegos°, romanos, germanos, árabes—dejaron su marca, no sólo en la mezcla° racial, sino en la superimposición de nuevos elementos culturales que influyeron en lo que hoy es el pueblo español. Por otro lado, la convivencia° de tres grupos religiosos—los cristianos, los árabes y los judíos—produjo un enriquecimiento° cultural de gran valor.

*strait* / *surrounded / witness* / *through* / *Phoenicians* / *Greeks* / *mixture* / *living together* / *enrichment*

En las diferentes ciudades españolas se ven las huellas° de las distintas civilizaciones que han convivido en ellas. Los romanos, cuya dominación duró casi seis siglos°, no sólo dejaron monumentos fabulosos—como el acueducto de Segovia—sino que al traer el latín a la Península Ibérica, contribuyeron a la formación del idioma español. Los árabes, que estuvieron en España siete siglos, también dejaron hermosas obras°. El palacio de la Alhambra y la Mezquita° de Córdoba son dos magníficos ejemplos del arte árabe.

*traces* / *centuries* / *works* / *mosque*

España es un país de grandes contrastes. Tiene una extensión como la de California y la mitad de Oregón juntas. Existe gran diversidad de paisajes° y climas. En Galicia, por ejemplo, el clima es templado° con abundantes lluvias y vegetación exuberante. En cambio, en la meseta° de Castilla el clima es duro, con fuertes heladas° y grandes calores. Ésta es una región de llanuras° desoladas° y resecas°. En las regiones de Valencia y Andalucía hay fértiles huertas° donde se cultivan, principalmente, naranjas, limones, olivas, almendras° y dátiles°. La Costa Brava, que viene a ser la Riviera española, y la Costa del Sol—Málaga, Marbella y Torremolinos—ofrecen grandes atracciones para los turistas con sus playas hermosas y su clima suave.

*landscapes* / *temperate* / *plateau* / *frosts / flatlands* / *desolate / dry* / *orchards* / *almonds / dates*

En las distintas regiones de España no sólo encontramos diferencias climáticas y topográficas, sino también diferencias en los bailes, la música, las comidas, la indumentaria° y las tradiciones folklóricas. La variedad de bailes regionales es rica en contrastes y belleza°. La sardana, la muñeira, la jota y la seguidilla son ejemplos de esta variedad de bailes regionales. En la guitarra, nadie como el

*clothing* / *beauty*

andaluz, con su *cante jondo*, donde el guitarrista y el *cantaor* (el que canta) expresan con vehemencia las emociones que llevan dentro.

España es un mosaico de ricos colores, tanto en su paisaje como en su historia. Al viajar por las distintas ciudades se recibe la impresión de estar visitando museos al aire libre° donde se pueden ver todos los elementos que han contribuido a su historia y a lo que hoy es el pueblo español.

*open-air*

## VOCABULARIO PARA REPASAR

testigo enriquecimiento paisaje dátil rodear huella llanura indumentaria mezclar siglo huerta belleza convivir mezquita almendra

I. ¿Puede Ud. encontrar en la lectura los cognados en español para las siguientes palabras?

| | |
|---|---|
| *separate* | *variety* |
| *cultivate* | *civilization* |
| *desolate* | *extension* |
| *diversity* | *fabulous* |

II. Después de repasar el vocabulario, dé el equivalente de las definiciones que siguen. Haga una oración con cada palabra.

1. marcas dejadas por donde se camina
2. terreno cultivado con árboles frutales
3. ropa
4. tierra llana, sin montañas
5. vivir con otra persona
6. período de cien años
7. templo de los mahometanos
8. unir, juntar
9. persona que ha visto u oído algo
10. panorama, vista

## PREGUNTAS SOBRE LA LECTURA

1. ¿Qué civilizaciones contribuyeron al enriquecimiento cultural de España?
2. ¿Por qué se dice que España es un país de contrastes?
3. ¿En qué aspectos de la vida española se pueden apreciar las diferencias regionales?
4. ¿Por qué cree Ud. que se dice que las ciudades españolas son museos al aire libre?

## TEMAS DE CONVERSACIÓN

1. ¿Cree Ud. que es importante conocer la historia de un país antes de visitarlo?
2. ¿Qué aspectos de la historia y la cultura de España le interesan más a Ud.?
3. Después de leer "España, país de contrastes", ¿podríamos hablar de "Estados Unidos, país de contrastes"? ¿Qué comparación entre España y Estados Unidos puede hacer con respecto a las invasiones de otras civilizaciones y a la mezcla racial?
4. Cuando Ud. viaja, ¿qué prefiere hacer: visitar museos y monumentos históricos, ir de compras, salir a caminar, ir al teatro, etc.? Explique.

# 2 Capítulo

*La catedral de México en la Plaza del Zócalo.*

- Estudio de palabras
- Imperfecto de indicativo
- Usos del pretérito y el imperfecto
- Futuro y condicional
- Participios pasados
- Tiempos perfectos del modo indicativo
- Uso del verbo **haber**
- Lecturas: "Diversidad versus unidad"
  "Apocalipsis" de Marco Denevi

-¿Qué **hacías** cuando **llegué**?
-**Escribía** un artículo sobre la tradición hispana que **hay** en Hispanoamérica.
-Pero además **ha habido** otras influencias.
-Por supuesto, la cultura indígena y la cultura africana **han influido** mucho, especialmente en las artes y en la música.

## Estudio de palabras

| | | |
|---|---|---|
| **caber*** | *to fit* | Ya hay muchos en el auto, no **quepo** yo. |
| **quedar** | 1. *to fit* | ¿Te **quedan** bien los zapatos? |

*El verbo **caber** es irregular: **quepo**, cabes, cabe, cabemos, cabéis, caben.

| | | |
|---|---|---|
| | 2. *to be located* | Mi casa **queda** muy cerca del parque. |
| | 3. (-se) *to remain, stay* | Mi prima **se quedó** en Guadalajara. Va a estar allá un mes. |
| **llevar** | *to take* | Rubén me **lleva** a la oficina por la mañana y |
| **traer** (j) | *to bring* | Miguel me **trae** por la tarde. |
| **ganar** | 1. *to earn* | Ella tiene un buen trabajo. **Gana** un salario tan alto como el de su marido. |
| | 2. *to win* | Nuestro equipo **ganó** el campeonato de fútbol. |
| **cambiar** | 1. *to change* | ¿**Cambiaste** los dólares en pesos mexicanos? |
| | 2. (-se) *to change clothes* | **Me cambio** de ropa y nos vamos a jugar tenis. |
| **enseñar** | 1. *to teach* | El Sr. Linares **enseña** en la Universidad de Arizona. |
| | 2. *to show* | Nos **enseñaron** todos los edificios nuevos. Son muy hermosos. |
| la **entrada** | 1. *ticket* | ¿Compraste las **entradas** para el teatro? |
| | 2. *entrance* | Nos reunimos con los amigos a la **entrada** del casino. |
| el **estacionamiento** | *parking* | El **estacionamiento** estaba lleno. Tuvimos que estacionar en la calle. |
| **de madrugada** | *at dawn* | Salimos **de madrugada** para evitar el calor. |
| **al anochecer** | *at dusk* | Entramos en la ciudad **al anochecer** cuando empezaban a encenderse las luces de la calle. |

## A Imperfecto de indicativo

1. Verbos regulares.

| *Verbos terminados en* | | |
|---|---|---|
| *-ar* | *-er* | *-ir* |
| COMPRAR | VENDER | RECIBIR |
| compr **aba** | vend **ía** | recib **ía** |
| compr **abas** | vend **ías** | recib **ías** |
| compr **aba** | vend **ía** | recib **ía** |
| compr **ábamos** | vend **íamos** | recib **íamos** |
| compr **abais** | vend **íais** | recib **íais** |
| compr **aban** | vend **ían** | recib **ían** |

2. Hay sólo tres verbos irregulares en el imperfecto de indicativo.

| SER | | IR | | VER | |
|---|---|---|---|---|---|
| **era** | **éramos** | **iba** | **íbamos** | **veía** | **veíamos** |
| **eras** | **erais** | **ibas** | **ibais** | **veías** | **veíais** |
| **era** | **eran** | **iba** | **iban** | **veía** | **veían** |

## B Usos del pretérito y el imperfecto

1. Uso del *pretérito*. Se usa para informar sobre una acción, estado o condición terminado en el pasado.

   El terremoto de San Francisco **fue** en 1906.
   Cristina García **escribió** su primera novela en inglés.
   Los problemas que tiene hoy el país **comenzaron** en 1992.
   El año pasado **fuimos** tres veces a México.
   Cuando le **hice** la pregunta a mi padre, me **dijo** que sí.
   Mis amigos **estuvieron** en Bogotá el año pasado.

2. Usos del *imperfecto de indicativo*.

   a. Se usa para describir la escena de una acción, estado o condición en progreso en el pasado.

   El viento **soplaba** (*was blowing*) muy fuerte cuando cerré todas las ventanas.
   Los niños **jugaban** en el parque con sus amiguitos.

   b. Se usa para expresar una acción habitual, que se repite, en el pasado.

   Siempre **íbamos** (*used to go*) de vacaciones a Puerto Vallarta.
   Mi padre **escribía** todos los domingos.
   Él **venía** aquí frecuentemente.

   c. Se usa para descripciones de condiciones físicas o características de las personas y cosas en el pasado.

   Su mujer **era** (*was*) joven y linda.
   El cielo **estaba** cubierto de nubes negras.

   d. Se usa para expresar estados de ánimo, deseos, opiniones.

   Julia no **se sentía** contenta en el trabajo.
   Ellos **querían** visitar varias fábricas en Monterrey.
   Yo **creía** que Salvador **vivía** en Taxco.

   e. Se usa para expresar la hora y la edad en pasado.

   **Eran** las doce del día cuando salí de la biblioteca.
   **Tenía** veinte años cuando me casé.

3. Diferencia entre el pretérito y el imperfecto de indicativo.

La selección del pretérito o del imperfecto, o el uso de los dos tiempos en una misma frase, depende de lo que quiera comunicar la persona que habla.

a. Observe los siguientes ejemplos.

| *Pretérito* | *Imperfecto de indicativo* |
|---|---|
| Él **estuvo** enfermo la semana pasada.<br>(Se terminó la condición de estar enfermo.) | Él **estaba** enfermo cuando lo visité la semana pasada.<br>(Se describe la condición de la persona al ocurrir la visita la semana pasada.) |
| Cuando **tuvo** dinero **gastó** (*spent*) mucho.<br>(Sugiere que terminó el hecho de tener dinero y el hecho de gastarlo.) | Cuando **tenía** dinero **gastaba** mucho.<br>(Durante el período indefinido de tiempo en que tenía dinero siempre tenía la costumbre de gastarlo.) |
| Yo **tuve** que ir al médico porque **estaba** enferma.<br>(La visita al médico se efectuó [acción terminada] debido a la condición de estar enferma.) | Yo **tenía** que ir a la escuela pero me **quedé** dormida.<br>(Tenía el deber moral de ir a la escuela pero no fui porque me quedé dormida.) |
| El almuerzo **fue** a la una.<br>(El almuerzo se celebró a la una.) | El almuerzo **era** a la una.<br>(El almuerzo estaba anunciado a la una.) |
| Ella **enseñó** en la universidad.<br>(Indica que en un momento determinado de tiempo se interrumpió la acción de enseñar.) | Ella **enseñaba** en la universidad.<br>(Describe lo que ella hacía durante un período indefinido de tiempo.) |

b. Algunos verbos comunican ideas diferentes al usarse en el pretérito o en el imperfecto. Entre éstos están **poder, saber, querer** y **conocer**. Observe las equivalencias que se dan en inglés para ambos tiempos.

| *Pretérito* | *Imperfecto de indicativo* |
|---|---|
| Él **pudo** trabajar.<br>(Tuvo la oportunidad de trabajar.)<br>*He did manage to work.* | Él **podía** trabajar.<br>(Tenía la capacidad para trabajar.)<br>*He was able to work.* |
| **Supieron** la noticia.<br>(Averiguaron la noticia.)<br>*They found out the news.* | **Sabían** la noticia.<br>(Tenían el conocimiento de la noticia.)<br>*They knew the news.* |

Yo no **quise** hacerlo.
(Rehusé hacerlo, me negué a hacerlo.)
*I refused to do it.*

Yo no **quería** hacerlo.
(No tenía el deseo de hacerlo ni traté de hacerlo.)
*I did not want (did not try) to do it.*

Él **quiso** venir.
(Hizo todo lo posible por venir. Trató de venir.)
*He wanted to come. He tried to come.*

Él **quería** venir.
(Tenía el deseo, la actitud mental de venir.)
*He wanted to come. He had the desire, the mental attitude.*

**Conocí** a tu hermana el año pasado.
(Me presentaron a tu hermana el año pasado.)
*I met your sister last year.*

Yo **conocía** a tu hermana.
(Sugiere en forma indefinida el conocimiento de la hermana.)
*I used to know your sister. I knew your sister.*

## Ejercicios

**I.** Ud. hace una solicitud[1] para una beca[2] y su consejero[3] desea tener alguna información suya. Conteste las preguntas usando en sus respuestas los verbos en imperfecto.

1. ¿Qué deportes hacía cuando era niño o niña?
2. ¿Qué hacía durante los veranos cuando no había clases?
3. ¿Qué hacía para ganar algún dinero?
4. ¿Qué hacía en su casa para ayudar a sus padres?
5. ¿Qué hacía cuando los fines de semana no podía salir?

[1]*application* [2]*scholarship* [3]*counselor*

**II.** Complete las oraciones con ideas originales usando el verbo que está en paréntesis en el imperfecto de indicativo.

**MODELO:** (fumar) Siempre estaba tosiendo porque...
**Siempre estaba tosiendo porque fumaba muchos cigarrillos.**

1. (acostarse) Luis siempre se levantaba tarde porque...
2. (querer) Adelaida estaba a dieta porque...
3. (tener) No podíamos comprar la casa porque...
4. (ser) Marta tenía muchos amigos porque...
5. (estudiar) Siempre sabía las lecciones porque...

**III.** Combine los elementos dados y haga oraciones completas usando los verbos en el imperfecto de indicativo.

**MODELO:** En el calendario azteca / año / consistir / dieciocho meses.
**En el calendario azteca el año consistía en dieciocho meses.**

1. Cada mes / tener / veinte días / representarse / con símbolos.
2. En ese calendario / haber / cinco días / mala suerte.
3. Los aztecas / creer / estos días / ser / peligrosos.
4. Ellos / tratar de / actuar con mucho cuidado.
5. Siempre / evitar / irse lejos / casas.

IV. Complete las oraciones con el pretérito o el imperfecto de indicativo de los verbos en paréntesis.

1. (necesitar / leer / estar) Mi hermano ______________ encontrar empleo y ______________ en el periódico que ______________ buscando personal en la nueva sucursal[1] del Banco de América.
2. (llamar / pedir) ______________ por teléfono y ______________ una entrevista.
3. (sentir / recibir / pasar) El día de la entrevista se ______________ muy nervioso, pero cuando el gerente[2] lo ______________ en forma amable se le ______________ el nerviosismo.
4. (decir / necesitar) El gerente le ______________ que ______________ una persona para trabajar de cajero[3].
5. (ser / querer / tardar / hacer) El trabajar de cajero en un banco ______________ lo que mi hermano ______________, así que no ______________ en aceptar la proposición que el gerente le ______________.

[1]*branch* [2]*manager* [3]*cashier*

V. El 12 de diciembre se hace una gran celebración en México dedicada a la Virgen de Guadalupe, que es la patrona del país. En las siguientes oraciones se habla de la aparición de la Virgen en el cerro de Tepeyac. Complételas con el pretérito o el imperfecto de indicativo de los verbos en paréntesis.

1. (vivir) Un indiecito humilde que se llamaba Juan Diego ______________ con su tío.
2. (ayudar) Lo ______________ a cuidar las ovejas y a sembrar maíz y frijol.
3. (caer / salir) Una vez el tío ______________ enfermo y Juan Diego ______________ solo al campo.
4. (oír / llamar) De repente ______________ una voz que lo ______________.
5. (subir / ver / tender) ______________ al cerro y ______________ en medio de una luz brillante a una dama preciosa que le ______________ la mano.

6. (empezar) Juan Diego _empezó_ a correr lleno de miedo.
7. (volver / aparecer) A la mañana siguiente _volvió_ al cerro y la dama _apareció_ de nuevo.
8. (hablar / decir / querer) Le _habló_ a Juan Diego y le _dijo_ que ella _quería_ una iglesia en ese cerro para proteger y velar por[1] los indios.
9. (arrodillarse[2] / decir) Juan Diego _se arrodilló_ y le _dijo_: "Madrecita linda, soy tu siervo[3] y voy a obedecerte".
10. (ser / construir) Así _fue_ como se _construyó_ la primera Basílica de la Virgen de Guadalupe al pie del cerro del Tepeyac, en la Ciudad de México.

[1]*to look after* [2]*to kneel* [3]*servant*

*Interior de la nueva Basílica de Guadalupe, en la Ciudad de México.*

VI. En el siguiente párrafo se habla del escritor argentino Jorge Luis Borges (1899–1986). Complete las oraciones con el pretérito o el imperfecto de indicativo de los verbos en paréntesis.

Jorge Luis Borges __________ en Buenos Aires, Argentina, *(nacer)*
en 1899. Su abuela paterna __________ inglesa y con ella *(ser)*
__________ el inglés al mismo tiempo que el español. *(aprender)*
Desde muy niño le __________ leer y siempre *(gustar)*
__________ leyendo libros en español e inglés. Borges *(entretenerse)*
__________ sus estudios en Buenos Aires y los *(comenzar)*
__________ en Suiza. Después que __________ la *(continuar) (terminar)*
Primera Guerra Mundial __________ a Londres y a España. *(ir)*
Entre los años 1930 y 1955 Borges __________ las *(producir)*
colecciones de cuentos que lo __________ famoso entre los *(hacer)*
autores de Hispanoamérica.

**VII.** La fiesta en casa de Gloria. Complete las oraciones en español con el pretérito o el imperfecto de indicativo de los verbos que aparecen en inglés.

1. (*met*) Anoche yo __________ a los primos de Gloria.
2. (*did not know*) Yo no __________ que ellos eran tan simpáticos.
3. (*found out*) Yo __________ la noticia de la fiesta cuando me llamó Roberto para invitarme.
4. (*knew*) También estaba en la fiesta Julio Iglesias. Él __________ a todos los que estaban allí.
5. (*refused*) Él __________ cantar porque dijo que tenía dolor de garganta[1].

[1]*sore throat*

**VIII.** Composición dirigida oral. El chico que Ud. conoció en la fiesta de graduación se ha interesado mucho en Ud. y quiere saber más detalles de Ud. y de su familia. Le ha pedido a Ud. que hable de los siguientes tópicos. En su narración use los verbos en pretérito o en imperfecto de indicativo.

1. Sus abuelos. Mencione el aspecto físico, lugar de donde eran, cualidades o defectos que tenían, lo que hacían, etc.
2. Todo lo que Ud. hacía cuando era niño o niña.
3. Las actividades en que Ud. tomaba parte cuando estaba en la escuela secundaria.
4. Las cosas que hacía su familia cuando iba de vacaciones.
5. Algún hecho especial, dramático o divertido, de su vida.

## C Futuro y condicional

1. Verbos regulares.

| *Infinitivo* | *Futuro* | | *Condicional* | |
|---|---|---|---|---|
| **comprar** | comprar **é** | comprar **emos** | comprar **ía** | comprar **íamos** |
| | comprar **ás** | comprar **éis** | comprar **ías** | comprar **íais** |
| | comprar **á** | comprar **án** | comprar **ía** | comprar **ían** |
| **vender** | vender **é** | vender **emos** | vender **ía** | vender **íamos** |
| | vender **ás** | vender **éis** | vender **ías** | vender **íais** |
| | vender **á** | vender **án** | vender **ía** | vender **ían** |
| **recibir** | recibir **é** | recibir **emos** | recibir **ía** | recibir **íamos** |
| | recibir **ás** | recibir **éis** | recibir **ías** | recibir **íais** |
| | recibir **á** | recibir **án** | recibir **ía** | recibir **ían** |

Note que en el futuro la única persona que no lleva acento escrito es la primera persona del plural. En el condicional todas las personas llevan acento escrito.

2. Verbos irregulares.

Algunos verbos tienen la raíz irregular en el futuro y en el condicional. Las terminaciones regulares se añaden a estas raíces.

| *Infinitivo* | *Raíz* | *Futuro* | *Condicional* |
|---|---|---|---|
| salir | **saldr** | sal**dr**é | sal**dr**ía |
| venir | **vendr** | ven**dr**é | ven**dr**ía |
| poner | **pondr** | pon**dr**é | pon**dr**ía |
| tener | **tendr** | ten**dr**é | ten**dr**ía |
| poder | **podr** | po**dr**é | po**dr**ía |
| valer | **valdr** | val**dr**é | val**dr**ía |
| haber | **habr** | ha**br**é | ha**br**ía |
| saber | **sabr** | sa**br**é | sa**br**ía |
| caber | **cabr** | ca**br**é | ca**br**ía |
| hacer | **har** | ha**r**é | ha**r**ía |
| decir | **dir** | di**r**é | di**r**ía |
| querer | **querr** | que**rr**é | que**rr**ía |

3. Usos del futuro.

a. El futuro se usa para indicar que la acción, estado o condición va a ocurrir después del momento presente.

> **Saldré** para el aeropuerto dentro de una hora.
> **Iremos** antes del anochecer.

b. El futuro se usa para expresar conjetura, probabilidad o duda de una acción, estado o condición, en el presente o en el futuro. Equivale a la construcción en inglés de *I wonder, I suppose*.

> ¿Qué hora **será**? (*I wonder what time it is. What time can it be?*)
> **Serán** las dos. (*It's probably two o'clock.*)
> ¿**Llegará** Gustavo a tiempo? (*I wonder if Gustavo will arrive on time?*)

c. El futuro también se puede usar para indicar órdenes o mandatos.

> Niños, les repito que no **saldrán** esta tarde.
> **Escribirás** la carta en seguida.

4. Hay tres maneras de expresar una acción futura:

   a. Con la forma **ir a** + un infinitivo.
   **Voy a aprender** a esquiar.

   b. Con el verbo en presente.
   Mañana **salgo** para Haití y Santo Domingo.

   c. Con el tiempo futuro.
   El Sr. Ventura me **llevará** al juego de pelota.

5. Usos del condicional.

   a. Se usa el condicional para expresar una idea o un hecho futuro en relación con un momento del pasado.

   > Evelio me prometió que me **llevaría** a ver el Ballet Folklórico de México.
   > Él dijo que **compraría** las entradas.

   b. Se usa el condicional para expresar lo que ocurriría si no fuera por otra circunstancia.

   > **Iría** contigo, pero no tengo tiempo.
   > **Pagaría** la cuenta, pero no tengo dinero.

   c. En las oraciones condicionales con **si** se usa el condicional en combinación con el imperfecto de subjuntivo*.

   > Imperfecto de subjuntivo — Condicional
   > Si Pepe **llamara**, **hablaría** con él.

---

*Ver Capítulo 4, página 111.

d. El condicional se usa para expresar probabilidad, conjetura o duda de una acción, estado o condición en el pasado. Equivale al inglés *I wonder, I suppose*.

> **Serían** las dos cuando él llegó.
> *It was probably two o'clock when he arrived.*
>
> ¿**Iría** Antonio al baile anoche?
> *I wonder if Antonio went to the dance last night?*

e. Observe las siguientes combinaciones de tiempo: el presente con el futuro; el condicional con el pretérito o el imperfecto de indicativo.

| Presente ↔ Futuro | Pretérito o Imperfecto ↔ Condicional |
|---|---|
| Él **dice** que **vendrá**. | Él **dijo** que **vendría**. |
| **Sé** que él **llamará**. | **Sabía** que él **llamaría**. |

f. El condicional se usa con verbos como **desear**, **querer**, **poder** y **deber** para expresar una idea en una forma más cortés y delicada.

> ¿**Podrías** prestarme $10?
> **Deberías** visitar a tus abuelos.

## Ejercicios

I. Cambie los verbos en las oraciones al futuro y al condicional.

**MODELO:** Digo la verdad.
**Diré la verdad.**
**Diría la verdad.**

1. Me siento en la arena.
2. ¿Vuelves en avión?
3. Venimos a las tres.
4. Ellos piden arroz con pollo.
5. Voy al teatro mañana.
6. Hacemos la fiesta de cumpleaños.

II. Su amiga Amelia va a ir de pesca y Ud. les cuenta a sus compañeros lo que va a hacer ella. En su narración, cambie la forma **ir a** + infinitivo por el futuro.

**MODELO:** Amelia va a salir de pesca.
**Amelia saldrá de pesca.**

1. Va a reunirse en Acapulco con sus amigos.
2. Ellos van a tomar un barco que sale de madrugada.
3. El barco va a ser grande y cómodo.
4. Amelia va a alquilar el equipo de pesca[1].
5. Va a divertirse y a tener una experiencia diferente.

[1]*fishing equipment*

*Calle típica en la ciudad de Córdoba, España.*

III. Cambie los verbos que están en presente y futuro al pasado y al condicional.

**MODELO:** Dice que no tomará la medicina.
**Dijo que no tomaría la medicina.**

1. Pienso que Ernesto me llamará.
2. Creo que ellos vendrán en tren.
3. Dice que no gastará tanto dinero.
4. Anuncian que habrá nieve en las montañas.
5. Creo que ellos me invitarán.

IV. Complete las frases usando el futuro o el condicional del verbo en paréntesis.

1. (poner) Ellos me dicen que __________ los libros en el librero.
2. (venir) La Srta. Badillo dijo que no __________.
3. (ser) ¿__________ las cinco ahora?
4. (ser) __________ las dos cuando ella se fue.
5. (ir) Yo __________ contigo, pero tengo que estudiar.
6. (haber) Sé que __________ una reunión mañana.
7. (poder) ¿__________ Ud. cambiarme este billete?
8. (invitar) Yo __________ a Luisita pero ella no está en la ciudad.

9. (salir) Si ellos pudieran, ______________ de viaje.
10. (querer) ¿______________ Ud. salir a dar un paseo?

V. Complete las oraciones usando el futuro o el condicional del verbo en paréntesis para indicar conjetura o probabilidad.

1. (tener) Ella parece muy joven. ¿Qué edad ______________?
2. (estar) No encuentro las llaves. ¿______________ en el carro?
3. (ser) Anoche sonó el teléfono a las tres de la mañana. ¿Quién ______________?
4. (ir) ¿Con quién ______________ Luisa al teatro anoche?
5. (ser) No tenemos reloj. ¿Qué hora ______________?

VI. Va a haber un juego de fútbol en la Universidad de Texas. Prepare con un compañero un diálogo en el que Ud. pida la siguiente información. Use en sus preguntas y en las respuestas de su compañero el verbo en futuro.

1. El lugar del juego.
2. La hora del juego.
3. El precio de la entrada.
4. El lugar de estacionamiento.
5. El costo del estacionamiento.

VII. Una compañera le hace varias preguntas sobre los programas de televisión porque va a escribir un informe para la clase de periodismo[1]. Conteste sus preguntas.

1. ¿Qué cambios piensa Ud. que deberían hacer los productores de televisión?
2. ¿Qué programas cree Ud. que beneficiarían más a la juventud?
3. ¿Qué tipo de programas eliminaría Ud. de la televisión?
4. ¿Cómo podría la televisión ser un medio muy eficaz[2] de educación?
5. ¿Qué programas le gustaría ver con más frecuencia?

[1]*journalism* [2]*effective*

VIII. Composición dirigida oral o escrita. Comente uno de los siguientes tópicos.

1. ¿Qué haría Ud. si ganara un millón de dólares en un año?
2. ¿Qué pasaría si no existieran las leyes de tráfico?
3. ¿Qué haría Ud. si le ofrecieran un trabajo en Bolivia?
4. ¿Qué pasaría si se acabara el petróleo en el mundo?

IX. Su amigo cree que Ud. puede predecir el futuro. Ud. le va a dar sus predicciones futuras para las siguientes cosas que él le ha preguntado.

1. El consumo de drogas entre la juventud en los próximos cinco años.
2. La casa del futuro.
3. Medios de transporte en el año 2100.
4. Posibilidades de descubrir una cura para el cáncer y el SIDA.

X. Unos amigos lo han invitado a pasar una semana en las montañas durante las vacaciones de Navidad. Descríbales a sus compañeros de clase las cosas que harán. (Use los verbos en el futuro y el siguiente vocabulario como guía.)

| | | |
|---|---|---|
| subir | divertirse | lago helado |
| esquiar | funicular | frío |
| patinar | esquí | ropa de lana |
| cenar | patines | crema protectora |
| usar | viento | restaurante |

Comience así: **En el mes de diciembre iré...**

## Participios pasados

comprar compr **ado** vender vend **ido** recibir recib **ido**

Los participios pasados terminados en **-ido** llevan acento sobre la **i** si ésta va precedida de vocal fuerte **(a, e, o)**.

caer **caído** leer **leído** oír **oído**

**NOTA:** Los participios pasados de los verbos terminados en **-uir** no llevan acento escrito.

huir **huido** destruir **destruido**

1. Algunos verbos tienen participios pasados irregulares.

| *Infinitivo* | *Participio pasado* | *Infinitivo* | *Participio pasado* |
|---|---|---|---|
| abrir | **abierto** | volver | **vuelto** |
| cubrir | **cubierto** | poner | **puesto** |
| escribir | **escrito** | morir | **muerto** |
| romper | **roto** | | |
| ver | **visto** | decir | **dicho** |
| resolver | **resuelto** | hacer | **hecho** |

Los verbos **bendecir** y **freír** tienen dos participios pasados, uno regular y otro irregular. (Hoy en día se usa **freído** poco.)

| *Regular* | *Irregular* |
|---|---|
| **bendecido** | **bendito** |
| **[freído]** | **frito** |

**NOTA:** Las formas irregulares de los participios pasados se usan principalmente como adjetivos.

En la iglesia hay agua **bendita**.
Me gustan las papas **fritas**.

2. Usos del participio pasado*.

   a. Con los diferentes tiempos del verbo **haber** para formar los tiempos perfectos**.

      **he llegado   había salido   habremos visto   haya dicho**

   b. Usado como adjetivo. En este caso concuerda en género y número con el nombre o pronombre que modifica.

      profesor **aburrido**   ventanas **abiertas**

*Edificio colonial con fuente al frente. Al fondo, como contraste, el edificio moderno de un banco Caracas, Venezuela.*

## Ejercicios

I. Ud. habla con su amigo, quien va a ir a Venezuela, sobre la importancia del petróleo en la economía de ese país. Complete el párrafo con el participio pasado de los verbos que están entre paréntesis.

La economía venezolana ha ____________ principalmente en el petróleo. Los pozos de petróleo del lago de Maracaibo estuvieron bajo *(descansar)*

---

*Ver Capítulo 10 para otros usos del participio pasado.

**Ver páginas 57–59 de este capítulo.

una compañía extranjera hasta el primero de enero de 1976, fecha en que el gobierno adquirió el control de estos pozos y de todo el petróleo del país. Se han ___extraido___ muchos billones de barriles de petróleo del suelo de Venezuela, y la mayor parte de él ha ___salido___ del fondo[1] del lago de Maracaibo.

(extraer)
(salir)

[1]*bottom*

II. La fiesta en casa de Ismael no fue buena. Descríbales a sus amigos cómo fue. Para completar el párrafo, use como adjetivos los participios pasados de los verbos que están en paréntesis.

La fiesta en casa de Ismael no fue ___divertida___. Las muchachas ___invitadas___ eran tontas y feas, y los jóvenes parecía que estaban ___dormidos___ porque ni hablaban ni bailaban mucho. Los músicos estaban ___cansados___ y tocaron poco y mal, y aun la comida que sirvieron estaba mal ___preparada___ y era poca. En fin, la fiesta quedó muy ___aburrida___.

*(divertir)*
*(invitar)*
*(dormir)*
*(cansar)*
*(preparar)*
*(aburrir)*

## E Tiempos perfectos del modo indicativo

1. *Presente perfecto.* Se forma usando el presente de **haber (he, has, ha, hemos, habéis, han)** + el participio pasado.

**he comprado    hemos vendido    han recibido**

Se usa el presente perfecto para expresar una acción que ha terminado en el pasado inmediato, cuyos efectos se extienden en el presente. En general, denota un hecho que sigue teniendo actualidad en el presente.

Mi hija **ha crecido** mucho este año.
*My daughter has grown a lot this year.*

Andrés y Felipe **han trabajado** mucho, pero no **han ahorrado** ningún dinero.
*Andrés and Felipe have worked a lot, but they have not saved any money.*

**NOTA:** En español, a diferencia del inglés, no se separan los dos verbos.

| | |
|---|---|
| ¿**Ha llegado** Maria? | *Has Maria arrived?* |
| Siempre **he hecho** lo mismo. | *I have always done the same thing.* |

2. *Pluscuamperfecto.* Se forma usando el imperfecto de **haber (había, habías, había, habíamos, habíais, habían)** + el participio pasado.

    **habías comprado habíamos vendido habían recibido**

    Se usa el pluscuamperfecto para expresar una acción pasada terminada antes de otra acción pasada.

    Ellos ya **habían comido** cuando yo **llamé**.
    *They had already eaten when I called.*

    Ella ya **había visto** esa película.
    *She had already seen that movie.*

3. *Pretérito anterior.* Se forma usando el pretérito de **haber (hube, hubiste, hubo, hubimos, hubisteis, hubieron)** + el participio pasado.

    **hube comprado hubimos vendido hubo recibido**

    Este tiempo se usa muy poco hoy en día y aparece generalmente en oraciones temporales que pueden expresarse con el verbo en pretérito.

    Tan pronto como **hubimos llegado** empezó el programa.
    *As soon as we had arrived the program began.*

    Tan pronto como **llegamos** empezó el programa.
    *As soon as we arrived the program began.*

4. *Futuro perfecto.* Se forma usando el futuro de **haber (habré, habrás, habrá, habremos, habréis, habrán)** + el participio pasado.

    **habré comprado habrá vendido habrán recibido**

    a. Se usa el futuro perfecto para expresar una acción futura ocurrida antes de otra acción también futura.

        **Habré terminado** el libro para esa fecha.
        *I will have finished the book by that date.*

        **Habremos preparado** las maletas para mañana.
        *We will have packed the suitcases by tomorrow.*

    b. También se usa el futuro perfecto para expresar probabilidad, conjetura o duda. En este caso equivale a la construcción en inglés de presente perfecto + *probably* o *I wonder, I suppose*.

        Ya **habrán salido**.
        *They have probably gone out already.*

        ¿Qué le **habrá pasado** a Susana?
        *I wonder what has happened to Susana?*

5. *Condicional perfecto.* Se forma usando el condicional de **haber (habría, habrías, habría, habríamos, habríais, habrían)** + el participio pasado.

    **habría comprado habrías vendido habríamos recibido**

a. Se usa el condicional perfecto para expresar lo que habría pasado si otra acción no hubiera ocurrido.

> Yo les **habría hablado**, pero no los vi.
> *I would have talked to them, but I did not see them.*

b. También se usa para expresar probabilidad, conjetura o duda de una acción pasada.

> Pensé que **habrías ido** a la playa.
> *I thought that you had probably gone to the beach.*
>
> ¿**Habría ganado** Elisa el primer premio?
> *I wonder if Elisa would have won the first prize?*

c. En las oraciones condicionales con **si** se usa el condicional perfecto en combinación con el pluscuamperfecto de subjuntivo para expresar una acción contraria a la realidad en el pasado*.

> Pluscuamperfecto de subjuntivo ⟷ Condicional perfecto
>
> Si **hubiera venido**, lo **habría vísto**.
> *If he had come, I would have seen him.*
>
> Si no **hubiera llovido, habría ido** a la corrida de toros.
> *If it had not rained, I would have gone to the bullfight.*

*Vista aérea de Asunción, capital del Paraguay.*

*Ver Capítulo 4, página 111.

## Ejercicios

I. Ud. entrevistó a un profesor de español sobre la educación en los Estados Unidos. Complete las respuestas que le dio el profesor con el presente perfecto de indicativo de los verbos que están entre paréntesis.

| | | |
|---|---|---|
| Ud. | ¿Qué idioma extranjero cree Ud. que es más necesario en los Estados Unidos? | |
| Profesor | El español se ________________ cada vez más necesario en este país. | *(hacer)* |
| Ud. | ¿Cómo es la educación con respecto a ese idioma? | |
| Profesor | Ésta ________________ en muchos aspectos. Muchas instituciones | *(cambiar)* |
| | ________________ programas bilingües y muchas universidades | *(establecer)* |
| | ________________ cursos sobre la cultura chicana y la cultura hispanoamericana en general. | *(abrir)* |
| Ud. | ¿Qué puede decir de la literatura que ________________ las diferentes inmigraciones hispanas en los Estados Unidos? | *(producir)* |
| Profesor | Creo que todos los grupos, los chicanos, los puertorriqueños y los cubanos, ________________ una literatura propia que cada vez es más leída y apreciada. | *(crear)* |

II. Haga las oraciones, según el modelo, cambiando el primer verbo de la frase al pluscuamperfecto de indicativo para indicar una acción terminada antes de otra acción pasada.

**MODELO:** Salí cuando él llegó.
**Ya había salido cuando él llegó.**

1. Nos acostamos cuando empezó a llover.
2. Te despertaste cuando ladró el perro.
3. Preparé la cena cuando llamó Esteban.
4. Ellos se durmieron cuando empezó el programa.
5. La televisión se rompió cuando empezó a hablar el Presidente.

III. Su amigo le hace varias preguntas que Ud. va a contestar empezando sus respuestas con: **No sé**. Después, usando las palabras en paréntesis, va a decirle quién probablemente hizo la acción.

**MODELO:** ¿Quién lavó el carro? (mi hermano)
**No sé. Lo habrá lavado mi hermano.**

1. ¿Quién arregló el motor? (el mecánico)
2. ¿Quién cambió el aceite? (Tomás)
3. ¿Quién compró la batería? (mi padre)
4. ¿Quién ajustó los frenos? (Juanito)
5. ¿Quién puso en el carro las gomas nuevas? (Ramón)

IV. Complete las oraciones con el condicional perfecto de los verbos en paréntesis para expresar una acción contraria a la realidad en el pasado.

1. (aprender) Si hubieran vivido en México, ________________ español.
2. (traer, yo) ________________ muchos objetos de plata de Taxco si hubiera podido.
3. (visitar, nosotros) ________________ a tu hermano si hubiéramos tenido su dirección.
4. (ser) Si Cristina se hubiera casado con Alberto, ________________ más feliz.
5. (distribuir) Si Leopoldo hubiera tenido mucho dinero, lo ________________ entre los pobres.

V. Complete las oraciones con la traducción al español de las frases que están en inglés.

1. (*have learned*) Ellos ya ________________ a manejar el camión.
2. (*would have gone*) Pensé que tú ________________ con ellos.
3. (*had told*) Eusebio me ________________ que volvería temprano.
4. (*I will have finished*) (Yo) ________________ la construcción del edificio para fines de año.
5. (*probably have arrived*) Ellos ya ________________.
6. (*I would have seen them*) (Yo) ________________ si hubieran venido.

VI. Conteste las preguntas elaborando las respuestas en forma original.

**MODELO:** ¿Dónde ha dejado Ud. las llaves?
**Probablemente las he perdido porque siempre las he tenido dentro de la bolsa y ahora no están.**

1. ¿Qué experiencias personales ha tenido Ud. este año?
2. Ud. ha sentido un ruido grande en la cocina de su casa. ¿Qué cree Ud. que habrá pasado?
3. La policía ha encontrado a un hombre herido en la calle donde Ud. vive. ¿Qué cree Ud. que le habrá pasado?

VII. Temas de conversación.

1. ¿Qué cosas cree Ud. que ocurrirán en su vida en los próximos diez años?
2. ¿Qué cree Ud. que pasará en los Estados Unidos si continúan viniendo inmigrantes de otros países?
3. ¿Qué cree Ud. que pasará con los problemas de la contaminación del medio ambiente?
4. ¿Qué cambios cree Ud. que habrán ocurrido en el panorama económico, político y social de los Estados Unidos para el año dos mil?

## Uso del verbo *haber*

1. Se usa la forma de la tercera persona del singular del verbo **haber**, en todos los tiempos que sean necesarios, para expresar el concepto de **hay**. No se usan las formas plurales. Observe las siguientes equivalencias:

| | | |
|---|---|---|
| **hay** | (*there is/there are*) | **hay** un estudiante<br>**hay** diez estudiantes |
| **había** | (*there was/there were [existed]*) | **había** una persona<br>**había** mil personas |
| **hubo** | (*there was/there were [occurred]*) | **hubo** una fiesta<br>**hubo** muchas fiestas |
| **habrá** | (*there will be*) | **habrá** un baile<br>**habrá** varios bailes |
| **habría** | (*there would be*) | **habría** un carro<br>**habría** cientos de carros |
| **ha habido** | (*there has been/there have been*) | **ha habido** una revolución<br>**ha habido** muchas revoluciones |
| **había habido** | (*there had been*) | **había habido** un presidente<br>**había habido** otros presidentes |

2. En las oraciones que requieren subjuntivo se sigue la misma regla de usar sólo la forma de la tercera persona del singular.

> Tal vez **haya** una exhibición de carros este mes y espero que **haya** muchos modelos baratos porque necesito comprar un carro nuevo.
> Sentí que no **hubiera** más personas en el desfile (*parade*).

### Ejercicio

Ud. conversa con una compañera sobre las celebraciones que tendrán en su escuela y sobre la visita que Ud. hizo al museo. Complete las narraciones traduciendo las frases que están en inglés.

1. ________________ muchas celebraciones el día de la Independencia. Esta semana ________________ dos reuniones en la escuela para planear las festividades. ________________ mucho entusiasmo y ________________ muchas personas que están trabajando en el programa que van a presentar. (*there will be*) (*there were*) (*there is*) (*there are*)
2. Fui al museo y ________________ miles de personas viendo la exposición de los cuadros de Frida Kahlo. Anteriormente ________________ otra exhibición con dibujos de distintos pintores mexicanos. Espero que ________________ otras exposiciones con artistas de Hispanoamérica. (*there were*) (*there had been*) (*there are*)

## Ejercicio de composición (opcional)

Haga una composición (oral o escrita) sobre el tema que se da a continuación. Use el esquema siguiente.

TEMA: La influencia hispana en el suroeste de los Estados Unidos.

INTRODUCCIÓN: Enriquecimiento cultural ocurrido en el suroeste de los Estados Unidos.
Principales inmigraciones de habla hispana que han venido.
¿En qué parte del país es más fuerte la influencia hispana?

DESARROLLO: Cambios que se han producido en las costumbres, en la ropa, en las comidas.
Incorporación de nuevas palabras en el vocabulario.
Los efectos de estas influencias en la sociedad, en la educación y en la familia.

CONCLUSIÓN: Dé su opinión personal de los resultados, positivos o negativos, producidos por la mezcla de las culturas.

*La Misión de Carmel en California.*

# Lectura 1

## Diversidad versus unidad

A pesar de° la gran diversidad que presenta Hispanoamérica, los países que la forman tienen un patrimonio° histórico común y la misma tradición hispana. La unidad de su historia hace que Hispanoamérica sea una gran patria° para todos sus habitantes°, los cuales hablan, piensan, sienten y rezan° en español.

*in spite of; heritage; country/inhabitants; pray*

La organización de los pueblos y ciudades de Hispanoamérica es típicamente española, teniendo siempre una plaza central con la iglesia a un lado y el ayuntamiento°, o palacio municipal, al otro. En cualquier ciudad de Hispanoamérica se puede apreciar la huella que España dejó en sus calles, en sus casas con patios interiores, en sus ventanas enrejadas°, en sus catedrales y en sus claustros° de conventos. Asimismo°, son parte de la herencia española ciertas costumbres y tradiciones, como la siesta del mediodía, las cenas tardes y las sobremesas° largas.

*city hall; latticed windows; cloisters/likewise; sitting at the table after dinner*

Esta marcada influencia española tomó distintas formas al unirse con otras culturas en el Nuevo Mundo. El substrato° azteca y maya en México y en Guatemala, y el inca en el Perú, así como° la cultura africana en el Caribe, fueron las principales fuentes° de enriquecimiento que contribuyeron a formar un mundo con formas, colores y música genuinamente propio de Hispanoamérica. ¿Quién puede negar° la influencia indígena que aparece en las artes populares de muchos países de Hispanoamérica? ¿Y no es en la música y los bailes donde aparece más completa la fusión de lo español con la cultura indígena y la cultura africana?

*substratum; as well as; sources; deny*

Los pueblos de Hispanoamérica son pueblos rebeldes y difíciles y, por lo tanto, de gran vitalidad. Estas características hacen que sean pueblos° complicados y problemáticos para gobernarlos, lo que explica los múltiples golpes de estado° que se han producido en varios países, así como el poder del ejército para establecer gobiernos militares, interrumpiendo un desarrollo° democrático estable. Países como Bolivia y Paraguay han estado casi permanentemente gobernados por regímenes militares.

*people; coups d'etat; development*

El contraste entre las clases sociales en Hispanoamérica sigue siendo muy marcado. La clase con mayores medios° económicos representa una minoría y la clase media todavía no predomina en la mayor parte de los países. La gran mayoría, bien sea en la ciudad o en el campo, vive en la pobreza°.

*means; poverty*

Actualmente°, Hispanoamérica se encuentra en un período de transición y de cambios muy positivos. Se están haciendo grandes esfuerzos° y reformas por mejorar el nivel de vida° de algunos países y por desarrollar y aumentar° la economía de ese conglomerado° de naciones que comparte° la misma tradición histórica.

*at present* / *efforts/standard of living* / *to increase* / *conglomerate/shares*

Existe un futuro lleno de esperanzas y promesas para estos pueblos del mundo hispanoamericano, no sólo porque poseen una gran riqueza económica potencial, sino porque tienen inmensas reservas espirituales y un rico sentido de la vida.

## VOCABULARIO PARA REPASAR

rezar pueblo ayuntamiento o palacio municipal golpe de estado sobremesa
desarrollo siesta pobreza fuente nivel de vida negar compartir

I. Después de repasar el vocabulario llene los espacios en blanco con la palabra que sea correcta.

1. Muchas personas no tenían donde trabajar. Había gran ________ en aquel pueblo.
2. El alcalde[1] de la ciudad tiene la oficina en el ________.
3. Cuando la familia acaba de comer se queda conversando en la mesa. Hacen siempre unas ________ largas.
4. Todos los días la abuelita dormía la ________ al mediodía.
5. Los salarios de los trabajadores son altos y la situación económica ha mejorado. Ha subido el ________ en el país.
6. El ejército al dar el ________ quitó al presidente elegido en las elecciones.
7. Se usa la palabra ________ para referirse al conjunto de los habitantes de un país.
8. El ________ económico del país, se debe a que se han establecido nuevas industrias y comercios.

[1] *mayor*

II. Dé los sustantivos correspondientes a los siguientes verbos. Después, escriba una oración con cada palabra.

desarrollar enriquecer influir
cenar heredar organizar

### PREGUNTAS SOBRE LA LECTURA

1. ¿Por qué se dice que Hispanoamérica es como una gran patria común para sus habitantes?
2. ¿En qué cosas se ve la herencia española en Hispanoamérica?
3. ¿En qué aspectos de la cultura hispanoamericana se nota la influencia de las culturas indígenas y africana?
4. ¿Por qué es difícil gobernar los países de Hispanoamérica?
5. ¿Qué ocurre hoy en día en Hispanoamérica?

### TEMAS DE CONVERSACIÓN

1. ¿Cómo se podría mejorar la riqueza económica de algunos países de Hispanoamérica?
2. ¿Cree Ud. que sería posible unir todos los países de Sudamérica bajo un gobierno federal central como existe en los Estados Unidos? Explique su respuesta.
3. ¿Habría la misma unidad que existe hoy en Sudamérica si varias naciones europeas hubieran tomado parte en la colonización? Explique su respuesta.
4. ¿Cómo es el centro de la ciudad donde Ud. vive? ¿Dónde queda el ayuntamiento?
5. ¿Existe influencia africana en la música de los Estados Unidos? Dé ejemplos.

# Lectura 2

## Marco Denevi

**Marco Denevi nació en Buenos Aires, Argentina, en 1922. Su primer libro *Rosaura a las diez* mereció el primer premio en un concurso celebrado por la Editorial Kraft, en 1955. Este libro fue el comienzo de su brillante carrera literaria que abarca el campo de la novela, el cuento corto y el teatro. En mucha de su obra prevalece cierta sátira social, así como su preocupación por el progreso tecnológico del mundo actual. La pequeña fantasía que sigue pertenece a la colección *Ceremonia secreta y otros cuentos*, de 1965.**

### Apocalipsis

La extinción de la raza de los hombres se sitúa aproximadamente a fines del siglo XXXII. La cosa ocurrió así: las máquinas° habían alcanzado° tal perfección que los hombres ya no necesitaban comer, ni dormir, ni leer, ni hablar, ni escribir, ni hacer el amor, ni siquiera° pensar. Les bastaba apretar° botones y las máquinas lo hacían todo por ellos. Gradualmente fueron desapareciendo las Biblias, los Leonardo da Vinci[1], las mesas y los sillones, las rosas, los discos con las nueve sinfonías de Beethoven[2], las tiendas de antigüedades, el vino de Burdeos[3], las oropéndolas°, los tapices flamencos°, todo Verdi[4], las azaleas, el palacio de Versalles. Sólo

*machines*
*reached*
*not even/to push*
*golden orioles*
*Flemish tapestries*

había máquinas. Después los hombres empezaron a notar que ellos mismos iban desapareciendo gradualmente, y que, en cambio, las máquinas se multiplicaban. Bastó poco tiempo para que el número de los hombres quedase° reducido a la mitad° y el de las máquinas aumentase al doble°. Las máquinas terminaron por ocupar todo el espacio disponible°. Nadie podía moverse sin tropezar° con una de ellas. Finalmente, los hombres desaparecieron. Como el último se olvidó de desconectar las máquinas, desde entonces seguimos funcionando.

*end up/half*
*increase doubly*
*available/bumping into*

[1]*Leonardo da Vinci (1452–1519), artista italiano que se distinguió en la pintura y en otros campos del saber humano.*
[2]*Ludwig van Beethoven (1770–1827), famoso compositor alemán.*
[3]*Burdeos, región de Francia famosa por sus vinos.*
[4]*Giuseppe Verdi (1813–1901), célebre compositor italiano, autor de muchas óperas.*

## VOCABULARIO PARA REPASAR*

alcanzar apretar máquina mitad ni siquiera tropezar

## PREGUNTAS SOBRE LA LECTURA

1. En esta pequeña fantasía, ¿cuándo cree el autor que se extinguirá la raza humana?
2. ¿Qué critica el autor?
3. ¿Qué usa el autor para representar la religión, la pintura, la música, la arquitectura?
4. ¿Por qué cree Ud. que el autor dice al final “seguimos funcionando”?

---

*El ejercicio correspondiente a este vocabulario aparece en el *Cuaderno de Ejercicios A*.

# 3 Capítulo

*Vista de la ciudad de Caracas, Venezuela.*

- Estudio de palabras
- Usos de **ser** y **estar**
- Modo indicativo y modo subjuntivo
- Presente de subjuntivo
- Imperfecto de subjuntivo
- Usos del subjuntivo: Verbos que expresan duda, voluntad o emoción
- Frases y expresiones que requieren subjuntivo
- Lecturas: "Lección sobre ruedas" de Domitila Barrios de Chungara
  "Leyenda" de Jorge Luis Borges

-**Ojalá** que **lleguemos** a tiempo a la reunión. No **quisiera** que **discutieran** el contrato sin nuestra participación.
-**Espero** que no **encontremos** mucho tráfico. **Es importante** que **estemos** presentes para defender los derechos de la mujer.

## Estudio de palabras

**apagar** (gu) *to light, turn on* Debemos **apagar** todas las luces. No quiero que se queden encendidas.

| | | |
|---|---|---|
| **encender** (ie) | *to put out, turn off* | **Enciende** la computadora. Voy a escribir unas cartas. |
| **gastar** | 1. *to spend* | -¿Cuánto **gastaste** en el viaje?- No sé, pero más de $3.000. |
| | 2. *to wear out* | Caminé tanto que **gasté** la suela[1] de los zapatos. |
| **pasar** | *to spend time* | **Pasé** mi juventud en la capital. |
| **ahorrar** | *to save* | Carolina **ahorra** dinero porque quiere comprar una casa. |
| **salvar** | *to save* | El policía **salvó** al niño que se cayó en el río. |
| **huir** (y) | *to flee, escape* | El gato **huyó** al ver los perros en el patio. |
| el **empleo** / el **puesto** / el **trabajo** | *job, work* | -¿Vas a cambiar de **empleo**?- Sí, encontré otro **puesto** mejor en el banco. Me gusta más el **trabajo**. |
| la **calificación** | *mark, grade* | Las **calificaciones** del niño son excelentes. Tiene A en todo. |
| el **grado** | *grade* | ¿En qué **grado** estás en la escuela? ¿En quinto **grado**? |
| **estar de buen (mal) humor** | *to be in a good (bad) mood* | Jaime **está de mal humor** porque tiene un examen mañana. |
| **estar listo** | *to be ready* | Vengo a buscarte a las ocho. ¿**Estarás listo** a esa hora? |

[1]*sole*

## Usos de *ser* y *estar*

1. **Ser** se usa:

   a. Con la preposición **de** para expresar origen, posesión y material de que está hecha una cosa.

> Rosita le contó que **éramos** de otros países.
> Estos vinos **son** de Chile.
>
> El perro **es** de Antonio.
> ¿De quién **será** esa casa?
>
> Su blusa **es** de seda.
> Las paredes **son** de adobe.

b. Con adjetivos para expresar características o cualidades propias o intrínsecas de personas y cosas.

El chofer **era** muy conversador.
El edificio **es** moderno.
Los limones **son** ácidos.

c. Para expresar la idea de tener lugar o acontecer un hecho. Equivale en inglés a *to take place*.

El banquete **será** en el Hotel Tamanaco de Caracas y el concierto que lo precede **será** a las seis, también en el Hotel Tamanaco.

d. Para expresar la voz pasiva*.

La ciudad **fue** destruida por la erupción del volcán.
Todo **fue** descrito en los periódicos de ayer.

e. Cuando el predicado es un nombre, pronombre o un adjetivo usado como nombre.

Ellos **son** amigos.
La inteligente **es** ella y el perezoso **es** él.

f. Para indicar la hora y otras expresiones de tiempo.

¿**Será** muy tarde ya? No lo creo. **Son** las dos.
Caramba, no recuerdo qué día **es** hoy.
Hoy **es** el quince de marzo.

g. Con expresiones impersonales.

**Es necesario** llegar a tiempo al concierto.
**Es lástima** si no escuchamos el principio.

2. **Estar** se usa:

a. Para expresar lugar o posición de cosas o personas.

El calendario azteca **está** en el Museo Nacional de Antropología en la Ciudad de México. Ayer **estuvimos** allí y también en el parque Chapultepec que **está** al lado del museo.

b. Con adjetivos para expresar estados o condiciones transitorios de personas o cosas, y con participios pasados—usados como adjetivos—para expresar el resultado de una acción y describir un estado o una condición del sujeto.

---

*Ver Capítulo 10, página 278.

| *Condición transitoria* | *Resultado de una acción* |
|---|---|
| Ana **está** enferma. | El hombre **está** muerto. Murió una hora después del accidente. |
| El café **está** frío. | La puerta **está** cerrada. Creo que la cerró Carlos. |

c. Con los gerundios (la forma verbal terminada en **-ndo**) para formar los tiempos progresivos**. (Esta construcción se usa menos en español que en inglés.)

> Bernabé **está recogiendo** los juguetes y los niños **están estudiando**.

d. Con las siguientes frases idiomáticas***:

| | |
|---|---|
| **estar a oscuras** | *to be in the dark* |
| **estar de acuerdo** | *to be in agreement* |
| **estar de buen (mal) humor** | *to be in a good (bad) mood* |
| **estar de cabeza** | *to do a headstand* |
| **estar de espaldas** | *to be facing away* |
| **estar de frente** | *to be facing forward* |
| **estar de incógnito** | *to be incognito* |
| **estar de lado** | *to be sideways* |
| **estar de moda** | *to be fashionable* |
| **estar de pie** | *to be standing* |
| **estar de prisa** | *to be in a hurry* |
| **estar de regreso** | *to be back* |
| **estar de rodillas** | *to be kneeling* |
| **estar de vacaciones** | *to be on vacation* |
| **estar de viaje** | *to be traveling, on a trip* |
| **estar de vuelta** | *to be back* |
| **estar en estado** | *to be pregnant* |
| **estar listo** | *to be ready* |
| **estar para** | *to be about to* |
| **estar por** | *to be in favor of* |

3. Observe en las siguientes oraciones la diferencia de significado que ocurre al usar el verbo **ser** o **estar**:

| SER | ESTAR |
|---|---|
| Beatriz **es** bonita<br>*Beatriz is a pretty girl.* | Beatriz **está** bonita.<br>*Beatriz looks pretty.* |
| **Soy** listo.<br>*I am smart.* | **Estoy** listo.<br>*I am ready.* |
| Joaquín **es** aburrido.<br>*Joaquín is a boring person.* | Joaquín **está** aburrido.<br>*Joaquín is bored.* |

*(continuado)*

**Ver Capítulo 5, El gerundio o participio presente, página 142.

***En español hay otros verbos que llevan la preposición **de**. Ver Capítulo 9, página 261.

| | |
|---|---|
| Esta fruta **es** dulce.<br>*This (kind of) fruit is sweet.* | Esta fruta **está** dulce.<br>*This fruit tastes very sweet.* |
| Juanito **es** un chico nervioso.<br>*Juanito is a nervous kid.* | Juanito **está** nervioso por el examen.<br>*Juanito is nervous about the exam.* |

*Grupo de jóvenes paseando en bote en el canal del parque Alameda en Quito, Ecuador.*

## Ejercicios

I. Complete las oraciones con el presente de indicativo de **ser** o **estar**, de acuerdo con el sentido de las frases.

1. Pedro ________________ un hombre neurótico.
   Pedro ________________ neurótico porque lo dejó la novia.
2. Asela ________________ aburrida de tanto trabajar.
   Asela ________________ aburrida; es imposible estar con ella.

3. Él ________________ una persona saludable, nunca está enfermo.
   Él ________________ saludable; no ha tenido que llamar al médico este mes.
4. El hombre ________________ impaciente porque quiere irse.
   Ese hombre ________________ una persona impaciente.
5. (Yo) ________________ lista todos los días cuando él me viene a buscar.
   Ese chico ________________ muy listo. Pasó todos los exámenes.
6. Ella ________________ bonita con ese traje.
   Ella ________________ la más bonita de las hijas.
7. Javier ________________ de Puerto Rico; nació en San Juan.
   Javier ________________ en Quito de visita.
8. Mi hermano ________________ arquitecto.
   Mi hermano ________________ con el arquitecto en su oficina.
9. Carmen ________________ en estado.
   Carmen ________________ del estado de Arizona.
10. El diccionario ________________ en el librero.
    El diccionario ________________ del profesor Ramírez.

II. Complete las oraciones con el tiempo apropiado de **ser** o **estar**, de acuerdo con el sentido de la frase.

1. Su mujer ________________ en estado y él ________________ muy contento con esta noticia.
2. Pedro y yo siempre ________________ de acuerdo.
3. Cuando entramos ayer en la iglesia todos ________________ de pie y el cura ________________ rezando[1] en el altar.
4. Ocho por cinco ________________ cuarenta.
5. ________________ las tres cuando ella salió ayer de su oficina.
6. La cena esta noche ________________ a las ocho.
7. ¿________________ Ud. el primo de Mario?
8. Cuando ellos salieron llovía mucho y las calles ________________ inundadas.
9. El hombre tuvo un ataque al corazón y ________________ muerto.
10. Las maletas ________________ de piel.

[1]*praying*

III. Complete las oraciones con el tiempo correcto de **ser** o **estar**.

1. La casa ________________ abandonada. Todas las ventanas ________________ cerradas.

2. Cuando yo ______________ ayer en el portal, vi que mi vecina ______________ hablando con un policía.
3. El año pasado los naranjos[1] ______________ llenos de azahares[2]. Me gusta el perfume de estas flores porque ______________ suave y delicado.
4. A Juan no le gusta hablar. Él ______________ muy callado[3].
5. Elsa siempre conversa mucho, pero anoche durante la comida ______________ muy callada.
6. Las manzanas que ______________ en el árbol no se pueden comer todavía; ______________ muy verdes.
7. Los estudiantes ______________ hoy de mal humor porque tienen un examen.
8. El edificio ______________ muy antiguo y ______________ deteriorado porque no lo cuidan.
9. No ______________ Petra la que habla, ______________ su hija.
10. ¿Quién ______________ la muchacha que ______________ ayer con Esteban?

[1]*orange trees* [2]*orange blossoms* [3]*quiet*

IV. Un ladrón entró en su casa y robó varias cosas. Explíquele Ud. al policía cómo encontró la casa. Use **estar** + participio pasado en sus respuestas.

**MODELO:** (Policía) ¿Cómo estaban las ventanas? (cerrar)
(Ud.) **Las ventanas estaban cerradas.**

1. ¿Cómo estaba el garaje? (abrir)
2. ¿Cómo estaban las luces? (apagar)
3. ¿Cómo estaba la puerta del patio? (romper)
4. ¿Cómo estaba la alarma de la casa? (descomponer)

V. Composición dirigida (oral o escrita). Complete las frases en forma original.

**MODELO:** Marcos está muy triste...
**Marcos está muy triste porque Adela se peleó con él. Además está sin trabajo y sin dinero. La gran ironía es que Marcos siempre ha sido optimista, pero ahora está muy pesimista.**

1. Rodolfo y Rolando están muy contentos...
2. Estoy construyendo una casa nueva...
3. Maricusa es muy popular en la universidad...
4. La familia Benítez es de origen español...
5. La fiesta del cuatro de julio...

VI. Temas de conversación.

1. Descríbale a su amiga la boda de su prima. Describa a los novios, la ceremonia, la iglesia, etc.
2. Piense que Ud. está en el hipódromo[1] mirando las carreras de caballos. Describa el lugar, los caballos, el público, etc.
3. Imagine que Ud. acaba de llegar de un viaje y le describe a sus compañeros la ciudad que visitó.
4. Su amiga, que vive en Panamá, quiere saber cómo es su novio o novia y Ud. se lo va a describir.

[1]*racetrack*

## B Modo indicativo y modo subjuntivo

- *El modo indicativo* se usa cuando la persona que habla informa sobre una acción o condición, en el presente, en el pasado o en el futuro, sin hacer comentario. Expresa la acción verbal como una realidad objetiva. El indicativo puede usarse en las cláusulas principales o en las cláusulas subordinadas.
- *El modo subjuntivo* se usa para mencionar una acción o condición como concepto, sobre cuya ocurrencia o existencia se hace un comentario en la cláusula principal. Presenta la acción verbal en forma dudosa o hipotética y expresa subjetivamente el pensamiento de la persona que habla. El subjuntivo, generalmente, se usa en las cláusulas subordinadas.

| *Cláusula principal* | | *Cláusula subordinada* | |
|---|---|---|---|
| **Sé** | que | ella **viene** hoy. | Es seguro que ella viene hoy. |
| **Espero** | que | ella **venga** hoy. | Existe la esperanza de que ella venga hoy, pero no hay seguridad. |

Note en los ejemplos que el sujeto de la cláusula principal es diferente al de la cláusula subordinada.

Como se verá más adelante, cuando en la cláusula principal aparecen verbos que expresan duda, voluntad o emoción, o ciertas frases impersonales, comentando sobre el concepto expresado en la cláusula subordinada, se usa el modo subjuntivo en esta cláusula subordinada. Observe los siguientes ejemplos.

**Dudo** que **compremos** la casa.
Alfredo **prefiere** que **alquilemos** un apartamento.
**Tal vez** mi hijo **consiga** un condominio.
**Será necesario** que **vendamos** la cabaña del lago.

El modo subjuntivo, hoy día, tiene dos tiempos simples: presente e imperfecto; y dos tiempos perfectos: presente perfecto y pluscuamperfecto. El modo subjuntivo se usa más en español que en inglés.

## C Presente de subjuntivo

1. Formas.

a. Para formar el presente de subjuntivo se omite la **o** final de la primera persona singular **(yo)** del presente de indicativo y se añaden las terminaciones del presente de subjuntivo.

| *Verbos terminados en* | | |
|---|---|---|
| *-ar* | *-er* | *-ir* |
| COMPRAR | VENDER | RECIBIR |
| compr **o** | vend **o** | recib **o** |
| compr **e** | vend **a** | recib **a** |
| compr **es** | vend **as** | recib **as** |
| compr **e** | vend **a** | recib **a** |
| compr **emos** | vend **amos** | recib **amos** |
| compr **éis** | vend **áis** | recib **áis** |
| compr **en** | vend **an** | recib **an** |

b. Los verbos con irregularidades en la raíz de la primera persona del singular **(yo)** del presente de indicativo, usualmente tienen la misma irregularidad en el subjuntivo.

| *Infinitivo* | *Presente de indicativo* | *Presente de subjuntivo* |
|---|---|---|
| hacer | (yo) **hago** | (yo, Ud.) **haga** |
| salir | **salgo** | **salga** |
| oír | **oigo** | **oiga** |
| traer | **traigo** | **traiga** |
| venir | **vengo** | **venga** |
| valer | **valgo** | **valga** |
| conocer | **conozco** | **conozca** |
| producir | **produzco** | **produzca** |
| traducir | **traduzco** | **traduzca** |
| huir | **huyo** | **huya** |
| construir | **construyo** | **construya** |
| coger | **cojo** | **coja** |
| dirigir | **dirijo** | **dirija** |
| caber | **quepo** | **quepa** |
| cerrar | **cierro** | **cierre** |
| comenzar | **comienzo** | **comience** |
| contar | **cuento** | **cuente** |
| encontrar | **encuentro** | **encuentre** |

*Doctora estudiando una radiografía en un hospital de Bariloche, Argentina.*

| | | |
|---|---|---|
| pedir | **pido** | **pida** |
| servir | **sirvo** | **sirva** |
| seguir | **sigo** | **siga** |
| vencer | **venzo** | **venza** |

Ejemplos completos:

| HACER | | COGER | | PEDIR | |
|---|---|---|---|---|---|
| **haga** | **hagamos** | **coja** | **cojamos** | **pida** | **pidamos** |
| **hagas** | **hagáis** | **cojas** | **cojáis** | **pidas** | **pidáis** |
| **haga** | **hagan** | **coja** | **cojan** | **pida** | **pidan** |

**c.** Los verbos que sufren cambios ortográficos en la primera persona del pretérito para indicar que el sonido de la consonante del infinitivo no cambia, tienen este cambio en todas las personas del presente de subjuntivo.

| *Cambio ortográfico* | *Infinitivo* | *Presente de subjuntivo* |
|---|---|---|
| **c → qu** | buscar | (yo, Ud.) **busque** |
| | tocar | **toque** |
| **g → gu** | llegar | **llegue** |
| | pagar | **pague** |
| z → c | cruzar | **cruce** |
| | comenzar | **comience** |

**d.** Los verbos que cambian **e → ie** o **o → ue** en la primera persona del presente de indicativo llevan este cambio en el subjuntivo en **yo**, **tú**, **Ud.**, y **Uds.** pero no en **nosotros**, **vosotros**.

| CERRAR | | CONTAR | |
|---|---|---|---|
| **cierre** | cerremos | **cuente** | contemos |
| **cierres** | cerréis | **cuentes** | contéis |
| **cierre** | **cierren** | **cuente** | **cuenten** |

**e.** Ciertos verbos terminados en **-ir** sufren otro cambio que no ocurre en el presente de indicativo. En el presente de subjuntivo cambian la **e → i** y la **o → u** en **nosotros** y **vosotros**.

| SENTIR | | DORMIR | |
|---|---|---|---|
| sienta | **sintamos** | duerma | **durmamos** |
| sientas | **sintáis** | duermas | **durmáis** |
| sienta | sientan | duerma | duerman |

Otros verbos que pertenecen a esta categoría son:

**mentir preferir divertirse morir**

**f.** Los siguientes verbos tienen irregularidades propias:

| DAR | | ESTAR | | SER | |
|---|---|---|---|---|---|
| **dé** | demos | **esté** | estemos | **sea** | **seamos** |
| **des** | deis | **estés** | estéis | **seas** | **seáis** |
| **dé** | den | **esté** | **estén** | **sea** | **sean** |

| SABER | | HABER | | IR | |
|---|---|---|---|---|---|
| **sepa** | **sepamos** | **haya** | **hayamos** | **vaya** | **vayamos** |
| **sepas** | **sepáis** | **hayas** | **hayáis** | **vayas** | **vayáis** |
| **sepa** | **sepan** | **haya** | **hayan** | **vaya** | **vayan** |

2. El tiempo del verbo usado en la cláusula principal sirve de guía para seleccionar el tiempo en la cláusula subordinada. Cuando el verbo de la cláusula principal comenta en el presente de indicativo sobre un concepto expresado en la cláusula subordinada, se usa el presente de subjuntivo en la cláusula subordinada. Observe los siguientes ejemplos:

**Quiero** que **lleves** la carta al correo.
**Dudo** que el cartero **recoja** la correspondencia hoy.

## Ejercicios

I. Escriba las oraciones cambiando los verbos en la cláusula subordinada de acuerdo con los nuevos sujetos en paréntesis.

**MODELO:** Leopoldo desea que cierres la puerta. (nosotros) (Uds.)
**Leopoldo desea que cerremos la puerta.**
**Leopoldo desea que Uds. cierren la puerta.**

1. Es importante que Uds. se despierten temprano. (tú) (nosotros)
2. Miguel teme que pierdas las llaves. (nosotros) (mis hijos)
3. Espero que ella encuentre trabajo pronto. (Uds.) (nosotros)
4. ¡Que se diviertan mucho! (tú) (Ud.)
5. ¿Quiere que sirva el café? (nosotros) (las chicas)

II. Complete las oraciones, según el modelo, usando el presente de subjuntivo de los verbos en paréntesis.

**MODELOS:** Deseamos que Ud. ______________.
(venir con nosotros)
**Deseamos que Ud. venga con nosotros.**
(ser presidente)
**Deseamos que Ud. sea presidente.**

Espero que Ud. ______________.

1. (venir a la fiesta)
2. (traer los discos)
3. (llegar a las siete)

Dudo que ellos ______________.

4. (saber lo que pasó)
5. (hacer la acusación)
6. (buscar un abogado)

Es necesario que nosotros ______________.

7. (ir al restaurante)
8. (almorzar con el director)
9. (pagar la cuenta del almuerzo)

Deseo que tú ______________.
10. (conocer a Luis)
11. (sentarse a su lado)
12. (seguir conversando con él)

Me alegro de que Uds. ______________.
13. (ir a la universidad)
14. (escoger la carrera de arquitectura)
15. (obtener buenas calificaciones)

III. Conteste las preguntas en forma original usando en las respuestas el verbo en el presente de subjuntivo.

1. ¿Qué desea Ud. que haga su amigo?
2. ¿Qué duda Ud. que haga su padre?
3. ¿Qué espera Ud. que pase en el juego de fútbol de su universidad?
4. ¿Qué quiere Ud. que haga el profesor o la profesora?
5. ¿Qué es necesario que haga Ud. mañana?

IV. Es posible que Uds. hagan un viaje a Guadalajara. Ud. tiene ciertas dudas. Exprese posibilidad o duda cambiando las siguientes frases. Comience las oraciones con la expresión **tal vez**.

1. Vamos a Guadalajara.
2. Convenzo a mi amigo para hacer el viaje.
3. Anita viene también.
4. Todos caben en nuestro carro.
5. Podemos escuchar a los mariachis.
6. Compramos blusas bordadas y ollas de barro.

V. Un profesor amigo suyo le habla de la posibilidad de una huelga[1] de maestros. Usando los verbos que siguen en el presente de subjuntivo, complete las oraciones.

**ocurrir tener aumentar ser servir obtener**

Es posible que ______________ una huelga este mes. Me preocupa que los profesores ______________ que pasar por esa situación. Ellos piden que les ______________ el salario y que las clases ______________ más pequeñas. ¡Ojalá que la huelga ______________ para que los maestros ______________ lo que quieren!

[1]*strike*

*Estudiantes sentados en un muro de la Universidad Nacional Autónoma de México.*

IV. Imagine que Ud. conversa con un grupo de estudiantes sobre la ecología y los problemas del medio ambiente. Usando las frases que siguen, continúe las oraciones para expresar sus opiniones. Use los verbos en el presente de subjuntivo.

**MODELO:** Espero que todo el mundo...
**Espero que todo el mundo evite usar productos que contaminen el medio ambiente.**

1. Recomiendo que el gobierno...
2. Sugiero que las compañías de autos...
3. Lamento que las personas...
4. Aconsejo que...
5. Propongo que...

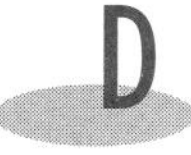

## D Imperfecto de subjuntivo

1. Formas.

a. El imperfecto de subjuntivo tiene dos formas: una con **-ra** y otra con **-se**. En general, se usa más la forma con **-ra**. Este tiempo se forma quitando **-ron** de la tercera persona del plural del pretérito y añadiendo una de las terminaciones correspondientes al imperfecto de subjuntivo.

### TODOS LOS VERBOS

| COMPRAR compra**ron** | | VENDER vendie**ron** | |
|---|---|---|---|
| compra **ra** | compra **se** | vendie **ra** | vendie **se** |
| compra **ras** | compra **ses** | vendie **ras** | vendie **ses** |
| compra **ra** | compra **se** | vendie **ra** | vendie **se** |
| comprá **ramos** | comprá **semos** | vendié **ramos** | vendié **semos** |
| compra **rais** | compra **seis** | vendie **rais** | vendie **seis** |
| compra **ran** | compra **sen** | vendie **ran** | vendie **sen** |

| RECIBIR recibie**ron** | |
|---|---|
| recibie **ra** | recibie **se** |
| recibie **ras** | recibie **ses** |
| recibie **ra** | recibie **se** |
| recibié **ramos** | recibié **semos** |
| recibie **rais** | recibie **seis** |
| recibie **ran** | recibie **sen** |

**b.** La forma del imperfecto de subjuntivo terminada en **-ra** y la forma terminada en **-se** son intercambiables. En general, se usa más la forma terminada en **-ra**.

**c.** Los verbos que tienen irregularidades en la raíz del pretérito en **Uds.** tienen la misma irregularidad en el imperfecto de subjuntivo.

| *Infinitivo* | *Pretérito* | *Raíz* | *Imperfecto de subjuntivo* |
|---|---|---|---|
| decir | (Uds.) **dijeron** | **dije** | **dijera** |
| producir | **produjeron** | **produje** | **produjera** |
| traer | **trajeron** | **traje** | **trajera** |
| poner | **pusieron** | **pusie** | **pusiera** |
| saber | **supieron** | **supie** | **supiera** |
| tener | **tuvieron** | **tuvie** | **tuviera** |
| estar | **estuvieron** | **estuvie** | **estuviera** |
| ir, ser | **fueron** | **fue** | **fuera** |
| hacer | **hicieron** | **hicie** | **hiciera** |
| haber | **hubieron** | **hubie** | **hubiera** |
| querer | **quisieron** | **quisie** | **quisiera** |
| leer | **leyeron** | **leye** | **leyera** |
| sentir | **sintieron** | **sintie** | **sintiera** |
| pedir | **pidieron** | **pidie** | **pidiera** |
| preferir | **prefirieron** | **prefirie** | **prefiriera** |
| dormir | **durmieron** | **durmie** | **durmiera** |
| morir | **murieron** | **murie** | **muriera** |
| caber | **cupieron** | **cupie** | **cupiera** |
| huir | **huyeron** | **huye** | **huyera** |
| construir | **construyeron** | **construye** | **construyera** |

2. Cuando el verbo de la cláusula principal comenta en el pasado (pretérito o imperfecto de indicativo) sobre un concepto expresado en la cláusula subordinada, se usa el imperfecto de subjuntivo en la cláusula subordinada. Observe los siguientes ejemplos:

> No **quise** que ella **vendiera** su auto.
> Yo **dudaba** que le **pagaran** el precio que pedía.

## Ejercicios

I. Complete las oraciones, según el modelo, usando el imperfecto de subjuntivo de los verbos en paréntesis.

**MODELOS:** Ellos querían que yo _______________.
(ir a la playa)
**Ellos querían que yo fuera a la playa.**
(jugar en la arena)
**Ellos querían que yo jugara en la arena.**

Dudaba que Magdalena _______________.

1. (saber cocinar)
2. (hacer el pastel)
3. (traer los ingredientes)
4. (tener una buena receta)

Era imposible que nosotros _______________.

5. (leer la novela en un día)
6. (traducir los apuntes de clase)
7. (poder escribir el informe)
8. (estar listos para tomar el examen)

II. Complete las oraciones con el presente y el imperfecto de subjuntivo, respectivamente, según sea necesario.

**MODELO:** (hacer) Desean que yo **haga** el trabajo.
Deseaban que yo **hiciera** el trabajo.

1. (entrar) Dígales a los chicos que _______________.
   Les dijo a los chicos que _______________.
2. (venir) Se alegran de que Ud. _______________ a la boda.
   Se alegraron de que Ud. _______________ a la boda.
3. (influir) Desean que Ud. _______________ en la decisión.
   Deseaban que Ud. _______________ en la decisión.

4. (construir) Es imposible que ellos ________________ ese edificio.
   Era imposible que ellos ________________ ese edificio.
5. (traer) Espero que ellos ________________ los refrescos.
   Esperaba que ellos ________________ los refrescos.

*Interior del Museo de Antropología en la Ciudad de México.*

**III.** Cuando Claudio decidió ir a México Ud. le hizo varias recomendaciones. Complete el párrafo llenando los espacios en blanco con el imperfecto de subjuntivo de los verbos en paréntesis.

| | |
|---|---|
| Le recomendé a Claudio que ________________ algunos lugares en | *(visitar)* |
| México. Yo deseaba que él ________________ la Plaza del Zócalo. Quería | *(conocer)* |
| que él ________________ la amplitud del lugar. Le dije que | *(apreciar)* |
| ________________ en la catedral que está en la plaza. Era importante | *(entrar)* |
| que él ________________ el bello altar barroco. Le pedí que | *(ver)* |
| ________________ fotografías de la catedral y del Palacio Nacional. | *(sacar)* |

**IV.** Composición dirigida (oral o escrita). Basándose en los tópicos, complete las oraciones en forma original usando los verbos en el imperfecto de subjuntivo.

**MODELO:** Tópico: Las cosas que le permitían hacer sus padres cuando Ud. era niño o niña...
Cuando yo era niño...
**Cuando yo era niño mis padres permitían que yo hiciera deportes, que fuera a un campamento todos los veranos, que comiera lo que quisiera y que fuera a pescar todos los fines de semana.**

1. Tópico: Las cosas que sería conveniente que Ud. hiciera este fin de semana.
   Sería conveniente que yo...
2. Tópico: Las cosas que desearía que su amigo hiciera cuando sale con Ud.
   Desearía que mi amigo...
3. Tópico: Las cosas que sus padres no le permitían hacer cuando Ud. era niño o niña.
   Cuando yo era niño mis padres no permitían que yo...
4. Tópico: Las cosas que le aconsejaba su profesor o profesora de inglés en la escuela secundaria.
   Mi profesor de inglés en la escuela secundaria me aconsejaba que (yo)...

V. En las siguientes frases se habla del drama de la literatura española *Don Juan Tenorio*, escrito por José Zorrilla (1817–1893). El personaje de Don Juan, que originalmente apareció en una antigua leyenda española, se convirtió en una figura de carácter universal.

A. Usando el presente de subjuntivo haga nuevas oraciones empezando con las frases que están en paréntesis.

1. Vamos al teatro el próximo sábado. (Es posible)
2. Ponen un famoso drama de la literatura española. (Me alegro de)
3. La obra *Don Juan Tenorio* se pone en España todos los años en el mes de noviembre. (Es sorprendente)

B. Ahora use el imperfecto de subjuntivo.

1. Todos los estudiantes de español leyeron este drama. (Recomendé)
2. Doña Inés murió de dolor por Don Juan. (Sentí)
3. Don Juan tuvo un final trágico. (Fue justo)

## E Usos del subjuntivo: Verbos que expresan duda, voluntad o emoción

Cuando en la cláusula principal aparece un verbo que expresa duda, voluntad o emoción, comentando sobre el concepto expresado en la cláusula subordinada, generalmente se usa el verbo en subjuntivo en esta cláusula subordinada. El sujeto de la cláusula principal y el de la cláusula subordinada deberán ser diferentes.

| *Cláusula principal: Verbo en indicativo* | | *Cláusula subordinada: Verbo en subjuntivo* |
|---|---|---|
| Ella **duda** | que | **pases** el examen. |
| (Yo) **Espero** | que | Ud. **llegue** bien. |

Si no hay cambio de sujeto no se requiere el subjuntivo. Se usa el infinitivo.

Yo deseo que Luisa **obtenga** el empleo.
Yo deseo **obtener** el empleo.

1. Verbos que expresan duda, voluntad o emoción.

| | | | |
|---|---|---|---|
| dudar | rogar | impedir | + **que** + subjuntivo |
| desear | suplicar | lamentar | |
| querer | necesitar | temer | |
| preferir | permitir | anhelar | |
| esperar | prohibir | alegrarse de | |
| proponer | aprobar | sentir | |
| recomendar | ordenar | exigir | |
| pedir | aconsejar | | |
| insistir | sugerir | | |

El Sr. Espinosa **quiere** que **pasemos** a su oficina.
La secretaria nos **rogó** que **saliéramos** del cuarto.
**Lamento** que no **podamos** firmar el contrato.

2. Cuando los verbos **decir** o **escribir** aparecen en una cláusula principal expresando un mandato, se usa el verbo en subjuntivo en la cláusula subordinada.

Ana dice que **vengas**.
*Ana says you are to come.*

Me escribió que le **enviara** el dinero.
*She wrote to me to send her the money.*

Cuando estos verbos aparecen en una cláusula principal expresando una información, se usa el verbo en indicativo en la cláusula subordinada.

Ana dice que ellos **vienen**.
*Ana says they are coming.*

Me escribió que le **envió** el dinero.
*She wrote me that she sent him the money.*

## Ejercicios

I. Complete las siguientes oraciones usando el verbo en el presente de subjuntivo.

**MODELO:** Mi primo viene mañana.
Espero que mi primo...
**Espero que mi primo venga mañana.**

1. Tenemos que limpiar la casa.
   Temo que nosotros...
2. La casa es grande y cómoda.
   Espero que la casa...
3. Ellos no pueden mudarse hasta el mes que viene.
   Siento que ellos no...
4. Ellos compran las entradas para la ópera.
   Deseo que ellos...
5. El vestido cuesta mucho dinero.
   Dudo que el vestido...
6. Pedro quiere salir a las ocho.
   Quiero que Pedro...

II. Ud. le cuenta a un amigo acerca de la celebración del aniversario de bodas de sus padres. Complete las oraciones usando los verbos entre paréntesis en indicativo o en subjuntivo, según convenga.

1. (desear) (cocinar) Mi madre ________________ que yo ________________ una paella para celebrar su aniversario de boda.
2. (dudar) (tener) Ella ________________ que (yo) ________________ suficiente dinero para comprar todos los mariscos[1].
3. (esperar) (ayudar) Yo ________________ que mi hermano me ________________ con los gastos[2].
4. (salir) (venir) Espero que la paella ________________ bien porque toda la familia ________________ a cenar ese día.
5. (preferir) (servir) Mi padre ________________ que nosotros ________________ sangría con la paella.

[1]*seafood* [2]*expenses*

III. Su amiga tiene que ir a una entrevista para un puesto de secretaria. Todo el mundo le da distintos consejos. Escriba estos consejos, según el modelo, usando el presente o el imperfecto de subjuntivo.

**MODELO:** hermano / recomienda / pedir un buen sueldo
**Su hermano le recomienda que pida un buen sueldo.**

1. madre / dice / no ponerse nerviosa
2. padre / aconsejó / contestar las preguntas con claridad
3. hermana / sugiere / vestirse y peinarse bien
4. profesor de español / recomendó / hablar despacio
5. mejor amigo / dijo / mostrar mucho interés en obtener el puesto

IV. Traduzca al español usando el presente de subjuntivo.

1. *We prefer that you* (Ud.) *do the work.*
2. *I suggest that you* (Ud.) *leave early.*
3. *I want you* (tú) *to tell the truth.*
4. *They want me to go to the bank.*
5. *She hopes that John will pass the exam.*

V. Traduzca al español usando el imperfecto de subjuntivo.

1. *He ordered me to write the report.*
2. *Mr. Cortina asked me to sign the check.*
3. *I advised him to visit Sevilla.*
4. *They wanted us to go to the wedding.*
5. *Manuel allowed his son to go to Las Vegas.*

VI. Ud. es un buen amigo y un buen consejero. Cuando sus amigos le cuentan sus problemas Ud. les hace algunas recomendaciones.

| | |
|---|---|
| Amigo N° 1 | No estudié para el examen. |
| Ud. | Dudo que ________________. Te recomiendo que ________________. |
| Amigo N° 2 | Me duelen las piernas por el mucho ejercicio. |
| Ud. | Siento que ________________. Te aconsejo que ________________. |
| Amigo N° 3 | Fui al médico y me dijo que estoy demasiado gordo. |
| Ud. | Es una pena que ________________. Te sugiero que ________________. |
| Amigo N° 4 | Hablé con mi amigo y no puede acompañarme al baile de graduación. |
| Ud. | Es una lástima que ________________. Te recomiendo que ________________. |

VII. Exprese su reacción emocional ante los siguientes hechos. Use verbos como **sentir, desear, esperar, dudar, alegrarse**, etc.

**MODELOS:** María y Juan van a casarse.
**Me alegro de que María y Juan se casen.**
Pedro perdió el dinero en el negocio.
**Sentí que Pedro perdiera el dinero en el negocio.**

1. Elisa no viene mañana a vernos.
2. La semana pasada mi primo se sacó la lotería.
3. Los recién casados van a comprar una casa.

4. Hace mal tiempo y los jóvenes no pueden ir a esquiar.
5. Mis abuelos fueron de viaje el año pasado.

## F Frases y expresiones que requieren subjuntivo

Cuando las expresiones de la siguiente lista aparecen en una cláusula principal comentando sobre el concepto expresado en la cláusula subordinada, se usa el subjuntivo en la cláusula subordinada.

1. Expresiones impersonales que no expresan certidumbre y que expresan duda, probabilidad, necesidad, emoción o voluntad.

| | | |
|---|---|---|
| es posible | es aconsejable | |
| es probable | es raro | |
| es importante | es suerte | |
| es dudoso | es sorprendente | |
| es lástima | es de temerse | + **que** + subjuntivo |
| es natural | es conveniente | |
| es necesario | es triste | |
| es mejor | más vale | |
| es bueno | quiera Dios | |
| es malo | ojalá | |

**Es conveniente** que **digan** la verdad.
**Fue necesario** que **llamaran** al médico.
**Quiera Dios** que **tengas** éxito.

No **es probable** que **llueva** mañana.
No **es necesario** que me **lleves** a la universidad.
No **es bueno** que **salgas** sin abrigo. Hace mucho frío.

**NOTA:** Estas expresiones, afirmativas o negativas, requieren siempre el subjuntivo.

Frases con la expresión **ojalá** pueden expresar una idea referente al presente, al futuro o al pasado. Cuando **ojalá** se usa en una oración que tiene el verbo en el presente o en el imperfecto de subjuntivo, la idea expresada se refiere al presente o al futuro.

**Ojalá** que Raquel **llame**.
*I hope Raquel calls.*

**Ojalá** que Raquel **llamara**.
*I wish Raquel would call.*

Cuando **ojalá** se usa en una oración que tiene el verbo en el presente perfecto o en el pluscuamperfecto de subjuntivo, la idea expresada se refiere al pasado.

**Ojalá** que ellos **hayan llegado** anoche.
*I hope (that) they arrived last night.*

**Ojalá** que ellos **hubieran estado** aquí.
*I wished (that) they had been here.*

**NOTA: Que** puede eliminarse, especialmente cuando no se expresa el sujeto.

**Ojalá nieve** mañana.
**Ojalá vengan.**

2. Expresiones en forma negativa que expresan duda.

| | |
|---|---|
| no es cierto<br>no es seguro<br>no es claro<br>no es verdad<br>no es evidente<br>no creo | + **que** + subjuntivo |

**No es seguro** que **vayamos** a la tienda.
**No es verdad** que ella **saliera** anoche con Pedro.
**No creo** que Paco **gane** el premio.

**NOTA:** Estas frases en afirmativo, puesto que no expresan duda, requieren el indicativo.

| *Indicativo* | *Subjuntivo* |
|---|---|
| **Es cierto** que Ud. **habla** mucho. | **No es cierto** que Ud. **hable** mucho. |
| **Es seguro** que él **viene** mañana. | **No es seguro** que él **venga** mañana. |
| **Es verdad** que ella **gasta** mucho. | **No es verdad** que ella **gaste** mucho. |

3. Las cláusulas subordinadas que tienen frases con **por** + adjetivo o adverbio + **que** se usan con el verbo en subjuntivo cuando expresan una idea que se refiere al presente o al futuro.

**Por mucho que hable** la gente, no **creo** lo que dicen de él.
*No matter how much people talk, I don't believe what they say about him.*

**Por rápido que vayamos**, no **llegaremos** a tiempo.
*No matter how fast we go, we will not arrive on time.*

**NOTA:** Si se expresa una idea que se refiere al pasado, no se requiere el verbo en subjuntivo.

**Por mucho que explicó**, no **entendí** lo que dijo.
*No matter how much he explained, I did not understand what he said.*

## Ejercicios

I. Haga nuevas oraciones empezando con las frases que están en paréntesis.

**MODELO:** Mañana voy a visitar a mis amigos. (Es posible que...)
**Es posible que mañana yo vaya a visitar a mis amigos.**

1. Ellos me dan una fiesta. (Es probable que...)
2. Manuel tuvo un accidente. (Fue una lástima que...)
3. Los jóvenes hacen muchos deportes. (Es natural que...)
4. Nuestro equipo ganó el campeonato. (Fue una suerte que...)
5. Luis vio al médico la semana pasada. (Fue necesario que...)

II. Su amigo tiene ciertas opiniones acerca del nuevo candidato a la presidencia. Ud. tiene ideas opuestas y lo contradice.

**MODELO:** Amigo: Es verdad que Alfonso Hernández es el mejor candidato para la presidencia.
Ud.: **No es verdad que Alfonso Hernández sea el mejor candidato para la presidencia.**

1. Es evidente que tiene todas las cualidades necesarias para ser presidente.
2. Es probable que él inicie nuevos programas de educación.
3. No es cierto que él esté en contra de los movimientos ecológicos.
4. Es seguro que él quiere combatir la inflación.
5. No es verdad que él reciba dinero de las grandes compañías de petróleo.
6. Creo que él va a ganar las elecciones.
7. Es necesario que él tenga un buen vice-presidente.
8. No es seguro que él pueda mejorar la situación económica del país.

III. Repase las frases y expresiones que requieren el subjuntivo y después complete las respuestas usando la forma verbal que corresponda.

1. ¿Cuándo llega Horacio?

   No sé, ojalá que ________________ mañana.

   ¿Sabes si viene solo o con Patricia?

   No me dijo, pero es posible que ________________ con ella.

2. ¿Es seguro que vas en el verano a Puerto Rico?

   No, no es seguro que ________________ porque tengo que tomar unos cursos que necesito para graduarme.

   ¿Podrás ir en las navidades?

   Sí, es probable que ________________ hacer el viaje en diciembre.

3. ¿Fuiste a comprar las entradas para ir a ver “El fantasma de la ópera”?

   Fue imposible que yo ________________ a comprarlas porque tuve una reunión esta tarde.

   Si vas mañana, ¿las conseguirás para el próximo sábado?

   ¡Quiera Dios que las ________________!

IV. Conteste las preguntas comenzando con las frases que están en paréntesis y continuando con una cláusula subordinada original. Note que todas las frases requieren el uso del subjuntivo en la cláusula subordinada.

1. ¿Lloverá esta tarde? (Quiera Dios que...)
2. ¿A qué hora van a salir? (Ojalá que...)
3. ¿Llegarán a tiempo al teatro? (Por rápido que...)
4. ¿Va Pepe al juego de pelota? (No es seguro que...)
5. ¿Qué dice Manuel? (Dice que es bueno que...)

V. María e Isabel conversan sobre el matrimonio y expresan las ideas que se dan a continuación. Usando las expresiones que están en paréntesis escriba otras opiniones sobre lo que dicen las muchachas. Use el verbo en indicativo o en subjuntivo de acuerdo con la expresión usada en cada oración.

**MODELO:** El matrimonio ahora es diferente. (Es posible...) (Es cierto...)
**Es posible que el matrimonio ahora sea diferente.**
**Es cierto que el matrimonio ahora es diferente.**

1. Los jóvenes tienen ideas erróneas sobre el matrimonio. (Tal vez...) (Es verdad...)
2. Los jóvenes no piensan en las responsabilidades. (Es triste...) (Es evidente...)
3. Ellos no se conocen bien antes del matrimonio. (Es posible...) (Es cierto...)
4. Ellos se casan sin terminar los estudios. (Es lástima...) (No es verdad...)
5. Muchos matrimonios acaban en divorcio. (No es cierto...) (Es seguro...)

## Ejercicio de composición (opcional)

Haga una composición, oral o escrita, sobre el tema que se da a continuación. Use el esquema siguiente.

TEMA: Nuevo concepto de la unión entre el hombre y la mujer.

INTRODUCCIÓN: Actualmente los jóvenes prefieren vivir juntos sin casarse.
Ventajas y desventajas que tiene este modo de vida.
Concepto de la sociedad sobre esta unión voluntaria de las parejas.

DESARROLLO: ¿Existe más responsabilidad si los jóvenes se casan?
Facilidad para terminar la relación cuando no quieren seguir juntos.
El divorcio y los requisitos legales.
Responsabilidades que se presentan cuando se forma una familia con hijos.
La independencia económica del hombre y la mujer cuando no están casados.

CONCLUSIÓN: ¿Cree Ud. que eventualmente no existirá más el matrimonio?
¿Cree Ud. que el hombre y la mujer vivirán más felices sin casarse?
Dé su opinión sobre lo que pasará con los hijos.

# Lectura 1

## Domitila Barrios de Chungara

Domitila Barrios de Chungara nació en Bolivia en 1937. Es una mujer que cree en la igualdad del hombre y la mujer, y ha luchado frente a la sociedad de su patria por defender los derechos de la mujer. "Lección sobre ruedas" aparece en su libro, escrito con la cooperación de David Acebey, *¡Aquí también, Domitila!*

*Ejecutiva de una compañia de equipos electrónicos en Bogota, Columbia.*

## Lección sobre ruedas°

Una vez en Quito tomamos un taxi para ir a una cita°. Estábamos con Blanquita, Rosita y otra compañera que no recuerdo su nombre. El chofer era ya un poco maduro° y empezó a charlar°. Nos preguntó de dónde veníamos y Rosita le contó° que éramos de otros países y todo eso, ¿no? Entonces el señor se burló° de nosotras y nos preguntó si éramos casadas°. Rosita le dijo que sí, que teníamos varios hijos y que habíamos venido a esta conferencia sobre la "Participación de la mujer en la lucha° por la democracia".

Entonces el señor nos preguntó: —¿Y quién está cuidando a sus hijos mientras Uds. están en estas actividades? Y peor todavía si vienen de tan lejos—que tenía mucha compasión de nuestros maridos porque se habían quedado° cuidando a nuestros hijos.

Entonces la Rosita[1] le dijo: —Si aquí hay una democracia, ¿qué clase de demócrata es Ud.? Ud. debe de ser uno de esos señores que no permiten que su mujer participe.

—Las mujeres tienen que quedarse en su casa—dijo él.

—Entonces Ud. en vez de mujer tiene una esclava°—dijo ella.

—¡No! De ninguna manera°—dijo él. Yo a mi esposa la quiero, la estimo y no quisiera que se muera, porque ella cuida a mis hijos, trabaja bastante. Ella hace de todo. Yo lo reconozco° y le doy su lugar°.

—¿Y el derecho° a organizarse y a participar? —le pregunta ella.

—No —dice él. Ella tiene quehacer° en la casa.

—¿Pero por qué Ud. no podría quedarse un día en su casa mientras ella va a organizarse?

Entonces él dijo que viene muy cansado y que es imposible que se haga cargo° de los hijos más.

—¡Ah, sí! —le dijo la Rosita. ¡Eso sí que no le creo, señor! Porque Ud. acaba de decirme que tiene muchos hijos y que viene del trabajo muy cansado. ¿Y cómo hizo los hijos si Ud. estaba tan cansado?

El pobre señor se puso muy colorado° y no sabía qué decir.

*wheels* · *appointment* · *somewhat old/chat* · *told him* · *made fun* · *married* · *fight* · *had stayed* · *slave* · *by no means* · *recognize it* · *respect her* · *right* · *chores* · *be in charge* · *blushed*

[1]Es común en español usar el artículo definido con los nombres de pila (*first names*).

### VOCABULARIO PARA REPASAR

cita esclava lucha quehacer casado burlarse charlar quedarse hacerse cargo ponerse colorado

I. Después de repasar el vocabulario, complete el párrafo llenando los espacios en blanco con la palabra correcta.

Las muchachas tenían que ir a una ______________ y tomaron un taxi. El chofer ______________ mucho con ellas y les preguntó si eran solteras[1]. Ellas le dijeron que no, que eran ______________ y que eran de otros países. Tenían que ir a una conferencia sobre la ______________ de la mujer por la democracia. El chofer ______________ un poco de ellas al saber que mientras ellas estaban de viaje los maridos ______________ en casa ______________ de los niños. Las chicas creían que la esposa del chofer era una ______________ porque hacía todos los ______________ de la casa, cuidaba a los niños y trabajaba mucho. El chofer ______________ cuando las muchachas le hicieron la pregunta de cómo tuvo tantos hijos si trabajaba tanto y estaba tan cansado cuando llegaba a su casa.

[1]*single*

II. Busque en la lectura las palabras correspondientes a las siguientes definiciones en inglés.

1. *to chat* 2. *to make fun* 3. *to stay at home* 4. *by no means* 5. *to blush*

### PREGUNTAS SOBRE LA LECTURA

1. ¿Cuál de las tres muchachas, Blanquita, Rosita o Domitila, mantiene un diálogo con el chofer?
2. ¿Cómo se imagina Ud. a Rosita?
3. ¿Qué palabras usa el chofer para decir que él respeta mucho a su esposa?
4. ¿Está Ud. de acuerdo con las ideas del chofer? ¿Por qué?
5. ¿Qué piensa Ud. del final de este relato?
6. Comente sobre los aspectos feministas del cuento.

### TEMAS DE CONVERSACIÓN

1. ¿Hay algunas personas en su familia que no estén de acuerdo con las ideas feministas de hoy? ¿Y Ud. qué opina?
2. Hay personas que piensan que las mujeres con familia no deben trabajar fuera de la casa. ¿Qué cree Ud. sobre esto?
3. ¿Qué problemas pueden presentarse cuando una mujer con hijos trabaja fuera de la casa?

# Lectura 2

## Jorge Luis Borges*

**Jorge Luis Borges, una de las figuras más importantes de la literatura hispanoamericana, nació en Buenos Aires en 1899, y murió en Ginebra, Suiza, en 1986. El cuento "Leyenda" pertenece a la colección *Elogio de la sombra* (1969), y en él Borges elabora sobre el tema bíblico de Caín y Abel, presentando el encuentro final entre los dos hermanos.**

---

*En la páginas 258–259 aparecen las notas biográficas de Jorge Luis Borges.

## Leyenda

Abel[1] y Caín[2] se encontraron después de la muerte de Abel. Caminaban por el desierto y se reconocieron° desde lejos, porque los dos eran muy altos. Los hermanos se sentaron en la tierra, hicieron un fuego° y comieron. Guardaban silencio° a la manera de° la gente cansada cuando declina el día.° En el cielo asomaba° alguna estrella, que aún no había recibido su nombre. A la luz de las llamas°, Caín advirtió° en la frente de Abel la marca de la piedra y dejó caer el pan que estaba por° llevarse a la boca y pidió que le fuera perdonado° su crimen.

Abel contestó:

—¿Tú me has matado o yo te he matado? Ya no recuerdo; aquí estamos juntos como antes.

—Ahora sé que en verdad me has perdonado—dijo Caín—, porque olvidar° es perdonar. Yo trataré también de olvidar.

Abel dijo despacio:

—Así es. Mientras dura° el remordimiento° dura la culpa.°

*recognized*
*fire/remained silent*
*the way/at the end of the day*
*appeared*
*flames/noticed*
*he was about to*
*be forgiven*
*to forget*
*lasts/remorse/guilt*

[1] *El segundo hijo de Adán y Eva.* [2] *El primer hijo de Adán y Eva, quien mató a su hermano Abel por celos.*

### VOCABULARIO PARA REPASAR*

reconocer llamas perdonar remordimiento guardar silencio fuego olvidar culpa

### PREGUNTAS SOBRE LA LECTURA

1. ¿Dónde estaban Caín y Abel cuando se encontraron?
2. ¿Cómo fue que se reconocieron?
3. ¿En qué momento del día tiene lugar el encuentro?
4. ¿Qué hicieron los dos hermanos?
5. ¿Qué notó Caín en la cara de Abel?
6. ¿Qué le pidió Caín a Abel?
7. ¿Por qué cree Caín que Abel lo ha perdonado?
8. ¿Dónde cree Ud. que tuvo lugar el encuentro de los dos hermanos, en el cielo o en el infierno? Explique por qué.

---

*El ejercicio correspondiente a este vocabulario aparece en el *Cuaderno de Ejercicios A*.

# *Capítulo* 4

*Universidad Nacional Autónoma de México, en la capital mexicana.*

- Estudio de palabras
- Presente perfecto de subjuntivo
- Pluscuamperfecto de subjuntivo
- Secuencia de tiempos
- Otros casos que requieren el uso del subjuntivo
- Cláusulas con **si**
- Imperativo
- Lecturas: "Sor Juana Inés de la Cruz: Voz feminista de Hispanoamérica"
  "¿Qué nos dice el poeta?"
  "Hombre pequeñito" de Alfonsina Storni

-¿Qué **habría hecho** Sor Juana Inés de la Cruz **si hubiera nacido** en el siglo XX?

-**Estáte** segura que no **habría sido** monja.

-¡**Imagínate** qué abogada tan fabulosa **hubiera sido**!

## Estudio de palabras

| | | |
|---|---|---|
| **alquilar** | *to rent* | Ellos **alquilaron** un carro por una semana. |
| **atender** (ie) | 1. *to pay attention* | Anita no **atiende** cuando el profesor explica; por eso no pasó el curso. |
| | 2. *to serve, wait on* | El mesero que nos **atendió** en el restaurante era muy simpático. |
| | 3. *to attend, take care of* | El médico que **atiende** a mi padre es muy famoso. |
| **asistir** | 1. *to be present* | No **asistí** a la reunión porque estaba enferma. |
| | 2. *to help, aid* | ¿Qué programa existe para **asistir** a la gente pobre? |
| **calentar** (ie) | *to heat* | Por favor, **calienta** el café. Está muy frío. |
| **enfriar** | *to cool, chill* | El aire acondicionado nuevo **enfría** muy bien la casa. |
| **manejar** | 1. *to drive* | Pedrito sabe **manejar**, pero su padre no quiere que **maneje** su Cadillac. |
| | 2. *to manage, direct* | Don Alberto es el que **maneja** los negocios de la familia. |
| **probar** (ue) | 1. *to try* | Ya **probamos** el metro que acaban de terminar. |
| | 2. *to taste* | **Prueba** la sopa y dime si necesita más sal. |
| | 3. (-se) *to try on* | **Me probé** más de diez vestidos y ninguno me gustó. |
| el **recado** | *message* | Ella llamó al dentisa y le dejó un **recado** en la contestadora. |
| la **solicitud** | *application, request* | Daniel mandó la **solicitud** a la Compañía Electrónica Internacional. |
| **dondequiera** | *everywhere* | Verás flores **dondequiera** que vayas. |
| **mal genio** | *bad temper* | Juan tiene muy **mal genio** y por eso no tiene muchos amigos. |
| **en cuanto** | *as soon as* | Dale el examen al profesor **en cuanto** lo termines. |

## A Presente perfecto de subjuntivo

1. El presente perfecto de subjuntivo se forma con el presente de subjuntivo del verbo **haber** + el participio pasado del verbo que se conjuga.

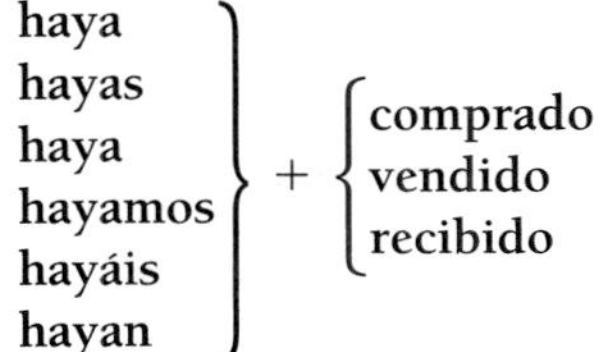

2. Cuando el verbo de la cláusula principal comenta en el presente sobre un concepto —expresado en la cláusula subordinada— que trata de un tiempo anterior, se usa el presente perfecto de subjuntivo en la cláusula subordinada. Observe los siguientes ejemplos:

Joaquín **ha leído** el libro.
*Joaquín has read the book.*

**Dudo** que Joaquín **haya leído** el libro.
*I doubt that Joaquín has read the book.*

## Ejercicios

I. Complete las oraciones, según el modelo, usando el verbo en el presente perfecto de subjuntivo en la cláusula subordinada.

**MODELO:** Benito ha vuelto.
Espero que Benito...
**Espero que Benito haya vuelto.**

1. Carolina ha salido temprano.
   Dudo que Carolina...
2. Hemos escrito la carta.
   Esperan que...
3. Has estado enferma.
   Siento que...
4. Uds. no han visto el desfile.
   Es lástima que Uds. no...
5. Ellos lo han hecho.
   ¡Ojalá que ellos lo...!
6. Ellos han salido tarde.
   Es posible que ellos...

II. Elisa desea trabajar en el Banco Mundial (*World Bank*). Para saber lo que ella ha hecho, complete las oraciones con la traducción al español de los verbos que están en inglés. Use el presente perfecto de indicativo o el presente perfecto de subjuntivo, según el contenido de la frase.

1. (*has written*) Elisa ______________ una carta de solicitud para un puesto en el Banco Mundial.

2. (*has written*) Dudo que ella ________________ la solicitud en español.
3. (*has read*) Es posible que el gerente ________________ la recomendación.
4. (*has read*) Ella ________________ mucho sobre ese banco.
5. (*has arrived*) Es importante que la solicitud ________________ a tiempo[1].
6. (*has arrived*) La respuesta ________________ por correo electrónico.

[1]*on time*

III. Su primo le ha pedido que exprese su reacción personal sobre las cosas que se mencionan más abajo. Use expresiones tales como **es posible, es bueno, es lástima, es importante, tal vez, dudo, me alegro (de), me sorprende, siento, espero**.

**MODELO:** Isabel ha perdido el trabajo.
**Siento que Isabel haya perdido el trabajo.**
**Es lástima que Isabel haya perdido el trabajo.**

1. Las condiciones sociales han cambiado.
2. Mis padres han decidido ir a Puerto Rico.
3. Ha llovido mucho el fin de semana.
4. Mi hermana ha pasado el examen de geometría.
5. Mi tío Alfonso ha venido a comer con nosotros.
6. El profesor ha cancelado la clase de español.

## B Pluscuamperfecto de subjuntivo

1. El pluscuamperfecto de subjuntivo se forma con el imperfecto de subjuntivo del verbo **haber** + el participio pasado del verbo que se conjuga.

| | | | |
|---|---|---|---|
| **hubiera** | (hubiese) | + | **comprado** |
| **hubieras** | (hubieses) | | **vendido** |
| **hubiera** | (hubiese) | | **recibido** |
| **hubiéramos** | (hubiésemos) | | |
| **hubierais** | (hubieseis) | | |
| **hubieran** | (hubiesen) | | |

2. Cuando el verbo de la cláusula principal comenta en el pasado sobre un concepto—expresado en la cláusula subordinada—que trata de un tiempo aún mucho antes del tiempo pasado del verbo en la cláusula principal, se usa el pluscuamperfecto de subjuntivo en la cláusula subordinada. Observe los siguientes ejemplos:

Le **dije** que ellos **habían ido** al museo.
*I told him they had gone to the museum.*

Yo **esperaba** que ellos **hubieran ido** al museo.
*I was hoping that they had gone to the museum.*

## Ejercicios

I. De acuerdo con el contenido de las frases, llene los espacios en blanco con la forma apropiada de **haber** (**haya** o **hubiera**).

1. Me alegro de que ellos ________________ podido recibir hoy mi recado.
2. Gustavo dudaba que el chico ________________ dicho la verdad.
3. Es bueno que Ud. ________________ alquilado esa casa.
4. Me daba miedo que los niños ________________ cruzado la calle solos.
5. Dudaba que la secretaria ________________ escrito las cartas que le dicté ayer.
6. Ellos temen que el tren ________________ salido ya.

*El Morro, fortaleza española en San Juan, Puerto Rico.*

II. Ud. fue a ver al médico ayer. Su amigo quiere saber qué le dijo y le hace a Ud. algunas preguntas. Contéstelas usando los verbos en el pluscuamperfecto de subjuntivo.

**MODELO:** ¿De qué se alegró el médico? (ir a verlo)
**De que yo hubiera ido a verlo.**

1. ¿Qué esperaba el médico? (tomar las medicinas)
2. ¿Qué dudaba el médico? (seguir sus instrucciones)
3. ¿Qué le disgustó al médico? (aumentar de peso[1])
4. ¿Qué le preocupaba al médico? (no continuar los ejercicios)
5. ¿Qué le sorprendió al médico? (no tener un ataque al corazón[2])

[1]*to gain weight* [2]*heart attack*

III. El siguiente párrafo está narrado con los verbos de las cláusulas principales en presente. Cambiando estos verbos al pasado (pretérito o imperfecto de indicativo) vuelva a narrar el párrafo.

Siento que no hayas escuchado la conferencia del arqueólogo en la universidad. Ojalá que todos los alumnos hayan oído la explicación sobre las ruinas mayas de Tikal. Es lástima que no hayamos grabado la conferencia. Es una suerte que hayamos leído sobre la civilización maya. El profesor espera que los estudiantes hayan visto las fotos de las ruinas.

## C Secuencia de tiempos

Según se muestra en el diagrama siguiente, el tiempo del verbo (presente o pasado) en la cláusula principal sirve de guía para seleccionar el tiempo de subjuntivo que se debe usar en la cláusula subordinada.

| Cláusula principal: *Verbo en indicativo* | Cláusula subordinada: *Verbo en subjuntivo* |
|---|---|
| Presente<br>Futuro<br>Presente Perfecto<br>Imperativo | Presente<br>o<br>Presente perfecto |
| **Dudo**<br>**Dudaré**<br>**He dudado**<br>**Dude Ud.** | que Adolfo **salga**.<br>o<br>que Adolfo **haya salido**. |

| | |
|---|---|
| Pretérito<br>Imperfecto<br>Condicional<br>Pluscuamperfecto<br>Condicional Perfecto | Imperfecto<br>o<br>Pluscuamperfecto |
| **Dudé**<br>**Dudaba**<br>**Dudaría**<br>**Había dudado**<br>**Habría dudado** | que Adolfo **saliera**.<br>o<br>que Adolfo **hubiera salido**. |

Se usan las combinaciones de tiempos que sean necesarias para expresar la idea que quiere comunicar la persona que habla.

Espero que **lleguen** bien.
Espero que ya **hayan llegado**.

Esperaban que **fuéramos** con ellos.
Dudaba que **hubieras salido** hoy.

**NOTA:** Se puede combinar el presente de indicativo con el imperfecto de subjuntivo para expresar una idea o acción ya terminada:

**Siento** que **estuvieras** enferma la semana pasada.
*I'm sorry you were sick last week.*

## Ejercicios

I. De acuerdo con el modelo, haga nuevas oraciones que contengan dos cláusulas. Use en la cláusula subordinada el sujeto que está en paréntesis.

**MODELO:** Lamento vender la casa. (Luisa)
**Lamento que Luisa venda la casa.**

1. Prohíben caminar en la autopista. (las personas)
2. Raúl siente no ir a la fiesta. (ella)
3. Querían proteger el museo. (la policía)
4. ¿Deseas almorzar ahora? (nosotros)
5. Esperaba conocer a tus padres. (Elsa)

II. Complete las frases usando el tiempo correcto del subjuntivo de los verbos que están entre paréntesis.

1. (visitar) Ellos me han pedido que yo ________________ a Federico.
2. (poder) Lamento que él no ________________ venir con nosotros.

3. (enfermarse) Siento que Federico ________________ la semana pasada.
4. (divorciarse) Él sintió mucho que sus padres ________________ cuando él era niño.
5. (terminar) Él siempre había dudado que yo ________________ la carrera.

III. Traduzca al español las siguientes oraciones.

1. *I hope the new house is big and comfortable.*
2. *I am sorry you* (tú) *have a headache.*
3. *The doctor advised me to take aspirin.*
4. *I hope you* (Ud.) *have not had any problem.*
5. *I will call Rosa when I receive the letter.*
6. *He wished they had come last night.*

IV. Conteste las preguntas en forma original.

1. Cuando Ud. almuerza en la cafetería, ¿qué quiere el cajero que Ud. haga?
   Cuando Ud. termina de almorzar, ¿qué desea el empleado que Ud. haga con los platos sucios?
2. Cuando Ud. va a comprar un carro, ¿qué espera Ud. que el vendedor haga?
   Cuando Ud. escoge el carro, ¿qué espera el vendedor que Ud. haga?
3. Cuando Luis jugaba fútbol en la universidad, ¿qué deseaba el entrenador que él hiciera?
   Cuando terminaba la temporada de fútbol, ¿qué les aconsejaba el entrenador a todos los jugadores del equipo?
4. Cuando Ud. no tiene dinero, ¿qué desea Ud. que su hermano haga?
   Cuando una persona le da dinero a Ud., ¿qué espera ella que Ud. haga?
5. Cuando Ud. de niño o niña iba a la playa con sus padres, ¿qué querían ellos que Ud. hiciera?
   Cuando había muchas olas, ¿qué le aconsejaban ellos a Ud.?

## D Otros casos que requieren el uso del subjuntivo

En los siguientes casos también se requiere el subjuntivo:

1. Conjunciones que denotan tiempo, propósito o condición.

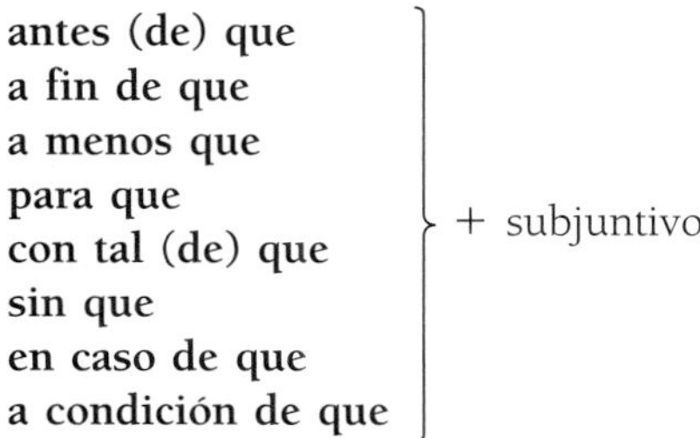

**antes (de) que**
**a fin de que**
**a menos que**
**para que**
**con tal (de) que**
**sin que**
**en caso de que**
**a condición de que**

} + subjuntivo

La llamaré **para que venga** a comer.
Salió **sin que** yo la **viera**.
Usaré tu carro **en caso de que tenga** que salir.

2. Conjunciones adverbiales de tiempo. Se usa el subjuntivo en la cláusula subordinada cuando se refiere a una acción que no ha ocurrido todavía.

| | |
|---|---|
| **cuando** | **mientras que** |
| **en cuanto** | **antes (de) que** |
| **tan pronto como** | **después (de) que** |
| **luego que** | **hasta que** |
| **así que** | **siempre que** |

Yo le hablaré a él **cuando venga**.
*I will talk to him when he comes.*

Les daré el recado **tan pronto como lleguen**.
*I will give them the message as soon as they arrive.*

**Después de que llegues**, llámame.
*Call me after you arrive.*

Pero si la oración se refiere a una acción que ocurre generalmente o que ya ocurrió, se usa el indicativo.

Le hablo **cuando** él **viene**.
*I talk to him when he comes.*

Le hablé **cuando** él **vino**.
*I talked to him when he came.*

Les di el recado **tan pronto como llegaron**.
*I gave them the message as soon as they arrived.*

Ellos llegaron **después de que** yo **había comido**.
*They arrived after I had eaten.*

**NOTA:** La preposición **de** puede eliminarse en las expresiones **antes (de) que, con tal (de) que** y **después (de) que**.

3. Frases que denotan inseguridad o seguridad. Se pueden usar estas frases con el subjuntivo o el indicativo según la duda o certidumbre que quiera comunicar la persona que habla. Note que el subjuntivo expresa la acción en forma insegura, incierta. El indicativo expresa la acción en forma segura, con más certidumbre.

| Inseguridad o posibilidad: *Subjuntivo* | Seguridad o cierta certidumbre: *Indicativo* |
|---|---|
| **Quizá salgamos** esta noche. | **Quizá regresarán** mañana. |
| **Quizá** Pedro no **esté** en la casa. | **Quiza** ella **salió** un momento. |
| **Tal vez hayan ido** al banco. | **Tal vez has trabajado** mucho. |

| | |
|---|---|
| Él vendrá **aunque haga** mal tiempo. | Él vendrá **aunque hace** mal tiempo. |
| **Aunque viniera** no le hablaría. | **Aunque vino** no le hablé. |
| **Aunque llueva** iré a la universidad. | **Aunque llovió** fui a la universidad. |

4. Antecedente indefinido. Se usa el subjuntivo en la cláusula subordinada si el antecedente que esta cláusula modifica es una persona o cosa indefinida o inexistente. Se usa el indicativo si el antecedente es una persona o cosa definida.

| Antecedente indefinido o inexistente: *Subjuntivo* | Antecedente definido: *Indicativo* |
|---|---|
| Necesito un amigo que me **comprenda**. | Tengo un amigo que me **comprende**. |
| Buscaba una casa que **tuviera** dos cuartos. | Encontró la casa que **quería**. |
| Llamaré a un mecánico que **sepa** cómo arreglar mi carro. | Llamaré al mecánico que **sabe** cómo arreglar mi carro. |
| No hay nada que me **guste** más. | Hay algo que me **gusta** más. |
| No había nadie que **hablara** japonés. | Conozco a alguien que **habla** japonés. |

5. Expresiones indefinidas. Las siguientes expresiones llevan subjuntivo cuando están en una cláusula subordinada que expresa una idea que se refiere al futuro: **quienquiera, cuandoquiera, dondequiera, comoquiera, cualquier (-a)**.

**Dondequiera** que **vayas** verás flores en Xochimilco.
Lo haré **comoquiera** que **sea**.
Dígale a **quienquiera** que **sea**, que no puedo recibirlo.

**NOTA:** El plural de **quienquiera** es **quienesquiera** y es de muy poco uso en el español moderno.

En las cláusulas subordinadas con **dondequiera**, cuando se expresa una idea que se refiere al presente o al pasado, se usa el indicativo.

**Dondequiera** que **vamos** vemos flores.
**Dondequiera** que **fuimos** vimos flores.
**Dondequiera** que **íbamos** veíamos flores.

6. Después de **como si**, se usa sólo el imperfecto o el pluscuamperfecto de subjuntivo.

Él habla **como si fuera** el dueño de la casa.
El niño parece **como si hubiera tenido** una pelea.

7. El imperfecto y el pluscuamperfecto de subjuntivo se usan en expresiones que llevan la palabra **quién** para expresar un deseo de parte de la persona que habla.

¡**Quién pudiera** bailar como tú!
*If only I could dance like you!*

¡**Quién fuera** Plácido Domingo!
*If only I were Plácido Domingo!*

¡**Quién** lo **hubiera sabido**!
*If only I had known it!*

## Ejercicios

I. Las siguientes oraciones contienen cláusulas adverbiales de tiempo que pueden usarse con el verbo en subjuntivo o en indicativo según el significado de la oración. Complételas con el subjuntivo o el indicativo del verbo que está entre paréntesis, según lo requiera el contexto.

1. (salir) Te llamaré cuando (yo) ________________ de la oficina.
2. (estar) Le di el pasaporte a Luisa cuando (yo) ________________ en su casa.
3. (conseguir) Tan pronto como ________________ los pasajes, saldré para México.
4. (hacer) En cuanto ________________ las maletas, salí para el aeropuerto.
5. (poder) Viajaré mientras que ________________.
6. (tener) Fui piloto de aviación hasta que ________________ sesenta años.

II. La siguiente narración tiene dos párrafos. En el primer párrafo se habla del hombre que Lolita busca para casarse. En el segundo párrafo se narra la suerte de Lolita cuando encontró a Roberto. Escriba el tiempo correcto, en subjuntivo o en indicativo, de los verbos que están entre paréntesis.

| | |
|---|---|
| Lolita busca un marido que ________________ inteligente y | *(ser)* |
| sincero. Además ella quiere que ________________ un buen | *(tener)* |
| empleo, que la ________________ y que cuando ________________ | *(comprender) (tener)* |
| hijos que él ________________ un buen padre. Son muchas las | *(ser)* |
| cualidades que Lolita ________________ y ojalá que | *(querer)* |
| ________________ al hombre de sus sueños. | *(encontrar)* |

| | |
|---|---|
| Al fin, hace dos años, Lolita ________________ al hombre de sus | *(encontrar)* |
| sueños. Se llama Roberto y lo ________________ en un viaje que | *(conocer)* |
| ella ________________ al Uruguay. Ellos ________________ a | *(hacer) (enamorarse)* |
| primera vista[1] y ________________ a los dos meses de conocerse. | *(casarse)* |
| Roberto y Lolita ________________ muy felices | *(ser)* |
| y ________________ un niño que ________________ Robertico. | *(tener) (llamarse)* |

[1]*at first sight*

III. Un compañero de clase le presenta las siguientes situaciones. ¿Qué le sugiere Ud.?

**MODELO:** Tengo un examen mañana.
**Te sugiero que estudies.**

1. Tengo sueño.
2. Estoy muy aburrido.
3. Estoy enfermo.
4. Estoy muy cansado.
5. Tengo hambre y sed.
6. Tengo mucho frío.

IV. Hay muchos problemas en la oficina donde trabaja su amigo. ¿Qué le recomienda Ud. para solucionarlos?

1. El aire acondicionado no enfría bastante.
2. El secretario siempre llega tarde.
3. Las computadoras se descomponen muy frecuentemente.
4. La supervisora tiene muy mal genio y grita mucho.
5. Hay muchos papeles sin archivar[1] porque no hay donde ponerlos.

[1]*to file*

V. Complete las frases con el tiempo correcto del indicativo o del subjuntivo de los verbos en paréntesis.

1. (poder) Ojalá que ellos ________________ ir de vacaciones.
2. (tocar) Es sorprendente que el niño ________________ tan bien el violín.

*Jóvenes estudiando en la biblioteca de la Universidad Nacional Autónoma de México.*

3. (correr) Por mucho que _______________ Elisa, no podrá llegar a tiempo.
4. (venir) Le daré la carta cuando él _______________ mañana.
5. (llamar) Ella me dio el recado cuando yo la _______________ ayer.
6. (ir) Dondequiera que _______________, nos recibieron muy bien.
7. (comprar) Dondequiera que _______________ el vestido, te costará caro.
8. (dar) Aunque yo le _______________ la cuenta, él no me pagó.
9. (invitar) Aunque Juan me _______________, no iré con él.
10. (ser) Quiero un marido que _______________ inteligente, guapo y rico.
11. (ser) Tengo un marido que _______________ muy bueno.
12. (llevar) Busco a alguien para que me _______________ al centro.
13. (llevar) Tengo un amigo que siempre me _______________ al centro.

VI. Combine las dos oraciones en una según el modelo. Use el presente o el imperfecto de subjuntivo.

**MODELO:** Isabel quiere. Ricardo trae a los primos.
**Isabel quiere que Ricardo traiga a los primos.**

1. Él desea. Ella los llama.
2. Será mejor. Ellos toman un taxi en el hotel.
3. Ella recomendó. Ellos alquilaron un carro.
4. Él temió. Ellos no encontraron la dirección.
5. Isabel y Ricardo sienten. Los primos se van mañana.

VII. En el siguiente párrafo se habla del escritor y poeta mexicano Octavio Paz (1914– ). Llene los espacios en blanco con el tiempo correcto del verbo que está entre paréntesis.

Sentí mucho que ayer Uds. no _______________ la conferencia *(oír)*
sobre el escritor y poeta mexicano Octavio Paz. Es importante que
los estudiantes de español _______________ su obra para que *(conocer)*
_______________ apreciar su valor. Sería bueno que Uds. *(poder)*
_______________ algunas de sus muchas obras. Entre sus obras en *(leer)*
prosa les recomiendo que _______________ *El laberinto de la* *(buscar)*
*soledad* y *Tiempo nublado*. Su obra poética es muy importante
también. Me alegró que por fin, en 1990, le _______________ el *(dar)*
Premio Nóbel de Literatura.

VIII. Complete las frases con el tiempo correcto del indicativo o del subjuntivo del verbo en paréntesis.

1. (decir) Me alegré cuando él me _______________ que me había ganado la beca.
2. (irse) Nos dará gran tristeza cuando él _______________.

3. (mandar) Le prometí que le escribiría cuando él ________________ la dirección.
4. (bajar) Parece que el costo de la vida va a bajar. Aunque ________________ el costo de la vida no podré cubrir los gastos.
5. (saber) Elisa toca la guitarra muy bien. Sin embargo, aunque Elisa ________________ tocar la guitarra, no quiere tocar hoy.
6. (invitar) Aunque Alfonso me ________________ anoche, no pude salir con él.

IX. Escoja el verbo correcto para completar la oración.

1. (llegue / llegaba) Tal vez Dora ________________ mañana.
2. (llegue / llegó) Quizá Carmelina ________________ ayer.
3. (trabaja / trabaje) Llamaré al muchacho que ________________ en la gasolinera.
4. (sabe / sepa) Busco un secretario que ________________ español.
5. (sientan / sienten) Dígales que se ________________.
6. (dice / diga) Es verdad que él ________________ muchas tonterías.
7. (llueva / llueve) Parece que va a llover, pero Ramón dice que vendrá aunque ________________.
8. (puedo / pueda) Le escribiré tan pronto como ________________.

X. Composición dirigida (oral o escrita). Ud. es una persona que va a ir a Centroamérica a trabajar con el Cuerpo de Paz. Haga una narración breve exponiendo sus dudas, deseos, temores, posibilidades, etc. Use como guía las siguientes frases.

| | |
|---|---|
| El Cuerpo de Paz necesita | Me aconsejan |
| Desean que yo | Mis amigos dudan |
| Es posible que | El gobierno no quiere |
| Temo que | Es una suerte |
| No es seguro | Quiera Dios |

## E Cláusulas con *si*

En las cláusulas con **si** se puede expresar una condición probable o una condición poco probable o contraria a una realidad presente o pasada. En el primer caso se usa el indicativo, en el segundo el subjuntivo.

| Condición probable: *Indicativo* | Resultado: *Indicativo* |
|---|---|
| Si **quieres**, | te **presto** mi secadora de pelo. |
| Si **tengo** dinero, | **iré** a Madrid. |
| Si Mirta **escribió**, | no **llegó** la carta. |
| Si él **caminaba** tanto, | **era** porque **quería** hacer ejercicio. |
| Si mi marido **llama**, | le **dices** que **salí**. |

| Condición poco probable o contraria a la realidad en el presente: *Imperfecto de subjuntivo* | Resultado: *Condicional* |
|---|---|
| Si **tuviera** tiempo, | **iría** hoy a la playa. |
| Si **comiera** menos, | **estaría** más delgado. |

| Condición poco probable o contraria a la realidad en el pasado: *Pluscuamperfecto de subjuntivo* | Resultado: *Condicional perfecto o pluscuamperfecto de subjuntivo* |
|---|---|
| Si ellos se **hubieran conocido** antes, | se **habrían (hubieran) casado**. |
| Si **hubieras traído** el traje de baño, | **habríamos (hubiéramos) ido** a nadar. |

## Ejercicios

I. Complete las oraciones según los modelos empleando la forma correcta del verbo en paréntesis.

A. En la parte A se expresan condiciones probables.

**MODELO:** (necesitar) Si (tú) ______________ mis botas, te las doy.
**Si necesitas mis botas, te las doy.**

1. (llamar) Si mi mujer ______________ dentro de una hora, le das el recado.
2. (salir) Si ellos ______________ mañana temprano, llegarán antes de las seis.
3. (venir) Si Úrsula ______________ ayer, no la vi.
4. (ir) Si Vicente ______________ al cine anoche, no me invitó.

B. En la parte B se expresan condiciones poco probables y contrarias a la realidad presente o pasada.

**MODELO:** (poder) Si yo ______________, viajaría el próximo verano.
**Si yo pudiera, viajaría el próximo verano.**

1. (pedir) Si (tú) me ______________ un favor, te lo haría.
2. (estar) Si ella ______________ en casa, me recibiría.
3. (avisar) Si (nosotros) les ______________ anoche, ellos habrían venido a jugar al póquer.
4. (tener) Si yo ______________ el libro, se lo habría prestado.

**II.** Composición dirigida (oral o escrita). El siguiente ejercicio tiene dos partes.

**A.** En la parte A, continúe las frases con ideas originales usando el verbo en el tiempo que necesite, del subjuntivo o del indicativo, para expresar su pensamiento.

1. Si yo tuviera mucho dinero...
2. Si mi amiga viene esta noche...
3. Si yo hubiera tenido tiempo...
4. Si yo pudiera...
5. Si Elisa hubiera ido a España...

**B.** En la parte B, complete la primera parte de las frases con ideas originales usando el verbo en el tiempo que sea necesario, subjuntivo o indicativo, para expresar su pensamiento.

1. Si yo..., compraría un carro nuevo.
2. Si ellos..., iré con ellos a la fiesta de fin de año.
3. Si Fernando... en el equipo de la universidad, habrían ganado el campeonato.
4. Si yo..., sacaría muy buenas notas.
5. Si yo..., me habría divorciado en seguida.

**III.** Su amiga cree que se deben hacer cambios en los programas de televisión. Para conocer la opinión de ella, complete el párrafo con la forma correcta del subjuntivo de los verbos en paréntesis.

Deseo que los productores de televisión ________________ el *(aumentar)*
número de programas educativos. Se beneficiaría más la juventud
si ________________ programas científicos y culturales *(mostrarse)*
y ________________ los anuncios. Espero que las estaciones *(disminuirse)*
________________ más programas históricos y que *(mostrar)*
________________ biografías de gente notable en el campo de la *(presentar)*
ciencia, la música y el arte. Propongo que ________________ la *(sustituirse)*
violencia por música y arte.

## F Imperativo

El imperativo se usa para órdenes afirmativas y negativas. Hay formas imperativas para personas tratadas de **tú** o **vosotros** y otras formas para personas tratadas de **Ud.** o **Uds.** También hay formas para **nosotros**.

1. Órdenes afirmativas con **tú** y **vosotros**. Observe que se usa la forma de la tercera persona singular del presente de indicativo para las órdenes afirmativas con **tú**.

| | | |
|---|---|---|
| compr **a** tú | vend **e** tú | recib **e** tú |
| compr **ad** vosotros | vend **ed** vosotros | recib **id** vosotros |

2. Órdenes negativas con **tú** y **vosotros**. Las formas son iguales al presente de subjuntivo. Las órdenes afirmativas y negativas con **Ud.**, **Uds.** y **nosotros** también son iguales al presente de subjuntivo.

*Paseo de la Reforma en la Ciudad de México.*

| *Infinitivo* | *Presente de subjuntivo* | *Imperativo* *Afirmativo* | *Negativo* |
|---|---|---|---|
| comprar | tú compres | **compra** tú | **no compres** |
| | Ud. compre | **compre** Ud. | **no compre** |
| | nosotros compremos | **compremos** nosotros | **no compremos** |
| | vosotros compréis | **comprad** vosotros | **no compréis** |
| | Uds. compren | **compren** Uds. | **no compren** |

| Infinitivo | Presente de subjuntivo | Imperativo Afirmativo | Negativo |
|---|---|---|---|
| vender | tú vendas | **vende** tú | **no vendas** |
| | Ud. venda | **venda** Ud. | **no venda** |
| | nosotros vendamos | **vendamos** nosotros | **no vendamos** |
| | vosotros vendáis | **vended** vosotros | **no vendáis** |
| | Uds. vendan | **vendan** Uds. | **no vendan** |
| recibir | tú recibas | **recibe** tú | **no recibas** |
| | Ud. reciba | **reciba** Ud. | **no reciba** |
| | nosotros recibamos | **recibamos** nosotros | **no recibamos** |
| | vosotros recibáis | **recibid** vosotros | **no recibáis** |
| | Uds. reciban | **reciban** Uds. | **no reciban** |

**Lee** las frases. — **No leas** las frases.
**Abra** las ventanas. — **No abra** las ventanas.
**Esperemos** a Elisa. — **No esperemos** a Elisa.
**Firmen** los documentos. — **No firmen** los documentos.

Observe los siguientes ejemplos de órdenes afirmativas con el verbo **estar**. Note que para las órdenes con **tú** la forma que se usa es con el reflexivo **te**.

**Esté** Ud. seguro que se hará el negocio. **Estése** tranquilo, Sr. Pérez, que todo saldrá bien.
Pepito, **estáte** quieto y **estáte** callado por cinco minutos.

3. Verbos irregulares. Las mismas irregularidades del presente de subjuntivo ocurren en el imperativo.

**Cierra** esa puerta y **durmamos** la siesta.
**Conduzcan** con cuidado, **vayan** al aeropuerto y **traigan** al tío Francisco que llega esta noche.
**Sepa** Ud. que me voy mañana.

Observe los siguientes ejemplos del verbo **saber** en órdenes afirmativas con **tú**.

**Sábelo** bien, no vas a salir esta noche.
**Sábetelo** de memoria para mañana.

4. Los siguientes verbos tienen formas propias para el imperativo afirmativo con **tú**.

| *Infinitivo* | *Imperativo afirmativo* | *Infinitivo* | *Imperativo afirmativo* |
|---|---|---|---|
| salir | **sal** tú | decir | **di** tú |
| venir | **ven** tú | hacer | **haz** tú |
| poner | **pon** tú | ser | **sé** tú |
| tener | **ten** tú | ir | **ve** tú |

**Sal** en seguida, **ve** a la tienda y **haz** todas las compras.

Las formas negativas de estos verbos son iguales al subjuntivo.

No te **preocupes** tanto y no **seas** tan pesimista.

5. La expresión en inglés *let's* se expresa en español con la forma correspondiente a **nosotros**.

**Cantemos** esa canción.
No **pidamos** tantas cosas.

**NOTA:** *Let's* también puede expresarse en forma afirmativa usando **vamos a** + infinitivo.

**Vamos a cantar** esa canción.

El verbo **ir** tiene una forma irregular en las órdenes afirmativas. En las órdenes negativas sigue la regla del subjuntivo.

**Vamos**, ya va a empezar el programa.
No **vayamos** con Luciano.

6. Las formas pronominales de complemento directo e indirecto y los pronombres reflexivos se colocan después de las órdenes afirmativas y delante de las órdenes negativas.

| | |
|---|---|
| Dá**melo**. | No **me lo** des. |
| Dígan**selo**. | No **se lo** digan. |
| Acuésta**te**. | No **te** acuestes. |
| Hagámos**lo**. | No **lo** hagamos. |

**NOTAS:** Observe la acentuación al añadir formas pronominales al verbo.

| | | |
|---|---|---|
| hágalo | díselo | ábranlas |
| hágamelo | dígaselo | póntelos |
| vámonos | dánoslo | despiértate |

Con las órdenes afirmativas que tienen una sola sílaba no se escribe el acento cuando se añade una sola forma pronominal.

ponte dime danos hazlo

a. Los verbos reflexivos en la forma correspondiente a **nosotros**, en las órdenes afirmativas, pierden la **s** final de la terminación verbal. En el negativo siguen la regla del subjuntivo.

lavemos + nos = **lavémonos** **no nos lavemos**
sentemos + nos = **sentémonos** **no nos sentemos**

b. Los verbos reflexivos en la forma correspondiente a **vosotros**, en las órdenes afirmativas, pierden la **d** final de la terminación verbal. En el negativo siguen la regla del subjuntivo.

lavad + os = **lavaos** **no os lavéis**

c. El uso del imperativo frecuentemente se sustituye por una forma más cortés usando el verbo en el presente de indicativo en una frase interrogativa. Observe los ejemplos siguientes:

**Tráeme** un vaso de agua.
¿**Me traes** un vaso de agua, por favor?
**Cállate.**
¿**Te callas**, por favor?

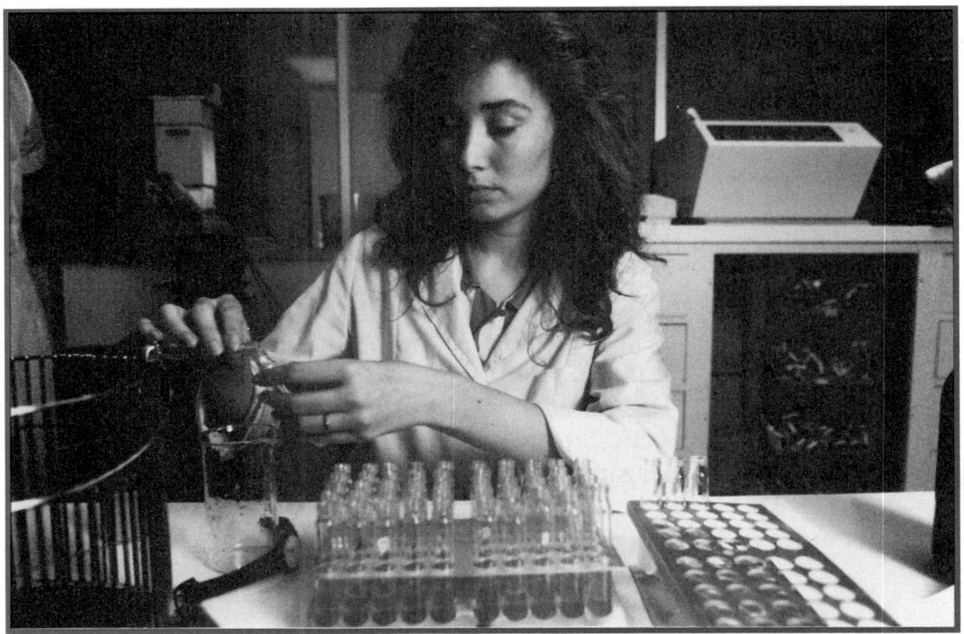

*Técnica de bioquímica trabajando en un laboratorio de Madrid, España.*

## Ejercicios

I. Imagine que Ud. es instructor en una clase de manejar. Transforme las siguientes instrucciones en órdenes formales según el modelo.

**MODELO:** Es importante mantener su carro en buenas condiciones.
**Mantenga su carro en buenas condiciones.**

1. Es necesario disminuir la velocidad al doblar una esquina.
2. Tiene que parar para dejar cruzar a los peatones[1].
3. Debe encender las luces al atardecer.
4. Es importante no correr a más de la velocidad indicada.
5. No debe manejar si toma bebidas alcohólicas.

[1]*pedestrians*

6. Tiene que ponerse siempre el cinturón de seguridad.
7. No es bueno quitar las manos del volante[2].

[2]*steering wheel*

II. Su hermana le hace varias preguntas relacionadas con la fiesta que piensan dar. Conteste las preguntas con órdenes afirmativas y negativas, usando pronombres y el verbo en la forma familiar.

**MODELO:** ¿Mando las invitaciones?
**Sí, mándalas.**
**No, no las mandes.**

1. ¿Hago el ponche?
2. ¿Pongo las mesas en el patio?
3. ¿Traigo las enchiladas?
4. ¿Invitamos al profesor de español?
5. ¿Sirvo café con leche?

III. Sustituya la construcción **ir a** + un infinitivo por una orden.

**MODELO:** Vamos a escuchar las noticias.
**Escuchemos las noticias.**

1. Vamos a hablar español.
2. Vamos a tocar la guitarra.
3. Vamos a dormir la siesta.
4. No vamos a dar un paseo.
5. No vamos a construir una casa.

IV. Conteste las preguntas que le hacen sus primos con órdenes afirmativas y negativas usando pronombres.

**MODELO:** ¿Abrimos las ventanas?
**Sí, ábranlas.**
**No, no las abran.**

1. ¿Apagamos las luces?
2. ¿Pedimos un taxi?
3. ¿Leemos el artículo?
4. ¿Hacemos los ejercicios?
5. ¿Llamamos a Ernesto?

V. Los hijos de su amiga son muy desobedientes y su madre le pide que Ud. les diga a los niños lo que ella quiere que hagan.

A. Transforme en órdenes lo que la madre quiere que haga Ramón.

**MODELO:** Dígale que se lo pruebe.
**Pruébatelo.**

1. Dígale que se bañe.
2. Dígale que se desayune.
3. Dígale que se lo quite.

B. Ahora transforme en órdenes lo que la madre quiere que hagan Ramón y Gabriel.

**MODELO:** Dígales que se peinen.
**Péinense.**

1. Dígales que se den prisa.
2. Dígales que se los pongan.
3. Dígales que se vistan.

VI. Complete las oraciones con el imperativo afirmativo o negativo de los verbos en paréntesis.

1. (decir) Jorge, ________________ (tú) lo que pasó.
2. (Empezar / esperar) ________________ (Uds.) a comer, no me ________________.
3. (llamar) No ________________ (tú) al médico, ya me siento mejor.
4. (Probarse) ________________ (Ud.) el traje.
5. (Hacer) ________________ (tú) lo que yo digo, pero no lo que yo hago.

VII. Composición dirigida (oral o escrita). Complete las oraciones con ideas originales.

**MODELO:** Ponte el traje de baño...
**Ponte el traje de baño porque vamos a nadar en la piscina.**

1. Cállense, no hagan ruido...
2. No cruces la calle...
3. Dame el cuchillo eléctrico...
4. Apúrense...
5. No deje salir al perro...

VIII. Temas de conversación.

1. Si Ud. fuera un productor de Hollywood, ¿qué tipo de películas haría Ud.?
2. Si a Ud. le ofrecieran el puesto de gerente de la General Motors, ¿qué salario y qué condiciones de trabajo pediría Ud.?
3. Piense en una compañía que comparte las ganancias anuales con sus empleados. ¿Con qué fin cree Ud. que hace esto?
4. Piense que Ud. es la presidenta de una corporación y tiene un secretario. ¿Qué órdenes le daría Ud. al secretario?
5. ¿Qué haría Ud. si fuera presidente de los Estados Unidos?
6. ¿Qué haría Ud. si fuera el profesor o la profesora de esta clase?

## Ejercicio de composición (opcional)

Haga una composición, oral o escrita, sobre el tema que se da a continuación. Use el esquema siguiente.

**TEMA:** Evolución y cambios producidos por el movimiento feminista.

**INTRODUCCIÓN:** Cambios en la forma de vida de la mujer.
Dilemas que tiene: la crianza[1] de los hijos y las exigencias de su trabajo.
El papel del padre en el hogar, antes y ahora.
Libertades que tienen hoy las mujeres que no tenían sus abuelas.

**DESARROLLO:** Los trabajos que hace hoy la mujer que antes sólo hacían los hombres.
¿Cómo aceptan los hombres que las mujeres estén en el mismo campo laboral que ellos?
Cambios en la relación entre el hombre y la mujer.
Idea que existía de que la mujer pertenecía al sexo débil y el hombre al sexo fuerte.

**CONCLUSIÓN:** Dé su opinión sobre los cambios producidos por el movimiento feminista y los efectos de éstos en la sociedad. ¿Cómo cree Ud. que será la vida de la mujer dentro de cincuenta años?

[1] *raising*

# Lectura 1

## Sor Juana Inés de la Cruz: Voz feminista de Hispanoamérica

En el año 1651 nació, a poca distancia de la Ciudad de México, Inés de Asbaje y Ramírez, más conocida por su nombre conventual° de Sor Juana Inés de la Cruz. Esta mujer notable sobresalió° como poeta brillante y defendió con convicción la dignidad y los derechos de la mujer en una época en que ésta estaba relegada° a los quehaceres° domésticos. Aunque las costumbres de la época en el virreinato° de México y las restricciones impuestas por un dogma religioso no eran favorables para el desarrollo intelectual de una mujer interesada en la poesía, la música y las ciencias, Sor Juana mostró° siempre unos deseos intensos de saber y pasó toda su vida tratando de adquirir cultura para comprender las ciencias y las letras.

En el siglo XVII existía en México un ambiente intelectual estimulante y la universidad, fundada° en 1553, atraía a miles de estudiantes que deseaban recibir los grados de bachiller°, o de

*monastic*
*stood out*
*relegated/chores*
*viceroyalty*
*demonstrated*
*founded*
*bachelor*

licenciado o de doctor. En este ambiente de curiosidad intelectual creció° Sor Juana. Ella nos dice en una página de su "Respuesta a Sor Filotea" que ella tenía unos seis o siete años cuando oyó hablar de la Universidad de México y de las Escuelas donde se aprendían las ciencias. Como° ya sabía leer y escribir, le rogaba° a su madre, con gran insistencia, que la vistiera de muchacho para así poder asistir° a la universidad. Aun° a esa edad, ella sabía que como mujer nunca podría entrar allí.

*grew up* · *since/begged* · *attend* · *even*

Desde muy niña, Sor Juana tuvo acceso a los libros de su abuelo, y así adquirió y desarrolló su enorme afición° e interés por la lectura. Cuando siendo una adolescente fue a vivir a casa de su tía en la Ciudad de México, llamó la atención de todos los que la conocieron por su curiosidad intelectual y gran aptitud para defender sus ideas y responder a las preguntas que le hacían en la corte del virreinato de México.

*liking*

La vanidad de la corte de México en aquella época no le atraía a la joven, y siempre buscaba la soledad° para dedicarse tranquilamente a la lectura y a la investigación. En 1669 Inés de Asbaje y Ramírez decidió entrar en un convento de monjas° para vivir el resto de su vida en la pobreza, sin poseer ningún bien material, y dedicarse a meditar, a estudiar y a escribir. La poeta que había en ella empezó a desarrollarse y escribió versos que empezaron a circular y a publicarse, siendo muy bien acogidos° en México y en España.

*solitude* · *nuns* · *received*

Hay dos características constantes que marcan todo el proceso de la obra de Sor Juana Inés de la Cruz: la pasión y la razón. Su temperamento apasionado estaba controlado por el dominio de la razón y ella misma lo explica, con gran sinceridad, en los siguientes versos:

*En dos partes dividida*
*tengo el alma° en confusión:*
*una, esclava a la pasión,*
*y otra, a la razón medida°.*

*soul* · *controlled by reason*

Sus poemas más conocidos son sus famosas "Redondillas" donde hace una defensa de la mujer, culpando° a los hombres de los pecados° de las mujeres, ya que son ellos los que las llevan al mal.

*blaming/sins*

Pero la vida de la monja-poeta se vio ensombrecida° cuando el obispo° de Puebla, contestando una carta que Sor Juana Inés de la Cruz escribió discutiendo un sermón pronunciado por un cura jesuita°, la regañó° públicamente y la criticó por su vanidad. Sor Juana Inés escribió una contestación al obispo que ha pasado a la historia como un documento en contra de las injusticias de la época. En esta carta Sor Juana Inés rebatió° la acusación de vanidosa que le hacía el obispo y, al mismo tiempo, defendió los derechos de la mujer para

*darkened* · *bishop* · *priest/scolded* · *refuted*

*Sor Juana Inés de la Cruz.*

aprender y ejercer el magisterio°. Asimismo, defendió la libertad de opinión, oponiéndose a la intolerancia de la época. En cuanto a la poesía que escribió, Sor Juana Inés de la Cruz expresó: "he buscado muy de propósito que los versos pueden hacer daño y no lo he hallado".

*to practice teaching*

Sor Juana Inés murió en 1695 cuando una epidemia azotó° el convento en que ella vivía. Esta notable mujer fue víctima del antagonismo y de la hostilidad que existían contra los intelectuales y, especialmente, contra la mujer. En el primer cuarteto de uno de sus famosos sonetos Sor Juana Inés expresó:

*hit*

*En perseguirme°, Mundo, ¿qué interesas?* (persecuting me)
*¿En qué te ofendo cuando sólo intento*
*poner belleza en mi entendimiento°* (mind, reasoning)
*y no mi entendimiento en las bellezas?*

VOCABULARIO PARA REPASAR

sobresalir acoger magisterio quehaceres culpar azotar crecer pecado perseguir asistir cura monja afición regañar

I. Después de repasar el vocabulario, llene los espacios con la palabra que sea correcta.

1. A Sor Juana le gustaba mucho leer. Tenía gran ________ por la lectura.
2. Las ________ viven en el convento.
3. El ________ dijo la misa en la iglesia del pueblo.
4. El libro fue muy bien ________ por el público.
5. Los estudiantes deben ________ a clase todos los días.
6. Los ________ domésticos son muy aburridos.
7. En el siglo XVII las mujeres no enseñaban en las escuelas. Sor Juana Inés defendió los derechos de la mujer para ejercer el ________.
8. En una de sus "Redondillas", Sor Juana Inés ________ a los hombres de los pecados de las mujeres.
9. La sociedad la ________ por las ideas de liberación feminista que tenía.
10. Ella era tan inteligente que ________ siempre en todo lo que estudió.

II. Lea de nuevo la lectura y complete las oraciones traduciendo al español las frases que están en inglés.

1. Sor Juana (*grew up*) ________ en un ambiente de curiosidad intelectual.
2. En su época las mujeres no (*attended*) ________ a la universidad para recibir el grado de (*bachelor*) ________.
3. Sor Juana (*stood out*) ________ como poeta.
4. El (*bishop*) ________ de Puebla (*scolded*) ________ a Sor Juana por una carta que ella escribió.
5. Ella creía que la mujer podía (*practice teaching*) ________.
6. Ella defendió a la mujer y dijo que los hombres tenían la (*blame*) ________ de los (*sins*) ________ de las mujeres.
7. De niña desarrolló su (*liking*) ________ e interés por la lectura.
8. Ella murió cuando una epidemia (*hit*) ________ el convento en que vivía.

## PREGUNTAS SOBRE LA LECTURA

1. ¿Por qué considera el autor que Sor Juana Inés fue una feminista notable?
2. ¿Fue Sor Juana Inés una joven diferente a las demás de su época? ¿Por qué?
3. Cuando Sor Juana era una niña, ¿qué le pidió a su madre con gran insistencia?
4. ¿Qué dice Sor Juana en las "Redondillas" con respecto a los hombres?
5. ¿Cree Ud. que fue acertada la decisión de Sor Juana Inés de entrar en el convento? ¿Por qué?
6. ¿Qué ideas expresó Sor Juana Inés en la carta que le escribió al obispo de Puebla?
7. Si Sor Juana Inés hubiera vivido en el siglo XX, ¿habría sufrido el ataque de la sociedad al expresar sus ideas? Explique por qué.
8. Si Ud. conoce actualmente a alguna mujer similar a Sor Juana Inés, hable sobre ella.

## TEMAS DE CONVERSACIÓN

1. ¿Cómo cree Ud. que es la vida de una monja? ¿Aburrida, triste, interesante, divertida, libre de preocupaciones? Explique su respuesta.
2. ¿Qué profesión o trabajo le interesa más a Ud.? Explique por qué. ¿Le gustaría tener un negocio? ¿Qué negocio?
3. ¿Qué piensa Ud. de las personas que critican a sus amigos? ¿Conoce Ud. a alguien con esa característica? ¿Pertenece Ud. a ese grupo de personas? ¿Piensa Ud. que la crítica puede ser positiva en muchas situaciones? Explique su respuesta.

# Lectura 2

### ¿Qué nos dice el poeta?

La lectura de una poesía es siempre más difícil que la lectura de un párrafo en prosa. Una poesía, generalmente, despierta en el lector sensaciones diversas que afectan los diferentes sentidos°, produciendo en la mente multitud de emociones, sentimientos e imágenes. *senses*

En la poesía, muchas veces el orden gramatical de las palabras aparece invertido y por eso para poder entender la oración tenemos que organizarla gramaticalmente. Note el siguiente ejemplo:

*estrofa*

Anoche cuando dormía ← *verso*
soñé ¡bendita ilusión! → *rima*
que una colmena tenía → *rima*
dentro de mi corazón

Organizada gramaticalmente: Anoche cuando yo dormía soñé que yo tenía una colmena° dentro de mi corazón. *beehive*

**Note los términos literarios de *verso, estrofa* y *rima*. *Verso* es cada línea de un poema; *estrofa* es el grupo de versos que se repite; *rima* es la igualdad o semejanza de los sonidos finales de dos o más versos. Puede haber poesías con versos libres o sueltos (también llamados versos blancos), es decir, que no tienen rima.**

## Alfonsina Storni

**Alfonsina Storni (1892–1938), poeta argentina y mujer de gran inteligencia e imaginación, denuncia en su poesía las injusticias y las dificultades de ser mujer frente a una sociedad dominada por el hombre. Cuando le diagnosticaron que tenía un cáncer incurable se suicidó en el balneario (*beach resort*) de Mar del Plata. Tenía 46 años.**

### Hombre pequeñito

Hombre pequeñito, hombre pequeñito,
Suelta° a tu canario que quiere volar... *set free*
Yo soy el canario, hombre pequeñito,
Déjame saltar.

Estuve en tu jaula°, hombre pequeñito, *cage*
Hombre pequeñito que jaula me das,
Digo pequeñito porque no me entiendes,
Ni me entenderás.

Tampoco te entiendo, pero mientras tanto° *meanwhile*
Ábreme la jaula, que quiero escapar;
Hombre pequeñito, te amé media hora,
No me pidas más.

De *Irremediables* (1919)

#### Preguntas sobre la lectura

1. ¿A quién se dirige la poeta?
2. ¿Qué quiere la autora que haga el hombre pequeñito?
3. ¿Por qué llama al hombre "pequeñito"?
4. ¿Qué simbolizan la jaula y el canario?
5. ¿Cómo interpreta Ud. los dos versos finales del poema?
6. ¿Cuál es el tema principal de este poema?

# Capítulo 5

*Plaza Libertad en la ciudad de San Salvador, capital de El Salvador.*

- Estudio de palabras
- Artículo definido
- Artículo indefinido
- Sustantivos
- El gerundio o participio presente
- Usos del infinitivo
- Lecturas: "La América Central"
  "Los mayas"
  "El eclipse" de Augusto Monterroso

-¿Qué **está diciendo el guía**?
-Que **el visitar** las ruinas mayas será **lo mejor del** viaje.
-¡Qué suerte que antes de venir vimos **el programa** que pusieron en **la televisión** sobre Guatemala y El Salvador!

## Estudio de palabras

| | | |
|---|---|---|
| **crecer** (zc) | *to grow* | Mi hijo **creció** tanto que ya está tan alto como su padre. |
| **disfrutar** | *to enjoy* | **Disfruto** mucho la clase de arqueología. El profesor es excelente. |

| | | |
|---|---|---|
| **gozar** | *to enjoy* | Cuando estuve en Puerto Rico **gocé** cada minuto que estuve allí. |
| **fundar** | *to found* | Los franciscanos **fundaron** las misiones de California. |
| **encontrar** (ue) | 1. *to find* | **Encontré** el reloj que pensé había perdido. |
| | 2. (-se) *to meet* | Teresa y yo **nos encontraremos** en la tienda para ir de compras. |
| **mover** (ue) | *to move* | Necesito que me ayudes a **mover** el sofá para otro lugar. |
| **mudarse** | *to move (to another house or location)* | Hace un mes **nos mudamos** para otra casa. |
| **movilizar** | *to mobilize* | El conflicto es serio. El gobierno **ha movilizado** las tropas. |
| el **alimento** | *food* | Los frijoles son un buen **alimento**. Tienen mucha proteína. |
| el **consultorio** | *doctor's office* | El dentista no estaba en el **consultorio** y tuve que esperar más de media hora. |
| el **despacho** | *office* | El **despacho** de mi abogado está en el mismo edificio donde mi médico tiene su consultorio. |
| el **dependiente** | *employee, clerk* | El **dependiente** del mercado me ayudó a llevar al carro todo lo que compré. |
| el **locutor** | *commentator* | El **locutor** del canal cinco me gusta mucho. Habla muy claro. |

## A Artículo definido

En español hay cuatro formas para el artículo definido *the*, más el artículo neutro **lo**.

| | *Masculino* | *Femenino* |
|---|---|---|
| *Singular* | **el** | **la** |
| *Plural* | **los** | **las** |

1. El artículo definido concuerda con el nombre en género y número.

**el** amor — **la** mujer
**los** perros — **las** flores

a. Se usa el artículo **el**, en vez de **la**, con los sustantivos femeninos que comienzan con **a** o **ha** acentuadas.

**el** agua fresca — **las** aguas frescas
**el** hambre — **mucha** hambre

b. En español hay sólo dos contracciones de preposición y artículo: **al** y **del**.

a + el = **al** — Vamos **al** teatro.
de + el = **del** — Ésta es la casa **del** Sr. Vidales.

*Fuente de agua en un pequeño pueblo de Guatemala.*

2. Se usa el artículo definido:

   a. Cuando el sustantivo es algo determinado.

      **El** poncho de Carmelina es de lana.

   b. Cuando el sustantivo se refiere a algo en su totalidad, en un sentido abstracto, general y colectivo. (En inglés no se usa el artículo en este tipo de construcción.)

      **El** pan es un buen alimento.
      **Los** gatos son animales felinos.
      **La** envidia es un defecto humano.
      **El** amor es ciego.
      **El** tiempo es oro.
      No me gusta **el** invierno.

   c. Con las partes del cuerpo y las prendas de vestir, especialmente con verbos reflexivos. (En inglés se usan los adjetivos posesivos.)

      Ella movió **la** cabeza.
      *She moved her head.*
      Me lavé **las** manos.
      *I washed my hands.*
      Me puse **el** abrigo.
      *I put on my coat.*
      Se quitó **los** zapatos.
      *He took off his shoes.*

   d. Con los días de la semana, excepto después del verbo **ser**.

      Hoy es sábado; siempre vamos a la discoteca **los** sábados (*on Saturdays*), pero esta semana iremos **el** domingo (*on Sunday*).

**NOTA:** Observe que el artículo definido equivale a *on* en inglés.

e. Con **Sr., Sra., Srta., Dr., Dra.** y otros títulos, seguidos del nombre de la persona acerca de quien hablamos.

El **Sr.** Jiménez enseña en la Escuela Superior.
La **Sra.** Felicidad Ramírez se está desayunando.
¿De dónde es la **Srta.** Salazar?
Voy al consultorio de la **Dra.** Milanés.

**NOTA:** No se usa el artículo si nos dirigimos a una persona.

Sr. Rodríguez, pase Ud. por favor.
¿Quiere Ud. un café, Sra. Lazo?

f. Con las comidas del día; con las horas.

Tomo café en **el** desayuno.
¿Quién preparó **la** cena?
**El** almuerzo es a **las** doce.
Son **las** tres de la tarde.

3. No se usa el artículo definido:

a. Con los sustantivos que expresan cantidad indeterminada de una cosa.

No tengo dinero.
Compramos pan, vino y queso.
Necesitamos cortinas.

b. Con los idiomas si van inmediatamente después del verbo **hablar** y de las preposiciones **de** y **en**. Si los idiomas van después de **aprender, estudiar** o **escribir**, el uso del artículo es optativo.

Hablan portugués en el Brasil.
Tomo un curso de español.
La conferencia fue en japonés.
Me gustaría aprender **(el)** noruego.

**NOTA:** Si hay un adverbio después del verbo se usa el artículo.

Angelina habla **fluidamente el** italiano.

c. Con los títulos **don, doña, Santo, San, Santa, sor** y **fray**.

Ayer llamó don Pedro y habló con doña Berta.
San Antonio es el santo preferido de las chicas solteras.

d. Con los números romanos que denotan el orden numérico de soberanos y pontífices.

Carlos V (Carlos Quinto) (*Charles the Fifth*)
Enrique VIII (Enrique Octavo) (*Henry the Eighth*)

4. La mayoría de los nombres de países no llevan artículo, pero hay algunos que lo admiten.

| | |
|---|---|
| México | **la** Argentina |
| Colombia | **el** Perú |
| Chile | **el** Brasil |
| España | **el** Ecuador |
| Inglaterra | **el** Canadá |
| Suiza | **los** Estados Unidos |
| Suecia | **la** China |
| Alemania | **la** India |
| Rusia | **el** Japón |

**NOTA:** Si el nombre geográfico va modificado por un adjetivo se emplea el artículo.

**El** México precolombino es fascinante.

5. Generalmente, los nombres de montañas, ríos, mares y océanos llevan artículo.

**Los** Andes están cubiertos de nieve.
**El** Amazonas está en el Brasil.
**El** Caribe es un mar de aguas cálidas (*warm*).
**El** Pacífico baña las costas de Chile.

6. El artículo neutro **lo** se usa delante de un adjetivo o un participio para expresar una cualidad o una idea abstracta.

**Lo** grotesco me disgusta.
**Lo** ocurrido no tiene importancia.
Creo **lo** mismo que Ud.
**Lo** malo es que no puedo ir.

**NOTA:** **Lo** + adjetivo o adverbio + **que** equivale en inglés a la expresión *how*.

Me sorprende **lo bueno que** es Pepe.
*I'm surprised how good Pepe is.*

No puedo creer **lo tarde que** es.
*I can't believe how late it is.*

Ella me dijo **lo divertida que** es esta clase.
Me sorprendió **lo bien que** habla español.

## Ejercicios

I. Decida en cuál de las siguientes oraciones se necesita el artículo definido. Después, escriba la forma del artículo definido que sea necesaria para completarlas.

1. La familia habla _____ español en la casa.
2. Salió para la escuela a _____ ocho de la mañana.

3. Ellos beben _____ agua pura de las montañas.
4. Luisa y René van a bailar todos _____ viernes.
5. Prefiero _____ otoño a _____ primavera.
6. Hoy es _____ sábado.
7. Necesitamos _____ vino y queso para _____ cena.
8. Enrique _____ VIII tuvo muchas esposas.
9. A Juan le duele _____ cabeza.
10. _____ vegetales son necesarios para el cuerpo humano.

II. Conteste las preguntas usando las palabras entre paréntesis y el artículo definido, si es necesario.

**MODELO:** ¿Qué países visitó Ud.? (Argentina y Bolivia)
**Visité la Argentina y Bolivia.**

1. ¿Qué hablan en Nicaragua? (español)
2. ¿Qué idioma habla bien Fermín? (portugués)
3. ¿Quién llamó por teléfono? (Srta. Suárez)
4. ¿Qué libro quieres? (libro de historia)
5. ¿Qué venden en esa tienda? (perfumes y jabones)
6. ¿De quién es esa casa? (Sres. Rangel)
7. ¿Qué sentimiento predomina en *Romeo y Julieta*? (amor)
8. ¿Qué le duele a Fermín? (espalda)

III. Complete el párrafo con las contracciones **al** o **del**.

Los jóvenes hablaron _____ juego de tenis y se fueron _____ club a tomar un refresco. Allí se encontraron con los hijos _____ Sr. Alfonso que estaban jugando _____ dominó.

## B Artículo indefinido

Hay cuatro formas.

| | *Masculino* | *Femenino* |
|---|---|---|
| *Singular* | **un** (*a*) | **una** (*a*) |
| *Plural* | **unos** (*some*) | **unas** (*some*) |

1. El artículo indefinido concuerda con el nombre en género y número.

**un** árbol **una** idea
**unos** caballos **unas** amigas

Se usa el artículo **un**, en vez de **una**, con los sustantivos femeninos que comienzan con **a** o **ha** acentuadas.

| | |
|---|---|
| **un** alma buena | **unas** almas buenas |
| **un** hacha (*ax*) nueva | **unas** hachas nuevas |

2. Usos del artículo indefinido.

   a. En general, el artículo indefinido indica que el sustantivo no es una cosa determinada.

      Dame **un** lápiz.

   b. **Unos** y **unas** expresan una cantidad indeterminada. Equivalen en inglés a *some* o *about*. Si se usan con números, expresan la idea de **aproximadamente**.

      Compré **unos** discos viejos.
      *I bought some old records.*

      Había **unas** cien personas en la recepción.
      *There were about one hundred people at the reception.*

   c. A veces el artículo indefinido señala una cualidad característica del nombre.

      Mi hermano es **un** perezoso. (Su característica principal es ser perezoso.)

3. No se usa el artículo indefinido:

   a. Con los sustantivos no modificados que expresan profesión, ocupación, nacionalidad, religión o afiliación política.

      Fernando es abogado y su hermano es electricista.
      Ellos son peruanos.
      Eugenio es budista.
      Patricia es republicana.

**NOTA:** Cuando el sustantivo está modificado se usa el artículo indefinido.

Mi hermano es **un** piloto experto.
Benito Juárez fue **un** mexicano que luchó contra la intervención francesa en México.
Ellos son **unos** católicos fervientes.
Samuel es **un** verdadero demócrata.

   b. Con las palabras **cien, mil, otro, tal** (*such*) y **¡qué...!** (En inglés se usa el artículo en este tipo de construcción.)

| | |
|---|---|
| Tenemos cien libros. | *We have a hundred books.* |
| Necesito mil dólares. | *I need a thousand dollars.* |
| Mis padres compraron otra casa. | *My parents bought another house.* |
| No dije tal cosa. | *I did not say such a thing.* |
| ¡Qué hombre! | *What a man!* |

## Ejercicios

I. Conteste las preguntas usando las palabras en paréntesis y el artículo indefinido, si es necesario.

**MODELO:** ¿Qué es Alberto? (piloto comercial)
**Alberto es un piloto comercial.**

1. ¿Qué es tu hermano? (comunista furioso)
2. ¿Qué tienes que hacer? (mil cosas)
3. ¿De dónde son los hermanos Gómez? (paraguayos)
4. ¿Había muchas personas en el estadio? (aproximadamente diez mil)
5. ¿Qué quiere Ramona? (otro vaso de vino)
6. ¿Qué tienes? (dolor de cabeza muy fuerte)

II. En el siguiente párrafo se habla del pintor español Salvador Dalí (1904–1989). Complete este párrafo con los artículos definidos o indefinidos que sean necesarios.

*Cuadro de Salvador Dalí (1904–1989) que representa el descubrimiento de América por Cristóbal Colón.*

Salvador Dalí es _____ pintor famoso cuyo arte surrealista presenta _____ mundo lleno de imágenes alucinatorias. Dalí estudió en _____ Escuela de Bellas Artes de Madrid. En 1928 se fue a París y allí se puso en contacto con _____ movimiento surrealista. Colaboró con _____ director de cine español Luis Buñuel en _____ cuantas películas. Dalí usaba _____ bigote enroscado[1] a los lados que le daba _____ apariencia _____ poco extravagante.

[1]*twisted*

## C Sustantivos

1. Género de los sustantivos.

   a. La mayor parte de los sustantivos masculinos terminan en **-o**, y los femeninos en **-a**.

   el muchacho | la puerta
   los escritorios | las chicas

   b. Existen excepciones a la regla anterior ya que hay sustantivos masculinos terminados en **-a** y sustantivos femeninos terminados en **-o**.

| *Masculinos terminados en* ***-a*** | | *Femeninos terminados en* ***-o*** |
|---|---|---|
| **el clima** | **el drama** | **la mano** |
| **el problema** | **el telegrama** | **la soprano** |
| **el tema** | **el mapa** | **la foto** (la fotografía) |
| **el programa** | **el planeta** | **la moto** (la motocicleta) |
| **el sistema** | **el día** | |
| **el poema** | | |

En **estos días** Luisa tiene **varios problemas**: perdió **los poemas** que escribió, recibió **un telegrama** con malas noticias y le robaron **la moto** que compró el mes pasado.

   c. Los nombres terminados en **-d, -umbre, -ción, -sión** y **-ez** generalmente son femeninos.

| | | |
|---|---|---|
| la lealtad | la nación | la honradez |
| la juventud | la porción | la madurez |
| la costumbre | la pasión | la sencillez |
| la muchedumbre | la misión | la vejez |

**La muchedumbre** llenaba la plaza.
**Las misiones** de California fueron fundadas por franciscanos españoles.

d. Las letras del alfabeto son femeninas.

la a las efes

e. Los nombres de océanos, ríos y montañas son masculinos.

| | | |
|---|---|---|
| el Pacífico | el Amazonas | el Aconcagua |
| el Caribe | el Nilo | el Popocatépetl |

f. Los sustantivos terminados en **-e, -sis** y **-l** pueden ser masculinos o femeninos.

| | *Masculino* | | *Femenino* | |
|---|---|---|---|---|
| -e: | **el parque** | **el chiste** | **la calle** | **la nube** |
| | **el coche** | **el valle** | **la nave** | **la nieve** |
| | **el postre** | **el billete** | **la gente** | **la fuente** |
| | **el viaje** | **el paisaje** | **la noche** | **la torre** |
| | **el nombre** | **el baile** | **la suerte** | **la pirámide** |
| | **el cine** | **el tomate** | **la leche** | **la parte** |
| -sis: | **el análisis** | **el oasis** | **la crisis** | **la tesis** |
| -l: | **el árbol** | **el mantel** | **la piel** | **la postal** |
| | **el rosal** | **el tamal** | **la cárcel** | **la sal** |

El flamenco es **un baile** andaluz.
**La gente** llenó el estadio.
Beatriz terminó **la tesis** doctoral.
Metieron al ladrón en **la cárcel**.

g. Los sustantivos terminados en **-ante**, **-ente** y **-iente**, referentes a personas o animales, adquieren la terminación **-a** para formar el femenino.

| | | |
|---|---|---|
| el comediante | | la comedianta |
| el elefante | | la elefanta |
| el asistente | | la asistenta |
| el presidente | ⟶ | la presidenta |
| el confidente | | la confidenta |
| el pariente | | la parienta |
| el dependiente | | la dependienta |

Tengo **una asistenta** muy eficiente.
**La Sra. Presidenta** leyó el discurso de despedida (*farewell address*).

h. Los días de la semana son masculinos.

el lunes los viernes

i. La mayoría de los sustantivos terminados en **d**, **l**, **n**, **r**, **s** y **z**, referentes a personas o animales, agregan **-a** para formar el femenino.

| | | |
|---|---|---|
| el huésped | | la huéspeda |
| el león | | la leona |
| el trabajador | ⟶ | la trabajadora |
| el marqués | | la marquesa |
| el andaluz | | la andaluza |

j. Hay sustantivos que se usan para ambos géneros biológicos y sólo cambia el artículo.

| | | |
|---|---|---|
| el artista | | la artista |
| el novelista | | la novelista |
| el pianista | | la pianista |
| el masajista | | la masajista |
| el testigo | | la testigo |
| el joven | ⟶ | la joven |
| el juez | | la juez |
| el astronauta | | la astronauta |
| el mártir | | la mártir |
| el cantante | | la cantante |
| el atleta | | la atleta |
| el compatriota | | la compatriota |

**El flautista** tocó acompañado de **una pianista** argentina.
**Los atletas** españoles ganaron varias medallas en las Olimpiadas.

k. Hay sustantivos referentes a personas o animales que tienen palabras diferentes en cada género.

| | | |
|---|---|---|
| el actor | | la actriz |
| el alcalde | | la alcaldesa |
| el caballero | | la dama |
| el caballo | | la yegua |
| el compadre | | la comadre |
| el emperador | | la emperatriz |
| el gallo | | la gallina |
| el héroe | ⟶ | la heroína |
| el marido | | la esposa |
| el padrastro | | la madrastra |
| el padrino | | la madrina |
| el príncipe | | la princesa |
| el rey | | la reina |
| el toro | | la vaca |
| el varón, el macho | | la hembra |
| el yerno | | la nuera |

Tanto **el actor** como **la actriz** me parecieron excelentes.
Ramiro siempre monta **la yegua** blanca.

**NOTA:** La palabra **macho** se aplica principalmente a los animales. La palabra **varón** se aplica a las personas.

Mis tíos tienen dos **varones**.
Entre los animales, **el macho** generalmente es más agresivo.

1. Hay nombres que tienen dos significados diferentes según el artículo—femenino o masculino—que los acompaña.

| | | | |
|---|---|---|---|
| **el** guía | *guide* | **el** frente | *front* |
| **la** guía | *phone book* | **la** frente | *forehead* |
| **el** policía | *policeman* | **el** Papa | *Pope* |
| **la** policía | *police force* | **la** papa | *potato* |
| **el** parte | *communiqué, dispatch* | **el** orden | *order* |
| **la** parte | *part, portion* | **la** orden | *order, command* |
| **el** capital | *capital (money)* | **el** modelo | *example, pattern* |
| **el** capital | *capital (city)* | **la** modelo | *female model* |
| **el** cura | *priest* | | |
| **la** cura | *cure, healing* | | |

**La policía** de **la capital** se encargó de mantener **el orden**.
Le pregunté la dirección a **un policía** de tráfico.

2. Plural del sustantivo.

a. Los sustantivos terminados en vocal no acentuada y en **-é** (acentuada) añaden una **-s** para formar el plural.

| | | | |
|---|---|---|---|
| cuadro | **cuadros** | almirante | **almirantes** |
| sobrina | **sobrinas** | café | **cafés** |

b. Los sustantivos terminados en consonante o en vocal acentuada, excepto **-é**, añaden la sílaba **-es** para formar el plural.

| | | | |
|---|---|---|---|
| flor | **flores** | origen | **orígenes** |
| ley | **leyes** | danés | **daneses** |
| reloj | **relojes** | rubí | **rubíes** |
| cárcel | **cárceles** | hindú | **hindúes** |
| carbón | **carbones** | ají | **ajíes** |

Excepciones:

| | | | |
|---|---|---|---|
| mamá | **mamás** | menú | **menús** |
| papá | **papás** | esquí | **esquís** |
| sofá | **sofás** | | |

**NOTA:** Si la palabra termina en consonante y lleva acento escrito en la última sílaba, pierde el acento escrito al formar el plural.

| | | | |
|---|---|---|---|
| pasión | **pasiones** | inglés | **ingleses** |
| nación | **naciones** | alemán | **alemanes** |

**NOTA:** Si la palabra lleva el acento hablado en la penúltima sílaba, lleva acento escrito en esta sílaba al formar el plural.

examen **exámenes** origen **orígenes**

c. Los sustantivos que terminan en **-z** cambian la **-z** por **-c** al añadir la sílaba **-es** para formar el plural.

luz **luces** lápiz **lápices** cruz **cruces**

d. Los sustantivos terminados en **-s** en sílaba no acentuada, no cambian en el plural.

| | | | |
|---|---|---|---|
| el sacacorchos | **los sacacorchos** | el paraguas | **los paraguas** |
| el salvavidas | **los salvavidas** | el abrelatas | **los abrelatas** |
| el tocadiscos | **los tocadiscos** | la crisis | **las crisis** |
| la tesis | **las tesis** | el viernes | **los viernes** |
| el rompecabezas | **los rompecabezas** | | |
| el lavaplatos | **los lavaplatos** | | |

e. Los apellidos no se pluralizan en español. En cambio, los nombres de pila (*first names*) sí se pueden pluralizar.

Anoche cenamos en casa de **los González**.
Allí estaban **las Salcedo**.
Después llegaron los **dos Antonios** de la familia Pérez.

f. Algunas palabras se usan sólo en plural.

| | |
|---|---|
| las gafas | las vacaciones |
| los anteojos | las cosquillas (*tickling*) |

3. Diminutivos.

a. Las terminaciones más usadas para formar el diminutivo son **-ito** y **-cito**, que se añaden a los sustantivos y adjetivos. La terminación **-cito** generalmente se usa con los sustantivos y adjetivos que terminan en **e**, **n** o **r**.

| | *-cito* | | | | *-ito* |
|---|---|---|---|---|---|
| rincón | **rinconcito** | amor | **amorcito** | vaso | **vasito** |
| lápiz | **lapicito** | parque | **parquecito** | papel | **papelito** |
| suave | **suavecito** | limón | **limoncito** | silla | **sillita** |
| madre | **madrecita** | lugar | **lugarcito** | árbol | **arbolito** |
| corazón | **corazoncito** | café | **cafecito** | poco | **poquito** |
| | | pie | **piececito** | muñeca | **muñequita** |
| | | | | lago | **laguito** |

**NOTA:** Cuando una palabra termina en **-co** o **-go** ocurre el siguiente cambio ortográfico:

| | | |
|---|---|---|
| **-co → -qui** | poco | **poquito** |
| **-go → -gui** | amigo | **amiguito** |

b. También se usan las terminaciones **-illo, -ico** y **-uelo** para expresar el diminutivo.

| | | | |
|---|---|---|---|
| pájaro | **pajarillo** | pan | **panecillo** |
| | **pajarito** | | **panecito** |
| flor | **florecilla** | | |
| | **florecita** | | |
| gato | **gatillo** | chico | **chiquillo** |
| | **gatito** | | **chiquito** |
| | **gatico** | | **chicuelo** |

**NOTA:** Observe que algunas palabras, especialmente las de una sílaba, insertan una **e** antes de añadir la terminación del diminutivo.

c. En español se usa frecuentemente el diminutivo, no sólo para expresar pequeñez de tamaño, sino para expresar afecto o cariño.

El **abuelito** siempre llevaba a su **nietecito** a pasear.
El **gatico** estaba echado en un **rinconcito** del cuarto.

4. Aumentativos.

a. Las terminaciones más usadas para formar el aumentativo son **-ote (-ota), -azo (-a)** y **-ón (-ona)**. Se usan para expresar aumento de tamaño y también pueden expresar derogación.

| | | | |
|---|---|---|---|
| libro | **librote** | perro | **perrazo** |
| hombre | **hombrón** | mujer | **mujerona** |
| muchacho | **muchachón** | | |

## Ejercicios

I. Escriba de nuevo los párrafos haciendo los cambios necesarios al cambiar los sustantivos subrayados del masculino al femenino.

**MODELO:** El asistente parecía cansado.
**La asistenta parecía cansada.**

A. Tengo un compatriota que es un buen masajista. Cuando voy para que me dé masaje en la espalda le sirvo de confidente y conversa tanto que ya conozco su vida. Creo que es un héroe y un mártir por todo lo que pasó durante la revolución que hubo en su patria.

B. El artista de ópera que cantó anoche era el yerno del director de orquesta. Es un cantante magnífico y se viste que parece un emperador.

II. Usando los artículos definidos que sean necesarios, complete las siguientes ideas.

1. _____ problemas principales que existen en _____ sociedad son _____ hambre, _____ drogas y _____ gente sin trabajo.
2. _____ habitantes de _____ ciudad han perdido _____ fe y _____ esperanza de tener _____ alcalde que necesitan.
3. _____ cualidades que más aprecio son _____ honradez, _____ lealtad, _____ nobleza y _____ sencillez.

III. Usando los artículos indefinidos, complete la descripción de Carlos.

Carlos tiene _____ inteligencia clara y es _____ estudiante brillante. Es _____ amigo sincero y tiene _____ buen carácter. Además es _____ atleta dinámico. Pero tiene _____ problema que no me gusta. Tiene _____ bigote muy grande y _____ nariz muy larga.

IV. Cambie las palabras al singular.

1. los abrelatas
2. las tesis
3. las cruces
4. los reyes
5. los claveles
6. los jóvenes
7. los ingleses
8. las naciones
9. las aguas
10. los exámenes

V. Escoja el artículo que sea correcto.

1. (un / una) El pájaro tiene _____ ala rota.
2. (el / la) El astronauta está en _____ nave espacial.
3. (el / la) Llegó _____ telegrama urgente para el director.
4. (el / la) Los alumnos discutieron _____ tema de las drogas.
5. (los / las) Se fueron muy rápido _____ días felices.
6. (un / una) Ella vive en _____ torre del Parque Central.

VI. Escriba los artículos —definidos o indefinidos— que correspondan de acuerdo con el género de los sustantivos. Use las contracciones **al** o **del** donde sea necesario.

1. Cuando fuimos _____ Perú _____ guía que nos acompañó sabía mucho de _____ civilización de _____ incas. Tuvimos _____ suerte de estar con él cuando visitamos _____ ruinas de Machu Picchu, y además de ser _____ fuente[1] de información excelente, hablaba perfectamente _____ inglés.
2. _____ juez aplicó _____ ley correctamente cuando condenó _____ asesino que cometió _____ crimen de asaltar _____ banco y herir a _____ empleado que estaba en _____ mostrador[2].

[1]*source* [2]*counter*

*Canal de Panamá. Barcos pasando por la esclusa (lock) de Miraflores.*

3. Son muchos _____ problemas que tienen que resolver _____ ciudades grandes. _____ sistema de educación y _____ programas de asistencia social necesitan cambios importantes.
4. _____ atleta alemán que tomó parte en _____ competencia de natación recibió _____ mención de honor que le dio _____ ciudad donde vive. Recibió las felicitaciones _____ público y hasta el Presidente de _____ nación le envió _____ telegrama.
5. _____ clima _____ estado de California es lo que atrae a _____ gente que vive en lugares fríos donde _____ nieve cubre todo durante _____ mayor parte _____ invierno.

VII. Escoja las palabras que más convengan para completar las oraciones.

1. (el guía / la guía) _____ que me enseñó Chapultepec era de Querétaro.
2. (el orden / la orden) El índice del libro sigue _____ de los temas.
3. (el cura / la cura) _____ del enfermo fue lenta.
4. (el capital / la capital) Rubén perdió todo _____ en malos negocios.

5. (el guía / la guía) No encuentro el número en _____ de teléfonos.
6. (el parte / la parte) Ellos comieron _____ que les correspondía.
7. (el frente / la frente) Me dieron un golpe en _____ del carro.
8. (el policía / la policía) _____ de toda la nación se movilizó en un día.

VIII. Usando el diminutivo de las palabras subrayadas, lea el siguiente párrafo para hacer la descripción del hijo de su amiga.

El <u>bebé</u> de mi amiga nació hace un mes y parece un <u>muñeco</u>. El <u>pelo</u> y los <u>ojos</u> son oscuros y tiene la <u>cara</u> como la de un <u>ángel</u>. Las <u>manos</u> y los <u>pies</u> son muy <u>pequeños</u> y <u>suaves</u>. La <u>abuela</u> está feliz con el <u>nieto</u> y lo va a ver todos los días.

Le llevé a mi amiga un <u>traje</u> azul y blanco para el niño y un <u>cesto</u> de flores que tenía unas <u>rosas</u> blancas combinadas con <u>claveles</u> rosados.

IX. Composición dirigida (oral o escrita). Complete las frases con ideas originales usando las palabras en paréntesis.

**MODELO:** (paraguas) Anoche cuando salí...
**Anoche cuando salí llovía mucho y usé el paraguas para no mojarme.**

1. (sacacorchos) Me regalaron una botella de vino...
2. (telegrama) Mi hermano envió...
3. (rascacielos) En la ciudad...
4. (restaurancito) Me han recomendado...
5. (salvavidas) En la playa...

## D El gerundio o participio presente

El gerundio o participio presente se forma añadiendo las terminaciones **-ando** o **-iendo** a la raíz del verbo.

comprar **comprando** vender **vendiendo** recibir **recibiendo**

Los verbos de la segunda y tercera conjugación que tienen una vocal delante de la terminación del infinitivo cambian la **i** de **-iendo** en **y**.

| | | | |
|---|---|---|---|
| leer | **leyendo** | creer | **creyendo** |
| caer | **cayendo** | oír | **oyendo** |
| huir | **huyendo** | traer | **trayendo** |

**NOTA:** El gerundio de **ir** es **yendo**.

**Yendo** por ese camino demorarás mucho.

Los verbos de la tercera conjugación que cambian la **e** en **ie** o **e** en **i** en el presente de indicativo, cambian la **e** en **i** en el gerundio*.

| *Infinitivo* | *Presente* | *Gerundio* |
|---|---|---|
| sentir | siento | **sintiendo** |
| mentir | miento | **mintiendo** |
| preferir | prefiero | **prefiriendo** |
| servir | sirvo | **sirviendo** |
| pedir | pido | **pidiendo** |
| repetir | repito | **repitiendo** |
| seguir | sigo | **siguiendo** |
| conseguir | consigo | **consiguiendo** |
| reír | río | **riendo** |
| venir | vengo | **viniendo** |
| decir | digo | **diciendo** |

Los verbos **poder, dormir** y **morir** cambian la **o** en **u**.

poder **pudiendo** dormir **durmiendo** morir **muriendo**

1. Usos del gerundio.

   a. El uso principal del gerundio es con el verbo **estar** para formar los tiempos progresivos e indica que la acción está en progreso.

   **Estoy leyendo.** **Han estado trabajando.**
   **Estuvo estudiando.** **Habíamos estado caminando.**
   **Estaba bañándome.** Ojalá que mañana **esté nevando.**

   Los pronombres complementos o reflexivos pueden ir delante de **estar** o junto al gerundio.

   **Lo** estaba sirviendo.
   Estaba sirviéndo**lo**.

   El gerundio de **ir, venir** o **andar** no se usa después de **estar** para formar el progresivo. En inglés sí se usa esta construcción.

   Mira, ahí viene Ignacio.
   *Look, Ignacio is coming.*

   En este momento él va hacia tu casa.
   *At this moment he is going towards your house.*

**NOTA:** En español el presente progresivo se usa menos que en inglés porque se puede usar el presente de indicativo.

---

*Ver Capítulo 1, página 34.

b. El gerundio se usa también con los verbos **andar**, **seguir** y **continuar**.

> Fermín **anda buscando** trabajo.
> Ellos **siguen viviendo** en San Antonio.
> José **continúa coleccionando** sellos.

c. El gerundio sirve como adverbio para describir la acción de otro verbo.

> El chico viene **corriendo**.
> Ellos vuelven **cantando**.
> Los soldados pasaron **marchando**.

d. El gerundio, usado por sí solo, sirve como expresión aclaratoria que va subordinada a otro verbo.

> **Conociendo** a mi marido, no lo esperé.
> **Estando** en Santa Fe, decidimos ir a Albuquerque.

*Monumento de Cristobal Colón frente a la catedral en Santo Domingo, República Donimicana.*

## Ejercicios

I. Complete las frases con el gerundio de los verbos que están entre paréntesis.

1. (vestirse) Alicia estaba ______________ cuando su amigo vino a buscarla.
2. (levantarse) Por tres años ella estuvo ______________ a las cinco de la mañana.

3. (dormir) Ellos están ______________ en un hotel del centro.
4. (decir) ¿Qué está ______________ el locutor[1] de radio?
5. (pedir) ¿Cuánto está ______________ el vendedor por la casa?
6. (reírse) Las chicas están ______________ con los chistes de Fermín.

[1]*commentator*

II. Ud. pasa la mañana en el parque y describe las actividades que ocurren a su alrededor. Llene los espacios en blanco con el presente del verbo **estar** y el gerundio del verbo que está entre paréntesis.

Mientras yo ______________ ______________ sentado en un *(leer)*
banco del parque, ______________ ______________ a mucha *(ver)*
gente que, lo mismo que yo, ______________ ______________ *(disfrutar)*
del ambiente agradable de los árboles, las flores y el aire fresco de
la mañana. Hay muchos niños que ______________ ______________, *(saltar)*
______________ y ______________ al mismo tiempo que *(correr) (jugar)*
otros más pequeñitos ______________ ______________ en *(dormir)*
sus cochecitos junto a los padres. Un grupo de jóvenes, cerca de
mí, ______________ ______________ y ______________ *(comer) (beber)*
vino. ______________ ______________ y ______________ *(reírse) (divertirse)*
______________ mucho.

III. Imagine que Ud. es un actor o una actriz de cine y se encuentra con un amigo que hace tiempo que no ve. Conteste las preguntas que él le hace usando el progresivo y la información que aparece entre paréntesis.

**MODELO:** ¿En qué trabajas ahora? (en una película de guerra)
**Estoy trabajando en una película de guerra.**

1. ¿Qué película filmas ahora? (una comedia romántica)
2. ¿Qué director dirige la película? (un director italiano)
3. ¿Dónde hacen la filmación? (en Nápoles y en Roma)
4. ¿Dónde vives mientras haces la película? (en una villa romana cerca de Roma)
5. ¿Qué piensas hacer cuando termines? (casarme con el actor [o la actriz] que hace la película conmigo)
6. Caramba, ¿qué dices? (que voy a casarme)

IV. Temas de conversación.

1. Piense que Ud. está mirando un juego de baloncesto[1]. Diga todas las cosas que están haciendo los jugadores y las personas que están mirando también el juego.

[1]*basketball*

2. Piense que Ud. está en la playa. Diga todas las cosas que están haciendo las personas que están allí.
3. Piense que Ud. está en un aeropuerto. Diga todas las cosas que están ocurriendo allí.

## E Usos del infinitivo

1. El infinitivo puede usarse directamente después de un verbo conjugado o después de un verbo seguido de preposición. Casi siempre el verbo y el infinitivo tienen el mismo sujeto. Cuando hay cambio de sujeto se reemplaza el infinitivo por una cláusula subordinada que tenga una forma del verbo en subjuntivo.

   **Prefieren salir** esta tarde.
   **Prefieren que yo salga** esta tarde.

   **Han ido a ver** el juego de pelota.
   **Me alegré de terminar** el trabajo.

2. En español el infinitivo se usa como sustantivo y, por lo tanto, puede ser sujeto, predicado o complemento en una oración. Puede ir acompañado o no del artículo masculino **el**. En inglés se usa el gerundio en vez del infinitivo.

   **(El) salir** de compras contigo es un dolor de cabeza.
   *Shopping with you is a headache.*

   **Ver** es **creer**.
   *Seeing is believing.*

3. Después de una preposición no se usa el gerundio, sino siempre el infinitivo. En inglés se usa el gerundio en vez del infinitivo.

   Salieron **sin terminar** el trabajo.
   *They left without finishing the work.*

   La pluma es **para escribir**.
   **Antes de hablar**, piensa lo que vas a decir.
   **Después de conocer** la historia, comprendo los problemas del país.

4. **Al** + infinitivo equivale a **en el momento de** + infinitivo. La traducción en inglés es *upon + present participle*.

   **Al salir**, perdí la bufanda.
   (En el momento de salir, perdí la bufanda.)
   *Upon leaving, I lost the scarf.*

   **Al oír** la explosión, llamé a la policía.
   *Upon hearing the explosion, I called the police.*

## Ejercicios

I. Transforme las oraciones de dos sujetos a uno, usando el infinitivo.

**MODELO:** Desean que vayas a la reunión.
**Desean ir a la reunión.**

1. Esperamos que vuelvan pronto.
2. ¿Quieres que prepare el postre?
3. Sintió que no fueras a la playa.
4. Lamentan que vendas la casa.

II. Complete los párrafos traduciendo al español las palabras que están en inglés.

A. _______________ a Julita, Roberto se enamoró de ella. *(upon seeing)*
Fue un amor a primera vista. Roberto comprendió que
Julita era la mujer de sus sueños _______________ con *(after talking)*
ella. Desde el momento en que la conoció Roberto no
pudo vivir _______________ a su lado. *(without being)*
_______________ sin Julita era la muerte para Roberto, *(living)*
pero ella insistió en _______________ un poco de *(waiting)*
tiempo _______________. *(before getting married)*

B. Decidí trabajar con el Cuerpo de Paz porque creo que
hay que _______________ y _______________ a la *(educate) (help)*
gente pobre que vive en el campo de Guatemala.
_______________ el idioma es importante y empecé *(knowing)*
a _______________ español para _______________ *(study) (to be able to talk)*
con los habitantes del país. _______________ voy a *(upon arrival)*
_______________ una casa pequeña porque no me *(rent)*
gusta _______________ en un hotel. Creo que el *(living)*
_______________ con el Cuerpo de Paz será una *(working)*
experiencia interesante que siempre recordaré.

III. Complete las oraciones en forma original usando infinitivos y las palabras necesarias para completar sus ideas.

**MODELO:** Yo lo vi antes de...
**Yo lo vi antes de salir de viaje.**

1. Ella los abrazó al...
2. Nos divertimos sin...
3. Insiste en...
4. Me alegro de...
5. Necesito...
6. El... es poder...

## Ejercicio de composición (opcional)

Haga una composición, oral o escrita, sobre el tema que se da a continuación. Use el esquema siguiente.

TEMA: Efectos producidos por el cine y la televisión en la sociedad actual.

INTRODUCCIÓN: La violencia que hay en las películas se refleja en la sociedad.
Efecto que causa en los niños y jóvenes el ver tantas cosas horribles en el cine y la televisión.
Protesta de muchas personas contra este tipo de película.
Necesidad de un cambio.

DESARROLLO: Cómo influir para que se produzca un cambio.
Necesidad de usar el cine y la televisión como un medio educativo.
Necesidad de destacar los valores morales y éticos en el cine y la televisión.

CONCLUSIÓN: ¿Cuál es su opinión sobre este tema?
¿Cree que el cine y la televisión pueden usarse como un medio de educación cultural?
¿Qué tipos de programas culturales podrían ser muy educativos?

# Lectura 1

## La América Central

La América Central es el eslabón° que une las dos Américas, la del Norte y la del Sur, y en esa franja° de tierra, ancha en su comienzo y estrecha en el sur, viven más de treinta y cinco millones de habitantes. Ocupa una zona volcánica que ha sido azotada° por movimientos sísmicos que han provocado grandes desastres y, al mismo tiempo, ofrece hermosos paisajes de montañas, volcanes, lagos y playas acogedoras°. Está formada por los siguientes países: Guatemala, Honduras, El Salvador, Nicaragua, Costa Rica y Panamá.

Un fuerte sentido nacionalista prevalece° en estas pequeñas repúblicas, que representan una unidad geográfica y económica donde el crecimiento° y el desarrollo son inestables, teniendo extremos de gran riqueza° y de gran pobreza°. La política volátil, los conflictos entre liberales y conservadores, la frecuente intervención del ejército°, así como los regímenes autocráticos, son características comunes en los países de Centroamérica, con excepción de Costa Rica, que ha

*link*
*strip*
*beaten*
*hospitable*
*prevails*
*growth*
*wealth/poverty*
*army*

tenido éxito° en mantener una tradición democrática, con elecciones libres°, y donde el ejército tiene poca influencia.

*success / free*

El país de mayor población° es Guatemala, sede° de la civilización maya, donde el elemento indígena puro (indios mayas-quichés) se conserva en una proporción alta. La población mestiza es abundante en todos los países, excepto en Costa Rica, donde el 95% de la población es blanca, predominando el elemento de origen español, y donde el porcentaje° de indios puros es insignificante.

*population/center / percentage*

La principal fuente° de riqueza de estos países centroamericanos es la agricultura, siendo el café y los plátanos° los productos más importantes de exportación. En los bosques° de Honduras crecen hermosos cedros° y caobas° y en las regiones elevadas de Guatemala se cultiva el trigo°, la cebada° y la papa°.

*source / bananas / forests / cedars/mahogany / wheat/barley/potato*

Panamá ocupa la franja más estrecha del istmo centroamericano y es el punto de unión con la América del Sur. La fuerte presencia económica de los Estados Unidos se ha dejado sentir° en estos países, especialmente en Panamá con la construcción del Canal que quedó terminado en 1914. En la Zona del Canal la población, en su mayoría, es bilingüe (español e inglés), lo que no ocurre en ninguna de las otras repúblicas donde el idioma que se habla, además de las lenguas indígenas, es el español.

*has been felt*

Estos países son pequeños en tamaño°, pero ricos en su arte, folklore y literatura. Fue Nicaragua el país que le dio al mundo un poeta cuya influencia se extendió a todas las literaturas de lengua castellana. Rubén Darío, al frente del movimiento Modernista, influyó hondamente° en España, y sus innovaciones métricas, el gusto refinado, y el ritmo y la armonía de sus versos aparecieron en todas las literaturas del idioma español.

*size / deeply*

Dos autores centroamericanos —los dos de Guatemala— han recibido el Premio Nóbel. Miguel Ángel Asturias el de Literatura en 1967, y Rigoberta Menchú, en 1992, el de la Paz. Tanto Asturias como Menchú han condenado° los males sociales y políticos que afectan a los países centroamericanos y han alzado la voz° en defensa de los indígenas. En sus obras literarias, Asturias ha combinado el misticismo de los mayas con el mundo de protesta moral y social, y Rigoberta Menchú, en sus escritos, ataca el racismo y la discriminación contra los indígenas.

*have condemned / raised their voices*

Asturias era un hombre de figura grande, de ojos estrechos, y recordaba un Dios ancestral lleno de sabiduría°. Cuando terminó sus estudios de Derecho en Guatemala se fue a París a estudiar en la Sorbona*. El primer día en la clase del profesor Raynaud —quien hablaba varios idiomas indios y quien había traducido al francés el

*wisdom*

*University of Paris; the Sorbonne.

*Popol Vuh*— notó que éste no le quitaba los ojos de encima. Al final de la clase el profesor se acercó a Asturias y le preguntó: "¿Es Ud. maya?". Al contestarle que era de Guatemala el emocionado profesor lo abrazó° con entusiasmo y se lo llevó a su casa para probarle a su esposa que los mayas existían.

°*embraced*

## VOCABULARIO PARA REPASAR

franja prevalecer crecimiento libre población porcentaje plátano bosque condenar alzar la voz sabiduría abrazar

I. Después de repasar el vocabulario, llene los espacios en blanco traduciendo al español las frases que están en inglés. Use los artículos cuando sea necesario.

1. Centroamérica produce gran cantidad de (*bananas*) _____ ______________ que se venden en los Estados Unidos.
2. Es lamentable que (*growth*) _____ ______________ de la economía en los países de la América Central sea inseguro.
3. En Guatemala hay una gran (*population*) ______________ indígena.
4. En Costa Rica (*percentage*) _____ ______________ de indios puros es insignificante.
5. En (*woods*) _____ ______________ de Honduras hay maderas hermosas.
6. Centroamérica es (*strip*) _____ ______________ de tierra que está entre las dos Américas.
7. Rigoberta Menchú y Miguel Ángel Asturias (*have raised their voices*) _____ ______________ para (*condemn*) ______________ los males que afectan a la América Central.
8. El estudiante se emocionó al (*embrace*) ______________ al profesor.

II. Busque en la lectura los cognados en español para las siguientes palabras.

*disaster prevail provoke characteristics influence movements*

## PREGUNTAS SOBRE LA LECTURA

1. ¿Por qué dice el autor que la América Central es un eslabón?
2. ¿Qué características comunes existen en los países de Centroamérica?
3. ¿Qué cosas hacen que Costa Rica sea una excepción entre los otros países centroamericanos?
4. ¿Por qué es importante Rubén Darío dentro del panorama de la literatura hispanoamericana?
5. Narre la anécdota que se cuenta en la lectura sobre Miguel Ángel Asturias en París.

### TEMAS DE CONVERSACIÓN

1. ¿Qué país de la América Central le gustaría visitar? Explique por qué. Si Ud. ha estado en algún país centroamericano, hable sobre él.
2. ¿Hay muchas personas de la América Central en su ciudad? Diga de qué países son estos inmigrantes. ¿Cuáles son los principales problemas que tienen ellos en los Estados Unidos?
3. ¿Le gustaría ver algunos de sus programas favoritos de televisión doblados al español? ¿Cree Ud. que serían populares? ¿Qué le parece la idea de producir programas nuevos escritos originalmente en español? Explique sus respuestas.

## Lectura 2

### Los mayas

El origen de los mayas se desconoce. Se cree que probablemente, durante muchos años, llevaron una vida nómada hasta que se establecieron en lo que hoy es Yucatán, Guatemala, parte de Honduras y El Salvador. El nivel más alto de esta civilización ocurrió en los años 300 a 1.000 d. de J.C.° Los mayas están considerados como los "griegos° de América" y fue la civilización más avanzada del Nuevo Mundo, contando con refinados artistas, hombres de ciencia, astrónomos y excelentes arquitectos. El sistema astronómico que tenían era de gran precisión, y los astrónomos mayas podían predecir los eclipses solares y lunares valiéndose° del conocimiento que tenían de las órbitas de los planetas. El desarrollo de las matemáticas era sorprendente, teniendo conocimiento del concepto matemático del cero mucho antes que los europeos. La precisión del calendario maya era también superior al europeo, porque correspondía con más exactitud con el año solar.

*A.D.*
*Greeks*
*taking advantage*

Numerosas ciudades-estados, con una lengua común y similares rasgos° culturales, integraban esta civilización. Durante la época de su crecimiento se levantaron las grandes ciudades de Tikal, Uaxactum, Chichén Itzá, Palenque y Copán.

*characteristics*

La guerra civil hacia fines del siglo XII, y más tarde otra en el siglo XV, entre mayas e itzás[1], contribuyeron a la decadencia en que se encontraba el pueblo maya cuando cayó bajo la dominación de los conquistadores españoles en los siglos XVI y XVII.

[1] *Itzás, indios centroamericanos de la familia maya, supuestos fundadores de Chichén Itzá*

# Lectura 3

## Augusto Monterroso

**Augusto Monterroso, nacido en 1921 en Guatemala, es autor de numerosos y variados cuentos cortos. "El eclipse" es del libro *Obras completas y otros cuentos*. En él, Monterroso presenta el encuentro del mundo indígena de América con el mundo cultural europeo.**

### El eclipse

Cuando fray° Bartolomé Arrazola se sintió perdido, aceptó que ya nada podría salvarlo. La selva° poderosa de Guatemala lo había apresado,° implacable y definitiva. Ante su ignorancia topográfica se sentó con tranquilidad a esperar la muerte. Quiso morir allí sin ninguna esperanza°, aislado°, con el pensamiento fijo en la España distante, particularmente en el convento de Los Abrojos, donde Carlos V condescendiera una vez a bajar de su eminencia para decirle que confiaba° en el celo° religioso de su labor redentora°.

*friar* / *jungle* / *captured* / *hope/isolated* / *trusted/zeal/redemptive*

Al despertar se encontró rodeado° por un grupo de indígenas de rostro impasible que se disponían° a sacrificarlo ante un altar, un altar que a Bartolomé le pareció como el lecho° en que descansaría, al fin, de sus temores°, de su destino, de sí mismo.

*surrounded* / *were getting ready* / *bed* / *fears*

Tres años en el país le habían conferido° un mediano dominio de las lenguas nativas. Intentó algo. Dijo algunas palabras que fueron comprendidas.

*given*

Entonces floreció° en él una idea que tuvo por digna° de su talento y de su cultura universal y de su arduo° conocimiento de Aristóteles[1]. Recordó que para ese día se esperaba un eclipse total de sol. Y dispuso°, en lo más íntimo, valerse de° aquel conocimiento para engañar° a sus opresores y salvar la vida.

*appeared/worthy* / *difficult* / *he prepared/make use* / *to deceive*

—Si me matáis —les dijo— puedo hacer que el sol se oscurezca en su altura°.

*darkens the sky*

Los indígenas lo miraron fijamente° y Bartolomé sorprendió° la incredulidad en sus ojos. Vio que se produjo un pequeño consejo°, y esperó confiado, no sin cierto desdén°.

*fixedly/caught* / *council* / *disdain*

Dos horas después el corazón de fray Bartolomé Arrazola chorreaba° su sangre vehemente sobre la piedra de los sacrificios

*was gushing*

[1]*Aristóteles, célebre filósofo griego (384–322 a. de J.C.)*

(brillante bajo la opaca luz de un sol eclipsado), mientras uno de los indígenas recitaba sin ninguna inflexión de voz, sin prisa, una por una, las infinitas fechas en que se producirían eclipses solares y lunares, que los astrónomos de la comunidad maya habían previsto° y anotado en sus códices° sin la valiosa ayuda de Aristóteles.

*had foreseen/ old manuscripts*

## VOCABULARIO PARA REPASAR

selva apresado aislado esperanza celo redentora rodear disponerse
lecho temor engañar consejo chorrear prever códice valerse de

I. Después de repasar el vocabulario, llene los espacios en blanco traduciendo al español las palabras que están en inglés.

1. Fray Bartolomé se sintió apresado en la (*jungle*) ____________ de Guatemala, y como estaba completamente (*isolated*) ____________ perdió toda la (*hope*) ____________ de salvarse.
2. Recordó cuando el Emperador Carlos V le dijo que confiaba en su ____________ religioso.
3. Cuando despertó se encontró (*surrounded*) ____________ por los indígenas que (*were getting ready*) ____________ a sacrificarlo.
4. Decidió (*make use*) ____________ sus conocimientos para (*deceive*) ____________ a los opresores.
5. Al final de la historia el corazón del fraile (*was gushing*) ____________ sangre.
6. Los conocimientos astronómicos que tenían los mayas les permitían (*foresee*) ____________ los eclipses solares y lunares.

II. Escriba los sinónimos de las siguientes palabras. Después haga una oración con ellos.

rostro lecho conferir miedo hacer uso de decir mentiras

## PREGUNTAS SOBRE LA LECTURA

1. ¿Qué le pasó a fray Bartolomé en la selva?
2. ¿En qué pensó el fraile cuando se sintió aislado y perdió la esperanza de salvarse?
3. ¿Qué le iban a hacer los indígenas a fray Bartolomé?
4. ¿Qué les dijo Bartolomé a sus opresores para que no lo mataran?
5. ¿Qué sabían los astrónomos mayas que iba a pasar?

## TEMAS DE CONVERSACIÓN

1. ¿Conoce Ud. alguna leyenda de los indios de Norteamérica? Si la conoce, nárrela. ¿Puede contar alguna otra leyenda que Ud. conozca?
2. A la sociedad norteamericana le gusta mucho comprar. ¿Es Ud. una de esas personas? ¿Va Ud. con frecuencia a las tiendas? ¿Le gustan las ventas especiales? ¿Qué es lo que más le interesa comprar?
3. ¿Qué opina Ud. de las modas femeninas y masculinas de hoy en día? ¿Le gustaría que fueran diferentes? ¿Qué cambios propondría Ud.? ¿Qué tipo de ropa es la que Ud. más usa?

# 6 Capítulo

*Ruinas de Machu Picchu en el Perú.*

- Estudio de palabras
- Pronombres sujeto
- Pronombres en función de complementos directos e indirectos
- Uso de dos pronombres complementos en una misma oración
- Reflexivos
- Pronombres usados después de preposición
- Frases con **se**
- **Gustar** y otros verbos similares
- Lecturas: "Dos poetas chilenos: Mistral y Neruda"
  "Yo no tengo soledad" de Gabriela Mistral
  "Poema 20" de Pablo Neruda

-¿Qué **se te** olvidó?

-**Traerte** la grabadora (*tape recorder*) que me **prestaste**.

-No **te la presté, te la regalé**. ¿No **te** acuerdas?

# Estudio de palabras

| | | |
|---|---|---|
| **asegurar** | 1. *to insure* | **Aseguramos** la casa y el carro con la misma compañía de seguros. |
| | 2. *to assure, tell with assurance* | Te **aseguro** que no iré a Las Vegas. No quiero perder dinero. |
| | 3. *to secure, make secure* | Por favor, **asegura** bien el espejo que va encima del sofá. Es grande y pesado. |
| **dejar** | 1. *to leave behind* | No encuentro mis gafas. Creo que las **dejé** en el café donde estuve después que **dejé** a Luisa en la tienda. |
| | 2. *to permit, allow* | **Deja** que el chico use la moto. Ya es casi un hombre y no le pasará nada. |
| | 3. (de) *to stop* | Hace más de un año que **dejé de** fumar. |
| **entregar** (gu) | *to deliver, hand over* | Le **entregué** a Pepe la carta que me diste para él. |
| **deber** | *to owe* | Ellos le **deben** dinero a todo el mundo. |
| **prestar** | *to lend* | No le **prestes** dinero a un amigo. Si lo haces puedes perder al amigo y el dinero. |
| **pedir** (i) **prestado** | *to borrow* | Ella me **pidió prestado** el Diccionario de la Real Academia Española. |
| **regalar** | *to give, treat* | Mi tío Mateo es muy generoso. Me **regala** regalos muy costosos. |
| **parecer** (z) | 1. *to seem, look like* | El periodista **parece** muy pesimista. |
| | 2. (-se) *to look alike* | Dicen que me **parezco** a mi padre. |
| la **acción** | *share, stock* | Voy a comprar cien **acciones** de la compañía de electricidad. |
| el **accionista** | *shareholder* | Los **accionistas** recibirán los dividendos a fin de año. |
| **darse cuenta de** | *to realize* | ¿**Te das cuenta de** que hace un mes que llegué? |
| **estar de acuerdo** | *to be in agreement* | **Estoy de acuerdo** contigo en todo lo que dices. |
| **en seguida (enseguida)** | *immediately* | Tenemos que salir **en seguida** para poder llegar a tiempo al teatro. |

# A Pronombres sujeto

**PRONOMBRES**

| *Sujeto* | *Complemento directo* | *Complemento indirecto* | *Reflexivos* | *Después de preposición* |
|---|---|---|---|---|
| **yo** | **me** | **me** | **me** | **mí** |
| **tú** | **te** | **te** | **te** | **ti** |
| **Ud.**<br>**él**<br>**ella** | **lo, la**<br>**lo (le)**[1]<br>**la** | **le (se)**<br>**le (se)**<br>**le (se)** | **se**<br>**se**<br>**se** | **Ud.**<br>**él**<br>**ella** |
| **nosotros (-as)** | **nos** | **nos** | **nos** | **nosotros (-as)** |
| **vosotros (-as)** | **os** | **os** | **os** | **vosotros (-as)** |
| **Uds.**<br>**ellos**<br>**ellas** | **los, las**<br>**los (les)**[1]<br>**las** | **les (se)**<br>**les (se)**<br>**les (se)** | **se**<br>**se**<br>**se** | **Uds.**<br>**ellos**<br>**ellas** |
| **ello** (neutro) | **lo** (neutro) | | | **ello** (neutro) |

[1]**le, les**, como complementos directos, se pueden usar en lugar de **lo, los** para las personas del sexo masculino.

Yo visito a Juan. Yo **le** visito.

1. El pronombre sujeto se debe omitir en los casos en que no hay ambigüedad, puesto que la terminación del verbo indica la persona y el número.

   No **puedo** ir. **Hablas** mucho. **Salimos** tarde.

2. Se usa el pronombre en los siguientes casos:

   a. Si se quiere poner énfasis en el sujeto. En este caso su uso es sólo enfático.

   **Yo** se lo dije. **Tú** estás loca.

   b. Con las formas verbales, cuando hay ambigüedad, para evitar confusión.

   **Yo** / **Ud.** / **Él** / **Ella** } iba a la plaza todas las mañanas.

   c. Cuando hay dos acciones y dos sujetos diferentes.

   **Ella** va al centro, pero **yo** no voy.

3. El pronombre **usted —Ud.** o **Vd.—** es la forma respetuosa de dirigirnos a la persona con quien hablamos. Sale de "Vuestra Merced", que era la forma que se usaba antiguamente. En Hispanoamérica se usa **Uds.** como plural de **tú** y **Ud.**; en España se usa la forma **vosotros** (o **vosotras**).

4. El pronombre neutro **ello** se usa con poca frecuencia como sujeto. Se refiere a una idea o situación mencionada previamente.

   El gobierno quiere controlar la inflación.
   **Ello** va a ser imposible. (*That's going to be impossible.*)

**NOTA:** Hoy en día se usa más **esto** o **eso** en lugar de **ello**.

5. El pronombre inglés *it*, usado como sujeto, no se traduce en español.

| | |
|---|---|
| **Llueve** mucho. | *It rains a lot.* |
| **Es** caro. | *It is expensive.* |
| **Es** tarde. | *It is late.* |
| **Está** sobre la mesa. | *It is on the table.* |

6. A diferencia del inglés, en español se usan los pronombres sujeto **yo** y **tú** en lugar de las formas preposicionales **mí** y **ti** después de **excepto, según, incluso, como** y **entre**.

| | |
|---|---|
| **excepto él** (ella, ellos, ellas) | *except him (her, them)* |
| **según él** (ella, ellos, ellas) | *according to him (her, them)* |
| **incluso él** (ella, ellos, ellas) | *including him (her, them)* |
| **como él** (ella, ellos, ellas) | *like him (her, them)* |
| **entre tú y yo** | *between you and me* |

## Ejercicios

I. Los pronombres sujeto se han omitido en estas oraciones porque el verbo indica el sujeto correspondiente. El usarlos sería redundante. Muestre su conocimiento y diga cuál es el sujeto que corresponde a cada verbo numerado.

José y Luis son muy divertidos y (1) bailan muy bien. (2) Quiero que (3) me des su número de teléfono para que (4) podamos invitarlos a nuestra fiesta.

II. Traduzca las frases al español.

1. *It is easy.*
2. *It rained last night.*
3. *They all came, except him.*
4. *Felicia is not like her.*
5. *I invited all the students, including her.*
6. *According to them, the house is very big.*

## B Pronombres en función de complementos directos e indirectos*

1. Los pronombres.

   a. Los pronombres de complemento directo se usan en lugar de los complementos directos que se han mencionado antes, y reflejan el número y el género de éstos.

      Jorge mira el programa pero yo no **lo** miro.
      ¿Escribiste la carta? Sí, **la** escribí y **la** puse en el correo.
      ¿Llamaste a tu hermano? Sí, **lo** llamé por la mañana.
      ¿Quién tiene los pasajes? **Los** tengo yo.

   b. El pronombre inglés *it*, usado como complemento directo, sí se traduce en español. Equivale a **lo** o **la**.

      ¿Compró Pepe **un televisor** nuevo?
      Sí, **lo** compró y **lo** tiene en su cuarto.

      ¿Toca Elena **la guitarra**?
      Sí, **la** toca, aunque no muy bien.

   c. Observe que los pronombres de complemento directo e indirecto son idénticos, excepto en la tercera persona del singular y del plural, donde se usan **le** y **les** para los complementos indirectos.

   d. Observe el cambio de significado en las siguientes frases de acuerdo con los pronombres de complemento directo o indirecto.

      (¿A Carmela?) **Le** pagué la renta.
      *I paid her the rent.*
      *I paid the rent for her.*

      (¿La renta?) **La** pagué ayer.
      *I paid it yesterday.*

**NOTA: Le** se refiere al complemento indirecto (la persona a quién o por quién pagué la renta); mientras que en el ejemplo **la pagué ayer, la** es el complemento directo (la renta).

2. Posición de los pronombres usados como complemento directo e indirecto.

   a. Con verbos conjugados se colocan delante del verbo.

      Pepe **me** ve.
      Luis **me** escribió.

      **Los** llamaré mañana.
      Marta **les** ha regalado una bicicleta.

---

*En el Capítulo Preliminar, página 15, aparece la definición de los complementos directos e indirectos. Es aconsejable repasar otra vez estas explicaciones.

b. Con infinitivos y gerundios se colocan detrás y junto al infinitivo o gerundio.

Para abrir**la** necesitamos la llave de esa gaveta (*drawer*).
Llamándo**lo***, me di cuenta de que no estaba en casa.

En caso de que el infinitivo o el gerundio estén acompañados de otro verbo conjugado, se puede usar una de estas dos opciones:

| | |
|---|---|
| **Me** quiere conquistar. | Quiere conquistar**me**. |
| **Nos** va a explicar. | Va a explicar**nos**. |
| **Lo** está haciendo. | Está haciéndo**lo**. |
| **Las** desea escuchar. | Desea escuchar**las**. |

c. Con órdenes afirmativas los pronombres se colocan detrás y junto al verbo, y con órdenes negativas los pronombres se colocan delante del verbo.

| | |
|---|---|
| díga**me** | no **me** diga |
| haz**lo** | no **lo** hagas |
| ábran**las** | no **las** abran |
| dé**le** | no **le** dé |

3. Duplicación del complemento: forma pronominal y una frase preposicional con **a** + nombre o pronombre.

a. En el caso del complemento indirecto es muy usual esta duplicación.

| | |
|---|---|
| **Le** escribo **a Ud.** | (Le → a Ud.) |
| **Les** doy los papeles **a Uds.** | (Les → a Uds.) |
| **Le** enseño el mapa **a Ricardo**. | (Le → a Ricardo) |
| **Les** envío la carta **a Irene y a Rodolfo**. | (Les → a Irene y a Rodolfo) |
| **Nos** entregaron las llaves **a Enrique y a mí**. | (Nos → a Enrique y a mí) |

En el caso de **le** y **les** la frase preposicional es al mismo tiempo aclaratoria.

**Le** leo el cuento { **a Ud.** / **a él.** / **a ella.** }

**Les** muestro la casa { **a Uds.** / **a ellos.** / **a ellas.** }

*Observe el acento escrito cuando se añade un pronombre al gerundio. Ver páginas 162–163.

**b.** En el caso del complemento directo la frase preposicional aclaratoria se usa en pocos casos.

| | | | |
|---|---|---|---|
| **Lo** admiro | (a Ud.).<br>(a él). | **La** comprendo | (a Ud.).<br>(a ella). |
| **Los** vi | (a Uds.).<br>(a ellos). | **Las** esperé | (a Uds.).<br>(a ellas). |

Aunque no es muy frecuente, a veces el complemento directo precede al verbo y entonces se usa también el pronombre de complemento.

| | |
|---|---|
| **A Ofelia la** conocí ayer. | (A Ofelia → la) |
| **El vestido lo** lavé a mano. | (El vestido → lo) |
| **La paella la** preparó mi padre. | (La paella → la) |

## Ejercicios

I. Ud. y su amigo van a ir al desfile. Conteste las preguntas que le hace su amigo usando un pronombre de complemento en la respuesta.

*Muchachos campesinos del lago Titicaca en Bolivia.*

**MODELO:** ¿Llevarás a tu familia al desfile?
**Sí, la llevaré.**
o
**No, no la llevaré.**

1. ¿Has visto alguna vez[1] el Desfile de las Rosas en California?
2. ¿Conoces la historia de este desfile anual?
3. ¿Verán Uds. el desfile desde un balcón?
4. ¿Leíste en el periódico el orden del programa?
5. ¿Sacarás fotos de las carrozas[2] llenas de flores?
6. ¿Tienes las entradas para el juego de fútbol después del desfile?

[1]*ever* [2]*floats*

**II.** Ud. les va a comprar una computadora a sus hijos. Complete las frases, según el modelo, colocando los pronombres con los infinitivos y gerundios.

**MODELO:** ¿A quiénes les vas a comprar una computadora?
________________ una computadora a Rubén y a Carolina.
**Voy a comprarles una computadora a Rubén y a Carolina.**

1. ¿Quién les va a hacer una demostración?
   El vendedor ________________ una demostración a mis hijos.
2. ¿Cuándo la puede instalar el técnico?
   El técnico ________________ el próximo lunes.
3. Le siguen interesando las ciencias a Rubén.
   Sí, ________________ las ciencias y también ahora las artes.
4. ¿Piensas usar tú también la computadora?
   Sí, ________________ para escribir mis cartas.

**III.** Ud. supervisa el trabajo de los camareros en un restaurante y contesta las preguntas que le hacen con un mandato.

**MODELO:** ¿Limpio las mesas?
**Sí, límpielas.**

1. ¿Doblo las servilletas?
2. ¿Traemos las copas de vino?
3. ¿Secamos los cuchillos?
4. ¿Pongo los platos en las mesas?

**IV.** Complete las oraciones con los pronombres de complemento indirecto que correspondan.

A. 1. ¿Por qué Fernando no _____ dice la verdad a Luisa?
   2. Él dice que yo comprendo sus problemas y por eso él _____ cuenta todo a mí.
   3. Él _____ va a escribir a sus suegros[1] y _____ pedirá ayuda a ellos.

4. Fernando _____ explicará sus planes a Luisa y a mí.
5. Ella dice que _____ dijo a ti mismo lo que ella quería hacer este verano.

B. 1. El agente _____ entregó los pasajes a los viajeros. _____ dio los horarios[2] de vuelo a mi marido y a mí.
2. El empleado de inmigración _____ ha devuelto el pasaporte a la Sra. Portera.
3. El guía _____ mostrará a los turistas todos los monumentos de la ciudad.

[1]*in-laws* [2]*schedules*

V. Diálogo entre Elsa y su hermana. Complete las ideas con los pronombres de complemento que sean necesarios.

Hermana ¿Qué sabes de Fefita?

Elsa ¡Qué tonta soy! ¿No _____ dije que recibí una carta de ella que _____ escribió desde Barcelona?

Hermana No _____ dijiste nada.

Elsa _____ manda a ti un abrazo. _____ dice que España es un país muy interesante y que sus amigos españoles _____ han llevado a visitar muchos lugares hermosos. Pero _____ parece que ya tiene ganas de regresar. Dice que _____ extraña mucho a ti y a mí.

Hermana El tiempo se va muy rápido. Ya pronto _____ tendremos aquí de vuelta.

Elsa Eso es verdad. _____ voy a escribir mañana. ¿Quieres que _____ dé algún recado[1] tuyo?

Hermana Sí, _____ dices que quiero que _____ traiga el plato de porcelana de Talavera que _____ pedí.

Elsa ¿No _____ parece que es demasiado problema el traer una cosa tan frágil?

Hermana Es verdad, pero ella _____ dijo que _____ traería cualquier cosa que yo _____ pidiera.

[1]*message*

## C Uso de dos pronombres complementos en una misma oración

1. El orden es el siguiente: indirecto, directo y verbo. Después de los infinitivos, gerundios y mandatos: indirecto y directo.

| | |
|---|---|
| Pedro **me lo dice**. | Voy a **preparártela**. |
| Ella **te la enseñará**. | Están **explicándonoslo**. |
| Ellos **nos los han dado**. | **Muéstremelos**. |

Observe el acento escrito cuando se añaden los pronombres al infinitivo, al gerundio y a los mandatos.

2. Se usa el pronombre **se** para reemplazar **le, les** delante de **lo, la, los, las** para evitar la repetición del sonido **l**.

Ernestina le escribe una carta a **su madre**.

Ernestina **le** escribe **una carta**.

Ernestina **se la** escribe.

**Les** prestaré mi **libro** a Uds.

**Se lo** prestaré a Uds.

Ella **les** ha explicado **las lecciones**.

Ella **se las** ha explicado.

3. El pronombre neutro **lo** se refiere a una idea o concepto expresado anteriormente.

¿Crees que llueva mañana? —No, no **lo** creo.
¿Está Ud. loco? —Seguramente **lo** estoy.
¿Son ellos uruguayos? —Sí, **lo** son.
¿Sabes que Julia se casó? —Sí, **lo** sé.

a. La construcción de **lo** + un adjetivo masculino singular expresa la idea de "la cosa o la parte + adjetivo".

**Lo extraño** es que el perro no ladró anoche.
*The strange thing is that the dog did not bark last night.*

**Lo bueno** es que no tenemos clase hoy.
*The good thing is that we don't have class today.*

b. También, cuando se usa con adjetivos, equivale al inglés *how*.

No puedes imaginarte **lo cansada** que estoy.
*You can't imagine how tired I am.*

Tengo que decirte **lo feliz** que está mi sobrina.
*I have to tell you how happy my niece is.*

## Ejercicios

I. Conteste afirmativamente las preguntas usando en las respuestas pronombres de complemento. Haga los cambios necesarios.

**MODELO:** ¿Les explicaste la situación a los accionistas?
**Sí, se la expliqué.**

1. ¿Le dejó ella el contrato al abogado?
2. ¿Me trajo Ud. los papeles?
3. ¿Me puedes firmar estas cartas?
4. ¿Te dieron los certificados?
5. ¿Les vas a enviar el dinero a los accionistas?

II. Ud. tiene un amigo que es muy preguntón (*nosy*). Conteste sus preguntas usando en las respuestas la información que está en paréntesis y los pronombres de complemento.

**MODELO:** ¿A quién le pide Ud. ayuda cuando necesita algo? (a mi padre)
**Se la pido a mi padre.**

1. ¿A quiénes les prestas tus discos? (a mis amigos)
2. ¿A quiénes les dio sus libros el profesor? (a los estudiantes)
3. ¿A quién le regaló Roberto una enciclopedia? (a su sobrino)
4. ¿A quién le cuentas tus problemas? (a mi mejor amigo)
5. ¿A quién le envió su hermano un telegrama? (al rector de la universidad)

III. Usando la información dada, escriba oraciones reemplazando los nombres subrayados por pronombres de complemento.

**MODELO:** di / *los libros* / *al profesor*
**Se los di.**

1. mi primo / escribió / *una carta* / *al director*
2. mandé / *las flores* / *a la cantante*
3. los turistas / visitaron / *las ruinas mayas*
4. escribí / *a Matilde* / *la carta de recomendación*
5. ¿pidieron / *las llaves del carro* / *al abuelo?*

IV. Conteste las preguntas traduciendo al español las frases que están en inglés. Después cambie esos mandatos al negativo.

**MODELO:** ¿Los periódicos? (*Take them with you.*)
**Lléveselos.**
**No se los lleve.**

1. ¿La verdad? (*Tell it to me.*)
2. ¿Los exámenes? (*Give them to him.*)
3. ¿El paquete? (*Send it to Luisa.*)
4. ¿Las flores? (*Bring them to us.*)
5. ¿El café? (*Serve it to us.*)

V. Según el modelo, conteste las preguntas usando el pronombre neutro **lo** en la respuesta.

**MODELO:** ¿Es bueno ese libro?
**Sí, lo es.**

1. ¿Son interesantes las obras de García Márquez?
2. ¿Es colombiano?
3. ¿Estás de acuerdo con la crítica de sus obras?
4. ¿Están traducidas sus novelas al inglés?

VI. Traduzca al español las frases que están en inglés para contestar las preguntas. Use una construcción con el pronombre neutro **lo**.

1. ¿Qué dice Camila? (*How tired she is.*)
2. ¿Cómo es la novia de Andrés? (*You cannot imagine how pretty she is.*)
3. ¿Qué vas a hacer con tu carro? (*The best thing is to change it.*)
4. ¿Vamos en autobús? (*The bad thing is that it is always late.*)
5. ¿Qué dices? (*How difficult it is to learn a language.*)

VII. Complete las oraciones con un complemento directo. Construya después una oración usando un pronombre de complemento directo.

**MODELO:** Yo hago...
**Yo hago ejercicios. Los hago todos los días porque quiero tener buena figura.**

1. Visito a...
2. Compré...
3. Elena lleva...
4. Queremos ver...

VIII. ¿Qué hace Ud. normalmente en las circunstancias que se mencionan a continuación? En sus oraciones use pronombres de complemento directo o indirecto.

**MODELO:** Es el cumpleaños de un amigo.
**Yo le compro un regalo a mi amigo y se lo llevo.**

1. Su abuelo está en el hospital.
2. Su amigo necesita dinero.
3. Su hermana se gradúa.
4. Es el aniversario de bodas de sus padres.
5. Es el Día de las Madres.

**IX.** Ud. conversa con una amiga sobre su viaje a Puerto Rico. Complete el diálogo con los pronombres que correspondan.

Ud. Mañana salgo para Puerto Rico para asistir a la conferencia de hispanistas.

Amiga ¿Conoces la ciudad de San Juan?

Ud. No _____ conozco. Por eso principalmente voy a la reunión.

Amiga ¿_____ avisaste a tu amiga Aida para que _____ espere en el aeropuerto?

Ud. Sí, _____ llamé por teléfono y _____ dije la hora de mi llegada. Ella _____ va a hacer el favor de hacer la reservación del hotel. _____ va a hacer en un hotel antiguo que está en el Viejo San Juan.

*Vendedora de frutas y verduras en la calle de un pueblo de Guatemala.*

## D Reflexivos

1. En español se usa con mucha frecuencia el reflexivo. Se emplea para indicar que la misma persona que ejecuta la acción del verbo la recibe, o para expresar una relación recíproca entre dos o más personas.

> Alberto **se afeita, se baña** y **se desayuna** antes de ir al trabajo y siempre sale tarde.

Pablo y Virginia **se aman** con locura.
Ellos y yo no **nos hablamos**.

a. Muchos verbos que son transitivos* pueden usarse en forma reflexiva.

| | |
|---|---|
| **Lavo** la ropa. | **Me lavo** la cara. |
| Elisa **peina** a la niña. | Elisa **se peina**. |
| **Ponemos** el abrigo en el armario. | **Nos ponemos** el abrigo. |
| ¿**Bañaste** el perro? | **Te bañaste** de prisa. |

b. Hay verbos que por su significado, o por la idea que expresan, se usan en forma reflexiva. En algunos casos van acompañados de las preposiciones **a**, **de** o **en**.

| | |
|---|---|
| **arrepentirse (de)** | *to repent, regret* |
| **asomarse (a)** | *to look out of* |
| **alegrarse (de)** | *to rejoice* |
| **atreverse (a)** | *to dare* |
| **burlarse (de)** | *to make fun of* |
| **darse cuenta (de)** | *to realize* |
| **empeñarse (en)** | *to insist on* |
| **enterarse (de)** | *to find out* |
| **equivocarse** | *to make a mistake* |
| **portarse bien (mal)** | *to behave (misbehave)* |
| **resignarse** | *to resign oneself* |
| **suicidarse** | *to commit suicide* |

**Me resigno a** mi suerte.
Ella **se dio cuenta de** su error.
La niña **se ha empeñado en** que la llevemos a patinar.
El pobre hombre **se suicidó** anoche.
**Me arrepiento de** lo que dije.

2. Posición de los pronombres reflexivos. Se siguen las mismas reglas que con los pronombres de complemento. Se colocan delante de un verbo conjugado; detrás y junto a los infinitivos, gerundios y mandatos afirmativos; delante de los mandatos negativos.

**Nos sentamos** a descansar.
Esperan **despertarse** temprano.
Estaba **desayunándose** cuando la llamé.
¡**Cállense**!
No **se bañen** en el río porque es peligroso.

a. Cuando hay dos pronombres, el pronombre reflexivo siempre precede al pronombre de complemento directo.

Luisa **se lo** pone.
**Me los** probé.
**Nos los** quitamos.

---

*Ver Capítulo Preliminar, página 15.

b. En las órdenes con **nosotros** se omite la **-s** final de la forma verbal al añadirle el pronombre reflexivo **nos**. (Esta construcción equivale al inglés *let's* . . .).

| | |
|---|---|
| **Sentémonos.** (*Let's sit down.*) | No nos **sentemos**. |
| **Vistámonos.** | No nos **vistamos**. |

**NOTA:** El mandato para **irse** es:

**Vámonos.** **No nos vayamos.**

c. En las órdenes con **vosotros** se omite la **-d** final de la forma verbal al añadirle el pronombre reflexivo **os**.

| | |
|---|---|
| **Lavad (vosotros)** las ventanas. | No **lavéis** las ventanas. |
| **Lavaos.** | No os **lavéis**. |

3. Algunos verbos cambian de significado al usarse en forma reflexiva.

| | | | |
|---|---|---|---|
| **abonar** | *to fertilize, pay* | **abonarse** | *to subscribe* |
| **acordar** | *to agree to* | **acordarse de** | *to remember* |
| **acostar** | *to put to bed* | **acostarse** | *to go to bed* |
| **alegrar** | *to cheer up* | **alegrarse de** | *to be glad, rejoice* |
| **casar** | *to marry* | **casarse** | *to get married* |
| **conducir** | *to drive* | **conducirse** | *to behave* |
| **despedir** | *to dismiss* | **despedirse** | *to say good-bye* |
| **ir** | *to go* | **irse** | *to go away, leave* |
| **levantar** | *to lift* | **levantarse** | *to get up, stand up* |
| **llamar** | *to call* | **llamarse** | *to be called* |
| **llevar** | *to carry, take* | **llevarse** | *to take away* |
| **negar** | *to deny* | **negarse** | *to refuse* |
| **parecer** | *to seem, look like* | **parecerse** | *to look alike* |
| **poner** | *to put* | **ponerse** | *to put on* |
| **probar** | *to taste, try* | **probarse** | *to try on* |
| **quitar** | *to take away* | **quitarse** | *to take off* |
| **volver** | *to return* | **volverse** | *to turn around, become* |

Él **parece** un payaso.
Ella **se parece** a su madre.

El ministro **casó** a los novios.
Ellos **se casarán** en la primavera.

**Llevo** a los niños a la escuela.
El ladrón **se llevó** las joyas.

## Ejercicios

I. Conteste las preguntas usando en las respuestas un verbo reflexivo y la información que está en paréntesis.

**MODELO:** ¿Qué hace Ud. cuando tiene frío? (un abrigo)
**Me pongo un abrigo.**

1. ¿Qué hace Ud. cuando le duelen los pies? (los zapatos)
2. ¿Cuál es el nombre del mecánico? (Gilberto Rojas)
3. ¿Para qué va su hermano a la barbería? (el pelo)
4. ¿Qué hace Ud. cuando quiere ver si está bien peinado? (en el espejo[1])
5. ¿Qué hace Ud. cuando tiene sueño? (en la cama)

[1]*mirror*

II. Conteste las preguntas con respuestas originales usando los verbos reflexivos que están en paréntesis.

**MODELO:** ¿Qué le pasó al niño que está llorando? (cortarse)
**Se cortó un dedo con el cuchillo.**

1. ¿Qué le pasó a Pedro en el examen? (equivocarse)
2. ¿Cómo la pasaron tus primos en la fiesta? (divertirse)
3. ¿Qué haces para no llegar tarde al trabajo? (levantarse)
4. ¿Qué le pasa a tu papá cuando tardas en llegar por la noche? (preocuparse)
5. ¿Por qué no te gusta que te visiten los niños de tu hermana? (portarse)
6. ¿Qué les pasa a tus abuelos cuando los visitas? (alegrarse)

III. Escoja el verbo correcto y complete las frases. Use el tiempo verbal que sea necesario.

1. (probar / probarse) Ayer en la tienda Elena ________________ un traje que le quedaba muy bien.
2. (negar / negarse) Anoche en la cena Lupita ________________ a comer el postre porque está a dieta.
3. (acostar / acostarse) Marta siempre ________________ a los niños a las ocho, pero ella no ________________ hasta las once.
4. (ir / irse) Yo ________________ a la reunión la semana pasada, pero a las diez ________________ porque estaba muy cansado.
5. (casar / casarse) Humberto ________________ mañana por la tarde con la hija del alcalde.
6. (llevar / llevarse) Todos los días (yo) ________________ a los niños a la escuela.
7. (quitar / quitarse) Cuando compré la casa ________________ el papel de las paredes porque no me gustaba.
8. (despedir / despedirse) Cuando ________________ de ellos estábamos todos muy tristes.
9. (acordar / acordarse) Estela nunca ________________ donde deja las llaves.
10. (parecer / parecerse) Alicia ________________ mucho a su madre.

IV. Cambie la construcción **ir a** + infinitivo a un mandato.

**MODELO:** Vamos a acostarnos temprano.
**Acostémonos temprano.**

1. Vamos a sentarnos en el parque.
2. Vamos a ponernos el sombrero.
3. Vamos a vestirnos para salir en seguida.
4. Vamos a irnos con Maricusa.
5. Vamos a despedirnos de los amigos.
6. Vamos a levantarnos temprano.

V. Complete las oraciones con la traducción al español de los verbos en paréntesis. Use la forma verbal que sea necesaria.

1. (*to dare*) Fernando no ________________ a esquiar en esa montaña tan peligrosa.
2. (*to regret*) Mi compañero ________________ del negocio que hizo.
3. (*to sit down*) Estábamos tan cansados que ________________ un rato a descansar.
4. (*to have breakfast*) Ellos ________________ todos los días a las siete.
5. (*to agree*) Llamé a Felipe y ________________ con él encontrarnos en su oficina.
6. (*to realize*) Lo que ocurre es que muchas veces mi amigo no ________________ de que ofende cuando dice ciertas cosas.
7. (*to find out*) Ayer (yo) ________________ de esa noticia.
8. (*to insist on*) Cuando Fifina ________________ en una cosa no está contenta hasta que no la obtiene.

VI. Haga oraciones con los verbos que se dan a continuación.

enojarse    pelearse    calmarse    besarse    divorciarse

VII. Temas de conversación.

1. Hable de las cosas que no se atreve Ud. a hacer.
2. Diga qué es lo que más le preocupa.
3. Hable de los momentos de su vida de los cuales se alegra Ud.
4. Hable de las cosas que Ud. se acuerda de su niñez.

## E Pronombres usados después de preposición

El reloj es para **mí**.
Tengo muchas esperanzas en **ti**.
Ignacio desea hablar con **ella**.

El librero está detrás de **nosotros**.
Él se sacrificó por **Uds.**

**NOTA:** Observe que **mí**, pronombre, lleva acento para diferenciarlo del adjetivo **mi.** **Ti** no lleva acento porque el adjetivo correspondiente es **tu**.

Los pronombres usados después de preposición se pueden referir a personas y a cosas.

¿Te gusta el libro? ¿Quédate con **él**. (*You may keep it.*)
Hablé con **él**. (*I spoke with him.*)

**NOTA:** Después de **como**, **entre** y **menos** (*except*) se usan los pronombres personales. No ocurre lo mismo en inglés.

| | |
|---|---|
| **Entre tú** y **yo** nunca hay problema. | *Between you and me there is never a problem.* |
| Todos bailaron **menos yo**. | *Everyone danced except me.* |
| **Como él**, quiero ser médico. | *Like him, I want to be a doctor.* |

1. La preposición **con** seguida de la primera y segunda persona del singular toma estas formas: **conmigo, contigo**.

   Él no quiere hablar **conmigo**. Saldré **contigo**.

2. Se usa la forma **sí** después de una preposición cuando el sujeto de tercera persona, singular o plural, se refiere a la misma persona que el pronombre que sigue a la preposición.

   **Él** sólo vive **para sí**.
   *He lives only for himself.*

   **Ellos** quieren todo **para sí**.
   *They want everything for themselves.*

**NOTA: con** + **sí** = **consigo**.

Él siempre lleva el llavero **consigo**.
*He always takes the keychain with him.*

3. Es frecuente el uso de **mismo (-a, -os, -as)** después de los pronombres con preposición.

   Yo trabajo para **mí mismo**. (*I work for myself.*)
   Ella tiene mucha seguridad en **sí misma**.
   Ellos ahorran el dinero para **sí mismos**.

**NOTA: Mismo (-a, -os, -as)** se usa también después de los pronombres personales y después de un nombre.

**Yo misma** escribí la carta. (*I myself wrote the letter.*)
**Pedro mismo** hizo el trabajo. (*Pedro did the work himself.*)

*Vista de una calle en el Cuzco, Perú.*

## Ejercicios

I. Traduzca al español los pronombres que están en paréntesis para completar las oraciones.

1. (*it*) El agua es necesaria para vivir. Sin ______________ moriríamos.
2. (*it*) Ese verano fue maravilloso, siempre me acordaré de ______________.
3. (*us*) Llevaremos el perro a la playa con ______________.
4. (*you*) Sra. Costa, estos lirios son para ______________.
5. (*with me*) Juanita vino ______________.

6. (*himself*) Pedro siempre habla de ________________.
7. (*among themselves*) Ellos discutían ________________.
8. (*with you* [tú]) No puedo salir esta noche ________________.
9. (*you* [Uds.]) Me gustaría estar con ________________.
10. (*herself*) Raquel siempre escoge lo mejor para ________________.

II. Complete las oraciones con el pronombre adecuado.

**MODELO:** El sofá está delante de la ventana.
El sofá está delante de _____.
**El sofá está delante de ella.**

1. La sala está sin cortinas.
   La sala está sin _____.
2. La lámpara estaba sobre el piano.
   La lámpara estaba sobre _____.
3. Este reloj es para Justina.
   Este reloj es para _____.
4. El ladrón entró por la puerta.
   El ladrón entró por _____.
5. Ellos irán con Enriqueta y conmigo.
   Ellos irán con _____ y conmigo.

## F Frases con *se*

1. Cuando se quiere expresar algo que ocurre involuntariamente o por casualidad, se usa **se** + pronombre de complemento indirecto + el verbo en la tercera persona del singular o del plural, de acuerdo con el sujeto.

| *Singular* | *Plural* |
|---|---|
| **Se me quitó** el dolor de cabeza. | **Se te ocurrieron** algunas ideas. |
| **Se le cayó** el florero. | **Se me perdieron** los anteojos. |
| **Se nos descompuso** el carro. | **Se le rompieron** las copas. |
| **Se les acabó** la gasolina. | |

2. Cuando en las construcciones de tipo impersonal se usa **se** con el verbo en la tercera persona del singular, equivale al sujeto impersonal del inglés *one, they, people.*

| | |
|---|---|
| **Se vive** bien aquí. | *One lives well here.* |
| No **se debe** decir eso. | *One should not say that.* |
| ¿Qué **se dice** del presidente? | *What do they say about the president?* |

3. **Se** + el verbo en la tercera persona del singular o del plural se usa en lugar de la voz pasiva con ser*.

| | |
|---|---|
| **Se habla** portugués en el Brasil. | *Portuguese is spoken in Brazil.* |
| **Se descubrió** América en 1492. | *America was discovered in 1492.* |
| **Se anunciaron** los resultados del examen. | *The results of the exam were announced.* |

Resumen de los diferentes usos de **se**. Se usa:

- En lugar de **le** o **les** delante de **lo, la, los** y **las**.

  **Se lo** dije a Manolo.

- Como pronombre reflexivo de tercera persona y también para expresar acciones recíprocas.

  Luis **se** despertó tarde.
  Ellos **se** quieren mucho.

- Delante de los pronombres de complemento indirecto para expresar algo que ocurre involuntariamente o por casualidad.

  **Se me** olvidó tu dirección.

- En las construcciones de tipo impersonal.

  **Se prohíbe** fumar.

## Ejercicios

**I.** Complete las oraciones con los pronombres necesarios para expresar una acción involuntaria o inesperada.

1. Al cocinero _____ _____ quemó el asado.
2. ¿(A ti) _____ _____ paró el reloj, Rosita?
3. Cuando yo lavaba las copas _____ _____ rompieron dos de ellas.
4. A nosotros _____ _____ rompió el carro en la autopista.
5. Cuando los chicos jugaban con el perro éste _____ _____ escapó.
6. Pedro salió de prisa y _____ _____ olvidaron los anteojos.

**II.** Escriba las siguientes frases usando **se** para expresar acción involuntaria o accidental.

**MODELO:** Olvidaron el número de teléfono.
**Se les olvidó el número de teléfono.**

---

*Esta construcción se estudiará en el Capítulo 10.

1. Rompieron los platos.
2. ¿Perdiste las llaves?
3. Quemé el asado.
4. Olvidamos el teléfono celular.

III. De acuerdo con los sujetos, escriba el verbo que está entre paréntesis en la forma correcta del pasado.

1. (olvidar) A ella se le ________________ los regalos.
2. (parar) A nosotros se nos ________________ el carro en la autopista.
3. (perder) ¿Se te ________________ los anteojos?

IV. Conteste las preguntas usando en las respuestas las palabras en paréntesis y haga una oración que contenga una construcción con **se** para expresar una acción involuntaria o accidental.

**MODELO:** ¿Qué les pasó a Uds. en la oficina? (romper la computadora)
**Se nos rompió la computadora.**

1. ¿Dónde dejaste los mapas? (perder en la calle)
2. ¿Por qué no compraste el vino? (olvidar)
3. ¿Qué les pasó a los niños? (perder el perro)
4. ¿Por qué llegaron tarde Uds.? (parar el reloj)
5. ¿Qué le pasó al camarero[1]? (caer las cervezas)

[1]*waiter*

V. Conteste las preguntas que le hace su compañero. Use en sus respuestas una construcción con **se**.

1. ¿Qué idioma hablan en la Argentina?
2. ¿A qué hora abren los mercados?
3. ¿Cómo se dice en español *smoking is not permitted*?
4. ¿A qué hora sirven la cena en tu casa?
5. ¿En qué países cree Ud. que la gente vive bien?

VI. Traduzca al español las siguientes frases usando una construcción con **se**.

1. *We ran out of bread.*
2. *Many complaints are received every day.*
3. *They forgot the address.*
4. *One eats well in this restaurant.*
5. *Fresh apples are sold here.*
6. *His watch stopped.*
7. *She dropped her glasses.*
8. *They say the President will speak tomorrow.*

VII. Diga lo que piensa Ud. de las siguientes opiniones de la gente.

1. Se dice que para conseguir un buen empleo es necesario tener una educación universitaria.
2. Se cree que los estudiantes tienen una vida muy fácil.
3. Se piensa que las universidades tienen fondos[1] especiales para ayudar a los estudiantes con el costo de la educación.
4. Se dice que muchos estudiantes han tomado drogas.
5. Se piensa que muchos estudiantes tienen grandes problemas en la universidad por falta de preparación y porque no saben estudiar.

[1]*funds*

## G *Gustar* y otros verbos similares

1. El verbo **gustar**, como otros verbos que pertenecen a la misma categoría, presenta una construcción especial.

   a. Por lo general, se usa sólo en la tercera persona del singular o del plural y lleva delante el pronombre de complemento indirecto.

   **Me gusta** la música de Carlos Chávez.
   ¿**Te gustan** las fresas?
   **Le gustan** las ciudades grandes.
   **Nos gustan** las películas de misterio.
   **Les gusta** viajar en avión.
   **Me gustan** el español, el portugués y el italiano.
   **Me gustan** mucho tres cosas: comer, beber y bailar.

**NOTA:** Cuando en español decimos **Me gusta la casa**, la traducción literal en inglés es *The house is pleasing to me.*

   b. En los casos de duplicación del complemento indirecto se emplea **a** + el nombre o pronombre preposicional.

   **A mí** me pareció fantástico.
   **A Ud.** le gusta hablar en público.
   **A José** le gustan todas las chicas.
   **A ella** le gusta el té helado.
   **A ellos** les gusta montar en bicicleta.

   c. Si **gustar** va seguido de un verbo reflexivo, el pronombre reflexivo correspondiente se añade al infinitivo.

   **Me gusta cepillarme** el pelo.
   ¿**Te gusta sentarte** en el balcón?
   A Gilberto **le gusta ponerse** sombrero.

**Nos gusta acostarnos** tarde.
**Les gusta levantarse** al amanecer.

**NOTA:** Observe la siguiente construcción: **¿Te gusto?** Sí, claro, **me gustas**, querido.

**d.** Otros verbos que se usan lo mismo que **gustar** son:

| | |
|---|---|
| **asustar** | **interesar** |
| **divertir** | **parecer** |
| **doler** | **preocupar** |
| **enojar** | **quedar** (*to fit*) (*to have left over*) |
| **encantar** | **sobrar** (*to have extra*) |
| **faltar** | **sorprender** |
| **importar** | **tocar** (*to be one's turn*) |

A los niños **les encantó** ver al payaso.
**Nos parece** imposible que tengas seis hijos.
**Me queda** una semana de vacaciones.
**Nos ha sorprendido** tu respuesta.
Ya tú jugaste, ahora **me toca** a mí.

**e.** Observe las siguientes frases que se usan lo mismo que **gustar**.

| | |
|---|---|
| **dar igual** | *to be the same* |
| **hacer daño** | *to hurt* |
| **hacer falta** | *to need, lack* |
| **caer bien (mal)** | referente a personas: *to like* (*dislike*) |
| | referente a comidas: *to agree* (*disagree*) |

¿Qué prefieres comer, carne o pescado? **Me da igual.**
¿**Le hizo daño** al niño lo que comió anoche?
**Nos hace falta** un carro nuevo.
**Me caen bien** los nuevos vecinos.
¿**Te cayó mal** la cena ayer?

## Ejercicios

**I.** Complete los minidiálogos.

**A.** En la parte A, use el pronombre que sea necesario.

1. —¿_____ gustaría (a ti) ir de compras mañana?
   —Sí, _____ gustaría, pero _____ duelen mucho los pies.
2. —¿_____ gustaría a su hermana sentarse en la arena o en la terraza?
   —_____ encantaría sentarse en la terraza, no _____ gusta coger mucho sol.
3. —¿_____ gustó a Uds. el concierto?
   —No, _____ disgustó. No _____ gusta la música de rock.

4. —¿_____ gustaría a los chicos ir al lago o a la playa?
   —_____ divertiría más ir a la playa.

B. En la parte B, use el presente del verbo que está en paréntesis.

1. —¿Le (gustar) _____ a Ud. los camarones?
   —Sí, me (encantar) _____ y también me (gustar) _____ el pescado.
2. —¿Qué cosa les (faltar) _____ a ellos en la mesa?
   —Les (altar) _____ los tenedores.
3. —¿Qué le enoja a Josefina?
   —Le (enojar) _____ comer tarde.
4. —¿Te (interesar) _____ las comidas exóticas?
   —No, me (disgustar) _____ esas comidas.

II. Conteste las preguntas usando en la respuesta la información que está en paréntesis.

**MODELO:** ¿Qué le pasa a Simón? (doler los pies)
**Le duelen los pies.**

1. ¿Qué piensan Uds. de esa pareja? (parecer muy aburrida)
2. ¿Por qué gritas? (enojar lo que haces)
3. ¿Qué vestido prefieres? (gustar el blanco de algodón)
4. ¿Por qué enciende ella todas las luces? (asustar la oscuridad)
5. ¿Por qué se ríen ellos? (divertir los chistes)
6. ¿Le gusta a tu amigo hablar de política? (No, al contrario, disgustar)
7. ¿Les gustaría a Uds. ir al cine? (encantar ver una buena película)
8. ¿Le gustaría a Ud. correr una milla? (hacer daño tanto ejercicio)

III. Conteste las preguntas que le hace un compañero.

1. ¿Qué te interesa más, el cine o el teatro?
2. ¿Qué tipo de película te gusta más?
3. ¿Qué te parecen las películas del oeste[1]?
4. ¿Qué te encanta hacer en tu tiempo libre?
5. ¿Te hace falta dinero para hacer lo que deseas?
6. ¿Te preocupan los problemas de tus amigos?

[1] *westerns*

IV. Traduzca al español las siguientes frases.

1. *I like my neighbor.* (Hay dos posibilidades.)
2. *We love to try on new clothes.*
3. *I don't like big cities.*
4. *She likes iced coffee.*
5. *Does your arm hurt?*
6. *We had a lot of wine left.*

## Ejercicio de composición (opcional)

Haga una composición, oral o escrita, sobre el tema que se da a continuación. Use el esquema siguiente.

TEMA: La tecnología moderna en el mundo actual.

INTRODUCCIÓN: Efectos producidos por la tecnología moderna (computadoras, calculadoras, correo electrónico, etc.)
Importancia de la computadora en todos los aspectos de la vida.

DESARROLLO: Cambios experimentados en el mundo de los negocios[1].
Nuevos medios para facilitar las comunicaciones.
Equipos y aparatos especiales en el campo de la medicina.
¿Cree Ud. que la tecnología estimula y aumenta la creatividad y hace que el hombre viva más feliz?

CONCLUSIÓN: ¿Cómo cree Ud. que será el mundo dentro de cincuenta años?
Dé una evaluación personal de los aspectos positivos y negativos producidos por los adelantos[2] tecnológicos.

[1]*business world* [2]*advances*

*Gabriela Mistral recibiendo el Premio Nóbel de Literatura de manos del rey de Suecia en 1945.*

*Pablo Neruda, Premio Nóbel de Literatura, 1971.*

# *Lectura 1*

## Dos poetas chilenos: Mistral y Neruda

Gabriela Mistral y Pablo Neruda, dos grandes figuras de la poesía chilena, están unidos por más de una circunstancia común. Los dos nacieron en pueblos pequeños de Chile, ambos decidieron cambiar° sus verdaderos nombres por otros y además recibieron el Premio Nóbel de Literatura.

*cambiar°: to change*

Lucila Godoy Alcayaga, quien más tarde cambió su verdadero nombre por el de Gabriela Mistral, nació en 1889 en un pequeño pueblo escondido° en las montañas de los Andes, en el norte de Chile. Pasó los primeros años de su vida en perfecta comunión con la naturaleza y durante su niñez° muy frecuentemente se entretenía° conversando con las flores, los árboles y los pájaros.

*escondido°: hidden; niñez°: childhood; entretenía°: entertained herself*

Gabriela Mistral comenzó a enseñar a la edad de quince años. El trabajo de maestra de pueblo pequeño fue el inicio° de su carrera profesional de educadora y humanista. Más tarde, llegó a ocupar posiciones importantes en el campo de la educación y en el servicio diplomático de Chile en el extranjero°.

*inicio°: beginning; extranjero°: abroad*

La vida de esta mujer estuvo siempre marcada por la tragedia. El primer y único novio de Gabriela Mistral se suicidó a los veintidós años y, luego°, el sobrino que ella había criado° y quería como a un hijo, se suicidó también. Estas muertes llenaron el alma de Gabriela de una profunda tristeza que se convirtió en gran desolación cuando recibió la noticia del suicidio, en el Brasil, de sus amigos más queridos e íntimos, Stefan Zweig[1] y su señora. Estos sentimientos de dolor, junto a una maternidad frustrada y más tarde una fe vehemente en Dios, son evidentes en su obra poética.

*luego°/criado°: later on/raised*

En 1945 Gabriela Mistral recibió el Premio Nóbel de Literatura. Su poesía refleja° su gran amor por todos los niños, un humanismo apasionado, un intenso poder emocional y gran fuerza lírica. En 1957 Gabriela Mistral murió en la ciudad de Nueva York.

*refleja°: reflects*

Pablo Neruda, uno de los más altos valores° de la lírica hispana, nació en Parral, Chile, en 1904. Su verdadero nombre era Neftalí Ricardo Reyes el cual cambió por el de Pablo Neruda al principio de su carrera poética. El paisaje chileno de montañas y desiertos ayudó a formar el alma del poeta y, siendo muy joven, se fue a vivir a la capital. A los veintitrés años, Neruda comenzó su carrera

*valores°: worthy figure*

[1]*Stefan Zweig (1881–1942), escritor austriaco*

diplomática, la cual le proporcionó° la oportunidad de viajar por distintos países del Oriente, de Europa y de Latinoamérica.

*provided*

De convicciones políticas marxistas, Neruda combinó° con éxito° su mundo creativo con sus nombramientos° diplomáticos y actividades políticas, poniendo su gran talento poético, como miembro del Partido Comunista, al servicio de una ideología totalitaria.

*combined/success*
*appointments*

Neruda publicó sus dos primeros libros cuando tenía veinte años. La obra poética de Neruda se caracteriza por una evolución constante que expresa las impresiones y cambios que tuvo en su vida. Sus primeros poemas líricos y románticos se transforman más tarde en una creación más espiritual, más introvertida y más enigmática. Rompió con las formas tradicionales de la poesía y creó un mundo lleno de símbolos e imágenes personales.

Neruda recibió el Premio Nóbel de Literatura en 1971. Al morir en 1973 en Chile, Neruda le dejó al mundo una extensa y magnífica obra poética. Sus memorias fueron publicadas después de su muerte° bajo el título de *Confieso que he vivido*.

*death*

## VOCABULARIO PARA REPASAR

cambiar de nombre   escondido   niñez   entretenerse   inicio   extranjero   luego
criar   proporcionar   combinar   éxito   nombramiento

I. Después de repasar el vocabulario, sustituya las palabras subrayadas por un sinónimo o equivalente.

1. Pasaré a verte más tarde.
2. El pueblo que no se ve detrás de la montaña es muy pobre.
3. Al principio de su carrera diplomática tuvo que viajar mucho.
4. El poeta usó un nombre diferente en su juventud.
5. Gabriela Mistral vivió varios años en otros países fuera de su patria.
6. Gabriela Mistral educó y cuidó a su sobrino con mucha ternura.
7. Pablo Neruda recibió de su gobierno el puesto de embajador.
8. La niña se distraía jugando en el jardín.
9. La carrera que estudió le ofreció la oportunidad de viajar mucho.
10. La época más feliz de la vida es cuando somos niños.
11. El triunfo del poeta se debió a la magnífica calidad de su talento poético.
12. Neruda pudo coordinar su mundo creativo con su carrera diplomática.

II. Escriba los verbos correspondientes a las siguientes palabras y haga una oración con ellos.

1. decisión   2. escondido   3. entretenimiento   4. inicio   5. suicidio   6. criado

### PREGUNTAS SOBRE LA LECTURA

1. ¿Qué similaridades existen en la vida de Gabriela Mistral y Pablo Neruda?
2. ¿Qué sentimientos abundan en la poesía de Gabriela Mistral?
3. ¿Por qué se dice que la vida de Gabriela Mistral estuvo marcada por la tragedia?
4. ¿En qué aspectos de la vida piensan diferente los dos poetas?
5. ¿Qué cambios se notan en la poesía de Neruda?
6. ¿Siguió Neruda las formas tradicionales de la poesía?

### TEMAS DE CONVERSACIÓN

1. Si Ud. estuviera en el campo de la educación, ¿qué le interesaria más: estar en la administración o estar enseñando en contacto con los estudiantes? ¿Le gustaría ser decano, director de una escuela secundaria o consejero? ¿Ha tenido Ud. un consejero que le haya ayudado en su educación? ¿En qué sentido?
2. ¿Cómo reaccionaría Ud. si tuviera un novio dominante? ¿Y si fuera pacífico e indiferente? ¿En qué cosas está Ud. de acuerdo con su novio? ¿En qué cosas no está de acuerdo? ¿Qué sentiría Ud. si su novio la dejara por otra persona?

## Lectura 2

*Madre e hijo de Abancay, Perú.*

## Gabriela Mistral

### Yo no tengo soledad

Es la noche desamparo° *abandonment*
de las sierras hasta el mar.
Pero yo, la que te mece°, *rocks*
¡yo no tengo soledad°! *solitude*

Es el cielo desamparo
pues la luna cae al mar.
Pero yo la que te estrecha°, *hugs*
¡yo no tengo soledad!

Es el mundo desamparo.
Toda carne triste va. *holds close to me*
Pero yo, la que te oprime°,
¡yo no tengo soledad!

De *Ternura* (1924)

**PREGUNTAS SOBRE LA LECTURA**

1. En este poema la poeta termina las tres estrofas con las mismas palabras. ¿Qué efecto produce esto al leerlo?
2. La palabra "desamparo" se repite en el primer verso de cada estrofa. ¿Qué cosas no le ofrecen protección o consuelo[1] a la autora?
3. ¿Por qué dice la autora que no tiene soledad?
4. ¿Qué sentimiento principal predomina en este poema?

[1] *consolation*

## Pablo Neruda

### Poema 20

Puedo escribir los versos más tristes esta noche.

Escribir, por ejemplo, "La noche está estrellada°, *full of stars*
y tiritan°, azules, los astros°, a los lejos". *twinkle/stars*

El viento de la noche gira° en el cielo y canta. *revolves*

Puedo escribir los versos más tristes esta noche.
Yo la quise, y a veces ella también me quiso.

En las noches como ésta la tuve entre mis brazos.
La besé tantas veces bajo el cielo infinito.

Ella me quiso, a veces yo también la quería.
¡Cómo no haber amado sus grandes ojos fijos!

Puedo escribir los versos más tristes esta noche.
Pensar que no la tengo. Sentir que la he perdido.

Oír la noche inmensa, más inmensa sin ella.
Y el verso cae al alma como al pasto° el rocío°. *pasture/dew*

¡Qué importa que mi amor no pudiera guardarla°! *keep her*
La noche está estrellada y ella no está conmigo.

Eso es todo. A lo lejos alguien canta. A lo lejos.
Mi alma no se contenta° con haberla perdido. *is not happy*

Como para acercarla mi mirada la busca.
Mi corazón la busca, y ella no está conmigo.

La misma noche que hace blanquear° los mismos árboles. *whiten*
Nosotros, los de entonces°, ya no somos los mismos. *other times*

Ya no la quiero, es cierto, pero cuánto la quise.
Mi voz buscaba al viento para tocar° su oído°. *touch/ear*

De otro. Será de otro. Como antes° de mis besos. *as before*
Su voz, su cuerpo claro. Sus ojos infinitos.

Ya no la quiero, es cierto, pero tal vez la quiero.
Es tan corto° el amor y tan largo el olvido°. *short/forgetfulness*

Porque en noches como ésta la tuve entre mis brazos,
mi alma no se contenta con haberla perdido.

Aunque éste sea el último dolor que ella me causa,
y éstos sean los últimos versos que yo le escribo.

De *Veinte poemas de amor y una canción desesperada* (1924)

## PREGUNTAS SOBRE LA LECTURA

1. ¿Cuál es la causa de la tristeza del poeta?
2. La naturaleza no ha cambiado, pero los amantes sí. ¿Qué cambios se han producido en ellos?

3. Mencione los dos versos en que se expresa más o menos lo siguiente: La noche le parece al poeta más enorme porque está sin la amada y el escribir poesía le hace bien a su alma.
4. ¿Cómo interpreta Ud. el verso: "Es tan corto el amor y tan largo el olvido"?
5. ¿Por qué cree Ud. que el poeta repite el primer verso varias veces?

# 7 Capítulo

*Vista aérea de la ciudad de Buenos Aires en la Argentina.*

- Estudio de palabras
- Relativos
- Adjetivos y pronombres posesivos
- Adjetivos y pronombres demostrativos
- Interrogativos
- Afirmativos y negativos
- Lecturas: "Argentina"
  "Sala de espera" de Enrique Anderson Imbert

-**Éstas** son las fotos **que** saqué en la Argentina.
-¡**Qué** cantidad! ¿**Cuántos** rollos sacaste?
-Cincuenta. Si **alguna vez** vas allá, **también** te volverás loco sacando fotos. La cordillera de los Andes, **cuyos** picos estaban nevados, y la región de los lagos son los dos paisajes más hermosos que **jamás** he visto.

## Estudio de palabras

**casarse** *to get married* Me dijeron que te **casas** con Lupe. ¿Cuándo es la boda?

| | | |
|---|---|---|
| **cansarse** | *to get tired* | ¿Se **cansaron** mucho subiendo la montaña? |
| **criar** | *to raise, bring up* | Ellos **crían** a los hijos con mucha disciplina. |
| **crear** | *to create* | Van a **crear** una escuela de arte en el museo. |
| **creer** | *to believe, think* | ¿Qué **crees** que va a pasar cuando tengamos otro rector en la universidad? |
| **desarrollar** | *to develop, promote, expand* | El último presidente **desarrolló** la economía y el crecimiento del país. |
| **descomponerse** (*like* poner) | *to break down (a machine)* | La lavadora **se descompuso**. Tengo que llamar al mecánico. |
| **romperse** | *to break* | ¿Qué pasó? ¿**Se rompieron** las copas que acabo de comprar? |
| **evitar** | *to avoid* | Tenemos que **evitar** el aumento de la contaminación en el aire. |
| **molestar** | *to bother, annoy* | La niña quiere que la lleve al parque. Ya le dije que no **moleste** más, que la llevaré mañana. |
| **tocar** (qu) | 1. *to knock* | Alguien **toca** en la puerta. Mira a ver quién es. |
| | 2. *to play (musical instrument)* | Esa familia es muy musical. Todos **tocan** un instrumento. |
| | 3. *to touch* | No dejes que nadie **toque** las porcelanas; son muy frágiles y se pueden romper. |
| el **equipo** | 1. *equipment* | -¿Qué quieres para tu cumpleaños? -Un **equipo** de pesca submarina. |
| | 2. *team* | Nuestro **equipo** jugó muy bien. |
| **sabroso** | *tasty* | El restaurante que me recomendaste es pequeño y caro, pero la comida es muy **sabrosa**. |
| **ni siquiera** | *not even* | Ella salió tan apurada que **ni siquiera** dijo adiós. |

## A Relativos

| | |
|---|---|
| **que** | **lo que** |
| **quien (-es)** | **lo cual** |
| **el (los, la, las) que** | **cuyo (-os, -a, -as)** |
| **el (la) cual, los (las) cuales** | |

Los relativos se usan para relacionar palabras y frases. El antecedente es el nombre, pronombre o concepto a que se refieren.

Hay pocos **hombres** (antecedente) **que** (relativo) son héroes.

Laura compró el **traje** (antecedente) **que** (relativo) estaba en la tienda.

1. **Que** es invariable y es el relativo más usado cuando sigue inmediatamente al antecedente. Puede referirse a personas, cosas, lugares o conceptos. Equivale en inglés a *that, which, who.*

   Los niños **que** fueron a la excursión están emocionados.
   Las personas **que** los acompañaron están contentas.

   El árbol **que** plantamos el año pasado está lleno de fruta.
   La fruta **que** da es muy dulce.

**NOTA:** En inglés frecuentemente se omite el relativo *that*. En español no se omite **que**.

   Él es el profesor **que** tuve el año pasado.
   *He is the professor (that) I had last year.*

Se usa **que** después de las preposiciones **a**, **con**, **de**, **en** sólo para referirse a cosas, no a personas. **En que** equivale a **donde**.

   La carta **a que** te refieres no la recibí, ni tampoco el informe **de que** me hablaste.
   La compañía **en que** trabajo tiene muy buenos equipos, pero ayer se descompuso la computadora **con que** trabajo.

*Las impresionantes cataratas del Iguazú situadas entre la Argentina, el Brasil y el Paraguay.*

2. **Quien (-es)** se refiere sólo a personas y concuerda en número con el antecedente. Equivale en inglés a *who, whom, whomever*.

   a. Se usa **quien (-es)** después de las preposiciones.

      La chica **a quien** conociste en mi casa es peruana y el muchacho **con quien** vino es un artista muy conocido. Ella es **de quien** te hablé hace tiempo y es la persona **para quien** se creó el puesto en el museo.

**NOTA:** También se puede decir: La chica **que** conociste en mi casa es peruana. Ver letra **d**.

   b. Se usa **quien (-es)** en vez de **que** cuando va como sujeto de una cláusula apositiva o suplementaria separada por comas.

      El director, **quien acaba de llamar**, vendrá esta tarde.
      Me quedaré en la oficina para escribirle a mis hijos, **quienes están estudiando en San Diego**.

   c. En ciertos casos, **quien** incluye el antecedente y es equivalente a **la persona que**.

      **Quien** habla mucho hace poco.
      **Quien** trajo el paquete se fue en seguida.

   d. No se usa **quien (-es)** inmediatamente después del antecedente. En este caso se usa **que**.

      La persona **que** viste no era mi prima.
      El hombre **que** tocó en la puerta vendía seguros.

3. **El (los, la, las) que** o **el (la) cual, los (las) cuales** se usan indistintamente para referirse a personas o cosas. Se usan como relativos más específicos que **quien** o **que**.

   a. **El que** o **el cual** se usa cuando hay dos antecedentes para referirse al antecedente que está más lejos y aclarar la ambigüedad.

      El primo de María, **el que (el cual)** vive en Nuevo México, quiere venir a pasar las vacaciones con nosotros.

      Acabo de hablar con la mujer de Joaquín, **la que** quiere alquilar mi casa.

   b. Se usa **el que** o **el cual** después de preposiciones (excepto después de **a, con, de** o **en**).

      La razón por **la que (la cual)** dejé el trabajo es muy simple.

**NOTA:** Generalmente se usa **que** refiriéndose a cosas, después de **a, con, de** o **en**.

También se usa **el que** o **el cual** después de frases preposicionales.

> La casa, **delante de la que (la cual)** dejé el carro, es de estilo californiano.

c. **El que** se puede usar en lugar de **quien** y equivale a **la persona que**. No se puede usar **el cual**.

> **El que** estudia aprende.
> (**Quien** estudia aprende.)
>
> **Los que** hablan mucho saben poco.
> (**Quienes** hablan mucho saben poco.)
>
> Josefina fue **la que** llamó.
> (Josefina fue **quien** llamó.)

**NOTA:** También se usa **el que** para expresar la equivalencia del inglés *the one that* o *the ones that.*

> Estos zapatos son muy cómodos. **Los que** compré ayer no lo son.
> La novela que estoy leyendo es romántica, pero **la que** leí antes es muy cómica.

4. Los relativos neutros **lo que** y **lo cual** se usan para referirse a una idea, una acción o un hecho previamente mencionado*.

> Juan llegó tarde, **lo que (lo cual)** no le gustó a su mujer.
> Salieron a tiempo, **lo que (lo cual)** me sorprendió.

**NOTA:** Se usa **lo que** (y *no* **lo cual**) cuando se refiere a una idea abstracta no mencionada previamente. Equivale a **la cosa que**. En inglés equivale a *what.*

> **Lo que** pasó anoche fue interesante, sin embargo ella no sabe **lo que** yo opino pues no comprende **lo que** yo expliqué.

**Lo que** puede usarse con el indicativo si se refiere a algo específico, o con el subjuntivo si se refiere a algo indeterminado.

> Di **lo que tienes** que decir.
> Di **lo que tengas** que decir.

5. **Cuyo (-os, -a, -as)** es un adjetivo relativo. Concuerda en género y número con el nombre que modifica. Se usa para indicar posesión. Su antecedente puede ser persona o cosa. Equivale en inglés a *whose.*

> Pedro, **cuya** madre es brasileña, habla portugués muy bien.
> Los pescadores, **cuyas** canoas están en la playa, trajeron muchas sardinas.

---

*Ver Comparativos Capítulo 8.

Las montañas, **cuyos** picos están nevados, tienen más de diez mil pies de altura.

**NOTA:** Observe que *whose* en oraciones interrogativas equivale en español a ¿**de quién (-es)**?

¿**De quién** es este abrigo? (*Whose coat is this?*)

## Ejercicios

I. Combine las oraciones usando el relativo **que** para contarnos lo que Ud. hizo anoche.

**MODELO:** Leo un libro. Es una biografía.
**El libro que leo es una biografía.**

1. Invité al cine a una muchacha. Es de Buenos Aires.
2. Vimos dos películas argentinas. Eran magníficas.
3. Después tomamos chocolate con churros. Estaban sabrosísimos.
4. Ella me regaló un libro. Tiene fotografías hermosas de la Argentina.

II. Combine las oraciones usando el relativo **que** o **quien**.

**MODELOS:** Ésta es la máquina de escribir. De ella te hablé anoche.
**Ésta es la máquina de escribir de que te hablé anoche.**
Tengo muchos amigos. Con ellos hablo todos los días.
**Tengo muchos amigos con quienes hablo todos los días.**

1. Éste es el pueblo. En él viven mis primos.
2. Ella es la buena amiga. En ella confío.
3. Ayer visité a la chica. Con ella pienso ir al baile.
4. Conocí al profesor. Con él estudiaré filosofía.
5. Compré la mantequilla. Con ella haré el postre.

III. Complete el párrafo llenando los espacios en blanco con **que, quien** o **quienes**.

Los carros ________________ circulan por las calles de la ciudad producen gran parte de los contaminantes ________________ respiramos. Por eso, el alcalde de la ciudad, ________________ se preocupa mucho por todas las cosas ambientales, quiere desarrollar buenos sistemas de transporte público y evitar el aumento de contaminación en el aire. Un periodista con ________________ habló el alcalde mencionó el problema del poco espacio de estacionamiento para tantos carros en la ciudad. Para ________________ trabajan en el centro un sistema de transporte eficiente será una gran cosa. Pero el periodista parece ser un poco pesimista y terminó diciendo: "________________ mucho promete cumple poco".

IV. Una amiga suya le habla de la hermana de Jorge. Complete las oraciones usando **el que, los que, la que** o **las que** para saber lo que cuentan de ella.

1. La hermana de Jorge, ______________ trabaja en el banco, es muy simpática.
2. Ésa es la razón por ______________ tiene tantos amigos.
3. Los edificios delante de ______________ ella vive son de su padre.
4. El baile para ______________ ella compró el vestido largo será el sábado.
5. Ella cree que ______________ trabajan mucho triunfan en la vida.

V. Traduzca las siguientes oraciones.

1. *What he wants is to live in Mexico. What he must do first is to study Spanish.*
2. *The one who sang last night was Gloria Estefan.*
3. *These are the new shoes. The ones I had were very old.*
4. *Whose house is this? It belongs to a family whose name I don't remember.*

VI. Escoja la respuesta correcta y complete las oraciones.

1. (los que, que, cual) ¿Trajiste los esquís ______________ te pedí?
2. (el cual, lo que, el que) ______________ mucho habla, hace poco.
3. (quienes, a quienes, que) Ellos son los jóvenes ______________ les dieron las becas.
4. (la cual, que, lo que) Ésta es la oficina para ______________ trabaja Ernesto.
5. (el que, lo que, lo cual) ______________ no me gusta es levantarme temprano.
6. (el que, lo que, lo cual) No sé de ______________ están hablando.
7. (de quien, cuyo, cual) Ése es el profesor ______________ nombre es Alfredo Matilla.
8. (quienes, los que, que) Los jugadores ______________ llegaron anoche fueron al hotel Casa Grande.
9. (quien, que, el cual) El médico, ______________ acaba de llamar, vendrá mañana a verte.
10. (que, la cual, lo que) Se aprobó la ley contra ______________ voté en las elecciones.

VII. Complete las oraciones con la forma apropiada del relativo **cuyo**.

1. El parque, ______________ flores nos encantan, está cerca de aquí.
2. Me gusta el edificio ______________ balcones tienen rejas de hierro y macetas[1] con geranios.
3. Ése es el chico ______________ abuelo tiene una plantación de café.

4. Visité los lagos ______________ belleza es fabulosa.
5. El salto Ángel[2], ______________ altura es mucho mayor que la del Niágara, está en Venezuela.

[1]*flowerpots* [2]*Angel Falls*

**VIII.** Complete las oraciones con el relativo adecuado.

1. Alicia, ______________ tiene un resfriado, no vino a clase.
2. La prima de Isidoro, ______________ estudia química, es muy bonita.
3. La pluma con ______________ escribo es de plata.
4. Los chicos ______________ entrevistamos recibirán una beca.
5. Las clases empiezan el día dos, ______________ no me gusta.
6. Los edificios cerca de ______________ dejamos el carro son muy altos.
7. ______________ come mucho, engorda.
8. Los amigos para ______________ doy la fiesta llegaron ayer de Jalisco.
9. La casa, ______________ precio me conviene, ya se alquiló.
10. Todo ______________ te digo es verdad.

**IX.** Ud. conversa con un amigo venezolano sobre la regulación que ayuda a descongestionar el tráfico en Caracas. Esta regulación ordena días de parada para los carros particulares. Complete el diálogo con los relativos necesarios.

*Café al aire libre en la ciudad de Montevideo, capital del Uruguay.*

| | |
|---|---|
| Ud. | ¿Cómo se sabe cuáles son los carros _______________ no salen los días de parada? |
| Amigo | Muy fácil. Todas las personas _______________ tienen carro saben el día _______________ no pueden sacarlo a la calle por el número de la chapa[1]. |
| Ud. | ¿Por el número de la chapa? |
| Amigo | Sí. _______________ tienen números pares[2] salen un día y al siguiente _______________ tienen números impares. |
| Ud. | ¡Qué buena idea! |
| Amigo | Exactamente. Así todas las personas _______________ trabajan hacen sus planes para ir en el metro o en taxi cuando no pueden usar el carro. |
| Ud. | ¿Y los taxis no tienen que parar un día también? |
| Amigo | No, _______________ es muy bueno, pues los taxis son muy baratos. |

[1]*license plate* [2]*even numbers*

X. Complete las oraciones con el equivalente en español de las palabras en inglés. Use los relativos necesarios.

1. (*whom*) ¿_______________ vas a invitar?
2. (*the one who*) Teresa es _______________ más necesita el librero.
3. (*what*) Ella no sabe _______________ quiere estudiar.
4. (*the one who*) _______________ llamó anoche fue Isidoro.
5. (*with whom*) El señor _______________ trabaja mi esposo es el presidente del senado.
6. (*whatever*) Puedes ordenar _______________ quieras.
7. (*through which*) La población _______________ pasamos es muy pintoresca.
8. (*who*) Su padre, _______________ acaba de cumplir ochenta años, es un médico famoso.
9. (*that*) El puente _______________ cruzamos lo construyeron los romanos.
10. (*who*) Los industriales _______________ acaban de llegar son de El Salvador.
11. (*whose*) El escritor _______________ novela te regalé vino a la universidad ayer.
12. (*what*) _______________ quiere la gente es que no aumenten los impuestos.

XI. Composición dirigida (oral o escrita). Complete las oraciones con ideas originales usando el relativo en paréntesis.

**MODELO:** (cuyo) Ese artista...
**Ese artista, cuyo nombre no recuerdo, es el que hizo la película que vi hace unos días.**

1. (todo lo que) Para vivir bien...
2. (quien) Nunca sabemos para...
3. (el que) El novio de Celia...
4. (que) El refrigerador...
5. (lo que) Para hablar español...
6. (en que) Quiero visitar el pueblo...

## B Adjetivos y pronombres posesivos

POSESIVOS

| *Poseedor* | *Adjetivo delante del sustantivo* | *Adjetivo detrás del sustantivo* | *Pronombre* |
|---|---|---|---|
| yo | **mi, mis** | **mío** (-os, -a, -as) | **el** (**los, la, las**) **mío** (-os, -a, -as) |
| tú | **tu, tus** | **tuyo** (-os, -a, -as) | **el** (**los, la, las**) **tuyo** (-os, -a, -as) |
| él, ella, Ud., cosa | **su, sus** | **suyo** (-os, -a, -as) | **el** (**los, la, las**) **suyo** (-os, -a, -as) |
| nosotros (-as) | **nuestro** (-os, -a, -as) | **nuestro** (-os, -a, -as) | **el** (**los, la, las**) **nuestro** (-os, -a, -as) |
| vosotros (-as) | **vuestro** (-os, -a, -as) | **vuestro** (-os, -a, -as) | **el** (**los, la, las**) **vuestro** (-os, -a, -as) |
| ellos (-as), Uds., cosas | **su, sus** | **suyo** (-os, -a, -as) | **el** (**los, la, las**) **suyo** (-os, -a, -as) |

1. *Adjetivos posesivos.* Los adjetivos posesivos se usan acompañando al sustantivo para expresar posesión o pertenencia. Concuerdan con la cosa poseída y no con el poseedor.

   a. Como se ve en el diagrama, hay dos formas de adjetivos posesivos: una corta y otra larga. La forma corta se usa delante del sustantivo. **Mi, tu** y **su** concuerdan en número con el sustantivo; **nuestro** y **vuestro** en género y número.

   **mi** hermano **tus** casas **nuestros** amigos **sus** ideales

   La forma larga se usa detrás del sustantivo, después del verbo **ser** y sola. Concuerda en género y número con el sustantivo.

¿Es éste el abrigo **suyo**?
El televisor es **tuyo**.
¿De quién es esta camisa? **Mía**.

b. **Su, sus** y **suyo (-os, -a, -as)** algunas veces presentan ambigüedad. Para mayor claridad se sustituyen por la preposición **de** + los pronombres personales.

**su** amigo {
el amigo **de él**
el amigo **de ella**
el amigo **de Ud.**
el amigo **de ellos**
el amigo **de ellas**
el amigo **de Uds.**

la casa **suya** {
la casa **de él**
la casa **de ella**
la casa **de Ud.**
la casa **de ellos**
la casa **de ellas**
la casa **de Uds.**

**NOTA:** Recuerde que en español se usa el artículo definido con las partes del cuerpo y las prendas de vestir*.

| Me lavo **las** manos. | ¿Te pusiste **las** botas? |
|---|---|
| *I wash my hands.* | *Did you put on your boots?* |

2. *Pronombres posesivos.* Los pronombres posesivos se forman con los artículos definidos + las formas largas **mío, tuyo, suyo, nuestro, vuestro** y **suyo**. Concuerdan en número y en género con la cosa poseída.

Mi abrigo es azul; **el tuyo** es rojo.
Su casa costó poco; **la nuestra**, mucho.
Mi hermana es bella; **la tuya** también.
¿Cuál es tu taza? Ésta es **la mía**.

3. *Formas neutras.* Las formas neutras **lo mío, lo tuyo, lo suyo, lo nuestro, lo vuestro** y **lo suyo** se usan para expresar una idea o concepto.

**Lo nuestro** no tiene solución.
Ellos explicaron **lo suyo**.

---

*Ver Capítulo 5.

## Ejercicios

I. Ud. le habla a una amiga suya acerca de su familia. Cambie las oraciones sustituyendo la forma corta de los posesivos por la forma larga.

**MODELO:** Mis amigos son puertorriqueños.
**Los amigos míos son puertorriqueños.**

1. Nuestra familia es muy complicada.
2. Mi hijo es pacifista.
3. Mi esposo es coronel del ejército y trabaja en el Ministerio de Guerra.
4. Mi hermano ha sido siempre anarquista. Mi hermana mayor es monja.
5. ¿Es tu familia tan colorida como mi familia?

II. Cambie las oraciones sustituyendo la construcción con **de** + pronombre por el posesivo **su** o **suyo**.

**MODELOS:** El marido de ella quiere ir al cine.
**Su marido quiere ir al cine.**
La culpa es de ella.
**La culpa es suya.**

1. El amigo de Ud. está de mal genio porque los tíos de él no le han hecho nunca un regalo y siempre lo están llamando para que los ayude.
2. Pedro cree que el dinero es de él y no de los padres de él. Las propiedades de ellos valen mucho y Pedro espera que la casa de la familia sea de él y no de la hermana de él. Pero la hermana dice que la casa es de ella porque ella nació allí y allí también nacieron los hijos de ella.

III. Cambie las oraciones sustituyendo las palabras subrayadas por un pronombre posesivo.

**MODELO:** Mis padres son mexicanos; tus padres son cubanos.
**Mis padres son mexicanos; los tuyos son cubanos.**

1. Su tía y mi tía salieron juntas.
2. Éstos son mis guantes. ¿Dónde están tus guantes?
3. ¿Tiene Ud. mi cartera o su cartera?
4. Tus hijos salieron con nuestros hijos.
5. Mi bicicleta es americana y su bicicleta es japonesa.

IV. Traduzca al español los posesivos que están en inglés y complete las frases.

1. (*mine/yours* [Ud.]) No me interesa el trabajo ________________, sino ________________.
2. (*my*) Ella no es ________________ amiga.
3. (*our/yours/mine*) ________________ generación era muy diferente. ¿Cuál te gusta más, ________________ o ________________?

*Valle del rio Aconcagua situado entre la Argentina y Chile. Al fondo los majestuosos Andes.*

4. (*ours*) ¿De quién son estas gafas? Son ________________.
5. (*his*) No acepto ________________ excusas.
6. (*his*) Este programa es ________________.
7. (*their*) Ellos discuten ________________ planes.
8. (*my/theirs*) Ésas no son ________________ ideas, son ________________.
9. (*my/yours* [tú]) ________________ familia habla español, ________________ habla inglés.
10. (*mine*) El artículo fue escrito por una profesora ________________.

## C Adjetivos y pronombres demostrativos

**DEMOSTRATIVOS**

| *Adjetivos:* | | *Pronombres:* | | |
|---|---|---|---|---|
| *singular* | *plural* | *singular* | *plural* | *neutro* |
| **este** | **estos** | **éste** | **éstos** | **esto** |
| **esta** | **estas** | **ésta** | **éstas** | |
| **ese** | **esos** | **ése** | **ésos** | **eso** |
| **esa** | **esas** | **ésa** | **ésas** | |
| **aquel** | **aquellos** | **aquél** | **aquéllos** | **aquello** |
| **aquella** | **aquellas** | **aquélla** | **aquéllas** | |

Los demostrativos se usan para indicar proximidad o lejanía en el espacio o en el tiempo.

| | |
|---|---|
| **este** | próximo a la persona que habla |
| **ese** | próximo a la persona que escucha |
| **aquel** | lejos de la persona que habla y de la que escucha |

Aunque ha pasado mucho tiempo, no olvido **aquella** experiencia traumática.
Siempre recordaré **estos** momentos felices que pasé contigo.

1. *Adjetivos demostrativos.* Se colocan delante del sustantivo y concuerdan con éste en género y número. Los adjetivos demostrativos no llevan acento.

   Aquí tienes **esta** carta. Léela y contéstala.
   Déme **ese** informe que acaba de escribir.
   Siempre recuerdo **aquellos** días cuando no existían las computadoras.

2. *Pronombres demostrativos.* Se usan en lugar de un sustantivo y concuerdan en género y número con el sustantivo que reemplazan. Los pronombres demostrativos llevan acento.

   Escogí estos zapatos y **aquéllos**.
   ¿Cuál cartera prefiere, **ésta** o **ésa**?
   **Aquélla** sí fue una semana inolvidable.

   a. El pronombre **éste (-os, -a, -as)** reemplaza al sustantivo que está más cerca. (Equivale a la expresión en inglés *the latter*.)

   b. **Aquél, aquéllos, aquélla, aquéllas** reemplazan al sustantivo que está más lejos. (Equivale a la expresión en inglés *the former*.)

   Rita es mayor que Anita; **ésta** tiene diez años, **aquélla** tiene quince.
   (**Ésta** se refiere a Anita; **aquélla** se refiere a Rita.)

3. Las formas neutras **esto**, **eso** y **aquello** se refieren a una idea, acción o cosa abstracta. Equivalen a esta cosa, esa cosa y aquella cosa. Las formas neutras no llevan acento.

   Ricardo, **esto** que escribiste está muy bien, puesto que aclaras que **aquello** que parecía humo era sólo niebla. Por **eso** la gente del pueblo estaba tan alarmada.
   *Ricardo, what you wrote is very good, because you clarify that that which looked like smoke was really fog. That is the reason the people in the village were so upset.*

## Ejercicios

I. Cambie las siguientes oraciones de acuerdo con las palabras indicadas entre paréntesis y haga los cambios necesarios.

**MODELO:** Esas ideas son absurdas. (conceptos)
**Esos conceptos son absurdos.**

1. En aquella época el viaje a la luna era sólo un sueño. (tiempo)
2. Ese hotel nos pareció horrible. (cuartos)
3. Esta primavera regresarán las golondrinas[1]. (verano)
4. Aquella excursión no nos gustó. (asientos)
5. Esta persona no hace más que molestar. (chicos)

[1]*swallows*

II. Complete las oraciones empleando los demostrativos adecuados.

1. ________________ mercado que está aquí parece ser bastante bueno.
2. Nunca olvidaré ________________ casa adonde íbamos de vacaciones.
3. ________________ misma tarde iré a la agencia de pasajes.
4. ¿Qué es ________________ que trae Ud. en la mano?
5. ¿Qué vestido prefiere, éste que acabo de enseñarle o ________________ que está allá?

III. Complete las oraciones con el equivalente en español de las palabras que están en inglés. Use los demostrativos necesarios.

1. (*this/that*) ¿Qué mesa prefiere, señor, ________________ que está aquí, o ________________ más lejos?
2. (*these*) Mis hijos me regalaron ________________ cerámicas.
3. (*those long-ago*) ________________ días que pasé en Puerto Rico fueron maravillosos.
4. (*that*) Te digo que ________________ es un misterio.
5. (*this*) Aquí tiene ________________ informe para Ud.
6. (*those*) No veo bien qué hay detrás de ________________ árboles que están allá lejos.

IV. Composición dirigida (oral o escrita). Conteste las preguntas en forma original usando en la respuesta algún demostrativo.

**MODELO:** ¿Qué restaurante le gusta más?
**Me gusta más aquél que está en la esquina porque preparan unos tamales muy sabrosos y el vino de la casa es estupendo.**

1. ¿Qué son todos esos papeles?
2. ¿Quién es esa mujer tan extraña?
3. ¿Por qué dice que esto no le gusta?
4. ¿Cuál de estos dos vuelos nos recomienda?
5. ¿Qué asientos prefieren en el teatro, éstos o aquéllos?

## D Interrogativos

| INTERROGATIVOS | |
|---|---|
| *Invariables* | *Variables* |
| **qué** | **cuál (-es)** |
| **cuándo** | **quién (-es)** |
| **cómo** | **cuánto (-os, -a, -as)** |
| **dónde** | |

Los interrogativos siempre llevan acento, bien sea en pregunta directa o indirecta.

¿**Qué** compraste? (pregunta directa) Dime **qué** compraste. (pregunta indirecta)

Los interrogativos pueden presentarse solos o después de preposición.

¿**Cuándo** te casas?
¿**Para dónde** vas?
¿**Dónde** está Remigio?
¿**Cómo** sigue su abuelo?
¿**A cómo** están las naranjas?

1. ¿**Qué**? pide definición, identificación, explicación o información.

¿**Qué** es un mango? Es una fruta tropical.
¿En **qué** ciudad nació Ud.? Nací en La Habana.
¿**Qué** hiciste? Nada.

a. ¿**Qué**? delante de un sustantivo generalmente pide información o explicación.

¿**Qué** obra de Juan Rulfo le gusta más? Me gusta más *Pedro Páramo*.
¿**Qué** zapatos compraste? Los de charol (*patent leather*).
¿**Qué** día es hoy? Hoy es lunes.
¿**Qué** fecha es hoy? Hoy es el veinte de septiembre.

b. ¿**Qué**? + **tal** equivale a ¿**cómo**?

¿**Qué tal** estás? Estoy bien.
¿**Qué tal** estuvo el concierto? Muy bueno.

2. ¿**Cuál**? se usa delante del verbo **ser** cuando se pide una selección.

   ¿**Cuál** es el cuadro que le gusta más? El del muralista Diego Rivera.
   ¿**Cuál** de ellos es Guillermo? El que tiene bigote.
   ¿**Cuáles** son los meses de más calor? Junio, julio y agosto.

**NOTA:** Se usa ¿**qué**? y no ¿**cuál**? delante de **ser** con nombres tales como **día, hora, fecha, estación, mes**.

3. ¿**Quién (-es)**? se refiere sólo a personas y se usa solo o acompañado de preposiciones.

   ¿**Quién** es ese señor? Alberto Gómez.
   ¿**A quiénes** viste? A todos mis amigos.
   ¿**De quién** es este pantalón? De mi marido.
   ¿**Para quién** es la medicina? Para Claudia.

4. ¿**Cuánto (-a)**? equivale en inglés a *how much*? ¿**Cuántos (-as)**? equivale en inglés a *how many*?

   ¿**Cuánto** cuesta el mantel?
   ¿**Cuántas** personas había en el juego de pelota?

5. Algunas de estas palabras también se usan en exclamaciones. También llevan acento.

   ¡**Qué** barbaridad!
   ¡**Cuánto** lo siento!
   ¡**Cómo** no!

6. ¡**Qué**! usado con un sustantivo equivale en inglés a *what*!

   ¡**Qué** jugador tan bueno!

   ¡**Qué**! usado con un adjetivo o un adverbio equivale en inglés a *how*!

   ¡**Qué** sabroso!
   ¡**Qué** bien baila!

## Ejercicios

I. Construya una pregunta que tenga por respuesta las palabras subrayadas.

**MODELO:** Mónica viene mañana.
**¿Quién viene mañana?**

1. Los muchachos van a las montañas este fin de semana.
2. Prefiero las corbatas estrechas.
3. Mi abrigo es el de lana azul.

4. Digo que hace calor.
5. Las vacaciones fueron muy divertidas.
6. Quiero dos libras.
7. El libro está en el librero.
8. El sarape cuesta veinte pesos.

II. Escriba las preguntas que Ud. hace para las siguientes respuestas que le da un compañero.

1. ¿________________? Vivo en la residencia de la universidad.
2. ¿________________? Mi consejero es el Sr. Álvarez.
3. ¿________________? Estoy tomando cinco cursos este semestre.
4. ¿________________? Me gusta más la clase de filosofía.
5. ¿________________? El decano[1] de humanidades es muy inteligente.
6. ¿________________? El que está vestido de negro es el rector[2].
7. ¿________________? Todos los días tengo clases.
8. ¿________________? Este fin de semana voy a tomar el examen de latín.
9. ¿________________? La copiadora que tengo es de mi tío Pepe.
10. ¿________________? Esta carta es para mi prima Claudia.

[1]*dean* [2]*president*

III. Composición dirigida (oral o escrita). Haga tres o cuatro preguntas adecuadas según la situación.

**MODELO:** En la tienda. Ud. va a comprar un televisor.
**¿Cuánto cuesta este televisor?**
**¿Cuántas pulgadas tiene la pantalla** (*screen*)?
**¿Cuál marca es mejor, ésta o aquélla?**
**¿Cuándo pueden entregármelo?**

1. En el correo. Ud. necesita enviar varias cartas y paquetes al extranjero.
2. En la farmacia. Ud. necesita una medicina para el dolor de garganta.
3. En el aeropuerto. Ud. fue a recoger a un amigo que viene de Honduras.
4. En casa de unos amigos. Le han presentado a una chica de Costa Rica.
5. En la calle. Un policía lo ha parado porque Ud. iba a mucha velocidad.

IV. Temas de conversación.

1. Piense que Ud. está en el acto de graduación de una universidad (en un juego de pelota, en una playa, en un museo). Construya oraciones exclamativas comentando lo que Ud. ve.
2. Prepare unas preguntas para hacerle al profesor (a su amiga, a la psicóloga, al mecánico) usando ¿**qué**? y ¿**cuál**?, pidiendo definición y selección.

## E Afirmativos y negativos

| *Referencia* | *Afirmación* | *Negación* |
|---|---|---|
| cosas | **algo** | **nada** |
| personas | **alguien** | **nadie** |
| cosas y personas | **alguno (-os, -a, -as), algún** | **ninguno (-a), ningún** |
| tiempo | **siempre** | **jamás, nunca** |
| conjunciones | **o** | **ni** |
| adverbios | **también** | **tampoco** |

Mi hermano sabe **algo** de física, pero yo no sé **nada**.
**Alguien** tocó en la puerta y cuando abrí no vi a **nadie**.

**Algunas** de las fotografías quedaron muy bien.
No llamé a **ninguno** de los amigos.

Siempre dices que sí pero después **nunca** cumples tu palabra.
No le pongo al café **ni** azúcar **ni** crema.

Este verano **también** estuvimos en Guayaquil.
Hoy no pude salir de compras; **tampoco** podré ir mañana.

1. En español el doble negativo es muy común.

   a. Las palabras negativas pueden emplearse antes o después del verbo. Si la frase empieza con **no** delante del verbo, los otros negativos se ponen detrás del verbo.

   **Nadie** me vino a ver así que **nada** sabemos de lo ocurrido.
   Josefina **nunca** escribe y **tampoco** llama por teléfono.

   **No** me vino a ver **nadie** así que **no** sabemos **nada** de lo ocurrido.
   Josefina **no** escribe **nunca** y **no** llama **tampoco** por teléfono.

   b. Se pueden usar muchas palabras negativas en una oración.

   José **nunca** le da **nada** a **nadie**.
   *José never gives anything to anyone.*

2. Con **alguien** o **nadie** se usa la **a** personal cuando son complementos directos.

   Espero **a alguien** esta tarde.
   No veo **a nadie** en la calle.

3. **Alguno** y **ninguno**, cuando se usan como adjetivos, pierden la **-o** final cuando van delante de un sustantivo masculino.

   **Algún** día me sacaré la lotería.
   No me gusta **ningún** cuadro. ¿Y a ti?

**NOTA:** Recuerde que **ninguno** nunca se usa en plural.

4. Cuando **alguno (-a)** va después de un sustantivo equivale a **ninguno**.

No he recibido noticia **alguna** de ellos.
(No he recibido **ninguna** noticia de ellos.)

**NOTA:** **Alguna vez** equivale al inglés *ever*.

¿Ha estado **alguna vez** en San Miguel de Allende?
*Have you ever been in San Miguel de Allende?*

5. **Ni** conecta dos unidades negativas.

No quiero salir **ni** ver a nadie.
Felipe **ni** escribió **ni** llamó.

**NOTA:** **Ni siquiera** y algunas veces **ni** equivalen al inglés *not even*.

Julián **ni siquiera** me miró.
*Julian did not even look at me.*

Ella no quiere **ni** hablar con él.
*She doesn't even want to talk to him.*

6. **También** expresa unión en las oraciones afirmativas. **Tampoco** se emplea en las oraciones negativas.

Nosotros **también** iremos a la reunión de padres y maestros.
Felipe no quiere regar (*to water*) el jardín; yo **tampoco** lo regaré.

7. Observe la traducción de las siguientes expresiones.

| | |
|---|---|
| **más que nunca** | *more than ever* |
| **más que nada** | *more than anything* |
| **alguna vez** | *ever* |
| **mejor que nadie** | *better than anyone* |
| **sin** + infinitivo + **nada** | *without + present participle + anything* |

He trabajado este año **más que nunca**.
Le gusta bailar **más que nada**.
¿Ha tomado **alguna vez** sangría?
Conozco a Arturo **mejor que nadie**.
Se pasa el día **sin hacer nada**.

8. **Nunca jamás** es una expresión fuerte de negación y equivale al inglés *never ever* o *never again*. **Nunca más** también equivale a *never again*.

**Nunca jamás** me volveré a casar.
*I'll never ever marry again.*

**Nunca más** saldré contigo.
*Never again will I go out with you.*

Cuando **jamás** se usa en expresiones superlativas, equivale al inglés *ever*.

> Es la catedral más linda que **jamás** he visto.
> *It is the most beautiful cathedral I have ever seen.*

## Ejercicios

**I.** Cambie las oraciones. Primero, use una expresión negativa; segundo, use el doble negativo.

**MODELO:** Alguien camina por el parque.
**Nadie camina por el parque.**
**No camina nadie por el parque.**

1. Siempre hago ejercicio por la mañana.
2. También me gusta correr por la tarde.
3. Alguien nadará conmigo o en el mar o en la piscina.
4. Siempre uso algo para el sol.

**II.** Conteste en negativo. Use la doble negación.

**MODELO:** ¿Le han dicho algo?
**No, no me han dicho nada.**

1. ¿Sale ella siempre de noche?
2. ¿Le ha pasado algo a Ud.?
3. ¿Alguien tiene un traje de gaucho (*Argentine cowboy*)?
4. ¿Ha soñado alguna vez conmigo?
5. ¿Irán Uds. también al paseo?

**III.** Complete las oraciones con el equivalente en español de las palabras que están en inglés. Use las palabras negativas necesarias.

1. (*no one*) ________________ es perfecto.
2. (*more than ever*) Ahora, ________________, me preocupo por los problemas sociales.
3. (*either*) Los niños no quieren comer ________________.
4. (*not even*) Jorge ________________ me llamó una vez.
5. (*ever*) ¿Ha estado ________________ en Barcelona?
6. (*any*) No me gusta ________________ vestido en esta tienda.
7. (*none*) ________________ de los muchachos aceptó la invitación.
8. (*more than anything*) Lo que deseo, ________________, es terminar mis estudios.
9. (*never again*) ________________ volveré a ir a ese lugar.
10. (*anyone*) No llamé a ________________ cuando estuve en San Francisco.

**IV.** Irma le pidió a su hermano que fuera al mercado para comprar algunas cosas que ella necesitaba. Complete el diálogo entre ellos dos con los negativos necesarios.

| | |
|---|---|
| Irma | No trajiste ______________ de las cosas que te pedí. |
| Hermano | No me explico porque llevé la lista que me diste. ¿Qué cosas faltan? |
| Irma | No compraste ______________ la mantequilla ______________ la margarina y ______________ trajiste el queso crema. Eres la persona más distraída que ______________ he visto. |
| Hermano | Por esa razón ______________ ______________ debes mandarme al mercado. |

**V.** Composición dirigida (oral o escrita). Cambie las oraciones al negativo. Basándose en esa nueva oración añada algunas ideas originales.

**MODELO:** Siempre obtengo lo que quiero.
**Nunca obtengo lo que quiero. Todas las cosas me salen al revés. Creo que tengo muy mala suerte.**

*Jugadores de fútbol en un partido en Punta Arenas, Chile.*

1. Encontraré a alguien que me ame.
2. Algo espero de ti.
3. Alguno de Uds. me prestará mil dólares.

VI. Temas de conversación. Exprese sus comentarios personales sobre los siguientes tópicos:

1. Cómo disminuir los crímenes en las ciudades grandes.
2. Cómo mejorar la educación en las escuelas primarias y secundarias.
3. Importancia de los deportes para el desarrollo físico de los niños.

## Ejercicio de composición (opcional)

Escriba una composición sobre el tema que se da a continuación. Use el esquema siguiente.

TEMA: **Un deporte para cada gusto.**

INTRODUCCIÓN: **A través de los siglos los deportes han sido importantes para las diferentes civilizaciones del mundo.**
**Interés que tienen los deportes.**

DESARROLLO: **El fútbol y el béisbol en los Estados Unidos. Equipos profesionales y equipos de aficionados.**
**Popularidad del baloncesto. Equipos de mujeres que compiten a nivel nacional en las competencias de baloncesto.**
**El golf y el tenis: equipos integrados por mujeres y hombres.**
**Los deportes de invierno: esquiar y patinar en el hielo.**
**La natación. El buceo submarino[1].**
**Los deportes más peligrosos y los más violentos.**

CONCLUSIÓN: **¿Por qué cree Ud. que los deportes han sido siempre tan populares?**
**Evaluación personal del significado de los deportes.**
**Importancia que tienen las Olimpiadas para el mundo entero.**

[1]*scuba diving*

# Lectura 1

## Argentina

La Argentina es un país fascinante que se encuentra al sur del continente americano y se extiende hasta la Tierra del Fuego. Con

*Tres gauchos argentinos disfrutando de un día de fiesta y diversión.*

la excepción del Brasil, es el país de mayor extensión de Hispanoamérica y tiene fronteras con Chile, Bolivia, el Paraguay, el Brasil y el Uruguay. Su gran extensión hace que tenga un clima subtropical en el norte, y frío y con grandes vientos en la Patagonia y en la Tierra del Fuego, donde las lluvias son abundantes.

Las pampas son extensas llanuras cubiertas de hierba que ocupan más de la mitad del territorio central de la Argentina. Aquí, el clima es templado y el terreno fértil para el cultivo de granos° y la cría de ganado°, debido al abundante pasto°. La ganadería, que es la primera del mundo, así como la producción agrícola de esta región, contribuyen a que la Argentina tenga una economía basada en estas dos importantes riquezas de exportación. Gran parte de los muchos millones de habitantes que tiene este país vive en esta región central.

*grains/cattle/pasture*

Los Andes separan a la Argentina de Chile y presentan un espectáculo grandioso que sobrecoge° cuando se contemplan al volar sobre ellos. Las ciudades que están al pie de° la cordillera,° como San Luis, Mendoza y San Juan, gozan de un clima ideal. Aquí llueve poco, hace sol, la temperatura es templada y abundan los hermosos valles donde se cultivan las uvas que producen los excelentes vinos argentinos.

*fills with awe*
*at the foot of / mountain range*

Posiblemente, la región más hermosa del continente americano es Neuquén, que se encuentra en las riberas° del río Negro. Neuquén ocupa una parte en los Andes que es famosa por la hermosura de sus lagos, sus densos bosques° y las majestuosas montañas cubiertas de nieve.

*banks*
*dense forests*

Bariloche, famoso lugar de temporada° situado a orillas° del lago Nahuel Huapi (en araucano quiere decir Isla del Tigre), es de una belleza impresionante°. Estando a unas dos horas de vuelo de la ciudad de Buenos Aires, en el invierno está lleno de visitantes que van a esquiar. En el verano, la pesca de la trucha° y los deportes acuáticos atraen a miles de turistas que vienen de todas las partes del mundo. En una península del lago están los incomparables bosques de los arrayanes° que sirvieron de inspiración a Walt Disney para su película "Bambi". Estos maravillosos árboles, con troncos° amarillo-ámbar y hojas verdes sedosas°, sólo crecen en esta región de la Argentina. El visitante, al alejarse de Bariloche, sale con la nostalgia de dejar atrás los múltiples arco iris° que diariamente mueren en los picos nevados de los Andes, y con el sabor y el perfume de los conocidos chocolates que allí se elaboran.

*resort/shores*
*impressive*
*trout*
*wax myrtles*
*trunks*
*silky*
*rainbows*

Buenos Aires, capital de la Argentina, es una magnífica metrópoli con grandes edificios, numerosos rascacielos° y espléndidas avenidas. La Avenida de Mayo, que se extiende entre la Casa Rosada (Palacio Presidencial) y el Congreso, es el centro administrativo e intelectual de la ciudad. En ella abundan los cafés y confiterías° que son centros de reunión de políticos, periodistas°, escritores y artistas. En la Avenida 9 de Julio está el Teatro Colón que desde 1908, año en que se construyó, ha sido centro importante en la vida musical de Buenos Aires. Este teatro cuenta con una orquesta propia, una compañía de ópera permanente y otra de ballet, así como talleres° de costura°, carpintería e imprenta°. El orgullo que sienten los "porteños" —nombre que se les da a los habitantes de Buenos Aires— está muy justificado, ya que poseen una capital hermosa con una rica tradición.

*skyscrapers*
*pastry shops/journalists*
*shops/sewing*
*printing*

El pueblo argentino ha creado una rica cultura, tanto en el aspecto popular como en el culto. En el aspecto popular son famosos los bailes y la música, especialmente el tango, que se hizo famoso en Europa y los Estados Unidos durante la Primera Guerra Mundial. En el campo de la música culta, la Argentina cuenta en el siglo XX con compositores de fama internacional, sobresaliendo entre ellos Alberto Ginastera (1916–1983).

Son muchos los escritores argentinos que han enriquecido la literatura hispánica. En este siglo, Jorge Luis Borges (1899–1986) encabeza° la lista de su generación abriendo nuevos caminos para la renovación literaria en Hispanoamérica. Muchos nombres más siguieron a Borges: poetas, novelistas y cuentistas de excelente calidad, como, por ejemplo, Julio Cortázar (1914–1984), que se destacó° con sus cuentos y novelas fantásticas.

*is at the top of*
*stood out*

La literatura gauchesca ocupa un lugar especial en el mundo de las letras argentinas. El gaucho, el vaquero° que habita° las pampas, es la figura central de esta literatura. Domingo Faustino Sarmiento (1811–1888), el gran político, escritor, pedagogo y además Presidente de la República argentina, fue quien primero describió con gran claridad y fuerza al gaucho en su obra *Civilización y barbarie: vida de Juan Facundo Quiroga* (1845). Más tarde, José Hernández (1834–1886), empapado° del espíritu gauchesco, escribe su conocido poema *Martín Fierro* donde deja hablar la voz auténtica del gaucho. *Martín Fierro* tiene un doble público: se dirige a los lectores cultos° y a los gauchos. Ante los cultos, reclama justicia para el gaucho. Ante los gauchos, procura darles lecciones morales que mejoren su condición.

*cowboy/lives on*
*soaked*
*well-read people*

Como hemos visto, la Argentina es un país donde los colores de su geografía, historia y tradición han producido un arco iris de insuperable belleza, vastedad y alcance°.

*scope*

## VOCABULARIO PARA REPASAR

ganado pasto sobrecoger al pie de orilla bosque lugar de temporada trucha sedoso arco iris rascacielos confitería periodista encabezar destacarse vaquero habitar empapado

I. Después de repasar el vocabulario, sustituya las palabras subrayadas por el sinónimo o equivalente que sea correcto.

1. Los niños jugaban al borde del río.
2. Había una cantidad grande de árboles a la salida de la ciudad.
3. Bariloche es un lugar para ir de vacaciones muy hermoso.
4. El pelo de la niña era como seda.
5. La belleza de los Andes es tan fabulosa que hace temblar.
6. Borges sobresale entre los escritores de Hispanoamérica.

7. En Buenos Aires <u>los cafés</u> están muy concurridos por los sabrosos pasteles que tienen.
8. El gaucho <u>vive</u> en la pampa y se le compara al <u>"cowboy"</u> americano.
9. Me sorprendió el aguacero (*heavy rain*) en la calle y llegué <u>cubierto de agua</u> a mi casa.
10. En Buenos Aires, como en Nueva York, hay muchos <u>edificios muy altos</u>.

II. Escoja de la lista B las palabas asociadas con las de la lista A. Escriba la palabra correspondiente en el espacio en blanco en la lista A.

| A. | | B. |
|---|---|---|
| 1. pampas | ________________ | pasteles |
| 2. esquiar | ________________ | caballo |
| 3. confitería | ________________ | uvas |
| 4. ganado | ________________ | pasto |
| 5. bosque | ________________ | pescar |
| 6. vinos | ________________ | cielo |
| 7. riberas | ________________ | trigo |
| 8. granos | ________________ | nieve |
| 9. trucha | ________________ | habitar |
| 10. gaucho | ________________ | vacas |
| 11. arco iris | ________________ | árboles |
| 12. casa | ________________ | río |

## PREGUNTAS SOBRE LA LECTURA

1. Explique por qué cree Ud. que gran parte de los habitantes de la Argentina viven en la región central.
2. ¿Cuáles son las dos exportaciones más importantes de la Argentina?
3. ¿Qué palabras usa el autor para describir la belleza de los Andes que separan a la Argentina de Chile?
4. ¿Qué se dice de la región al pie de la cordillera donde están las ciudades de San Luis, Mendoza y San Juan?
5. ¿Por qué cree el autor que la región de Neuquén es tan hermosa?
6. ¿Qué cosas menciona el autor sobre Bariloche que Ud. no sabía?
7. ¿Qué nombre se le da en la Argentina a la casa donde vive el Presidente de la República?
8. ¿Qué dice el autor del Teatro Colón?
9. ¿Qué nombre se les da a los habitantes de Buenos Aires?
10. ¿Qué frases usa el autor para expresar la importancia que tiene Jorge Luis Borges en la literatura hispanoamericana?
11. ¿Qué importancia tiene Domingo Faustino Sarmiento en la historia de la Argentina?
12. ¿Por qué dice el autor que el poema *Martín Fierro* tiene un doble público?

# *Lectura 2*

## Enrique Anderson Imbert

**Enrique Anderson Imbert (1910) es un reconocido escritor argentino que ha tenido una larga y exitosa carrera de profesor, novelista, historiador y crítico literario, tanto en su tierra natal como en los Estados Unidos. El cuento "Sala de espera" forma parte de *El gato de Cheshire* (1965) y es representativo de los "microcuentos" de Anderson Imbert. En él, el autor combina el mundo de la fantasía con el de la realidad.**

### Sala de espera

Costa y Wright roban una casa. Costa asesina° a Wright y se queda° con la valija° llena de joyas° y dinero. Va a la estación para escaparse en el primer tren. En la sala de espera, una señora se sienta a su izquierda y le da conversación. Fastidiado°, Costa finge° con un bostezo° que tiene sueño y que va a dormir, pero oye que la señora continúa conversando. Abre entonces los ojos y ve, sentado a la derecha, el fantasma° de Wright. La señora atraviesa° a Costa de lado a lado con la mirada, y charla con el fantasma, quien contesta con simpatía. Cuando llega el tren, Costa trata de levantarse, pero no puede. Está paralizado, mudo° y observa atónito° cómo el fantasma toma tranquilamente la valija y camina con la señora hacia el andén°, ahora hablando y riéndose. Suben, y el tren parte. Costa los sigue con los ojos. Viene un hombre y comienza a limpiar la sala de espera, que ahora está completamente desierta. Pasa la aspiradora° por el asiento donde está Costa, invisible.

*murder*
*keeps/suitcase/jewels*
*annoyed*
*pretends/yawn*
*ghost*
*stares*
*speechless*
*astonished*
*railway platform*
*vacuum cleaner*

VOCABULARIO PARA REPASAR*

asesinar joya fingir fantasma andén valija fastidiado bostezo mudo aspiradora

PREGUNTAS SOBRE LA LECTURA

1. ¿Por qué mata Costa a Wright?
2. ¿Qué contiene la valija?
3. ¿Para qué va Costa a la estación?
4. ¿Quién es la otra persona que está en la sala de espera?

---

*El ejercicio correspondiente a este vocabulario aparece en el *Cuaderno de Ejercicios A*.

5. ¿Por qué finge Costa que tiene sueño?
6. ¿Qué ve Costa cuando abre los ojos?
7. ¿Qué hacen la señora y el fantasma?
8. ¿Qué pasa cuando llega el tren?
9. ¿Por qué no sube Costa al tren?
10. ¿Qué hace el hombre que viene a la sala de espera?
11. ¿Qué le pasa a Costa al final del cuento?
12. ¿Cómo interpreta Ud. el final de este cuento?

## TEMAS DE CONVERSACIÓN

1. ¿Para qué cree Ud. que se usa más la cirugía plástica, para corregir defectos físicos o como tratamiento de belleza? ¿Puede la cirugía plástica cambiar la cara de una persona? Explique cómo. ¿Con qué propósito muchos criminales se hacen cirugía plásticia? ¿Cree Ud. que el doctor que los opera debe ser procesado por obstruir la justicia? Explique su respuesta.
2. Muchas personas no comen carne porque piensan que es cruel matar los animales. ¿Qué piensa Ud. de esta actitud? ¿Come Ud. carne o es Ud. vegetariano? ¿Qué animales tiene Ud.? ¿Cómo es su relación con ellos?
3. Los menonitas siguen la religión de una manera muy estricta. Ellos no permiten el baile y condenan las relaciones amorosas prematrimoniales. ¿Cuál es su opinión sobre esta actitud tan estricta? ¿Puede Ud. hablar de algún grupo similar que conozca? ¿Cree Ud. que la religión debe ser importante para el ser humano? Explique su respuesta.

# Capítulo 8

*Mural de Diego Rivera hecho en 1931, el cual se encuentra en el Museo de Arte de Filadelfia.*

- Estudio de palabras
- Adjetivos
- Comparativos
- Superlativos
- Adverbios
- Verbos impersonales
- Prefijos **des-**, **in-**, **re-**
- Lectura: "México y el arte muralista"

-¿Qué muralista mexicano te gusta más?
-Rivera me gusta **tanto como** Orozco, pero creo que éste es **el más** notable **de** los muralistas de México.
-**Ciertamente**, los murales del Hospicio de Guadalajara son **impresionantes** y son **lo mejor** y **lo más monumental de** su obra pictórica.

## Estudio de palabras

**alcanzar** (c)

1. *to reach (up)* — No puedo **alcanzar** las tazas que están en el armario. Están muy altas.
2. *to obtain, get* — Tienes razón, Plácido Domingo **ha alcanzado** toda la fama que merece.

| | | |
|---|---|---|
| **fracasar** | *to fail* | Ella **fracasó** en el matrimonio porque tiene muy mal genio. |
| **escampar** | *to stop raining* | Llovió toda la noche, pero por la mañana **escampó** y salió el sol. |
| **lloviznar** | *to drizzle* | **Llovizna** ligero, pero necesitas llevar el paraguas. |
| **heredar** | *to inherit* | Las hijas **heredaron** la fortuna del padre y la belleza de la madre. |
| **nombrar** | *to appoint, elect* | El presidente **nombró** al Sr. Luján Ministro de Estado. |
| **complacer** (zc) | *to please* | Jacinto **complace** a su esposa en todo lo que ella quiere. |
| **precisar** | *to be necessary* | **Precisa** que escribas la carta lo más pronto posible. |
| **luchar** | *to fight, struggle* | Benito Juárez **luchó** contra la intervención francesa en México. |
| **pelear** | 1. *to quarrel, fight* | Los niños **pelean** cada vez que juegan en casa de Tomás. |
| | 2. (-se) *to quarrel* | Raquel **se peleó** con su novio. |
| el **clavel** | *carnation* | El arreglo de flores era de **claveles** y rosas. |
| la **ventaja** | *advantage* | Es posible que le den el puesto a Ernestina porque ella tiene la **ventaja** de hablar tres idiomas. |
| **fiel** | *faithful, loyal* | Dicen que el perro es el amigo más **fiel** del hombre. |
| **juguetón** | *playful* | El gatico es muy **juguetón** y juega con todo lo que encuentra. |
| **a mano** | *by hand* | La blusa está hecha a **mano**. |
| **punto de vista** | *point of view* | En ese problema yo tengo un **punto de vista** diferente al de Alfonso. |

## A Adjetivos

El adjetivo acompaña y modifica al sustantivo especificando o restringiendo su significado. Los adjetivos pueden ser determinativos o calificativos. Ambos concuerdan en género y número con el sustantivo.

**NOTA:** Cuando en una oración hay dos sustantivos, uno masculino y otro femenino, el adjetivo que los modifica será masculino.

Miguel y Elisa **son argentinos**.

1. *Adjetivos determinativos.* Los adjetivos determinativos concretan o limitan el significado del sustantivo por medio de diferentes relaciones. Estas relaciones pueden ser:

| | |
|---|---|
| de lugar (adjetivos demostrativos): | **aquellas** guitarras |
| posesivas (adjetivos posesivos): | **nuestra** cultura |
| indefinidas (adjetivos indefinidos): | **cualquier** cosa, **algún** amigo |
| numerales (adjetivos numerales): | **poca** experiencia, **tres** pueblos |

Por lo general, los adjetivos determinativos preceden al sustantivo.

2. *Adjetivos calificativos.* Los adjetivos calificativos describen el sustantivo informándonos acerca de alguna cualidad. Generalmente, se colocan después del sustantivo cuando se quiere diferenciarlo de los demás de su clase.

hombre **inteligente** árboles **frutales** tierra **fértil**

**NOTA:** Observe que en español un nombre no modifica a otro nombre. Se usa **de** + nombre.

el libro **de español** (*the Spanish book*)
las clases **de verano** (*the Summer classes*)

Frecuentemente, los adjetivos calificativos se anteponen al sustantivo para señalar una cualidad esencial o inherente y, al mismo tiempo, poner de relieve esta cualidad propia del sustantivo.

La **blanca** nieve cubría todo el paisaje.
Las **impresionantes** montañas se reflejan en el lago.
La **inocente** niña temblaba de hambre y miedo.
La **hermosa** muchacha lloraba al alejarse de la **vieja** casa donde pasó su niñez.

3. Género de los adjetivos.

a. Los adjetivos terminados en **-o** cambian la terminación **-o** por **-a** para formar el femenino.

un camino **estrecho**
una calle **estrecha**

b. Los adjetivos terminados en **-ón, -án, -or**, y los acabados en consonante que indican nacionalidad, añaden una **-a** para el femenino.

| | | | |
|---|---|---|---|
| juguetón | **juguetona** | español | **española** |
| holgazán | **holgazana** | alemán | **alemana** |
| traidor | **traidora** | francés | **francesa** |
| soñador | **soñadora** | andaluz | **andaluza** |

un joven **soñador** una joven **soñadora**
un pueblo **andaluz** una casa **andaluza**

**NOTA:** Los siguientes adjetivos terminados en **-or** (todos comparativos) no cambian y tienen una sola forma para ambos géneros:

| | | | |
|---|---|---|---|
| **superior** | **exterior** | **mayor** | **mejor** |
| **interior** | **posterior** | **menor** | **peor** |
| **inferior** | **ulterior** | | |

un libro **inferior** una calidad **inferior**
el hijo **mayor** la hija **mayor**

c. Los diminutivos y los aumentativos terminados en **-ete** y **-ote** forman el femenino cambiando la **-e** final por **-a**.

| | |
|---|---|
| un niño **regordete** | una niña **regordeta** |
| un cuerpo **grandote** | una mano **grandota** |

*Plaza de las Tres Culturas en la Ciudad de México.*

d. Los adjetivos terminados en cualquier otra terminación, **-a**, **-e**, **-l**, **-r**, **-s**, **-z**, tienen una sola forma para ambos géneros.

| | |
|---|---|
| un hombre **entusiasta** | una sociedad **entusiasta** |
| un día **triste** | una noticia **triste** |
| un niño **débil** | una salud **débil** |
| un actor **popular** | una actriz **popular** |
| un empleado **cortés** | una empleada **cortés** |
| un obrero **capaz** | una persona **capaz** |

4. Formación del plural.

a. Para formar el plural, los adjetivos terminados en vocal añaden una **-s** y los terminados en consonante añaden la sílaba **-es**.

| | |
|---|---|
| unas ideas **interesantes** | unos paisajes **tropicales** |

**NOTA:** Al añadirle a estas palabras la **-a** para formar el femenino y la **-es** o **-as** para el plural, se crea una sílaba más y no se necesita el acento que tenía la forma masculina singular.

| | | | |
|---|---|---|---|
| holgazán | **holgazana** | **holgazanes** | **holgazanas** |
| inglés | **inglesa** | **ingleses** | **inglesas** |

b. Cuando el adjetivo termina en **-z**, cambia la **-z** por **-c** para formar el plural.

un año **feliz** unos días **felices**

5. Apócope de algunos adjetivos.

a. Los adjetivos **bueno, malo, primero, tercero, alguno** y **ninguno** pierden la **-o** final delante de un sustantivo masculino.

| | | |
|---|---|---|
| un **buen** libro | **primer** grado | **algún** mercado |
| un **mal** negocio | **tercer** cuaderno | **ningún** automóvil |

b. **Grande** se convierte en **gran** delante de un nombre masculino o femenino.

un **gran** concierto una **gran** fiesta

c. **Santo** se convierte en **San** cuando va delante de nombres propios masculinos.

**San** Juan **San** Antonio **San** José **San** Cristóbal

**NOTA:** Son excepciones **Santo Tomás, Santo Toribio** y **Santo Domingo**.

d. **Ciento** se convierte en **cien** delante de un sustantivo.

**cien** pesos **cien** caballos

6. Cambio de significado del adjetivo de acuerdo con la colocación. Algunos adjetivos varían de significado según la colocación, delante o después del sustantivo.

| | |
|---|---|
| un hombre **grande** | *a big man* |
| un **gran** hombre | *a great man* |
| un hombre **pobre** | *a poor man, without money* |
| un **pobre** hombre | *an unfortunate man* |
| un traje **nuevo** | *a brand-new suit* |
| un **nuevo** traje | *a new, different suit* |
| un libro **único** | *a unique book* |
| un **único** libro | *a single book* |
| el médico **mismo** | *the doctor himself* |
| el **mismo** médico | *the same doctor* |
| el vendedor **dichoso** | *the lucky salesman* |
| el **dichoso** vendedor | *the disagreeable (persistent) salesman* |

7. Adjetivos relacionados con sustantivos. Hay adjetivos que están relacionados con otras palabras. Por su significado pertenecen a la misma familia que el sustantivo correspondiente.

| | | | |
|---|---|---|---|
| alegría | **alegre** | humildad | **humilde** |
| amistad | **amistoso** | inteligencia | **inteligente** |
| amor | **amoroso** | lealtad | **leal** |
| calor | **caluroso** | maravilla | **maravilloso** |
| capacidad | **capaz** | montaña | **montañoso** |
| debilidad | **débil** | nobleza | **noble** |
| delgadez | **delgado** | palidez | **pálido** |
| egoísmo | **egoísta** | pereza | **perezoso** |
| envidia | **envidioso** | piedra | **pedregoso** |
| estrechez | **estrecho** | pobreza | **pobre** |
| felicidad | **feliz** | riqueza | **rico** |
| fidelidad | **fiel** | tierra | **terrestre** |
| frialdad | **frío** | tristeza | **triste** |
| gordura | **gordo** | vanidad | **vanidoso** |

## Ejercicios

I. Coloque los adjetivos que están en paréntesis delante o detrás de las palabras subrayadas.

*Chichén Itzá, ruinas de la antigua ciudad maya al norte de Yucatán. Al centro, la figura de Chac Mool, divinidad maya-tolteca de la lluvia.*

**MODELO:** México se siente ligado a su pasado. (indígena)
**México se siente ligado a su pasado indígena.**

1. Uno de los pueblos que llegó al valle de México fue el de los toltecas, civilización que influyó en las culturas que se desarrollaron en la región. *(primeros)* *(preazteca)/(otras)*
2. Teotihuacán es famoso por las ruinas. *(maravillosas/toltecas)*
3. Aquí se encuentran las pirámides que se conocen como la del Sol y la de la Luna. *(dos/impresionantes)*
4. Teotihuacán, que quiere decir en Náhuatl "Ciudad de los Dioses", fue el centro de una gran civilización. *(ceremonial)*
5. La serpiente era el animal que aparecía como motivo tallado en piedra. *(sagrado)/(artístico)*

II. Cambie las frases basándose en las palabras que están en paréntesis.

**MODELO:** un alumno inteligente (decisión)
**una decisión inteligente**

1. un joven cortés (empleadas)
2. una cara idiota (programa)
3. un deportista audaz (políticos)
4. un pintor irlandés (católicos)
5. la tercera puerta (piso)
6. algunos precios (producto)
7. aquella buena mujer (empleado)
8. otro perro juguetón (gata)
9. un cuadro gris (nubes)
10. un día inolvidable (noche)

III. Dé los adjetivos cuyos significados correspondan a los siguientes sustantivos. Después haga una oración con ellos.

**MODELO:** piedra
**pedregoso**
**El camino era pedregoso y árido.**

1. riqueza
2. vanidad
3. egoísmo
4. pereza
5. calor
6. frialdad
7. palidez
8. maravilla
9. envidia
10. amistad
11. gordura
12. estrechez

IV. ¿Qué adjetivos puede Ud. usar para las siguientes cosas?

1. un pastel de fresas
2. un Cadillac

3. una amiga
4. un huracán
5. una fiesta de fin de año
6. un juego de fútbol

**V.** Complete las oraciones con los equivalentes en español de las palabras en inglés.

1. (*a great woman*) Mi amiga es ________________.
2. (*a brand-new boat*) Horacio tiene ________________.
3. (*a big boy*) Juanito es ________________.
4. (*a unique book*) Éste es ________________ por las ilustraciones que tiene.
5. (*the doctor himself*) ________________ le puso la inyección.
6. (*the unfortunate man*) ________________ perdió el trabajo.

**VI.** Composición dirigida oral o escrita. Complete las frases en forma original usando por lo menos tres adjetivos.

**MODELO:** El español es una lengua...
**El español es una lengua musical, bella e interesante.**

1. Mi novio (o novia) es...
2. El año pasado pasé unas vacaciones...
3. El trabajo que tengo me parece...
4. Linda Ronstadt es una cantante...
5. Fui a ver a un amigo enfermo. Se veía...
6. El viaje que hice fue...

## B Comparativos

Al establecer una comparación, podemos hacerlo en tres niveles: de igualdad, de superioridad y de inferioridad.

1. Igualdad.

**tan** + adjetivo o adverbio } **como**
**tanto (-a, -os, -as)** + sustantivo } **como**
**tanto** } **como**

| | |
|---|---|
| **tan** alta **como** | *as tall as* |
| **tan** tarde **como** | *as late as* |
| **tanto** dinero como | *as much money as* |
| **tantas** fichas como | *as many chips as* |
| **tanto como** | *as much as* |

Las ruinas aztecas son **tan** interesantes **como** las ruinas incas.
El avión llegó al Cuzco **tan** tarde **como** el tren.

Hoy hizo **tanto** calor **como** ayer.
Mi madre tiene **tanta** paciencia **como** mi padre.
Había **tantos** turistas en el Museo de Antropología **como** en Chapultepec.
Silvia tiene **tantas** amigas **como** Rosita.

Los viejos trabajan **tanto como** los jóvenes.
Ella habla **tanto como** su hermana.

**NOTA:** En los dos últimos ejemplos **tanto** está usado como adverbio y es invariable*. Observe los equivalentes ingleses de **tanto** y **tan** en las siguientes oraciones:

No debes beber **tanto**.
*You shouldn't drink so much.*
¡Esa casa tiene **tantos** defectos!
*That house has so many defects!*
¡Ella es **tan** bonita!
*She is so pretty!*

2. Superioridad e inferioridad.

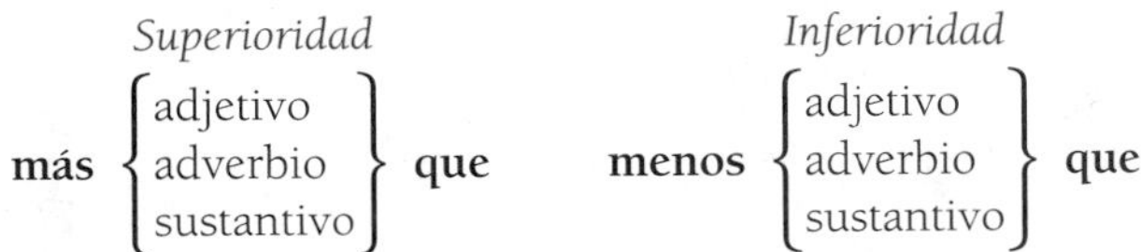


| | | | |
|---|---|---|---|
| **más** viejo **que** | *older than* | **menos** orgulloso **que** | *less proud than* |
| **más** temprano **que** | *earlier than* | **menos** rápido **que** | *less fast than* |
| **más** camisas **que** | *more shirts than* | **menos** tiempo **que** | *less time than* |

Los días en el verano son **más** largos **que** en el invierno.
José camina **más** rápido **que** Antonio.
El naranjo tiene **más** frutas **que** el limonero.

Esta tela es **menos** suave **que** la otra.
Lima tiene **menos** habitantes **que** Buenos Aires.
Un Ford pequeño consume **menos** gasolina **que** un Lincoln.

**NOTA:** Observe que cuando se usa un adjetivo en la comparación, éste concuerda con el primer nombre mencionado. En el caso de los adverbios éstos son invariables.

**Ernesto** es tan **alto** como Susana.
**La madre** es más **orgullosa** que los hijos.

a. **Más que** y **menos que** equivalen al inglés *more than* y *less than*.

Él trabaja **más que** tú.
Luisa estudia **menos que** sus compañeros.

---

*Ver Adverbios en la página 230.

b. Cuando se introduce una cantidad se emplea **más de** y **menos de** en vez de **más que** y **menos que**.

> Tengo **más de** veinte años.
> Pagué por la casa **menos de** $50.000.

*Grupo folklórico bailando el tradicional jarabe tapatío en San Juan Capistrano, California.*

c. En oraciones negativas generalmente se usa **más que** delante de una cantidad y equivale a *only* en inglés.

> **No** tengo **más que** un buen amigo. (*I only have one good friend.*)
> **No** compré **más que** dos vestidos. (*I only bought two dresses.*)

d. Cuando hay dos oraciones y en la comparación se hace referencia a un nombre específico de la primera oración, se usa **de** + artículo definido + **que**.

> Vendieron la casa en más dinero **del que** pagaron por ella.
> Ella tiene menos amigos **de los que** tú crees.
> Alfredo tiene más paciencia **de la que** parece.
> Compré menos frutas **de las que** necesito.

Se usa **de lo que** cuando la comparación se refiere a un adjetivo o a una idea (no a un nombre específico) expresada en la primera oración.

Vendieron la casa en más **de lo que** pagaron por ella.
El vestido cuesta menos **de lo que** yo creía.
El cuarto es más grande **de lo que** yo pensaba.

e. **Más** y **menos** pueden estar modificados por un adverbio **(mucho, bastante, poco, algo, tanto)** para intensificar o disminuir el grado de comparación.

Ella trabaja **mucho más** que yo.
Elena habla **bastante menos** que su esposo.
Su casa es **algo más** moderna que la mía.

3. Comparativos especiales.

Los siguientes adjetivos y adverbios tienen formas especiales para expresar el comparativo. Estos comparativos concuerdan sólo en número y se usan como **adjetivos** o **adverbios***.

| | |
|---|---|
| bueno, bien | **mejor** |
| malo, mal | **peor** |
| grande | **mayor** |
| pequeño | **menor** |

Los años que viví en Madrid fueron los **mejores** de mi vida.
Uds. nadan **mejor** que yo.
Esta carretera está en **peores** condiciones que el año pasado.
Tu automóvil funciona **peor** que el mío.

a. **Grande** y **pequeño**, cuando se refieren a tamaño, admiten el comparativo regular con **más** y **menos**.

La casa nueva es **más grande** que la que teníamos antes.
La ventana de la sala es **más pequeña** que la del comedor.

b. **Mayor** y **menor** se usan para expresar **más viejo** y **más joven**, refiriéndose a la edad de una persona.

| | |
|---|---|
| Pedro es **mayor** que Enrique. | (Pedro tiene más años.) |
| Yo soy **menor** que mi hermano. | (Yo soy más joven.) |
| El senador es un señor ya **mayor**. | *The senator is a rather old man.* |

c. **Más viejo** se puede usar para personas y cosas.

Pedro es **más viejo** que Enrique.
El edificio de la biblioteca es **más viejo** que el de ingeniería.

---

*Ver número 3, página 231.

d. **Más joven** sólo se refiere a personas. Para referirse a cosas se usa **más nuevo**.

Mi casa es **más nueva** que la suya.

## Ejercicios

I. De acuerdo con la oración dada construya una frase comparativa que indique igualdad.

**MODELO:** Clemente y Nicolás son egoístas.
**Clemente es tan egoísta como Nicolás.**

1. El tren y el autobús van despacio.
2. La rosa y el clavel tienen perfume.
3. Juan y Manuel están cansados.
4. Tus ojos y el cielo son azules.
5. Rita y Gustavo juegan bien al tenis.

II. De acuerdo con la oración dada construya una frase comparativa que indique superioridad y otra comparativa que indique inferioridad.

**MODELO:** Luisa y Ana son muy dinámicas.
**Luisa es más dinámica que Ana.**
**Luisa es menos dinámica que Ana.**

1. Mi padre y mi abuelo son ricos.
2. Pedro y Juan son vanidosos.
3. Mi tío y mi tía están bien.
4. Juan y Pedro llegaron tarde.
5. La oficina y el taller son grandes.

III. Ud. habla con un compañero de clase y éste presenta su punto de vista haciendo una comparación. Llene los espacios en blanco para conocer la opinión del compañero.

1. —Gloria Estefan es buena cantante.
   —Sí, pero Linda Ronstadt es ________________.
2. —El correo electrónico es rápido.
   —Claro que sí, pero el fax es ________________.
3. —Me gusta viajar en avión por muchas razones.
   —Yo prefiero el tren porque aunque es ________________ rápido ________________ el avión, es ________________ cómodo.

IV. Complete las oraciones con los equivalentes en español de las palabras que están en inglés.

1. (*more than*) Ella tiene ________________ dos hermanos.
2. (*so much*) El médico me dijo que no debo trabajar ________________.

3. (*so*) El estudiante es ________________ bueno que se llevó el premio.
4. (*less than*) Ella gasta ________________ su esposo.
5. (*older*) Ricardo es ________________ que Rodolfo.
6. (*younger*) Mi madre es ________________ que mi tío.
7. (*as much as*) Él quiere a su tía ________________ a su madre.
8. (*in the family*) Gerardo es el más guapo ________________.

V. Complete las frases con los comparativos que sean correctos.

**MODELO:** Eva cocina muy bien, pero su madre cocina ________________.
**Eva cocina muy bien, pero su madre cocina mejor.**

1. El postre está malo, pero el vino está ________________.
2. El niño lee bien, pero su hermanito lee ________________.
3. Mi casa es grande, pero la de Antonio es ________________.
4. Ella tiene 30 años y yo tengo 24. Ella es ________________ que yo.
5. Estos productos son malos, pero los otros son ________________.
6. Los profesores que tengo este año son buenos, pero los del año pasado eran ________________.

VI. Composición dirigida oral o escrita. Compare las siguientes cosas y personas. Dé por lo menos tres oraciones.

1. Un aeropuerto con una estación de trenes.
2. Una ciudad grande con un pueblo pequeño.
3. Una dictadura con una democracia.
4. El verano con el otoño.

## C Superlativos

Formas de expresar una idea superlativa:

**el (la, los, las)** { **más** + adjetivo / **menos** + adjetivo / comparativo especial

adjetivo / adverbio } **-ísimo (-a, -os, -as)**

1. Usando el artículo definido.

La hija menor es **la más linda de** la familia.
El fertilizante que compré es **el menos caro**.
Armando es **el peor** estudiante que conozco.
Éstas son **las mejores** piñas que encontré.

**NOTA:** Observe en el primer ejemplo el uso de la preposición **de** en español en contraste con la preposición *in* del inglés.

2. Añadiendo el sufijo **-ísimo (-a, -os, -as)** al adjetivo o al adverbio cuando éste termina en consonante. Observe que cuando termina en vocal, se suprime ésta antes de añadir el sufijo. Observe los cambios en las siguientes palabras: amable, fiel, fuerte.

| | |
|---|---|
| amable | **amabilísimo** |
| antiguo | **antiquísimo** |
| fácil | **facilísimo** |
| feliz | **felicísimo** |
| feo | **feísimo** |
| fiel | **fidelísimo** |
| fuerte | **fortísimo** |
| grande | **grandísimo** |
| inteligente | **inteligentísimo** |
| lejos | **lejísimo** |
| lindo | **lindísimo** |
| malo (mal) | **malísimo** |
| rico | **riquísimo** |
| sucio | **sucísimo** |
| tarde | **tardísimo** |
| viejo | **viejísimo** |

Estamos **cansadísimas**.
Anoche nos divertimos **muchísimo**.

Observe que las palabras que terminan en **-co**, **-go** y **-z** sufren los siguientes cambios ortográficos.

| | | |
|---|---|---|
| **c → qu** | poco | **poquísimo** |
| **g → gu** | amargo | **amarguísimo** |
| **z → c** | feliz | **felicísimo** |

**NOTA:** **Pésimo** es una forma especial superlativa de **malo**.

Pasé una noche **pésima**; el ruido de la calle no me dejó dormir.

3. Poniendo delante del adjetivo o adverbio ciertos adverbios (**muy**, **sumamente**, **extraordinariamente**, **extremadamente**).

Ella es **sumamente inteligente**.

**NOTA:** En español el equivalente de *very much* es **muchísimo**. El equivalente de *very little* puede ser **poquísimo** o **muy poco**.

*Palacio de Bellas Artes en la Ciudad de México.*

## Ejercicios

I. Complete las oraciones con la palabra apropiada para formar el comparativo o el superlativo.

1. Carlos es tan capaz ________________ su primo.
2. Esta novela tiene más ________________ trescientas páginas.
3. Ella habla ________________ bien como su padre.
4. Ese médico es menos respetado ________________ la Dra. García.
5. Esa decisión es ________________ mejor ________________ todas las decisiones que has tomado.
6. No quiero para la cena ________________ un plato de sopa.
7. Estos pueblos son ________________ pueblos más antiguos ________________ Guatemala.
8. El río Amazonas es más grande ________________ el río Orinoco.
9. Ellos obtuvieron ________________ beneficios como yo.
10. Éstas son ________________ mejores toallas que encontré.

II. Sustituya las palabras subrayadas por un superlativo terminado en **-ísimo**.

**MODELO:** Es una casa muy antigua.
**Es una casa antiquísima.**

1. Vivimos muy lejos.
2. La Torre Latinoamericana, en la Ciudad de México, es muy alta.
3. Laura está extremadamente flaca.
4. Ellos se quieren mucho.
5. El café de Colombia es muy bueno.
6. La casa está sumamente sucia.
7. Pedro es un esposo muy fiel.

## Adverbios

El adverbio es invariable y modifica a un verbo, un adjetivo u otro adverbio.

La ópera empezó **muy** tarde, pero disfrutamos **mucho**. La soprano cantó **bien** y todos los cantantes eran **bastante** buenos.

1. El adverbio expresa relación de lugar, tiempo, modo, cantidad, afirmación o negación.

   El pueblo quedaba **lejos** de la capital.
   Terminaré **mañana** lo que empecé **hoy**.
   Acaba **mal** lo que empieza **mal**.
   El pobre hombre bebe **mucho** y come **poco**.
   Me siento **verdaderamente** feliz.
   **Nunca** olvidaré el favor que me has hecho.

2. Se pueden formar adverbios añadiendo la sílaba **-mente** a los adjetivos. Si el adjetivo termina en **-o** se usa la forma femenina para formar el adverbio. (La terminación **-mente** corresponde a la terminación *-ly* del inglés.)

| | | | |
|---|---|---|---|
| feo | **feamente** | fácil | **fácilmente** |
| rico | **ricamente** | amable | **amablemente** |

**NOTAS:** Si el adjetivo tiene acento escrito éste se conserva al formar el adverbio.

difícil **difícilmente**

Si hay dos o más adjetivos la terminación **-mente** se añade al último adjetivo.

Él habla **clara** y **lentamente**.

3. Observe que **bueno (-a, -os, -as)** y **malo (-a, -os, -as)** son adjetivos; **bien** y **mal** son adverbios y, por lo tanto, invariables.

Gutiérrez y Almeida son **buenos** artistas; tocan **bien** el piano y la guitarra.
Pepito es un niño **malo**; se porta **mal** en la escuela.

**NOTAS: Más, menos, poco, mucho, mejor, peor, demasiado** y **bastante** pueden usarse como adjetivos o como adverbios.

La señora tiene **muchas** ganas de viajar. Alberto está **mucho mejor**.
Tenemos **demasiados** gastos. Elena es **demasiado** orgullosa.

La palabra **mas** no lleva acento cuando es conjunción adverbial. Equivale a **pero**:

No la vi **mas** le escribí. (No la vi pero le escribí.)

4. El adverbio **aún** en oraciones afirmativas corresponde al inglés *still*. En oraciones negativas corresponde a *yet*.

**Aún** están bailando. **Aún** no han llegado.
*They are still dancing.* *They have not arrived yet.*

**Aún más (menos)** corresponde al inglés *still (even) more* o *still (even) less*.

Yo estudio mucho, pero tú estudias **aún más**.

**NOTA: Aún** (con acento escrito) equivale a **todavía**.

**Aún** no ha llegado el avión.

**Aun** (sin acento escrito) equivale a **hasta** o **incluso**.

**Aun** los tontos lo saben.

## Ejercicios

I. Complete las oraciones con la forma adecuada de la palabra en paréntesis.

**MODELO:** (bastante) Practicamos **bastante** el español; tenemos **bastantes** amigos que hablan esa lengua.

1. (poco) Ella habla muy ______________; tiene ______________ amigos.
2. (mejor) Estos zapatos son ______________; caminarás ______________ con ellos.
3. (peor) Hoy hace ______________ tiempo que ayer y anuncian ______________ condiciones para mañana.
4. (demasiado) Ese niño tiene ______________ cosas; los padres lo malcrían ______________.

II. Dé el adjetivo cuyo significado corresponda a los sustantivos. Después forme adverbios terminados en **-mente**.

MODELO: claridad
**claro, claramente**

1. riqueza
2. lealtad
3. pereza
4. alegría
5. felicidad
6. fidelidad

III. Sustituya las frases subrayadas por un adverbio terminado en **-mente**.

MODELO: El coro cantó los villancicos con emoción.
**El coro cantó los villancicos emocionadamente.**

1. El cura de la iglesia habló con humildad.
2. La madre les habló con amor.
3. Nos recibieron en su casa con alegría.
4. Ella lo trató con inteligencia.
5. Nos despedimos de ellos con tristeza.

IV. Complete las oraciones con el equivalente en español de las frases en inglés.

1. (*the best*) Mi amigo dice que la Argentina tiene ________________ equipo de fútbol.
2. (*the fastest train*) El Talgo es ________________ de España.
3. (*more than a thousand*) Había ________________ personas en el desfile.
4. (*as much as*) Aquí llueve ________________ en el trópico.
5. (*as many*) Yo he viajado a ________________ países como tú.
6. (*less tired than*) Hoy estoy ________________ ayer.
7. (*still more*) Tú comes mucho, pero yo como ________________.
8. (*more than*) Ella habla ________________ tú crees.
9. (*more money than*) Ella tiene ________________ necesita.
10. (*less than what*) El traje cuesta ________________ yo creía.

V. Temas de conversación.

1. Piense en dos amigas suyas y haga una comparación entre las dos.
2. Piense en los medios de transporte de una ciudad y explique las ventajas y desventajas de ellos.
3. En algunos países no existe el divorcio. ¿Cree Ud. que es mejor o peor vivir en tales países? Explique por qué.

## Verbos impersonales

Los verbos impersonales no tienen ni sujeto ni complemento. Se usan sólo en la forma correspondiente a la tercera persona del singular de todos los tiempos.

1. En español todo verbo que expresa un fenómeno atmosférico es impersonal.

| | | | |
|---|---|---|---|
| **llover** | *to rain* | **nevar** | *to snow* |
| **lloviznar** | *to drizzle* | **relampaguear** | *to lighten* |
| **diluviar** | *to pour, rain heavily* | **tronar** | *to thunder* |
| **escampar** | *to stop raining* | **amanecer** | *to dawn* |
| **granizar** | *to hail* | **anochecer** | *to grow dark at nightfall* |

Anuncian que **lloverá** mañana.
**Nevó** toda la noche.
**Está relampagueando** y **tronando**.
**Ha lloviznado** todo el día.

**NOTA:** Observe que en inglés estos verbos llevan el pronombre *it*. En español no llevan ningún pronombre. Recuerde que el pronombre *it* del inglés, usado como sujeto, no tiene equivalencia.

**Llueve mucho.** *It rains a lot.*

2. Los verbos **amanecer** y **anochecer** se usan a veces para expresar la idea de llegar a un lugar, o estar presente en un lugar, al empezar el día o al caer la noche.

Salimos de Los Ángeles por la noche y **amanecimos** en La Habana.

3. Hay algunos verbos que se usan en forma impersonal.

| | | | |
|---|---|---|---|
| **bastar** | *to be enough* | **precisar** | *to be necessary* |
| **importar** | *to be important* | **parecer** | *to appear, seem* |
| | | **convenir** | *to be advisable* |

**Parece** que el mundo está en crisis.
**Conviene** estudiar español.
**Precisa** que salgamos temprano.
**Basta** decir que es la persona más noble que existe.

## Ejercicios

I. Complete las respuestas usando el tiempo que sea necesario del verbo en paréntesis.

1. ¿Cómo es el clima en el trópico?
(llover) Es caliente y _______________ mucho.

2. ¿Podremos ir a esquiar este fin de semana?
   (nevar) Creo que sí, porque es posible que ______________ mucho.
3. ¿Te gusta el horario de verano?
   (anochecer) Sí, porque ______________ tarde.
4. ¿Te levantas muy temprano?
   (amanecer) Generalmente cuando ______________ ya yo me he desayunado.
5. Dicen que llovió mucho ayer en San Juan.
   (tronar / relampaguear) Sí, y también ______________ y ______________ mucho.
6. ¿A qué hora vamos a poner el despertador[1]?
   (precisar) A las cuatro y media. ______________ que salgamos temprano.
7. ¿Por qué te disgustas tanto cuando lees el periódico por la mañana?
   (parecer) Porque ______________ que no hay un solo lugar en el mundo sin problemas.
8. ¿Crees que debo de ir a ver al abogado?
   (convenir) Creo que sí. ______________ hacerle algunas preguntas antes de firmar el contrato.

[1] *alarm clock*

II. Composición dirigida (oral o escrita). Complete las oraciones en forma original usando un vocabulario relacionado con los fenómenos atmosféricos.

**MODELO:** Toda la noche...
**Toda la noche estuvo lloviendo y es posible que haya una inundación.**

1. El cielo está nublado...
2. El termómetro está bajando...
3. El viento...
4. En el momento de llegar a casa...
5. ¡Qué manera de...!
6. El pronóstico del tiempo para mañana...

## F Prefijos *des-*, *in-*, *re-*

1. Los prefijos **des-** e **in-** se usan para indicar lo opuesto de lo que significa la palabra a la cual se anteponen.

| | | | |
|---|---|---|---|
| acuerdo | **desacuerdo** | comprensible | **incomprensible** |
| hacer | **deshacer** | consciente | **inconsciente** |
| heredar | **desheredar** | experto | **inexperto** |

| | | | |
|---|---|---|---|
| tejer | **destejer** | satisfecho | **insatisfecho** |
| vestirse | **desvestirse** | útil | **inútil** |

A pesar del **desacuerdo** general del principio, los obreros llegaron a un acuerdo con el patrón.
¡Qué hombre tan **inexperto**!

2. El prefijo **re-** sirve para aumentar o repetir el significado de la palabra a la cual se antepone.

| | | | |
|---|---|---|---|
| leer | **releer** | bonita | **rebonita** |
| hacer | **rehacer** | tonta | **retonta** |

Tuve que leer y **releer** las instrucciones varias veces para comprenderlas.

## Ejercicios

I. Dé el opuesto de las siguientes oraciones usando los prefijos **des-** e **in-**.

**MODELO:** El nuevo equipo resultó útil.
**El nuevo equipo resultó inútil.**

1. Raquel siempre habla en forma comprensible.
2. Tuvo una reacción consciente.
3. Acaban de alquilar el apartamento.
4. La vida es un continuo hacer.
5. Hay que vestirse rápidamente.

II. Transforme las frases según los modelos.

**MODELOS:** más que feo
**refeo**
volver a leer
**releer**

1. más que bueno
2. más que malo
3. más que linda
4. volver a hacer
5. volver a mirar

III. Temas de conversación.

1. Hable sobre los medios de transporte que Ud. prefiere y diga por qué.
2. Diga cuál es la velocidad máxima en las carreteras del estado en que estamos. Explique las ventajas de esta regulación.
3. Explique los paseos que a Ud. le gusta hacer y diga por qué.
4. Diga las cosas que Ud. hace para complacer a su familia o a sus amigos.
5. Piense que Ud. está buscando un empleo. Diga las cosas que Ud. hace para conseguirlo.

*Mural hecho en un edificio de San Francisco, California, por artistas méxicoamericanos.*

## Ejercicio de composición (opcional)

Escriba una composición sobre el tema que se da a continuación. Use el esquema siguiente.

TEMA: El "graffiti" y los murales de una ciudad.

INTRODUCCIÓN: El "graffiti" ha sido usado como expresión de protesta y rebelión. Uso del "graffiti" por los movimientos políticos y los grupos de pandilleros[1] de una ciudad. Expresión de orgullo de una identidad cultural en los murales pintados en los muros y paredes de una ciudad.

DESARROLLO: Temas que aparecen en los "graffitis". Temas que predominan en los murales. ¿Existe sentido artístico en el "graffiti"? Diferencia entre los que pintan el "graffiti" y los que pintan los murales. Problemas que ocasiona el "graffiti" para las autoridades de una ciudad. Actitud del público con respecto al "graffiti" y con respecto a los murales. ¿Cómo son los murales que existen en su ciudad?

[1]*gangs*

CONCLUSIÓN: Dé su apreciación personal del "graffiti" y de los murales. ¿Cree que se debe y se puede prohibir y controlar el "graffiti" en una ciudad? ¿Tiene algún comentario que hacer con respecto a estas dos manifestaciones de expresión pública?

## Lectura

### México y el arte muralista

Geográficamente, México pertenece° a la América del Norte, pero culturalmente, es una nación separada de sus vecinos. En ella la unificación de dos culturas—la indígena y la española—es tan fuerte que ha llegado a formar una nueva cultura: la mexicana. La evolución histórica de este país ha proporcionado° muchos de los elementos que han contribuido a darle forma y carácter a esta cultura.

La Revolución Mexicana de 1910 marca el final de una época que comenzó en 1876 con la dictadura° de Porfirio Díaz. Durante su gobierno, el país aparentemente disfrutaba° de paz, pero la represión política y social culminó° en la explosión revolucionaria. En esa época, que se conoce por el porfiriato, se imitaba lo europeo en la forma de vida y también en la educación, donde muchas de las ideas educacionales resultaron un fracaso° en las escuelas mexicanas, ya que gran parte de la población siguió° en la ignorancia y en la pobreza.

En las artes y en las letras,° la influencia europea se hizo aún más visible. Todo el que pasee por el Paseo de la Reforma, en la Ciudad de México, verá las casas de estilo francés construidas en esa época. En la literatura, la influencia francesa era muy fuerte, al extremo que° el conocido poeta modernista Amado Nervo (1870–1919) decía que "su alma venía de Francia". En el campo de la música, prevalecía° la influencia alemana, y todo el que conozca el vals "Sobre las olas", de Juventino Rosas, notará la influencia del famoso compositor austriaco Johann Strauss (1825–1899).

Al llegar la Revolución de 1910 todo este deseo de imitar lo europeo desapareció. Apareció una nueva generación de intelectuales, entre ellos, José Vasconcelos (1882–1959) y Alfonso Reyes (1889–1959), que contribuyeron a formar el mundo de ideas que animó° y dio forma a la Revolución. Como consecuencia de esta revolución política, el mundo de ideas y las artes sufrieron una renovación completa. Se inició° un período de libertad filosófica y artística que no se hizo sentir°, como una verdadera revolución intelectual, hasta después de 1920.

*belongs*
*provided*
*dictatorship*
*enjoyed*
*culminated*
*failure*
*continued*
*literature*
*to the extent*
*prevailed*
*encouraged*
*it began*
*was not felt*

Zapatistas, *óleo de José Clemente Orozco.*

Donde más se sintió el efecto del cambio producido por la Revolución fue en el campo° del arte, especialmente en la pintura mural, que había sido muy importante en el siglo XVI, cuando se pintaban frescos con temas religiosos. A partir de 1920, el arte se identificó con lo social y los artistas desarrollaron un marcado interés por la pintura mural que el Gobierno, en su deseo de hacer popular la Revolución, protegía y estimulaba. El Ministerio de Educación llamó a los artistas para que pintaran los muros de la Escuela Nacional Preparatoria y, más tarde, los del Palacio Nacional, los del Palacio de Cortés en Cuernavaca, los del Hospicio° de Guadalajara y los de Chapingo.

*field*
*orphanage*

Tres importantes artistas de ese momento se destacaron°, llegando a alcanzar° fama internacional: Diego Rivera (1886–1957), David Alfaro Siqueiros (1898–1974) y José Clemente Orozco (1883–1949). De los tres, Diego Rivera es el que realizó° en sus pinturas la síntesis de la Revolución Mexicana, y en su arte se ve su preocupación por lo

*stood out*
*attain*
*accomplished*

"mexicano", desde la época anterior a la conquista hasta el siglo XX. Diego Rivera es quien estimula un renacer° de la pintura muralista, no sólo en México sino en otros países de Latinoamérica, y aun en los Estados Unidos.

*rebirth*

Diego Rivera utilizó su arte para expresar la realidad mexicana en un estilo vigoroso, presentándole al pueblo en sus murales la historia de la patria. Su obra más ambiciosa y gigantesca es la historia épica de México hecha para el Palacio Nacional. En los muros del Palacio de Cortés, en Cuernavaca, Rivera pintó el levantamiento° de Emiliano Zapata, inmortalizando la figura de Zapata, junto a su hermoso caballo blanco, como defensor y protector de los campesinos° mexicanos.

*uprising*
*peasants*

David Alfaro Siqueiros, lo mismo que Diego Rivera, puso su arte al servicio de la Revolución usando el concepto de espacio de los murales para crear, en colores chocantes°, grandes masas de gente y objetos. En su pintura se mezcla el realismo con la fantasía llegando a crear un mundo fantasmagórico. Uno de sus muchos murales, "Marcha de la humanidad", tiene 50.000 pies cuadrados y le llevó más de cuatro años pintarlo, necesitando la ayuda de muchas manos extras.

*striking*

José Clemente Orozco nació dentro de una familia prominente de Ciudad Guzmán y, siendo muy joven, perdió la mano izquierda en un accidente en un laboratorio. Este hecho hizo que abandonara los estudios de agronomía° y se dedicara a la pintura.

*agronomy*

Para apreciar la obra monumental de Orozco hay que visitar Guadalajara. En los murales del Hospicio, Orozco une la historia de México a la historia del hombre contemporáneo que lucha siempre por la libertad. Es en estos murales, con los dioses indios y sus sacrificios humanos, los conquistadores que esclavizan°, los dictadores, los trabajadores, los frailes° franciscanos y Cervantes (creador del *Quijote*), donde se puede apreciar la profundidad y riqueza imaginativa de este gran artista.

*enslave*
*friars*

Orozco vivió en los Estados Unidos de 1927 a 1932 y durante ese tiempo pintó importantes murales en diferentes lugares del país, especialmente en Dartmouth College, en New Hampshire.

Junto a Rivera, Siqueiros y Orozco, Rufino Tamayo (1899–1991) contribuyó a definir claramente el arte moderno mexicano. Sus pinturas, con los colores y la luz de la tierra mexicana, tienen la influencia de su origen zapoteca[1] y de los estudios que hizo del arte precolombino° y folklórico. Sus muchos murales adornan las paredes del Palacio de Bellas Artes y las de muchos otros edificios dentro y fuera de México.

*pre-Columbian*

Rufino Tamayo donó° su magnífica colección de arte, junto con sus pinturas, al museo que lleva su nombre en la Ciudad de México.

*donated*

[1]*Pueblo indígena de México que se estableció en el estado de Oaxaca y desarrolló una brillante cultura.*

## VOCABULARIO PARA REPASAR

pertenecer fracaso alcanzar campesino proporcionar animar realizar
esclavizar dictadura iniciar levantamiento donar disfrutar destacarse

I. Después de repasar el vocabulario, sustituya las palabras subrayadas por el sinónimo o equivalente que sea correcto.

1. El artista obtuvo la fama que se merecía.
2. Su éxito comenzó con la exposición que tuvo en París.
3. La revolución empezó con la rebelión de los trabajadores.
4. Todos los del campo siguieron a Emiliano Zapata.
5. El pueblo vivía como esclavo bajo el gobierno del tirano.
6. El pintor regaló sus cuadros al museo.
7. El pasado histórico les ofreció muchos temas a los artistas.
8. La gente que va a México puede gozar viendo los murales de Rivera y Orozco.
9. Siqueiros sobresalió por sus colores chocantes.
10. Al fin, el artista llevó a cabo la obra que quería hacer.
11. El pintor era una persona optimista y alegraba a todos los que estaban a su alrededor.
12. Geográficamente, México corresponde a la América del Norte.

II. Dé la definición en español de las siguientes palabras que aparecen en la lectura.

1. campesino 2. levantamiento 3. dictadura 4. porfiriato 5. fraile

## PREGUNTAS SOBRE LA LECTURA

1. ¿Qué elementos han contribuido a formar la cultura mexicana?
2. ¿Qué cosas son características del porfiriato en México?
3. ¿Cómo eran la arquitectura y la literatura de esa época?
4. ¿Por qué dice el autor que la Revolución Mexicana marca el final de una época?
5. ¿Qué cambios ocurrieron en México como consecuencia de la Revolución?
6. Mencione los cambios que ocurrieron en el arte a partir de 1920.
7. ¿Qué expresión artística utilizó el gobierno para hacer popular la Revolución?
8. ¿Quiénes son los tres primeros muralistas de la Revolución?
9. ¿Qué temas usa Diego Rivera en sus murales?
10. ¿En qué forma contribuye David Alfaro Siqueiros a la Revolución?
11. ¿Qué circunstancia de la vida de José Clemente Orozco contribuyó a que se dedicara a la pintura?
12. ¿Cuál es el tema que predomina en los murales del Hospicio de Guadalajara?
13. ¿Qué otro artista mexicano ha contribuido al enriquecimiento de la pintura muralista en México?
14. Si Ud. ha estado en México y ha visto algunos murales de estos artistas hable sobre la impresión que le causaron.

## TEMAS DE CONVERSACIÓN

1. ¿Conoce Ud. a algunos artistas hispanos que hayan triunfado en el cine? Mencione quiénes son. ¿Ha visto alguna película con Andy García o Jennifer López? ¿Qué le parecieron? ¿Qué telenovelas mira Ud.? ¿Las mira en español o en inglés?
2. ¿Puede mencionar alguna mujer que haya influido en la vida política y social de los Estados Unidos? Hable sobre ella. ¿Qué otras mujeres conoce Ud. que hayan pasado a la historia de sus países? ¿Cree que Eva Perón fue una de esas mujeres? Explique su respuesta.
3. ¿Cree Ud. que deben hacerse experimentos y pruebas de investigación médica con los animales? ¿Está justificado el experimento aunque se les cause sufrimiento a éstos? ¿Qué sugiere Ud. para que no se hagan estos experimentos con los animales?

# 9 Capítulo

*Niños puertorriqueños en una clase de tercer grado en Brooklyn, Nueva York.*

- Estudio de palabras
- Preposiciones
- Usos de **por** y **para**
- Usos de **pero** y **sino**
- Verbos que se usan con la preposición **a** seguida de un infinitivo y los que se usan sin ella
- Verbos que van seguidos de preposiciones
- Frases que denotan obligación
- Lecturas: "Inmigraciones hispanas en los Estados Unidos"
  "Recuerdo íntimo" de Lucha Corpi
  "La mejor tinta" de Armando Valladares

-¿Cuál crees que es la inmigración hispana que ha tenido más impacto **en** la vida cultural **de** Estados Unidos?

-**Sin** duda alguna, la mexicana es la que ha tenido mayor impacto. **Para** apreciar esto debes **de** viajar **por** el suroeste **del** país.

-**De** acuerdo, **pero** las inmigraciones que han venido **de** Puerto Rico y Cuba también han aportado muchos elementos culturales que han quedado incorporados **a** la vida norteamericana.

## Estudio de palabras

| | | |
|---|---|---|
| **asomarse a** | *to look or lean out* | Cuando me **asomé a** la ventana vi a Pedro que salía con Lolita. |
| **elegir (j)** | *to elect, choose* | Es posible que **elijan** a la misma alcaldesa que tenemos ahora. |
| **empeñarse en** | *to be determined* | Marcelo **se empeñó en** que lo llevara al cine y tuve que llevarlo. |
| **encargar (gu)** | 1. *to ask, request* | Le **encargué** a mi primo que me trajera dos botellas de vino para la cena. |
| | 2. (-se) *to be in charge* | Ellos **se encargan** todos los días de cerrar el laboratorio. |
| **perder (ie)** | 1. *to lose* | Creo que **perdí** la cartera porque no la encuentro en ningún lugar. |
| | 2. *to miss* | **Perdimos** el avión porque llegamos tarde al aeropuerto. |
| **echar de menos** | *to miss* | **Echamos de menos** a los amigos que viven en la Florida. |
| **quejarse** | *to complain* | Los empleados **se quejaron** porque quieren que les aumenten el salario. |
| **sacar (qu)** | *to take out* | Vicente **saca** el perro todas las noches y camina con él más de una hora. |
| **quitar** | *to take out, remove* | **Quitamos** todas las sillas de la terraza para poder bailar esta noche. |
| la **cuadra** | *block* | La estación del metro nos queda muy lejos; tenemos que caminar más de diez **cuadras**. |
| la **multa** | *fine* | El policía le puso una **multa** porque iba a más de ochenta millas por hora. |
| **hacer caso** | *to pay attention, obey* | Mi hijo es muy desobediente. Le dije que no usara mi carro y no me **hizo caso** y se fue en él. |
| **estar dispuesto (a)** | *to be ready to* | Él **está dispuesto a** trabajar horas extras. Dice que necesita ganar más dinero. |
| **reírse (i) a carcajadas** | *to laugh loudly* | Ellos **se rieron a carcajadas** con los chistes de Alberto. |

## A Preposiciones

La preposición se usa para enlazar dos palabras expresando una relación entre ellas.

Árbol **sin** hojas.
Salimos **para** la capital.
Difícil **de** comprender.

Además de las preposiciones propias que existen en español, hay frases preposicionales que equivalen o funcionan como preposiciones.

1. Preposiciones propias.

| | | | |
|---|---|---|---|
| **a** | **de** | **hasta** | **sobre** |
| **ante** | **desde** | **para** | **tras** |
| **bajo** | **en** | **por** | |
| **con** | **entre** | **según** | |
| **contra** | **hacia** | **sin** | |

a. El uso de las preposiciones en español, lo mismo que en inglés, es bastante arbitrario. Algunas preposiciones en español pueden tener diferentes equivalencias en inglés. Por ejemplo:

| | |
|---|---|
| **a** | *at, by, on, to* |
| **de** | *about, from, of, to* |
| **en** | *at, in, into, on* |

| | |
|---|---|
| Salí **a** las cuatro. | *I went out at four.* |
| Lavé la blusa **a** mano. | *I washed the blouse by hand.* |
| Llegó **a** tiempo. | *He arrived on time.* |
| Vamos **a** la playa. | *We go to the beach.* |

b. Ciertos verbos que en inglés se usan seguidos de preposición, se expresan en español con sólo el verbo.

| | |
|---|---|
| **mirar** | *to look at* |
| **escuchar** | *to listen to* |
| **esperar** | *to wait for* |
| **buscar** | *to look for* |
| **pedir** | *to ask for* |
| **pagar** | *to pay for* |

Mientras **esperábamos** el autobús para ir al aeropuerto, Fernando **pagó** la cuenta del hotel, Susana **escuchó** las noticias y yo **miré** la televisión.

**NOTA:** Recuerde que se usa la preposición **a** delante de los complementos directos de personas.

Miro **a** los niños.
Escuchamos **a** Plácido Domingo.

2. Reglas generales para el uso de algunas preposiciones.
   **A** se usa:

   a. Con verbos que expresan movimiento o dirección.

      Voy **al** banco.
      Llegó **a** la casa.

**NOTA:** Recuerde que **a** + **el** = **al** y **de** + **el** = **del**.

   b. Con el complemento directo e indirecto.

      Visito **a** mis primos.
      Le doy las flores **a** Luisa.

   c. Para indicar la hora en que ocurre una acción.

      La cena es **a** las ocho.

   d. En expresiones idiomáticas que indican la manera en que una cosa está hecha.

      El mantel está hecho **a** mano.
      *The tablecloth is made by hand.*

      El suéter está tejido **a** máquina.
      *The sweater is knitted by machine.*

   e. Con el verbo **estar** para indicar distancia con respecto a otro punto de referencia.

      La capital **está a** cien kilómetros de este pueblo.

   f. Delante de **quien** (la **a** personal) para formar una expresión equivalente a *whom* en inglés.

      ¿**A quién** invitaste?
      *Whom did you invite?*

3. **En** se usa:

   a. Para indicar posición o lugar.

      Estoy **en** la frontera del Canadá.
      Dejé los papeles **en** la oficina.

   b. Con ciertas expresiones que llevan las palabras **momento, instante, tiempo** o **época**.

      Llegué al aeropuerto **en el instante** en que salían los pasajeros del avión.
      **En aquel tiempo** vivíamos en Barcelona.
      **En esa época** pocas mujeres usaban pantalones.

c. Para indicar medio (forma) de transporte.

Viajaremos **en avión** hasta Guadalajara, pero después iremos **en tren** a la capital.
Ellos piensan ir **en barco** a Europa.
Los niños van a ir **en bicicleta** al parque, pero yo voy a ir **en coche**.

Pero decimos:

Montamos **a caballo** en el campo.
Fuimos **a pie** hasta llegar a la catedral.

4. **De** se usa*:

a. Para indicar posesión, origen y material o materia de que se compone una cosa.

La casa **de** Delia es hermosa.
Miguel Hidalgo era **de** Guanajuato.
Compré una cafetera **de** plata en Taxco.

b. Delante de **¿quién?** para formar una expresión equivalente al inglés *whose?*

**¿De quién** es esta computadora?

c. En las siguientes construcciones que en inglés requieren la preposición *in*:

Después de un superlativo:

Ella es la más bonita **de** la familia.
*She is the prettiest in the family.*

Para indicar una parte del día:

Eran las ocho **de** la noche.
*It was eight o'clock in the evening.*

5. Otras preposiciones.

a. **Desde** se usa para indicar principio; **hasta** indica fin.

Fuimos a pie **desde** mi casa **hasta** la escuela.
Estudia siempre **desde** las ocho **hasta** las once.

**Desde** y **hasta** se pueden sustituir por **de** y **a**.

Estudia siempre **de** las ocho **a** las once.

b. **Según** equivale a **de acuerdo con**.

Él actúa **según** las circunstancias.

---

*Ver Capítulo 3, página 71, frases con **estar** que llevan la preposición **de**.
Ver página 261.

c. **Tras** equivale a **detrás de** o **después de**.

Los automóviles salieron uno **tras** otro.
**Tras** la primavera, el verano.

**Tras** también equivale a **además de**.

El carro, **tras** ser (o **tras de** ser) económico, es muy cómodo.

6. Frases preposicionales. Estas frases generalmente tienen carácter adverbial*.

| | | | |
|---|---|---|---|
| **antes de** | **después de** | **en lugar de** | **fuera de** |
| **acerca de** | **delante de** | **encima de** | **a través de** |
| **alrededor de** | **detrás de** | **en contra de** | **frente a** |
| **cerca de** | **en vez de** | **adentro de** | **junto a** |

Hay un parque **delante de** la iglesia.
Los ciudadanos están **en contra de** esa ley.
Se me quedaron las llaves **encima de** la mesa.
El perro corrió **a través de** la calle.

## Ejercicios

I. Usando la preposición que corresponda complete la narración que hace Jaime Blanco, donde habla de las vacaciones que piensa pasar en Puerto Rico.

Pienso pasar las vacaciones ________ Puerto Rico. Viajaré ________ avión de Nueva York ________ San Juan, que está ________ pocas horas de vuelo. Mis padres viven ________ el Condado, frente ________ la playa. Mi amigo Ernesto vive ________ otro lugar ________ la isla, en Ponce. Los dos haremos varias excursiones ________ caballo y ________ pie. Si tengo tiempo, me gustaría ir ________ barco ________ las Islas Vírgenes. Allí se pueden comprar guayaberas bordadas[1] ________ mano más baratas que ________ los Estados Unidos. Espero divertirme mucho estando ________ la familia y los amigos queridos.

[1]*embroidered*

II. Complete las oraciones con la preposición adecuada.

1. Ellas estuvieron ________ la playa desde julio ________ septiembre.

---

*Ver Capítulo 10, Repaso de frases preposicionales.

2. Le escribí una carta ________________ lugar ________________ llamarlo por teléfono.
3. ¿Dónde están los pañuelos? ________________ el cajón.
4. Los pasajeros entraron en el avión uno ________________ otro.
5. Las plantas ________________ jazmín están junto ________________ la ventana.
6. ¿________________ quién es el abrigo azul? Es de Isabel.
7. ________________ mis predicciones astrológicas voy a casarme este año.
8. ¿Quién crees que es la muchacha más simpática ________________ la clase?
9. Los niños montan ________________ bicicleta todas las tardes.
10. Mi casa está ________________ tres cuadras de la estación del metro.

*Vista del Condado en la ciudad de San Juan, Puerto Rico.*

**III.** Ud. se encuentra con su amigo Arturo en la calle. Complete el diálogo con la preposición que sea correcta.

Ud. Te invito ________________ tomar una cerveza. Estamos frente ________________ café Versalles.

Arturo — ¡Qué buena idea! Salí ________ casa ________ las ocho ________ la mañana y no he bebido ni agua. Ya son las tres ________ la tarde.

Ud. — ________ mí me pasó lo mismo. Salí ________ casa muy temprano y no he almorzado.

Arturo — En vez ________ pedir una cerveza, ¿no crees que debemos ya almorzar? Yo tengo hambre. ¿Y tú?

Ud. — Yo también. Voy ________ pedir una tortilla ________ camarones[1] y una sopa ________ verduras.

Arturo — Yo quiero una chuleta ________ cordero[2] y papas fritas.

Ud. — Y para completar el buen almuerzo, yo quiero una botella ________ vino tinto ________ lugar ________ la cerveza que íbamos a tomar.

[1]*shrimp* [2]*lamb chop*

**IV.** Traduzca al español las palabras que están en inglés y complete los párrafos.

**A.** El equipo ________ mi escuela juega ________ *(of) (against)*
los Leones el próximo sábado. ________ la práctica *(after)*
de ayer nos reunimos ________ el entrenador[1] *(with)*
y ________ un video de fútbol muy interesante. *(we looked at)*
Nuestro entrenador es ________ la Argentina y dicen *(from)*
que él es el mejor entrenador ________ la ciudad. *(in)*
________ él, vamos a ganar el campeonato. *(according to)*

[1]*coach*

**B.** Por fin llegué ________ tiempo ________ *(on) (to the)*
aeropuerto. ________ salir tuve que hacer muchas *(before)*
cosas y creí que iba a perder el avión. Llegué ________ *(at)*
San Francisco ________ las once ________ *(at) (in)*
la noche. ________ llamar por teléfono a mi amiga *(instead of)*
Josefina, tomé un taxi que me llevó ________ *(to)*
su casa. ________ el momento que me bajaba del *(at)*
taxi, mi amiga salió a recibirme y ________ los veinte *(paid for)*
dólares que cobró el taxista.

**V.** Composición dirigida oral o escrita. Complete las oraciones en forma original explicando en qué lugares de su casa Ud. puede esconder dinero. Use algunas de las siguientes preposiciones o frases preposicionales.

| | | | |
|---|---|---|---|
| en | dentro | sobre | debajo de |
| detrás de | frente a | junto a | delante de |

1. Cuando salgo de vacaciones escondo el dinero...
2. Es posible que...
3. Los ladrones siempre buscan...
4. Mi madre dice...
5. Encontré un lugar...

## B Usos de *por* y *para*

1. **Por** explica el motivo o la causa de una acción. Se usa en los siguientes casos:

   a. Para introducir el agente en la voz pasiva*.

   América fue descubierta **por** Colón.
   La novela *Cien años de soledad* fue escrita **por** el escritor colombiano Gabriel García Márquez.

   b. Para expresar duración de tiempo.

   Fui a Cuernavaca **por** tres semanas.
   Todos los días nadamos **por** una hora.

   c. Con expresiones que indican tiempo en general o momento aproximado.

   Trabajo tanto **por** la mañana como **por** la tarde.

   Cuando en las expresiones de tiempo se expresa hora determinada, se usa **de** en lugar de **por**.

   El poema de García Lorca, "Llanto por Ignacio Sánchez Mejías", comienza así: "A las cinco **de** la tarde. Eran las cinco en punto **de** la tarde".

   d. Para indicar razón, motivo. Equivale a **a causa de**. Indica también la persona o cosa por la que, o en favor de la que, se hace algo.

   Hace el trabajo tan bien **por** la experiencia que tiene.
   Se cerró el aeropuerto **por** la niebla.
   Fracasé en el examen **por** no estudiar.
   Los soldados murieron **por** la patria.
   Todo lo hice **por** ti.

   e. Para indicar precio o equivalencia. Denota cambio o sustitución de una cosa por otra.

   Pagó $200 **por** la cámara fotográfica.
   Cambié la camisa **por** un cinturón.
   Compré tres piñas (*pineapples*) **por** un dólar.

---

*Ver Capítulo 10.

f. Para indicar la equivalencia en inglés de *per*.

El banco presta el dinero al siete **por** ciento.
Ella distribuirá los juguetes (*toys*) a uno **por** cada niño.
Es peligroso manejar a ochenta millas **por** hora.

g. Para indicar medio o manera.

Te llamé **por** teléfono.
¿Mandaste el paquete **por** avión?
Se casaron **por** poder (*by proxy*).

h. Para indicar **a través de**. Equivale a *through* en inglés.

El barco va a cruzar **por** el Canal de Panamá.
Cuando empezó el fuego el humo salía **por** las ventanas.
Actualmente ellos están viajando **por** Tejas.
La última vez que supe de Pepe andaba **por** la Florida.
El ladrón entró **por** la ventana.

i. Para expresar el objeto de una acción con verbos como **ir**, **venir**, **mandar**, **enviar** y **preguntar**.

Ha ido a la escuela **por** los niños y dijo que vendría en seguida.
Envió **por** los libros que dejó olvidados.
En cuanto llegue preguntará **por** ti.

**NOTA:** El verbo **preguntar** equivale en inglés a *to ask a question*. **Preguntar por** equivale a *to ask about someone or something*.

¿Le **preguntaste** cuál era su dirección?
Ellos me **preguntaron por** ti.

j. Para indicar concepto u opinión.

Pasa **por** rico.
Se le tiene **por** un gran hombre.

k. Para expresar preferencia por algo o alguien.

Voté **por** el candidato demócrata.
El Gobernador dijo que está **por** la pena de muerte (*death penalty*).

l. Para la multiplicación de números.

Tres **por** cuatro son doce.

m. **Estar por** + infinitivo indica disposición para un acto o acción que no ha ocurrido.

> **Estamos por** tomar vacaciones, pero no sé cuando será.
> **Estuve por** decirle que se callara la boca.
> El postre **está por** prepararse.

n. En frases con adjetivos o adverbios + **que**.

> **Por mucho que** hables no me convencerás.
> (Aunque hables mucho no me convencerás.)
> **Por mucho que** come no engorda.

o. Con exclamaciones y expresiones.

| | |
|---|---|
| **por ahora** | *for the time being* |
| **por casualidad** | *by chance* |
| **por cierto** | *in fact* |
| **por consiguiente** | *therefore* |
| **por desgracia** | *unfortunately* |
| **¡por Dios!** | *for heaven's sake* |
| **por ejemplo** | *for example* |
| **por eso** | *for that reason* |
| **por favor** | *please* |
| **por fin** | *finally* |
| **por otra parte** | *on the other hand* |
| **por si acaso** | *just in case* |
| **por suerte** | *luckily, fortunately* |
| **por supuesto** | *of course* |
| **por todas partes** | *everywhere* |
| **por una vez** | *once and for all* |
| **por el estilo** | *something like that* |
| **¡por lo que más quiera!** | *for goodness sake* |
| **por lo general** | *in general* |
| **por lo menos** | *at least* |
| **por lo pronto** | *for the moment* |
| **por lo tanto** | *consequently* |
| **por consiguiente** | *consequently* |
| **por lo visto** | *apparently* |

2. **Para** expresa la finalidad o el fin de una cosa. Se usa en los siguientes casos:

a. Para indicar término o destino de una dirección o movimiento.

> Salgo **para** San Francisco.
> Nos mudamos **para** esta casa el año pasado.

b. Para indicar propósito, objetivo o finalidad de una cosa o acción.

> La pluma es **para** escribir.
> El regalo es **para** ti.
> Llamó **para** saber de nosotros.
> Estudia **para** (ser) abogado.

c. Para indicar tiempo o plazo determinado. (No se usa para indicar duración de tiempo.)

> Quiero el vestido **para** mañana.
> Terminará los estudios **para** el año que viene.

d. Para expresar relación de una cosa con otra, comparándolas.

> **Para** los hijos, los padres nunca tienen razón.
> **Para** ser español, no es muy individualista.
> Se ve muy joven **para** su edad.

**NOTA:** Observe la diferencia.

| | |
|---|---|
| Sabe mucho **para** su edad. | Sabe mucho **por** su edad. |
| *He knows a lot for his age.* | *He knows a lot because of his age.* |

e. **Estar para** + infinitivo indica que un hecho o acción está a punto de ocurrir.

> El tren **está para** salir.
> Ella **estaba para** llamar al médico.

*Celebración del Día Hispánoamericano en Nueva York.*

**NOTA:** Observe la diferencia.

El tren **está por** salir.
(El tren tiene todo preparado para salir pero no sabemos si va a salir en seguida.)

El tren **está para** salir.
(El tren está a punto de salir. El tren saldrá en seguida.)

## Ejercicios

I. Combine las dos oraciones en una usando **por** o **para** según la sugerencia en paréntesis.

**MODELO:** Viene corriendo. La playa. (a través)
**Viene corriendo por la playa.**

1. No compré el vestido. No tener dinero. (razón)
2. Fui al mercado. Comprar frutas. (finalidad)
3. Le avisamos. Telegrama. (medio)
4. Me dio las flores. El favor que le hice. (a cambio)
5. Salió. Nueva York. Madrid. (a través / destino)
6. Estudia. Médico. (finalidad)
7. Nadó. Una hora. (duración de tiempo)
8. Quiero el boleto. El día quince. (plazo determinado)
9. Habla bien el español. Ser ruso. (comparación)
10. Dio el dinero. Generosidad. (motivo)

II. Complete los párrafos con **por** y **para**.

A. ________ ser tan joven, Inés es una muchacha muy cosmopolita y sofisticada. Ayer salió ________ San Francisco ________ visitar las galerías de arte y ponerse en contacto con los artistas de California. Estará en la costa del oeste ________ tres semanas. Ella quiere adquirir algunas pinturas ________ la galería que acaba de comprar en Nueva York. Espera regresar ________ avión ________ estar ________ la apertura[1] de la galería. Ella piensa llevar con ella algunas obras de arte. ________ muchas cosas que lleve no tendrá que pagar exceso de equipaje ________ ser dueña[2] de una galería de arte.

[1]*opening* [2]*owner*

B. El huracán[1] causó gran destrozo ________ todos los lugares ________ donde pasó. ________ poder reconstruir todo el daño causado será necesario esperar, ________ lo menos, un año. El gobierno y las instituciones privadas están cooperando ________ proporcionar todo lo necesario a las personas que han sufrido daños[2] grandes. ________________ el momento, la gente se ayuda mutuamente y lucha ________________ normalizar la vida. ________________ mucho que uno trate de imaginarse lo que es el viento soplando[3] a ciento sesenta millas ________________ hora, no puede verdaderamente comprenderlo hasta que no lo pasa. Muchas donaciones han sido hechas ________________ personas e instituciones ________________ enviar alimentos y medicinas a las zonas afectadas ________________ el huracán. Este gesto generoso es apreciado ________________ todos los que experimentaron el huracán.

[1]*hurricane* [2]*damage* [3]*blowing*

III. Transforme las oraciones sustituyendo las palabras subrayadas por la preposición **por** o **para**.

**MODELO:** Estamos a punto de servir la comida.
**Estamos para servir la comida.**

1. Los aviones no salieron a causa de la niebla.
2. Todo lo que poseo será destinado a ti.
3. Nos quedamos en el desierto durante tres semanas.
4. El perro saltó a través de la ventana.
5. Estudio con el fin de aprender.
6. Me resfrié a causa de no llevar abrigo.
7. Te llamé utilizando el teléfono.
8. Voy a la panadería en busca de pan.
9. Voy a la peluquería con el fin de cortarme el pelo.
10. En cuanto me vio preguntó acerca de ti.
11. Se le tiene en el concepto de genio.
12. El chico está muy alto considerando su edad.

IV. Sustituya las palabras subrayadas por la preposición **por** o **para**.

A. A fin de evitar el tráfico grande de la ciudad, salimos a las cinco de la mañana en dirección a las montañas. Fuimos a través de la carretera nueva, que es más directa, con el propósito de llegar temprano. Pero al poco rato de salir de la ciudad, tuvimos que pararnos durante una hora a causa de un accidente grande que interrumpió el tráfico.

B. La Cruz Roja siempre está preparada a fin de ayudar cada vez que hay una catástrofe mundial. A través de muchos años esta institución ha socorrido[1] a muchas naciones. Debido a su caracter humanitario el emblema de esta institución es símbolo de esperanza y amor.

[1]*helped*

V. Traduzca al español las frases que están en inglés y complete las oraciones usando **por** o **para**.

1. (*is about*) El ómnibus ________________ salir.
2. (*because of*) ________________ la lluvia no pudimos jugar al tenis.
3. (*for*) Las copias estrarán listas ________________ mañana.
4. (*for*) Mi padre fue al mercado ________________ leche.
5. (*in order*) Quiero ir a México ________________ estudiar español.
6. (*for*) ________________ un atleta es muy importante el mantener una dieta balanceada.
7. (*to be*) Ella estudia ________________ ingeniera.
8. (*per*) El carro iba a noventa millas ________________ hora.
9. (*because*) El policía le puso una multa ________________ ir tan rápido.
10. (*for*) Pienso votar ________________ el candidato que hace menos promesas.
11. (*about*) Juan José está loco ________________ ella.
12. (*through*) Debemos pasar primero ________________ la aduana.
13. (*by*) Envié las cartas ________________ correo aéreo.
14. (*about*) ¿Preguntó Elena ________________ mí?
15. (*for*) El niño está muy alto ________________ su edad.

VI. Entre las siguientes expresiones que llevan **por**, seleccione la que mejor corresponda a las frases en inglés.

| | | |
|---|---|---|
| por Dios | por suerte | por supuesto |
| por desgracia | por fin | por lo menos |
| por favor | por eso | |

1. (*at least*) Pedro nunca saluda, pero hoy, ________________, dijo "buenos días".
2. (*unfortunately*) ¿Vas al baile? ________________ tengo que trabajar.
3. (*luckily*) Se me paró el carro en la autopista, pero ________________ vino un policía a ayudarme.
4. (*for heaven's sake*) Niño, ¡________________!, no hagas tanto ruido.
5. (*finally*) Después de tomar varias clases, ________________ aprendió a manejar.
6. (*of course*) ¿Tienes que pagar los impuestos? ________________.
7. (*please*) ________________, ¿me permite pasar?
8. (*that's why*) Después de la discusión, ella le dijo: "________________ no quiero salir contigo".

*Casas antiguas reconstruidas en el Viejo San Juan, Puerto Rico.*

VII. Complete las oraciones usando **por** o **para** en lugar de la preposición inglesa *for*.

1. El pomo[1] de perfume es ________________ Elisa.
2. No dijo la verdad ________________ miedo al castigo.
3. No he visto a mis tíos ________________ largo tiempo.
4. Tengo una cita con la dentista ________________ el lunes.
5. Ese trabajo es muy importante ________________ mí.

6. Ellos vivieron fuera de los Estados Unidos ________________ tres años.
7. ________________ un niño de dos años, habla muy claro.
8. No votaré ________________ ese congresista.

[1] *bottle*

## C Usos de *pero* y *sino*

Las conjunciones **pero** y **sino** equivalen a la conjunción *but* del inglés.

1. **Pero** introduce una aclaración de la primera parte de la oración. Tiene el sentido de **sin embargo**.

   Le dijeron que no saliera, **pero** no hizo caso.
   Le escribiré, **pero** estoy segura que no contestará.

2. **Sino** se usa cuando se hace una declaración negativa y a continuación se expresa una idea opuesta o contraria.

   **No** leí el libro, **sino** la crítica.
   **No** fui al cine, **sino** al teatro.
   **No** quería comer, **sino** dormir.

3. **Sino que** se usa cuando la idea negativa opuesta tiene un verbo conjugado y un sujeto.

   No leí el libro, **sino que** leí la critica.
   No le han regalado la enciclopedia, **sino que** la ha comprado.

### Ejercicio

Combine los elementos dados y haga oraciones usando **pero, sino** o **sino que**.

**MODELO:** No es argentino / chileno.
**No es argentino sino chileno.**

1. Salí tarde / pude hacer todo lo que quería.
2. Le escribí / no contestó.
3. No me llamó / vino a verme.
4. No ha comprado manzanas / naranjas.
5. No iba caminando / iba corriendo.
6. No necesita una chaqueta / un abrigo.
7. Quiero salir temprano / no sé si podré.
8. Su novia no es rubia / morena.

9. Le dije que cerrara la puerta / se le olvidó.
10. No quiero helado de fresas / de chocolate.

## D Verbos que se usan con la preposición *a* seguida de un infinitivo y los que se usan sin ella

1. Verbo + **a** + infinitivo. Esta construcción se usa con los verbos que expresan movimiento, desplazamiento, comienzo; con algunos verbos reflexivos; y con otros verbos fuera de estos grupos.

| | | |
|---|---|---|
| **acertar a** | **detenerse a** | **ofrecerse a** |
| **acostumbrarse a** | **dirigirse a** | **oponerse a** |
| **aprender a** | **disponerse a** | **pararse a** |
| **apresurarse a** | **echar a** | **ponerse a** |
| **asomarse a** | **echarse a** | **prepararse a** |
| **aspirar a** | **enseñar a** | **principiar a** |
| **atreverse a** | **invitar a** | **resignarse a** |
| **ayudar a** | **ir a** | **salir a** |
| **comenzar a** | **llegar a** | **sentarse a** |
| **convidar a** | **negarse a** | **venir a** |
| **decidirse a** | **obligar a** | **volver a** |
| **dedicarse a** | | |

El cuento dice que el burro **aprendió a** tocar la flauta por casualidad, pero mi amigo, que es muy inteligente, nunca **llegó a** aprender cómo tocarla. Por eso **se dedicó a** ser pelotero (*baseball player*).

Hace un día tan bello que **convida a** pasear y **nos vamos a** ir a almorzar al lago.

El niño **se echó a** correr cuando sintió que **echaron a** andar el carrusel y en seguida **se dispuso a** montar el caballito negro que tanto le gusta.

**NOTA:** Hay otros verbos a los que nunca les sigue un infinitivo y que requieren la preposición **a** cuando van delante de un sustantivo.

**asistir a** **jugar a** **oler a** **parecerse a**

Ayer **asistimos a** la apertura (*opening*) del curso.
Ellos **juegan al** tenis en la cancha (*court*) del club.
La casa **huele a** jazmín.
Beatriz **se parece a** su madre.

2. Verbo + infinitivo. Hay otros verbos que no admiten la preposición **a** delante del infinitivo.

| | | |
|---|---|---|
| **aceptar** | **gustar** | **poder** |
| **aconsejar** | **hacer** | **preferir** |
| **deber** | **intentar** | **prohibir** |
| **decidir** | **necesitar** | **prometer** |
| **dejar** | **odiar** | **querer** |
| **desear** | **oír** | **rehusar** |
| **detestar** | **olvidar** | **saber** |
| **elegir** | **ordenar** | **soler** |
| **esperar** | **pensar** | **ver** |
| **evitar** | **permitir** | |

Amelia **solía dar** largos paseos por el parque y, aunque **prefería ir** sola, le **gustaba encontrar** a alguien conocido con quien charlar.

Ellos **saben hacer** el trabajo pero **necesitan encontrar** a una persona que los dirija.

¿**Quieres ir** al cine o **prefieres quedarte** en casa?

*Los Lupeños de San José, grupo de danzas folklóricas mexicanas en la Feria de la Bahía, en Fort Mason, California.*

## Ejercicio

Complete los párrafos con la preposición **a**, si es necesario.

A. Detesto _____ tener que tomar el examen de conducir. Aunque sé _____ conducir muy bien, voy _____ repasar el manual antes del examen escrito porque no quiero _____ fallar ninguna pregunta. La vez pasada, cuando renové la licencia de manejar, acerté _____ contestar todas las preguntas.

B. Vamos _____ celebrar el cumpleaños de Julieta y hemos decidido _____ tener una fiesta el sábado próximo. Pensamos _____ invitar a varios de sus amigos y Benito prometió _____ traer algunas de las grabaciones[1] de música bailable que tiene. Ojalá que puedan _____ venir todas las personas que queremos _____ invitar. Todavía no sabemos qué vamos _____ servir de comida. Yo prefiero _____ tener comida fría, pero mi hermana está dispuesta _____ cocinar un buen arroz con pollo. Mi madre, por otro lado, aconseja _____ servir sólo dulce y café.

C. Desde muy pequeña mi prima ha querido _____ ser actriz. Siempre le gustó _____ tomar parte en las obras de teatro que presentaban en la escuela y en esas representaciones demostró _____ tener talento teatral. Después de estudiar drama en la universidad, ella espera _____ poder trabajar en alguna película y así aspirar _____ ser conocida. Está dispuesta _____ hacer grandes sacrificios y sé que llegará _____ ser famosa algún día porque tiene talento y una voluntad de hierro.

[1] *recordings*

# E Verbos que van seguidos de preposiciones

1. Verbo + **de**.

| | | |
|---|---|---|
| **acabar de** | **dejar de** | **lamentarse de** |
| **acordarse de** | **depender de** | **olvidarse de** |
| **alegrarse de** | **despedirse de** | **quejarse de** |
| **arrepentirse de** | **enamorarse de** | **reírse de** |
| **burlarse de** | **encargarse de** | **salir de** |
| **cansarse de** | **enterarse de** | **terminar de** |
| **cesar de** | **excusarse de** | **tratar de** |

**Nos alegramos de** que ellos vengan a visitarnos.
En la escuela todos los compañeros **se burlaban de** Juan.
Antonio **se enamoró de** Carmen el día que la conoció.
¿Cuándo **dejaste de** fumar?
Mario dijo que **se encargaría de** distribuir la mercancía.

**NOTA:** El verbo **acordarse de** se usa en el sentido de *to remember*. El verbo **recordar** equivale a *to remember* y a *to remind*.

Siempre **me acuerdo de** Uds.
Siempre los **recuerdo**.
**Recuérdame** que tengo que llevar esta carta al correo.

2. Verbo + **en**.

| | | |
|---|---|---|
| **confiar en** | **creer en** | **insistir en** |
| **consentir en** | **empeñarse en** | **pensar en** |
| **consistir en** | **entrar en** | **persistir en** |
| **convenir en** | **fijarse en** | **quedar en** |
| **convertirse en** | **influir en** | **tardar en** |

Habíamos **convenido en** encontrarnos en el centro a las tres.
¿**Cree** tu hijo **en** los Reyes Magos?
**Pienso** mucho **en** mi hermano que vive en Costa Rica.
Es extraño que Arturo **tarde** tanto **en** llegar. **Quedó en** venir tan pronto como terminase en la oficina.

3. Verbo + **con**.

| | | |
|---|---|---|
| **acabar con** | **contar con** | **enojarse con** |
| **amenazar con** | **cumplir con** | **quedarse con** |
| **casarse con** | **dar con** | **soñar con** |
| **conformarse con** | **encontrarse con** | **tropezar con** |

Al salir del cuarto **tropecé con** la mesa y se cayó el florero.
Él siempre **cuenta con** la ayuda de sus buenos amigos.
Maximiliano **se casó con** Carlota mucho antes de venir a México como Emperador.
Tanto caminó que al fin **dio con** la iglesia que estaba buscando.
Mi hermano **se quedó con** los libros de papá.

## Ejercicios

I. Complete las oraciones con la preposición adecuada.

Luis se enamoró ______________ Conchita y se casó ______________ ella después ______________ dos años de relaciones[1]. Los dos trataron ______________ ajustarse a la nueva vida, pero pronto comenzaron ______________ pelear y no tardaron ________________ separarse. Al fin, convinieron ________________ divorciarse y tropezaron ________________ muchos inconvenientes. Los padres de Conchita se empeñaron ________________ disuadirlos, pero ellos insistieron ________________ terminar el matrimonio. Conchita se dispuso ________________ trabajar y aprendió ________________ ganarse la vida. Luis se volvió ________________ casar al poco tiempo y se encargó ________________ los negocios del nuevo suegro.

[1]*courtship*

II. Decida si para llenar los espacios necesita **a, de, en** o **con**, o si no necesita ninguna preposición.

1. El profesor de filosofía enseña _____ pensar.
2. Lo han invitado _____ cenar.
3. Ya terminó _____ llover.
4. Prometo _____ escribirte todas las semanas.
5. Yo sueño _____ mi novia.
6. Pienso constantemente _____ mi madre.
7. Ella no sabe _____ coser.
8. Elisa se ha enamorado _____ Luis Guzmán.
9. Quedé _____ ir a buscarlo a las tres.
10. No me pidas _____ salir esta noche. Estoy muy cansada.
11. Cuando me casé _____ Alberto, él era muy delgado.
12. Ellos insistieron _____ salir muy temprano.
13. La esposa del hijo se encargó _____ los negocios de la familia.
14. Caminamos mucho, pero al fin dimos _____ la librería que buscábamos.
15. ¿Te fijaste _____ el vestido de Luisa? Era muy lindo.

III. Traduzca al español las frases que están en inglés y complete las oraciones.

1. María Luisa ________________ su futura vida universitaria. Ella ________________ obtener una beca y ________________ la ayuda de sus profesores. *(dreams about)* *(tries to)* *(counts on)*
2. ________________ al teatro para ver *La vida es sueño*, de Pedro Calderón de la Barca[1]. ________________ comprar las entradas, pero no las pude encontrar porque el teatro entero estaba vendido. ________________ tener mejor suerte la próxima vez. *(we wanted to go)* *(I hurried up to)* *(I hope to)*

3. ______________ obtener la visa porque ______________ muchas dificultades para reunir todos los documentos necesarios. *(I could not)(I bumped into)*

4. ¿______________ lo atlética que es la novia de Ismael? Ella ______________ su madre que, aunque ______________ cumplir cincuenta años, es todavía una campeona en gimnasia. *(did you notice)* *(looks like)* *(has just)*

5. Eugenia ______________ que sus hijos ______________ sacar el perro por las noches y que ella tiene que hacerlo. Ella ______________ resolver este problema y ______________ mandar el perro a la estancia[2] del abuelo. *(complains)(don't remember)* *(hopes to)* *(is going to)*

[1]Pedro Calderón de la Barca (1600–1681), famoso dramaturgo español [2]*farm*

**IV.** Decida qué preposición necesita, o si no necesita ninguna preposición, para llenar los espacios.

A. Voy ______________ ver al Sr. Gerardo Gómez porque necesito ______________ hablar con él. Él suele ______________ estar siempre muy ocupado, pero convinimos ______________ encontrarnos en su oficina a las diez de la mañana. No debo ______________ tardar ______________ llegar porque él tiene una reunión muy importante esa misma mañana con los directores de la compañía. Él aspira ______________ ser vice-presidente y no dudo que, con el tiempo, llegue ______________ ocupar el puesto de presidente.

B. Agustín se ha enamorado ______________ una muchacha que conoció en el trabajo. Él quiere ______________ llamarla por teléfono para invitarla ______________ cenar, pero no sabe su número. Llama a otra compañera de la oficina y comienzan ______________ conversar y ______________ reírse. Tanto hablan que Agustín se olvida ______________ pedir el número de la muchacha a quien quería llamar. A esta conversación le siguen muchas más y, desde luego, cenas y paseos juntos. ¿Cuál es el fin del cuento? Agustín se casa ______________ la muchacha del teléfono.

## F Frases que denotan obligación

1. **Haber de** + infinitivo expresa un sentido de obligación impuesto a nosotros mismos. Equivale en inglés a *to be supposed to*.

 **Has de levantarte** temprano si quieres llegar a tiempo.
 **He de estudiar** más el año que viene.

*Haciendo cola en el Mercado Central de La Habana, Cuba, para poder comprar vegetales.*

2. **Hay que** + infinitivo expresa un sentido de obligación que nos viene de fuera y que se extiende a un sujeto indefinido. Equivale en inglés a *it is necessary* o *one must.*

   **Hay que comprar** los boletos para la corrida de toros.
   **Hay que estar** en el aeropuerto a las seis.

3. **Tener que** + infinitivo expresa un sentido de obligación más enérgico y determinado, también impuesto de fuera. Equivale en inglés a *to have to.*

   **Tienes que pintar** la casa.
   **Han tenido que cancelar** el viaje.

## Ejercicios

**I.** Complete el siguiente diálogo entre una madre y su hijo pequeño llenando los espacios con las frases indicadas en paréntesis.

Niño ¿Puedo ir a jugar a la pelota?

Madre No, ________________ hacer la tarea. *(you have to)*

Niño — Todos los días me dices lo mismo.

Madre — Claro, y te lo seguiré diciendo. ________________ estudiar para tener éxito en la vida. *(one must)*

Niño — Pero si me dejas jugar a la pelota ________________ llegar a ser un pelotero famoso. *(I'm supposed to)*

**II.** Haga oraciones originales usando como principio las siguientes frases.

**MODELO:** He de salir muy temprano...
**Quiero llegar a la capital antes de que sea de noche.**

1. Hay que escoger bien a los amigos...
2. Tengo que buscar otro empleo...
3. Hemos de evitar que destruyan la naturaleza...

## Ejercicio de composición (opcional)

Escriba una composición sobre el tema que se da a continuación. Use el esquema siguiente.

TEMA: Los estereotipos. El "latino".

INTRODUCCIÓN: La fuerza que tienen los estereotipos en el público en general.
La imagen que tenemos del "latino".
Rasgos físicos y de carácter que le aplicamos.
El estereotipo del norteamericano, del italiano y del alemán.

DESARROLLO: Entre los "latinos" que Ud. ha conocido, ¿cuáles son las diferencias que ha notado?
Diferencia entre un argentino, que desciende de italianos y españoles, y un venezolano que desciende de indio y español. ¿Puede Ud. agruparlos bajo el estereotipo de "latino"?
Diferencias sutiles que existen.
Errores que cometemos.
Importancia que tiene el conocer bien la historia de los países que están al sur de los Estados Unidos.

CONCLUSIÓN: Dé su opinión personal con respecto al estereotipo que existe del "latino".
¿Cómo difiere el estereotipo de la realidad?
¿Contribuye el estereotipo del "latino" a comprenderlo mejor?

# Lectura 1

## Inmigraciones hispanas en los Estados Unidos

Históricamente, gran parte del territorio ocupado hoy por los Estados Unidos podría haber sido parte del mundo hispanoamericano. La presencia hispana en el suroeste de este país se remonta° a la llegada de los españoles a América. Cuando en 1607 se fundó° Jamestown, en Virginia, el español Pedro Martínez de Avilés ya había fundado, en 1565, la ciudad de San Agustín en la Florida, y otros españoles habían navegado por el río Misisipí y explorado áreas de Tejas, Arizona, Nuevo México y California. En este último estado el fraile español Junípero Serra estableció las famosas misiones que, en su época°, no sólo fueron centros religiosos, sino también centros económicos y de educación. Como consecuencia de este pasado hispánico, en el suroeste° de los Estados Unidos hay innumerables ciudades y pueblos, calles y avenidas con nombres españoles.

*goes back* · *was founded* · *in their time* · *Southwest*

En el siglo XX ese pasado hispano se ha fortalecido° debido a las inmigraciones hispanas que actualmente representan un aspecto importante de la vida y la cultura de los Estados Unidos. Según el último censo°, se calcula que la población hispana pasa de los veinte y dos millones, cifra° que no incluye a los millones de indocumentados que viven en el país. Las mayores inmigraciones que forman esta gran población hispana han venido de México, Puerto Rico y Cuba.

*strengthened* · *census* · *number*

La principal inmigración, y la que más impacto ha tenido, es la mexicana. Durante la Segunda Guerra Mundial, debido a la gran escasez° de trabajadores que había en los Estados Unidos, miles de mexicanos vinieron en busca de° trabajo. La vida de estos emigrantes, muchos de ellos trabajadores agrícolas o braceros, era dura y se veían forzados a tener que ir de un lado para otro según las ofertas de trabajo. Aunque estos inmigrantes asimilaron una nueva forma de existencia, no abandonaron sus tradiciones y costumbres.

*shortage* · *looking for*

En el suroeste de los Estados Unidos la influencia de la cultura mexicana es notable, ya que esta parte del país era territorio de México. Lógicamente, la población de origen mexicano aportó° varios elementos culturales que han quedado incorporados a la vida norteamericana.

*contributed*

*La influencia cubana es evidente en los comercios de la calle 8 en Miami, Florida.*

El chicano o mexicoamericano, como grupo, presenta gran variedad. Se caracteriza por su bilingüismo y su biculturalismo. Valora° el respeto, y la familia constituye una unidad muy importante.

*values*

La cultura chicana es el producto final de la vida y las experiencias del inmigrante mexicano en los Estados Unidos. Los chicanos han producido una literatura propia que evoluciona° y crece constantemente y, aunque es muy variada, se caracteriza por los elementos que definen la vida del chicano en conflicto con la cultura norteamericana. Entre los muchos autores se deben citar a Tomás Rivera, Rolando Hinojosa y Sandra Cisneros. Esta última escritora ha iniciado° su carrera literaria con dos novelas que han

*evolves*

*has started*

tenido mucho éxito° y resonancia. En ellas Sandra Cisneros narra las experiencias del mexicoamericano en un estilo original donde predomina su personal sentido de humor poético.

*success*

El arte muralista mexicano ha sido imitado en muchas ciudades estadounidenses por artistas chicanos, los cuales han tratado de expresar, a través de la pintura, su historia y sus vivencias°.

*personal experiences*

En los últimos años muchos chicanos han ido ocupando puestos° en el gobierno, en las universidades y en las escuelas desde donde defienden y luchan por su cultura. En el mundo de los negocios° y del comercio, son muchos los chicanos que han triunfado estableciendo y desarrollando fábricas° y empresas° importantes.

*positions*
*business*
*factories/companies*

Otra inmigración que pasa de millón y medio es la de los puertorriqueños. Puerto Rico pasó a los Estados Unidos en 1898 y actualmente es un Estado Libre Asociado°. Los habitantes de la isla tienen la ciudadanía° norteamericana y sirven en el ejército° de los Estados Unidos, pero no votan en las elecciones presidenciales y no tienen representantes en el Congreso.

*Commonwealth*
*citizenship/army*

Después de la Segunda Guerra Mundial, los puertorriqueños, lo mismo que los mexicoamericanos, venían a los Estados Unidos para buscar trabajo. Más de un 70% de los puertorriqueños vive en Nueva York, donde forman un núcleo cultural y social definido y vital. Muchos de ellos han asimilado la cultura norteamericana y han tenido éxito, otros mantienen una dualidad° cultural y aún otros están agrupados solamente entre ellos.

*duality*

En los últimos años han surgido° escritores y poetas puertorriqueños que, desde tierra norteamericana, han creado una literatura genuina de importancia. Entre ellos se pueden citar a Rosario Ferré y a Julia de Burgos, poeta independiente, sincera y rebelde que vivió y murió en Nueva York. En su poesía expresa la nostalgia de su tierra natal y del campo de su isla del Caribe. Entre los compositores puertorriqueños de música seria que enseñan en universidades de los Estados Unidos se puede citar a Roberto Sierra, cuya música es cada vez más conocida.

*appeared*

En los últimos años la inmigración puertorriqueña ha disminuido debido al gran desarrollo económico de Puerto Rico, y algunos de los que vivían en el clima frío de Nueva York han regresado° a su hermosa isla tropical.

*have gone back*

A diferencia de los otros dos grupos anteriores, los cubanos empezaron a venir a los Estados Unidos, buscando refugio político, a partir de 1959. Al triunfar en esa fecha la revolución dirigida por Fidel Castro, miles de profesionales, artistas, escritores, oficinistas, campesinos y obreros tuvieron que expatriarse° por no poder vivir bajo la dictadura comunista existente en Cuba. Cuando en 1962 se

*go into exile*

suspendieron los vuelos comerciales entre los Estados Unidos y Cuba, la salida de la isla se hizo° casi imposible y muchas familias completas escapaban en barcos pequeños, muriendo muchos de ellos en la travesía°. En 1965 el presidente de los Estados Unidos, Lyndon Johnson, autorizó los "vuelos de la libertad" y más de 300.000 cubanos llegaron, en corto tiempo, a las costas de Miami. Actualmente los cubanos que residen en este país pasan del millón.

*became* / *voyage*

El cubano se caracteriza por su laboriosidad constante, su capacidad de trabajo y su sentido de humor.° Los cubanos se han incorporado a la vida estadounidense ocupando puestos importantes en las universidades y escuelas, en el comercio y en la banca°, y estableciendo negocios propios°. Los comerciantes cubanos han tenido un papel importante en el desarrollo de la economía de Miami, siendo esta ciudad un centro bancario importante para las conexiones de negocios entre el Caribe y la América del Sur. Se puede decir que la ciudad de Miami está totalmente "cubanizada", ya que se ha convertido en una extensión de Cuba en tierra° norteamericana.

*sense of humor* / *banking/own businesses* / *land*

La producción literaria del exilio cubano es abundante y de gran calidad. Novelistas, cuentistas y poetas, así como pintores, compositores y escultores°, forman un núcleo creativo en el área de Nueva York y Miami. Varios de los escritores, entre ellos Reinaldo Arenas y Guillermo Cabrera Infante, han alcanzado fama y reconocimiento°. En la pintura varios pintores cubanos ocupan una posición sólida en los círculos del mundo del arte, y en el campo de la música clásica, entre los compositores° que han trascendido las fronteras de este país, se pueden citar a Julián Orbón y a Aurelio de la Vega.

*sculptors* / *recognition* / *composers*

Estos tres grupos culturales, así como el que ha venido en estos últimos años de Centroamérica, se han incorporado al fluir° de la vida norteamericana dejando en ella las huellas de la cultura y las tradiciones hispanas.

*flow*

## VOCABULARIO PARA REPASAR

fundar en esa época fortalecer remontarse escasez iniciar éxito puesto negocio ciudadanía ejército regresar travesía huellas fluir

I. Después de repasar el vocabulario, llene los espacios en blanco con la palabra que sea correcta.

1. En el siglo pasado un viaje a Europa demoraba varios días. ________________ no había aviones y el viaje se hacía en barco.

2. La presencia hispana en el suroeste de los Estados Unidos ________________ a la llegada de los españoles a América.
3. Después de la Segunda Guerra Mundial, en los Estados Unidos hacía falta gente para trabajar. Debido a esta ________________ de trabajadores, vinieron muchos mexicanos a distintas partes del país.
4. Los puertorriqueños tienen que servir en el ________________ norteamericano.
5. Muchos de los inmigrantes cubanos que venían en botes pequeños murieron en la ________________.
6. En todo el suroeste de los Estados Unidos se ven las ________________ dejadas por los inmigrantes hispanos.
7. Un fraile español ________________ las misiones de California.
8. La inmigración grande de cubanos se ________________ en 1959.
9. El pasado hispano se ha ________________ y se ha enriquecido con las inmigraciones de México, Puerto Rico y Cuba.
10. La literatura chicana tiene muchos escritores que han alcanzado ________________ y fama.
11. Miami es un centro importante para las conexiones de ________________ entre el Caribe y la América del Sur.
12. Debido al desarrollo económico de Puerto Rico, muchos puertorriqueños están ________________ a la isla tropical.

**II.** Busque en la lectura las palabras correspondientes a las siguientes definiciones en inglés.

1. *the city was founded*
2. *in their time*
3. *the last census*
4. *Second World War*
5. *great shortage*
6. *American citizenship*
7. *go into exile*
8. *during the voyage*
9. *sense of humor*
10. *own business*

## PREGUNTAS SOBRE LA LECTURA

1. ¿Por qué dice el autor que parte de los Estados Unidos podría haber pertenecido al mundo hispanoamericano?
2. ¿Cuál de las tres inmigraciones hispanas que han venido a los Estados Unidos es la que más huellas ha dejado en la vida norteamericana? Mencione algunas de las

influencias que se notan en la lengua, en las comidas, en la ropa, en el estilo de las casas.

3. Mencione las circunstancias que hicieron que miles de trabajadores mexicanos vinieran a los Estados Unidos.
4. Según la lectura, ¿cuáles son las principales características del chicano?
5. ¿Qué narra la escritora chicana, Sandra Cisneros, en sus novelas?
6. En los últimos años, ¿en qué campos de la vida norteamericana se desenvuelve y triunfa el mexicoamericano?
7. Al ser Puerto Rico un Estado Libre Asociado, ¿qué ciudadanía tienen sus habitantes?
8. ¿Por qué ha disminuido en los últimos años la inmigración puertorriqueña que venía a Nueva York?
9. ¿Qué circunstancia produce la inmigración cubana a los Estados Unidos? Compare esta inmigración con las otras dos inmigraciones.
10. ¿Cómo interpreta Ud. el hecho de que muchas familias cubanas se decidieran a escapar, abandonando todas las pertenencias y posesiones, en lugar de quedarse en su patria? En iguales circunstancias, ¿haría Ud. lo mismo?
11. ¿Por qué se dice que Miami está "cubanizado"?
12. Si Ud. ha estado en Nueva York, entre los puertorriqueños, o en Miami, entre los cubanos, describa algunas de las costumbres de ambos grupos.

### TEMAS DE CONVERSACIÓN

1. ¿Cuál de estos desastres naturales cree Ud. que es el peor: un terremoto, un tornado, una inundación, un huracán, la erupción de un volcán? Explique por qué. ¿Qué preparaciones pueden hacerse con anticipación para protegerse de un huracán? ¿Por qué no se pueden hacer preparaciones con anticipación para protegerse de un terremoto? ¿En qué parte de los Estados Unidos son más frecuentes las inundaciones?
2. Se dice que este país es un mosaico de culturas. ¿Está de acuerdo con esta afirmación? Explique su respuesta. ¿Cuáles fueron las principales inmigraciones venidas de Europa en el siglo pasado? ¿En qué aspectos de la cultura popular norteamericana es evidente la influencia de los esclavos negros?
3. ¿Cree Ud. que la tecnología moderna ha creado o eliminado puestos de trabajo? Explique su respuesta. ¿Por qué cree Ud. que hay tanta inmigración del campo hacia las ciudades grandes? ¿Cree Ud. que el Gobierno Federal debe proporcionar trabajo a todos los que estén desempleados?

# Lectura 2

## Lucha Corpi

**Lucha Corpi, escritora mexicana chicana, nació en Veracruz. Habiendo publicado varios libros, tanto en inglés como en español, esta escritora se destaca no sólo por su prosa, sino también por su poesía. "Recuerdo íntimo" narra en primera persona una anécdota del pasado en un tono melancólico y evocador.**

## Recuerdo íntimo

Para Arturo y Finnigan

No había llovido así
desde aquel día en que los perros
destrozaron los únicos zapatos que tenías
y mi bolsa estaba llena solamente
de papeles y palabras.

Llovía tanto aquella tarde
que Finnigan el gato, tú y yo,
a falta de arca°, decidimos meternos    *ark*
a la tina de baño°, por si acaso....    *bathtub*

Esta tarde llueve igual que entonces
pero mi razón se niega a reandar
aquel infame° invierno:    *horrible*
Sólo escucho la lluvia en el tejado°,    *tile roof*
el ronroneo° del gato en la tina de baño,    *purring*
veo la suave luz de tu sonrisa de dos años.

Es todo lo que necesito recordar.

### PREGUNTAS SOBRE LA LECTURA

1. ¿Qué recuerdos le trae la lluvia a la poeta?
2. ¿A quién se dirige la poeta?
3. ¿Quién cree Ud. que es el "tú" de la segunda estrofa?
4. ¿A qué se refiere el poeta al mencionar, también en la segunda estrofa, la palabra "arca"?
5. ¿Cómo interpreta Ud. la expresión de "aquel infame invierno"?
6. ¿Qué cosas no quiere olvidar la poeta?

# Lectura 3

## Armando Valladares

**Armando Valladares (1937– ), poeta cubano, estuvo preso° veintidós años (1960–1982) por sus convicciones cristianas y políticas, contrarias a las ideas marxistas de la dictadura° de Fidel Castro en Cuba. Su poesía, parte de ella escrita en prisión y sacada° en secreto fuera del país, fue publicada en dos libros, *El corazón con que vivo* (1984) y *El alma de un poeta* (1988).**

*in prison* · *dictatorship* · *taken out*

*Dibujo de Armando Valladares que aparece en el libro* El alma de un poeta.

## La mejor tinta

| | |
|---|---|
| Me lo han quitado° todo | *taken away* |
| las plumas | |
| los lápices | |
| la tinta | |
| porque ellos no quieren | |
| que yo escriba | |
| y me han hundido° | *sunk, buried* |
| en esta celda de castigo° | *punishment cell* |
| pero ni así° ahogarán° mi rebeldía°. | *not even then/will choke/rebelliousness* |
| Me lo han quitado todo | |
| —bueno, casi todo— | |
| porque me queda la sonrisa° | *smile* |
| el orgullo° de sentirme un hombre libre | *pride* |

y en el alma° un jardín — *soul*
de eternas florecitas.
Me lo han quitado todo
las plumas
los lápices
pero me queda la tinta de la vida
—mi propia sangre°— — *my own blood*
y con ella escribo versos todavía.

Original escrito con mi sangre y una astillita de madera° — *wooden chip*
en abril de 1981 en las celdas de castigo de la cárcel° — *jail*
del Combinado del Este°, en La Habana. — *name of the prison*

De *El alma de un poeta* (1988)

## PREGUNTAS SOBRE LA LECTURA

1. ¿En qué lugar estaba el poeta cuando escribió el poema?
2. ¿Por qué le han quitado todo?
3. ¿Qué cosas no le han podido quitar al poeta?
4. ¿Qué tinta usó para escribir los versos?
5. ¿Qué sentimiento cree Ud. que se expresa con mayor fuerza en este poema?

# 10 Capítulo

*Colina de Santa Lucía y la Avenida Bernardo O'Higgins en la ciudad de Santiago, Chile.*

- Estudio de palabras
- Construcciones pasivas
- Verbos que expresan idea de cambio
- Frases con **hacer**
- Frases con **tener**
- Repaso de verbos que se prestan a confusión
- Expresiones idiomáticas
- Repaso de frases preposicionales
- Lecturas: "Chile"
  "El nacimiento de la col" de Rubén Darío

-¿Qué tal la reunión en Río de Janeiro?

-Muy productiva. Conseguí que aprobaran todas las proposiciones que presenté y **repartí** entre los presidentes allí reunidos.

-Era de esperarse. Eres la mejor Secretaria de Estado que hemos tenido en mucho tiempo.

-No exageres. Ha habido otras, tan o más capacitadas que yo. Y habrá muchas más en el futuro.

## Estudio de palabras

| | | |
|---|---|---|
| **acariciar** | *to caress* | La madre **acaricia** al bebito con gran ternura. |
| **adelgazar** (c) | *to get thin* | Ella **adelgazó** mucho haciendo ejercicios y caminando tres millas todos los días. |
| **engordar** | *to get fat* | -¿Qué te pasa?- Que no quiero **engordar** y estoy a dieta. El problema que tengo es que estoy siempre con hambre. |
| **atrasarse** | *to get behind* | Mi sobrinito **se atrasó** en la escuela porque estuvo enfermo y perdió muchos días de clase. |
| **inundar** | *to flood* | Fue tanta la lluvia que el río **inundó** gran parte del valle. |
| **estrenar** | 1. *to present for the first time* | Anoche **estrenaron** en el teatro de la universidad la obra que se llevó el primer premio. |
| | 2. *to use for the first time* | Ayer **estrené** el traje de chaqueta que compré en San Antonio. Me gusta mucho. |
| **repartir** | 1. *to distribute* | El día de Navidad **repartimos** muchos juguetes entre los niños que estaban en el hospital donde trabajo. |
| | 2. *to deliver* | El chico que **reparte** los periódicos es el hijo de mi vecino. |
| la **honradez** | *honesty* | Mi mecánico es conocido por la **honradez** que tiene en todos los trabajos que hace. |
| el **presupuesto** | *budget* | Dicen que aumentarán el **presupuesto** para las escuelas. ¡Ojalá sea verdad! |
| **estar al borde** | *to be on the verge of* | El país **está al borde** de una crisis económica. |
| **a menudo** | *often, frequently* | -¿Vas mucho al cine?- Sí, muy **a menudo**. Por lo menos dos veces a la semana. |

## A Construcciones pasivas

La voz activa y la voz pasiva son formas diferentes de construir una oración para informar sobre el mismo evento. Generalmente, en la conversación usamos la voz activa para producir oraciones como la siguiente:

El pueblo eligió al gobernador.

En esta oración, la gente que hizo la acción de elegir, el pueblo, es el sujeto y la persona que recibió la acción de ser elegido, el gobernador, es el complemento directo. Usando la voz pasiva se puede informar sobre el mismo evento desde un punto de vista diferente, teniendo más prominencia el que recibe la acción (el gobernador) que el que la hace (el pueblo).

El gobernador **fue elegido** por el pueblo.

1. La voz pasiva se forma con el verbo **ser** + participio pasado, el cual concuerda en género y número con el sujeto. Generalmente, la preposición **por** precede al complemento agente, la persona o cosa que ejecuta la acción.

   La novela **fue escrita por** Rosario Ferré.
   Los productos **son distribuidos por** el agente.

   La voz pasiva **ser** + participio pasado se usa menos en español que en inglés, especialmente en la conversación.

   a. Observe el cambio de una oración en voz activa a voz pasiva:

      León Ichaso **dirigió** la película.
      La película **fue dirigida** por León Ichaso.

      El sujeto de la voz activa pasa a complemento agente mientras que el complemento directo de la voz activa se convierte en sujeto en la voz pasiva.

   b. La voz pasiva **ser** + participio pasado siempre implica una acción recibida por el sujeto. **Estar** + participio pasado describe un estado o condición del sujeto, así como el resultado de una acción*.

      Las puertas **fueron abiertas** a las ocho.
      *The doors were opened up at eight.*

      Las puertas **estaban abiertas** a las ocho.
      *The doors were already open by eight.*

**NOTA:** Se puede usar cualquier tiempo que sea necesario para la voz pasiva:

La reunión **ha sido cancelada**.

2. Otra forma de expresar una construcción pasiva es con la partícula **se**. Estas construcciones son de mucho más uso en la conversación. **Se** + verbo en la tercera persona del singular o del plural equivale a la voz pasiva con **ser** + participio pasado. El complemento agente (la persona o cosa que ejecuta la acción) no se menciona. Es muy usual que el verbo preceda al sujeto. Esta construcción se expresa en inglés con *to be* + *past participle*.

   **Se publicará** la entrevista en todos los periódicos.
   (La entrevista será publicada en todos los periódicos.)
   *The interview will be published in all the newspapers.*

   **Se cerraron** las tiendas a las ocho.
   *The stores were closed at eight.*

   **Se ha decidido** aumentar el presupuesto para las escuelas.
   *It has been decided to increase the budget for the schools.*

   **Se dice** que las próximas Olimpiadas serán en Sudamérica.
   *It is said that the next Olympic Games will be in South America.*

---

*Ver Capítulo 3, página 70, Usos de **ser** y **estar**.

**NOTA:** Recuerde que en las construcciones de tipo impersonal se usa **se** con el verbo en la tercera persona del singular. Equivale al inglés *one, they, people* + el verbo.

| | |
|---|---|
| **Se vive** bien aquí. | *One lives well here.* |
| **Se come** tarde en España. | *They eat late in Spain.* |
| **Se habla** mucho. | *People talk a lot.* |

3. En la conversación a veces se emplea el verbo en la tercera persona del plural teniendo por sujeto implícito **las personas** en sentido general. Equivale a la construcción pasiva con **se**.

**Producen** café en Colombia.
(Se produce café en Colombia.)

**Dicen** que subirán los precios.
(Se dice que subirán los precios.)

Le **enviaron** los pedidos la semana pasada.
(Se le enviaron los pedidos la semana pasada.)

¿**Servirán** café en la reunión mañana?
(¿Se servirá café en la reunión mañana?)

**NOTA:** Observe que la partícula **se** siempre precede a los pronombres usados como complemento directo e indirecto.

*Glaciar en la Patagonia, Argentina.*

## Ejercicios

I. Complete las oraciones con la voz pasiva de los verbos en paréntesis. Use el tiempo de verbo que sea necesario.

1. (escribir) La novela que me regalaste _____ ________________ por el autor peruano Mario Vargas Llosa.
2. (elegir) En México, el presidente _____ ________________ por un período de seis años.
3. (entrevistar) Los inmigrantes que llegan a la frontera _____ ________________ por las autoridades.
4. (recoger) El mes pasado, un grupo de exiliados cubanos _____ ________________ en alta mar por un guardacostas[1] norteamericano.
5. (aprobar) ¿Crees que la nueva ley de inmigración _____ ________________ por el Congreso el próximo año?

[1]*coast guard*

II. Ud. le cuenta a un amigo las noticias que oyó en la radio. Cambie las oraciones a una construcción pasiva con **se**.

**MODELOS:** Aumentarán el precio de la gasolina.
**Se aumentará el precio de la gasolina.**
Han pedido que bajen los impuestos.
**Se ha pedido que bajen los impuestos.**

1. Anunciaron que regularán los precios para fin de año.
2. Han importado más petróleo de México y Venezuela.
3. Están construyendo una refinería cerca de la costa.
4. Dicen que fabricarán más carros económicos.
5. Esperan que pronto se normalice esta situación.

III. ¿Qué se hace cuando se quiere conseguir alguna información en la universidad? Transforme las frases usando una construcción con **se**, según el modelo.

**MODELO:** Ir a la oficina de la universidad.
**Se va a la oficina de la universidad.**

1. Hablar con un consejero.
2. Explicar la información que se desea.
3. Escuchar las recomendaciones del consejero.
4. Pedir los folletos[1] necesarios.
5. Preguntar las posibilidades para obtener una beca.

[1]*brochures*

**IV.** Describa la condición o estado producido por las siguientes acciones.

**MODELO:** El río inundó el valle.
**El valle está inundado.**

1. La nieve cubrió todo.
2. Ya sirvieron la comida.
3. Pintaron los bancos del parque.
4. Firmaron los documentos.
5. La lluvia destruyó las cosechas[1].

[1]*crops*

**V.** Complete las frases con **ser** o **estar**, usando el tiempo de verbo que sea necesario.

1. Creí que ibas hoy a la playa.
   Pensé ir, pero cambié de idea porque _______________ muy nublado.
2. ¿Quién preparó estas enchiladas?
   _______________ preparadas por el cocinero del hotel.
3. ¿Piensas ir al lago por el puente antiguo?
   Si, porque ya _______________ reparado y _______________ abierto al tráfico.
4. ¿Fuiste ayer al juego de pelota?
   No, pero lo vi en casa porque _______________ transmitido por televisión.
5. ¿Qué te dijo la maestra de tu hijo?
   Dice que como entró en la escuela tan tarde _______________ atrasado y tendrá que repetir el curso.
6. ¿Qué arquitecto diseñó el edificio de la biblioteca?
   _______________ diseñado por un arquitecto japonés que vive en San Francisco.

**VI.** Complete cada oración con la frase indicada en inglés.

**A.** Use una construcción pasiva con **ser** para informar sobre una acción, o **estar** + participio pasado para describir un estado o condición.

1. (*has been translated*) La obra _______________ a muchos idiomas.
2. (*were approved*) Las peticiones de los obreros _______________ por los directores.
3. (*is made*) La blusa _______________ a mano.
4. (*will be covered*) La ciudad _______________ de nieve mañana.
5. (*Is dinner served?*) ¿_______________?
6. (*were announced*) Los premios _______________ al final del banquete.
7. (*is painted*) La casa _______________ de verde y blanco.
8. (*is made*) El pastel _______________ con mantequilla.

9. (*were founded*) Las misiones ________________ por un fraile español.
10. (*are signed*) Muchas de las cartas recibidas ________________ por los estudiantes.

B. Ahora use una construcción con **se**.

1. (*one eats*) ________________ bien en este restaurante.
2. (*they say*) ________________ que van a construir otra autopista.
3. (*were signed*) Los contratos ________________ el mes pasado.
4. (*were distributed*) ________________ los juguetes entre los niños.
5. (*opens*) El banco ________________ a las nueve.
6. (*it's believed*) ________________ que la economía mejorará este año.

## Verbos que expresan idea de cambio

1. Los verbos **ponerse, volverse, hacerse** y **llegar a ser** + adjetivo o nombre se usan para expresar cambio de condición o estado. Corresponden al inglés *to become*.

   a. **Ponerse** expresa un cambio, físico o emocional, generalmente de poca duración.

   Alina **se puso** roja cuando oyó el chiste.

   b. **Volverse** indica un cambio más radical y de más duración.

   Ella **se volvió** loca al sufrir tantos horrores durante la guerra.

   c. **Hacerse** indica cambio obtenido por un esfuerzo. **Llegar a ser** expresa también cambio obtenido por un esfuerzo y se puede usar en lugar de **hacerse**.

   Después de tantos años de estudio, Pedro **se hizo** médico (**llegó a ser** médico).

2. **Quedarse** también indica el cambio ocurrido como consecuencia de un hecho ocurrido antes. Expresa el estado o condición en que permanece la persona.

   Roberto **se quedó** muy débil después del accidente.
   Lucía **se quedó** sin poder hablar al oír la noticia.

3. Hay verbos en los que la idea de cambio está contenida en sí mismos. Muchos de estos verbos son reflexivos.

| | | | |
|---|---|---|---|
| **adelgazar** | **palidecer** | **alegrarse** | **enojarse** |
| **enloquecer** | **enrojecer(se)** | **cansarse** | **mejorarse** |
| **envejecer** | **acostumbrarse** | **enfermarse** | **aburrirse** |

Ella **ha adelgazado** más de veinte libras.
¡Cómo **ha envejecido** esa señora!
**Se enojó** mucho cuando le dijiste que se callara.

*Ciudad y puerto de Valparaíso, Chile.*

## Ejercicios

I. Transforme las frases según los modelos.

MODELOS: Se pone viejo.
**Envejece.**
Se puso enfermo.
**Se enfermó.**

1. Se pone delgado.
2. Se pone pálido.
3. Se vuelve loca.
4. Se puso enojado.
5. Se puso mejor.
6. Se puso rojo.

II. Llene los espacios en blanco con la traducción adecuada de *to become*.

1. Antonio ________________ triste cuando se despidió de su amigo.
2. Al fin, mi sobrina terminó los estudios y ________________ abogada.
3. Después de tantos años de trabajar en sus negocios, Rafael ________________ rico.
4. Mi padre ________________ contento cuando supo que había ganado el campeonato.

5. Después de perder a los dos hijos, la madre se enfermó y ________________ loca.
6. Cuando terminó el concierto, el público ________________ loco aplaudiendo a la pianista.
7. Mi esposo ________________ muy delgado después de la operación.

**III.** Ud. se encuentra con su amigo Rubén a quien no veía desde hace tiempo. Complete el diálogo traduciendo al español las frases que están en inglés. Use verbos que expresan idea de cambio.

| | | |
|---|---|---|
| Ud. | Hola, Rubén, ¡qué alegría verte! Hace mucho tiempo que no te veía. | |
| Rubén | Es que ________________ a finales del verano y no he salido | *(I became sick)* |
| | mucho. Por suerte, ________________ bastante. | *(I have improved)* |
| Ud. | Noto que ________________ y te ves muy bien. | *(you have reduced)* |
| Rubén | He estado con una dieta muy estricta; he dejado de fumar y ahora sólo bebo agua. Al principio creí que ________________. | *(I was going to go crazy)* |
| Ud. | Me lo imagino. Tú sin fumar, sin comer y sin beber... | |
| Rubén | No te rías, pero creo que si sigo con este régimen ________________ un santo. | *(I'll get to be)* |

**IV.** Temas de conversación.

Piense que Ud. se encuentra con una persona que no ha visto por muchos años. Describa los cambios que Ud. nota en la persona. Mencione también los cambios que han ocurrido en la vida de esa persona.

## C Frases con *hacer*

1. **Hace** + tiempo + **que** + verbo en presente indica cuánto tiempo ha pasado desde que empezó una acción que todavía continúa en el presente.

> **Hace dos meses que** ella **está** de vacaciones.
> (Ella todavía sigue de vacaciones.)
> *She has been on vacation for two months.*
>
> **Hace tres horas que estamos** aquí.
> **Hace un año que estudio** español.

**NOTA:** Observe la siguiente construcción: verbo en presente + **desde hace** + tiempo.

¿Desde cuándo viven Uds. en Nicaragua?
Vivimos en Nicaragua **desde hace** tres meses.
*We have been living in Nicaragua for three months.*

2. **Hace** + tiempo + **que** + verbo en pretérito indica el tiempo que pasó desde que terminó una acción. (En inglés se usa la expresión *ago*.)

**Hace un año que regresé** de España.
(Ha pasado un año desde que regresé de España.)
*I came back from Spain a year ago.*

**Hace seis meses que dejé** el trabajo del banco.

3. **Hacía** + tiempo + **que** + verbo en imperfecto indica el tiempo transcurrido de una acción que comenzó en el pasado y que todavía continuaba en un momento del pasado.

**Hacía un año que** ellos **estaban** en El Paso cuando compraron la casa.
(Ellos llevaban un año en El Paso cuando compraron la casa.)
*They had been in El Paso for one year when they bought the house.*

¿Cuánto **tiempo hacía que** ellos **se conocían**?
*How long had they known each other?*

**NOTA:** La frase con **hacer** puede ponerse al principio o al final de la oración. Si se pone al final no se usa **que**.

**Hace tres meses que** vivimos en Nicaragua.
Vivimos en Nicaragua **hace tres meses**.

**Hace un año que** me gradué.
Me gradué **hace un año**.

**Hacía una semana que** ella estaba enferma.
Ella estaba enferma **hacía una semana**.

4. El verbo **hacer** se puede poner en pretérito o en futuro de acuerdo con la idea que se quiera comunicar. Observe los siguientes ejemplos:

Ayer **hizo** tres meses que llegué de Chile.
*Yesterday it was three months since I arrived from Chile.*

Mañana **hará** dos años que me casé.
*Tomorrow it will be two years since I got married.*

5. El verbo **hacer** se usa en forma impersonal para expresar condiciones atmosféricas.

¿Qué tiempo **hace**?
- **Hace buen tiempo.**
- **Hace mal tiempo.**
- **Hace calor.**
- **Hace frío.**
- **Hace fresco.**
- **Hace sol.**
- **Hace viento.**

6. Frases que llevan el verbo **hacer**.

| | | |
|---|---|---|
| **hacer alusión** | *to allude* | Juan no **hizo alusión** a lo que le dije. |
| **hacer caso** | *to pay attention* | Manolito no **hace caso** cuando lo llamo a comer. |
| **hacer cola** | *to stand in line* | Tuvimos que **hacer cola** para entrar en el cine. |
| **hacer daño** | *to harm, make sick* | A ella le **hizo daño** el pescado que comió anoche. |
| **hacer el papel** | *to play the role* | Ese artista **hace** muy bien **el papel** de Romeo. |
| **hacer escala** | *to stop over* | El avión **hizo escala** en Lima. |
| **hacer falta** | *to be necessary* | **Hace falta** que tengamos paciencia. |
| **hacer un favor** | *to do a favor* | **Hágame el favor** de cerrar la puerta. |
| **hacer frente** | *to face* | Tuvimos que **hacerle frente** a la situación. |
| **hacer gestos** | *to gesture* | Maricusa **hace** muchos **gestos** al hablar. |
| **hacer la maleta** | *to pack* | Ya **hice las maletas** para el viaje. |
| **hacer pedazos** | *to break or tear to pieces* | El gato **hizo pedazos** la almohada. |
| **hacerse pedazos** | *to break into pieces* | El plato **se hizo pedazos** al caerse. |
| **hacer saber** | *to inform, make known* | Le **hice saber** a Pepe lo que yo pensaba. |
| **hacer señas** | *to signal* | El policía **hacía señas** para desviar el tráfico. |
| **hacer una pregunta** | *to ask a question* | **Hacemos** muchas **preguntas** en la clase. |
| **hacer una visita** | *to pay a visit* | Tengo que **hacer** una **visita**. |
| **hacer un pedido** | *to place an order* | Ya **hice el pedido** de los libros. |
| **hacer un viaje** | *to take a trip* | Pensamos **hacer un viaje** el próximo año. |
| **hacerse** | *to become* | Pedro **se hizo** médico; yo **me hice** abogada. |
| **hacerse daño** | *to hurt oneself* | El chico **se hizo daño** al caerse. |
| **hacerse el sordo** | *to play deaf* | **Se hizo el sordo** y no contestó. |

| | | |
|---|---|---|
| **hacerse el tonto** | *to play dumb* | **Se hizo el tonto** y no me pagó la cuenta. |
| **hacerse pasar por** | *to pretend to be* | **Se hacía pasar por** médico, pero no lo era. |
| **hacerse tarde** | *to get late* | **Se hizo** muy **tarde** y no llegamos a tiempo. Siempre **se hace tarde**. |

*Plaza Mayor en la ciudad de La Paz, Bolivia.*

## Ejercicios

**I.** Llene los espacios en blanco con las palabras necesarias para contestar las preguntas en oración completa.

**MODELO:** ¿Cuánto tiempo hace que estudias español?
______________ tres años ______________.
**Hace tres años que estudio español.**

1. ¿Cuánto tiempo hace que trabaja de enfermero?
______________ dos años ______________.
2. ¿Cuándo estuvo Ud. en Bogotá?
______________ un año ______________.

3. ¿Cuánto tiempo hacía que esperabas a la doctora?
   _______________ veinte minutos _______________.
4. ¿Cuánto tiempo hace que dejaste de fumar?
   _______________ cinco meses _______________.
5. ¿Desde cuándo estás a dieta?
   _______________ a dieta _______________ tres semanas.
6. ¿Cuánto tiempo hacía que conocías a Pedro cuando te casaste con él?
   _______________ cinco años _______________ cuando _______________.

II. Escriba las preguntas para las siguientes respuestas.

**MODELO:** ¿_______________?
Hace tres años que fui a Chile.
**¿Cuántos años hace que fue a Chile?**

1. ¿_______________?
   Hace una semana que vi esa película.
2. ¿_______________?
   Hace dos años que tengo novio.
3. ¿_______________?
   Hacía una hora que te esperaba.
4. ¿_______________?
   Hacía un año que vivían en Lima cuando compraron la casa.
5. ¿_______________?
   Juego al tenis desde hace tres años.
6. ¿_______________?
   Hace más de dos meses que ellos no me visitan.

III. De acuerdo con el sentido de las oraciones, use **hace, hacía, hizo** o **hará** para completarlas.

1. ¿_______________ mucho tiempo que Ud. no juega a la lotería?
2. Hoy _______________ un año que ella se graduó de la universidad.
3. ¿Cuánto tiempo _______________ que Ud. no comía paella?
4. El verano pasado _______________ dos años que murió mi amigo José.
5. La semana que viene _______________ cinco años que nos casamos.
6. _______________ mucho tiempo que no veía a mis primas.

**IV.** Traduzca al español las frases que están en inglés y complete las oraciones usando expresiones con el verbo **hacer**.

1. (*how is the weather*) ¿____________ en Madrid en el invierno?
   (*it is very cold/it is very hot*) ____________ en el invierno y ____________ en el verano.
2. (*it was very windy*) La semana pasada ____________ y se quebraron varias ramas[1] del naranjo.
3. (*it is cool*) Me gusta la primavera porque ____________.
4. (*it is sunny*) Prefiero ir a la playa cuando ____________.
5. (*will play the role*) Rosita ____________ de Blanca Nieves[2] en la producción de la escuela.
6. (*stand in line*) Había tanta gente para el estreno de la película que tuvimos que ____________ por una hora.
7. (*he plays deaf*) Cuando mi hermano no quiere contestar una pregunta ____________.
8. (*stops*) El vuelo que voy a tomar ____________ en las Bahamas.
9. (*he pretends to be*) Ese joven es un charlatán; ____________ artista y no sabe ni dibujar.
10. (*broke to pieces*) Se me cayó el plato y ____________.

[1]*branches* [2]*Snow White*

## D Frases con *tener*

| | | | |
|---|---|---|---|
| **tener... años** | *to be . . . years old* | **tener lástima** | *to have pity* |
| **tener calor** | *to be hot* | **tener lugar** | *to take place* |
| **tener catarro** | *to have a cold* | **tener miedo** | *to be afraid* |
| **tener celos** | *to be jealous* | **tener presente** | *to keep in mind* |
| **tener cuidado** | *to be careful* | **tener prisa** | *to be in a hurry* |
| **tener derecho** | *to have the right* | **tener que ver con** | *to have to do (with)* |
| **tener en cuenta** | *to take into account* | **tener razón** | *to be right* |
| **tener éxito** | *to be successful* | **tener sed** | *to be thirsty* |
| **tener frío** | *to be cold* | **tener sueño** | *to be sleepy* |
| **tener ganas de** | *to feel like* | **tener suerte** | *to be lucky* |
| **tener hambre** | *to be hungry* | **tener vergüenza** | *to be ashamed* |
| **tener la culpa** | *to bear the blame* | | |

## Ejercicios

I. Seleccione de la lista la expresión adecuada y complete las oraciones de acuerdo con el sentido de éstas. Use el tiempo verbal que sea necesario.

| | | |
|---|---|---|
| **tener celos** | **tener éxito** | **tener vergüenza** |
| **tener la culpa** | **tener lugar** | **tener catarro** |
| **tener cuidado** | **tener prisa** | **tener sueño** |
| **tener derecho** | | |

1. ¡_______________, Alfonso, que estás al borde de un precipicio!
2. Él es muy celoso, _______________ hasta de su sombra.
3. Ellos son los herederos[1] directos, por lo tanto, _______________ a la herencia.
4. Los políticos han perdido el sentido de la decencia y la honradez; no _______________.
5. -¿Quién crees que es culpable de todo lo que pasó? -No estoy seguro pero creo que es tu hermano quien _______________.
6. Agapito _______________ porque quiere llegar al banco antes de que cierren.
7. Frida Kahlo fue una artista que _______________.
8. Elena no fue a la escuela porque está enferma; _______________.
9. El concierto se celebrará el diez de octubre: _______________ en el Palacio de Bellas Artes.
10. Me voy a acostar temprano porque _______________.

[1] *heirs*

II. Usando frases con **tener** complete las oraciones según las indicaciones en inglés.

1. (*I don't feel like*) _______________ ver esa película. Me dicen que es mala.
2. (*he is right*) Pedro siempre cree que _______________.
3. (*he is lucky*) Cada vez que Octavio va a Las Vegas gana dinero; _______________.
4. (*I'm very careful*) Cuando manejo en la autopista _______________.
5. (*take into account*) Hay que _______________ todo lo que ella hizo por él.
6. (*he is afraid*) El niño no quiere que le apaguen la luz porque _______________.
7. (*will take place*) El concierto _______________ en la universidad.
8. (*I am in a hurry*) _______________ y no puedo seguir conversando contigo.
9. (*have the right*) Ellos _______________ a la herencia del tío Antonio.
10. Juan Carlos (*has to do with*) _______________ todos los negocios de su padre.

## E Repaso de verbos que se prestan a confusión

| | |
|---|---|
| **cocer** | El cocinero **cuece** la comida. |
| **coser** | La costurera (*seamstress*) **cose** el vestido. |
| **creer** | Los niños **creen** en Santa Claus y en los Reyes Magos. |
| **criar** | La madre **cría** a sus hijos con disciplina. |
| **crear** | El artista **crea** una obra de arte. |
| **darse cuenta** | ¿**Te das cuenta** lo tonta que es Sofía? |
| **realizar** | Ella **realizó** el sueño de su vida: casarse con Dagoberto. |
| **jugar** | Ellos **juegan** bien al tenis. |
| **tocar** | Alberto **toca** el violín y el clarinete. |
| **llevar** | **Llevé** a mi padre al médico. |
| **traer** | Acabo de llegar del mercado y te **traje** las naranjas que querías. |
| **tomar** | Ellos **toman** el autobús que pasa por la esquina. |
| **mirar** | Lo **miraba** pero no lo **veía**. |
| **ver** | **Miró** a lo lejos y **vio** que se acercaban los enemigos. |
| **mover** | **Moví** todos los muebles de la sala para limpiar la alfombra. |
| **mudarse** | **Nos mudamos** a una casa nueva. |
| **parecer** | ¿Qué te **parece** este restaurante? |
| **parecerse** | Elisa **se parece** a su madre. |
| **preguntar** | Le **pregunté** al policía dónde estaba el correo. |
| **pedir** | Ella me **pidió** un favor. |
| **quedar** | A María le **quedan** $20 para terminar el mes.<br>Tijuana **queda** cerca de San Diego.<br>**Quedé** en encontrarme con mi amigo en el juego de pelota.<br>Ese traje le **queda** muy bien a Margot. |
| **quedarse** | Vete tú que yo **me quedo** para esperar a los niños.<br>Después de mirar muchos vestidos **me quedé** con el azul. |
| **quitar** | **Quitamos** las sillas que estaban en la terraza. |
| **sacar** | **Saqué** las llaves de la cartera y no sé dónde las puse. |
| **rebelarse** | El ejército **se rebeló** contra el gobierno. |
| **revelar** | El joven **reveló** gran talento.<br>Mandé a **revelar** las fotografías. |
| **saber** | Ella **sabe** mucho de astronomía. |
| **conocer** | No **conozco** la ciudad de Valparaíso. |
| **salvar** | Juan **salvó** el perro que se cayó en el río. |
| **ahorrar** | Ellos **ahorran** dinero todos los meses. |

## Ejercicio

Escoja el verbo que sea correcto para completar el párrafo.

La familia que compró la casa de al lado nuestro
_______________ ayer por la mañana. Por la tarde fui a *(se movió / se mudó)*
saludarlos y les _______________ una jarra[1] con limonada *(llevé / traje)*
fría, pues hacía mucho calor. La señora es joven
y _______________ muy simpática. Tiene dos niños, uno *(parece / se parece)*
de nueve y otro de once años. Ella _______________ que *(crea / cree)*
las escuelas de esta área son mejores y por eso compraron la
casa. Ella y su esposo quieren _______________ a sus hijos *(criar / crear)*
en un lugar lejos del centro de la ciudad. Ella no
_______________ que yo era maestra de la escuela a donde *(conocía / sabía)*
irán sus hijos. Yo le dije que podría _______________ a *(llevar / traer)*
los niños de la escuela cuando ella no pudiera ir a buscarlos.
Se puso muy contenta con mi ofrecimiento y _______________ *(se dio cuenta / realizó)*
de la buena suerte que tuvo al comprar la casa.

[1]*pitcher*

## Ejercicio de composición (opcional)

Haga una composición, oral o escrita, sobre el tema que se da a continuación. Use el esquema siguiente.

TEMA: **El mundo de la astrología.**

INTRODUCCIÓN: **La astrología se ocupa de predecir el porvenir[1]. Muchas personas creen en la influencia que los astros[2] tienen en sus vidas. Consultan con astrólogos y respetan su horóscopo.**

DESARROLLO: **Ud. en relación con su signo del zodíaco. ¿Lee Ud. la sección del horóscopo en el periódico y revistas? Relate alguna circunstancia de su vida en que ocurrió lo que predijo su horóscopo. ¿Cree Ud. que creer en la astrología es lo mismo que creer en el destino?**

CONCLUSIÓN: **¿Qué aspectos positivos o negativos puede tener el creer que toda la vida de las personas está guiada por los astros?**

[1]*future* [2]*stars*

## F Expresiones idiomáticas*

| | |
|---|---|
| **además de** | *besides* |
| **a escondidas** | *secretly* |
| **a fin de cuentas** | *all things considered* |
| **a lo largo de** | *along* |
| **a menos que** | *unless* |
| **a menudo** | *often* |
| **a pesar de** | *in spite of* |
| **a propósito** | *by the way* |
| **a veces** | *sometimes* |
| **caer bien (mal)** | *to like (dislike)* |
| **dar en el clavo** | *to hit the nail on the head* |
| **de dientes afuera** | *insincerely* |
| **de vez en cuando** | *once in a while* |
| **día a día** | *day by day* |
| **en cualquier caso** | *in any case* |
| **en lugar de** | *instead of* |
| **en un abrir y cerrar de ojos** | *in the blink of an eye* |
| **estar al tanto** | *to be up-to-date* |
| **estar a punto de** | *to be about to* |
| **estar conforme** | *to be in agreement* |
| **estar de luto** | *to be in mourning* |
| **estar de moda** | *to be fashionable* |
| **estar de paso** | *to be passing by, on the way* |
| **hablar entre dientes** | *to mumble* |
| **hacer caso de** (o **a**) | *to pay attention to* |
| **llover a cántaros** | *to rain cats and dogs* |
| **más vale** | *it's better* |
| **ni siquiera** | *not even* |
| **no faltaba más** | *that's the last straw* |
| **no hay** (o **tiene**) **remedio** | *it's hopeless* |
| **pasarlo bien (mal)** | *to have a good (bad) time* |
| **paso a paso** | *step by step* |
| **poco a poco** | *little by little* |
| **por lo tanto** | *therefore* |
| **por poco** | *almost* |
| **ser plato de segunda mesa** | *to play second fiddle* |
| **sobre todo** | *above all* |
| **tarde o temprano** | *sooner or later* |
| **tener buen diente** | *to have a big appetite* |
| **tener en cuenta** | *to take into account* |
| **tomarle el pelo** | *to kid* |

## G Repaso de frases preposicionales

| *Preposición* | FRASES PREPOSICIONALES | | | |
|---|---|---|---|---|
| **a** | **a caballo** | *on horseback* | **a menudo** | *often* |
| | **a causa de** | *due to* | **a pesar de** | *in spite of* |
| | **a eso de** | *at about (time)* | **a pie** | *on foot* |
| | **a la (misma) vez** | *at the same time* | **a tiempo** | *on time* |
| | | | **a veces** | *sometimes* |
| | **a mano** | *by hand* | | |
| **con** | **con respecto a** | *regarding* | **con tal (de) que** | *provided* |

*Los ejercicios con estas expresiones idiomáticas aparecen en el *Cuaderno de ejercicios* A, Capítulo 10.

| | | | | |
|---|---|---|---|---|
| **de** | **de buena (mala) gana** | *willingly (unwillingly)* | **de pie** | *standing* |
| | | | **de repente** | *suddenly* |
| | **de esta manera** | *this way* | **de veras** | *really* |
| | **de modo que** | *so* | **de vez en cuando** | *once in a while* |
| **en** | **en cuanto a** | *in regard to* | **en vez de** | *instead* |
| | **en seguida (enseguida)** | *right away* | | |
| **para** | **para qué?** | *what for?* | **para siempre** | *forever* |
| **por** | **por eso** | *that is why* | **por otra parte** | *on the other hand* |
| | **por fin** | *finally* | | |
| | **por lo general** | *as a rule* | **por poco** | *almost* |
| | **por lo menos** | *at least* | **por supuesto** | *of course* |

# Lectura 1

## Chile

Chile parece una espada° estrecha y larga que está al sur del Perú entre los Andes y el Pacífico. El paisaje chileno, debido a su posición, es uno de los más hermosos del continente. En los Andes hay imponentes° picos de gran elevación que están siempre cubiertos de nieve, como el Aconcagua, que es el pico más alto del continente americano con 23.000 pies de altura. El norte del país es desértico, pero en el sur los numerosos ríos y fiordos° dan al paisaje una belleza incomparable que hace pensar en los países escandinavos°.

*sword* · *imposing* · *fjords* · *Scandinavian*

En sus costas, Chile tiene varios archipiélagos e islas, entre las que se encuentran las Islas de Juan Fernández, donde vivió Robinson Crusoe, el héroe de la novela de Daniel Defoe, y la Isla de Pascua°, que está a 2.000 millas de la costa y presenta una cultura de tipo polinesio°.

*Easter Island* · *Polynesian*

Al igual que los otros países hispanoamericanos, Chile empezó su lucha° independentista en 1810. Bernardo O'Higgins (1778–1842), de ascendencia irlandesa°, luchó por la independencia de su patria. Ayudado por el general argentino José de San Martín (1778–1850), que cruzó los Andes con su ejército, O'Higgins vio su patria libre de la dominación española en 1817.

*fight* · *Irish*

Las principales ciudades de Chile son: Santiago—la capital—Valparaíso, Concepción y Valdivia, todas en la región central. La capital, debido a la posición que tiene, es un lugar privilegiado. Está junto a° la cordillera de los Andes y cerca del mar, lo que hace que

*near*

*La catedral frente a un edificio moderno en la ciudad de Santiago, Chile.*

sus habitantes puedan disfrutar de los deportes de esquí en las montañas y de las hermosas playas. Santiago es una ciudad internacional con amplias° avenidas, magníficos edificios, elegantes barrios residenciales y bellos parques. Valparaíso es el primer puerto de Chile y en su bahía° hay siempre barcos mercantes° de todo el mundo. En esta ciudad están la Escuela de Derecho° de la Universidad de Chile, la Universidad Católica y la Escuela Naval, que es una de las más importantes de Hispanoamérica. Muy cerca de Valparaíso se encuentra Viña del Mar, famosa por sus playas, clima excelente, magnífica pesca° y sus centros culturales y de diversión. Esta ciudad está llena de elegantes y modernos edificios y hoteles, y es un lugar ideal de atracción en el verano.

*wide*

*bay/merchant ships*

*law school*

*fishing*

La tradición cultural chilena es extremadamente rica. Desde que Pedro de Valdivia tomó posesión de la región en nombre del rey de España en 1540, Chile no ha cesado de contribuir al enriquecimiento° de la cultura hispánica. Entre los grandes poetas chilenos se pueden citar Vicente Huidobro (1893–1948), Gabriela Mistral (1889–1957) y Pablo Neruda (1904–1973). Estos dos últimos poetas recibieron el Premio Nóbel de Literatura, la Mistral en 1945 y Neruda en 1971.

*enrichment*

A raíz de° la independencia, el gobierno chileno llamó al gran educador venezolano Andrés Bello (1781–1865) para que organizara el sistema educativo de Chile. Andrés Bello dedicó gran parte de su vida al progeso cultural chileno y su labor hizo que el país se beneficiara°, no sólo en el sistema educativo, que es famoso en Hispanoamérica, sino en su vida cultural y social.

*soon after*

*benefit*

## VOCABULARIO PARA REPASAR

imponente   lucha   pesca   espada   junto a   a raíz de   irlandés   bahía
beneficiarse   barcos mercantes   estrecho   escuela de derecho

I. Después de repasar el vocabulario, llene los espacios en blanco con la palabra que sea correcta.

1. El panorama de los Andes es ________________ por sus enormes picos cubiertos de nieve.
2. Mi padre es de Irlanda; es ________________.
3. Se dice que Chile parece una ________________ porque es un país estrecho y largo.
4. ________________ la independencia, el gobierno chileno organizó la educación.
5. La joven es abogada; estudió en la ________________.
6. La ciudad de Santiago está ________________ los Andes.
7. En la ________________ de Valparaíso siempre hay barcos mercantes de todo el mundo.
8. El país ________________ cuando Andrés Bello organizó el sistema educativo.

II. Busque en la lectura los opuestos de las siguientes palabras y haga una oración con ellos.

1. ancho   2. último   3. antiguo   4. nunca
5. norte   6. lejos de   7. invierno   8. comparable

### PREGUNTAS SOBRE LA LECTURA

1. ¿Qué comparación se hace al hablar del aspecto físico de Chile?
2. ¿Qué variedad presenta el paisaje chileno?
3. ¿Qué dice el narrador de las islas que están en las costas de Chile?
4. ¿Qué hizo el general José de San Martín para ayudar a los chilenos en su lucha independentista?
5. ¿Qué atractivos ofrece la ciudad de Santiago?
6. ¿Qué cosas importantes hay en Valparaíso?
7. ¿Qué poetas chilenos han alcanzado fama internacional?

### TEMAS DE CONVERSACIÓN

1. ¿Es el estrés un mal común hoy en día? ¿Cuáles cree Ud. que son las causas principales del estrés? ¿Qué es lo que produce en Ud. mayor estrés? ¿Qué hace para combatirlo?
2. ¿Qué efectos produjo la revolución industrial en el medio ambiente? ¿Hace daño para la salud la contaminación ambiental? ¿Por qué? ¿Cuáles son los efectos de la polución en la vida marina, en los lagos, en los ríos? ¿Cómo cree Ud. que los movimientos ecológicos ayudarán a mejorar y a conservar la tierra?
3. ¿Considera Ud. que el fumar es malo para la salud de las personas? Explique su respuesta. ¿Cree Ud. que ha disminuido el consumo de cigarrillos entre los jóvenes norteamericanos? ¿Cree Ud. que el gobierno debe prohibir fumar en todos los lugares públicos? Explique su respuesta. ¿Se podría hacer lo mismo en muchos países europeos, en el Japón y en la China?

# Lectura 2

## Rubén Darío

**Rubén Darío (1867–1916), uno de los grandes poetas del mundo hispano, nació en Nicaragua. Durante su adolescencia leyó e imitó a los poetas españoles y franceses, los cuales tuvieron gran influencia en su formación literaria. En su primera obra, *Azul* (1888), Rubén Darío mostró su gran sensibilidad y su originalidad en el verso. Fue el líder de la revolución artística que dio paso al *Modernismo*, movimiento que se caracterizó por las innovaciones métricas, la riqueza musical, el lenguaje preciosista y el mundo refinado y sensual que describía.**

**El cuento "El nacimiento de la col"[1] apareció en 1893 en el periódico argentino "La Tribuna", y en él Darío nos transporta al paraíso terrenal en el quinto día de la creación del mundo.**

[1] *cabbage*

## El nacimiento de la col

En el paraíso terrenal°, en el día luminoso en que las flores fueron creadas, y antes de que Eva fuese tentada° por la serpiente, el maligno° espíritu se acercó a la más linda rosa nueva en el momento en que ella tendía°, a la caricia° del celeste° sol, la roja virginidad de sus labios.

—Eres bella.

—Lo soy—dijo la rosa.

—Bella y feliz—prosiguió el diablo—. Tienes el color, la gracia y el aroma. Pero...

—¿Pero?...

—No eres útil. ¿No miras esos altos árboles llenos de bellotas°? Ésos, a más de ser frondosos°, dan alimento a una muchedumbre° de seres animados° que se detienen bajo sus ramas. Rosa, ser bella es poco...

La rosa entonces—tentada como después lo sería la mujer—deseó la utilidad°, de tal modo° que hubo palidez en su púrpura. Pasó el buen Dios después del alba° siguiente.

—Padre—dijo aquella princesa floral, temblando en su perfumada belleza—, ¿queréis hacerme útil?

—Sea, hija mía—contestó el Señor, sonriendo.

Y entonces vio el mundo la primera col.

*Garden of Eden*
*tempted*
*evil*
*was offering / caress / celestial*
*acorns*
*besides being leafy / multitude / living things*
*usefulness / so much so / dawn*

### VOCABULARIO PARA REPASAR*

paraíso terrenal   tentar   caricia   muchedumbre   utilidad   alba   frondoso   bellota

### PREGUNTAS SOBRE LA LECTURA

1. ¿Dónde y cuándo ocurrió este cuento?
2. ¿Quién se acercó a la más linda rosa nueva?
3. Según la narración, ¿qué tienen los árboles que no tiene la rosa?
4. ¿Con qué tentó el diablo a la rosa?
5. ¿Qué le pidió la rosa a Dios?
6. ¿Cómo complació[1] Dios a la rosa?

[1] *pleased*

*Los ejercicios correspondientes a este vocabulario aparecen en el *Cuaderno de ejercicios A*.

# Compruebe lo que aprendió

## Capítulo 1

## Estudio de palabras

Escoja las palabras correctas y complete las oraciones.

1. (cobré / conté) Cuando llegué a casa le ______________ a Alfredo el accidente que vi en la calle cuando (devolvía / regresaba) ______________ del banco donde fui a cobrar el cheque que me mandó mi padre.
2. (se dirigió / se lastimó) El Sr. Ramírez ______________ a todos los asociados del club para anunciarles que van a subir la cuota anual de socio.
3. (conseguir / recoger) Enrique me va a ______________ a las diez de la mañana para ir al desfile con él.
4. (Siguen / Dirigen) ¿______________ Uds. trabajando en la Cruz Roja?

## Gramática

I. Para completar el párrafo, llene los espacios en blanco con el presente de indicativo de los verbos indicados a la derecha.

| | |
|---|---|
| Yo ______________ a la peluquería una vez a la semana y | (*ir*) |
| siempre me ______________ Conchita que ______________ | (*atender*)(*saber*) |
| cómo me ______________ llevar el pelo. Como lo ______________ | (*gustar*)(*tener*) |
| largo, ella me ______________ de peinado[1] con mucha | (*cambiar*) |
| frecuencia. ______________ muchos años que Conchita __________ | (*hacer*)(*ser*) |
| mi peluquera y por eso no me ______________ mucho. | (*cobrar*) |

[1]*hairdo*

II. Ud. y su amigo piensan ir a ver una corrida de toros. Escriba las preguntas que Ud. le hizo para saber si él...

**MODELO:** ... consiguió las entradas.
**¿Conseguiste las entradas?**

1. ... tuvo que esperar mucho.

_______________

2. ... pagó mucho por ellas.

_______________

3. ... escogió buenos asientos.

_______________

4. ... leyó lo que dicen del torero.

_______________

**III.** Complete los párrafos con el presente de indicativo o el pretérito de los verbos que están entre paréntesis.

1. El sábado pasado _______ la fiesta que los compañeros *(ser)*
de Andrés le _______ para celebrar el ascenso[1] que le *(ofrecer)*
_______ hace un mes. Yo no _______ quien *(dar)(saber)*
_______ a ocupar el puesto que él _______ *(ir)(tener)*
por tanto tiempo.
2. Me _______ mucho nadar en las playas del Caribe y del *(gustar)*
Golfo de México. La última vez que yo _______ a Cancún *(ir)*
_______ tres semanas y ___ _______ *(estar)(divertirse)*
mucho. _______ no poder ir este año, pero el pasaje y el *(sentir)*
hotel _______ mucho dinero porque los precios *(costar)*
_______ el año pasado casi al doble de lo que yo *(subir)*
_______ cuando _______ allí en 1995. *(pagar)(estar)*
3. Frecuentemente yo _______ a mi amigo para ir al teatro. *(convencer)*
Hace un momento él me _______ que _______ *(decir)(ir)*
a ir esta noche y, para no llegar tarde, (yo) ___ _______ *(vestirse)*
en seguida. La semana pasada él _______ en el periódico *(leer)*
que los actores _______ muy buenos. *(ser)*

[1]*promotion*

# Compruebe lo que aprendió

## Capítulo 2

## Estudio de palabras

Complete las oraciones escogiendo de la lista que se da a continuación las palabras para sustituir las frases que están entre paréntesis.

**gana cambiarme enseñó queda de madrugada cabemos se quedó las entradas**

1. (ponerme otra ropa) Voy a ______________ para poder ir contigo a la playa.
2. (está) El museo ______________ muy cerca del hotel donde estamos.
3. (le pagan) El trabajo que Luisa tiene es interesante y ______________ un buen salario.
4. (permaneció) Ella ______________ más de un mes en el Ecuador.
5. (mostró) El empleado me ______________ más de veinte camisas. Todas eran muy bonitas.
6. (muy temprano por la mañana) Salieron ______________ para poder llegar al lago a la hora del almuerzo.
7. (podemos ir) Somos muchos, no ______________ todos en ese carro tan pequeño.
8. (los boletos) Compré ______________ para ir a ver la ópera "El barbero de Sevilla".

## Gramática

I. Para completar el párrafo, llene los espacios en blanco escogiendo el pretérito o el imperfecto de indicativo de los verbos indicados a la derecha.

Cuando la semana pasada nosotros ______________ al aeropuerto *(llegar)*
de San Juan, en Puerto Rico, ______________ mal tiempo. El *(hacer)*
piloto nos ______________ que el avión no ______________ a *(informar)(ir)*

poder salir. Mi marido y yo no ______________ si regresar al hotel (*saber*)
o esperar en el aeropuerto, pues nadie ______________ predecir la (*poder*)
demora. ______________ torrencialmente y ______________ un (*llover*)(*soplar*)
viento de huracán. (Nosotros) ______________ esperar (*decidir*)
pacientemente y después de seis horas de espera ______________ (*oír*)
el anuncio de la salida de nuestro vuelo para Los Ángeles.

**II.** Complete la narración con verbos en el pasado usando la forma verbal correcta de los verbos indicados a la derecha.

______________ las ocho de la noche y el viento con olor a (*ser*)
humedad ______________ la lluvia que ______________ a (*anunciar*)(*ir*)
caer. Me ______________ cansado después del largo día de (*sentir*)
trabajo y ______________ llegar pronto a mi casa. Mientras (*desear*)
______________ ______________ en todos los años que (*caminar*)(*pensar*)
______________ recorriendo las mismas calles y en los deseos (*llevar*)
que ______________ de viajar para conocer otros países y (*tener*)
romper la monotonía de mi vida.

Siempre ______________ las mismas caras y los mismos (*ver*)
edificios. Todo me ______________ aburrido. ______________ (*parecer*)(*estar*)
absorto en mis pensamientos cuando, de pronto, ______________ (*sentir*)
que alguien se me ______________. Me ______________ y (*acercar*)(*detener*)
pronto se ______________ delante de mí un joven de unos 25 (*presentar*)
años que me ______________ la mano y que en voz baja (*extender*)
me ______________: "No deseo ni su dinero ni su reloj. Sólo (*decir*)
quiero algo que he anhelado toda mi vida." ______________ (*sentir*)
que las piernas me ______________ y con voz débil (*temblar*)
______________ preguntar: "¿Y yo lo tengo?" "Sí", me (*poder*)
______________, "todos lo tenemos. Sólo quiero un amigo, una (*decir*)
persona con quien hablar."

**III.** Complete las respuestas llenando los espacios en blanco con el futuro o el condicional de los verbos indicados a la derecha.

**1.** ¿Qué dice el periódico del tiempo?
Dice que ______________ mucho mañana, pero la semana pasada dijo (*nevar*)
que ______________ y no cayó ni una gota de agua. Por eso no creo (*llover*)
mucho en los pronósticos del tiempo.

2. ¿______________ Aurora y Luis a cenar el próximo sábado con nosotros? *(venir)*
Supongo que ______________ la invitación, pero Alfonso me recordó *(aceptar)* que la vez pasada que los invitamos, ellos dijeron que ______________ para confirmar si venían, y nunca llamaron. *(llamar)*
3. ¿Qué crees que ______________ Felipe cuando se entere que él y *(decir)* nosotros no ______________ ir al juego de pelota del domingo porque *(poder)* no conseguimos entradas?
Seguramente ______________ que volvamos todos los días a la taquilla *(querer)* del estadio para ver si hay cancelaciones. A él le ______________ *(gustar)* mucho ir a ese juego y estoy seguro que ______________ cualquier *(pagar)* precio por las entradas.

IV. Traduzca las siguientes oraciones al español.

1. *What time was it when Paco came last night?*

________________________________________

*It was probably two o'clock when he arrived.*

________________________________________

2. *I wonder who is calling so late?*

________________________________________

*I don't know, it is probably your son.*

________________________________________

3. *I wonder if Manuel went to the movies last night?*

________________________________________

4. *I wonder if the check will arrive today?*

________________________________________

V. Complete las oraciones llenando los espacios en blanco de acuerdo con las indicaciones en inglés.

1. *(have learned)* Nosotros __________________ mucho en esta clase.
2. *(had told)* Fermín me __________________ que vendría temprano.
3. *(would have gone)* Pensé que tú __________________ con ellos al cine.
4. *(probably have arrived)* Creo que ellos ya __________________.

# Compruebe lo que aprendió

## Capítulo 3

### Estudio de palabras

Escoja las palabras correctas y complete las oraciones.

1. (gasta / ahorra) Carolina _______________ mucho dinero en ropa y por eso siempre está sin un centavo.
2. (salvó / huyó) El ladrón[1] _______________ por la ventana al sentir que alguien abría la puerta de la calle.
3. (duró / apagó) Me cansé mucho porque el examen _______________ más de tres horas.
4. (grado / empleo) René consiguió un buen _______________ en la agencia de viajes. Le pagan bien y puede viajar por poco dinero.
5. (está de buen humor / está lista) Mi hija siempre llega tarde a todos los lugares. Aun cuando viene su novio a buscarla nunca _______________.

[1]*thief*

### Gramática

I. Complete las oraciones llenando los espacios en blanco con la forma verbal que sea correcta de **ser** o **estar**.

1. La boda de Rosalía _______________ el mes que viene y toda la familia _______________ muy contenta porque el novio _______________ un muchacho muy listo que _______________ estudiando para contador. Él _______________ de Colombia y toda su familia _______________ en Bogotá.
2. ¿Qué hora _______________ cuando llamó Ramón? Creo que _______________ las cinco y dijo que _______________ de regreso para la hora de la cena. Cuando llamó _______________ todavía en la oficina y _______________ listo para salir porque tenía que asistir a una reunión con el jefe de su departamento.

3. Las paredes de mi casa ________________ de adobe y resulta muy fresca en el verano. Cuando las ventanas ________________ abiertas entra la brisa que viene del mar y no ________________ necesario poner el aire acondicionado, lo cual ________________ un gran ahorro de electricidad.
4. Cuando un mango ________________ maduro ________________ una fruta tropical deliciosa. Cuando yo ________________ el año pasado en Costa Rica probé muchas variedades de esta fruta y todas ________________ exquisitas. ¿________________ Ud. en Costa Rica alguna vez?
5. Pablo ________________ un chico muy optimista, pero hoy ________________ muy triste porque le dijeron que sus vacaciones no pueden ________________ en el verano, sino en el otoño. Él ________________ planeando ir de viaje al Uruguay para ________________ allá tres semanas con los tíos que viven en Montevideo.

**II.** Complete el siguiente párrafo llenando los espacios en blanco con el presente de subjuntivo de los verbos indicados a la derecha.

Me alegro de que Ud. ________________ conseguido un apartamento *(haber)*
en este edificio, pues es muy importante que ________________ *(ser)*
seguro y que ________________ en un barrio lejos del centro. El dueño *(estar)*
les pide a los inquilinos que ________________ el alquiler a tiempo y *(pagar)*
que ________________ limpio el jardín. *(mantener)*

**III.** Complete el siguiente párrafo llenando los espacios en blanco con el imperfecto de subjuntivo de los verbos indicados a la derecha.

Cuando yo estaba en la escuela mi mamá no nos permitía que
________________ al cine durante la semana. A ella no le parecía bien *(ir)*
que ________________ de hacer la tarea, pues consideraba que era *(dejar)*
sumamente importante que nosotros ________________ bien en los *(salir)*
exámenes. Tampoco nos exigía que ________________ quehaceres *(hacer)*
domésticos, pues prefería que ________________ del tiempo estudiando. *(disponer)*
Ahora yo le agradezco que nos ________________ estimulado de esa *(haber)*
manera, pues por eso pude terminar una carrera universitaria.

**IV.** Complete los párrafos llenando los espacios en blanco con el presente de indicativo o de subjuntivo de los verbos indicados a la derecha.

1. No es seguro que mis primos ________________ venir a pasar las *(poder)*
Navidades con nosotros porque es posible que la policía

________________ la carretera debido a la tormenta de nieve. *(cerrar)*
Aconsejan que no _____ ________________ por esa ruta durante los *(irse)*
días de la tormenta. Ojalá que el tiempo ________________ y que el *(mejorar)*
día de Navidad no ________________ y que ________________ un *(nevar)(hacer)*
sol brillante.

2. Es cierto que Canelo, el perrito que ________________ Andrea, *(tener)*
________________ muy bonito. Ella no quiere que Canelo *(ser)*
________________ afuera porque teme que un carro lo *(salir)*
________________. Es verdad que ________________ mucho tráfico *(matar)(haber)*
en la calle donde ella ________________. Quiera Dios que no le *(vivir)*
________________ nada al perrito porque es evidente que ella lo *(pasar)*
________________. *(adorar)*

# Compruebe lo que aprendió

## Capítulo 4

## Estudio de palabras

Complete las oraciones escogiendo de la lista que se da a continuación las palabras para sustituir las frases que están entre paréntesis.

**asistir dondequiera recado maneja se probó en cuanto**

1. (dirige) ¿Quién ________________ todos los negocios de la familia?
2. (mensaje) Clarita me dejó un ________________ en la oficina porque quiere que la lleve al garaje a recoger su coche.
3. (estar presente) Ellos no van a ________________ al baile de carnaval que se celebrará en el casino.
4. (se puso) Pedro necesita una chaqueta nueva. Fue a la tienda y ________________ varios modelos. Por suerte encontró lo que quería.
5. (en todos los lugares) Durante nuestro viaje nos encontramos con muchos turistas ________________ que fuimos.
6. (tan pronto como) No te olvides de llamarme ________________ llegues a tu casa.

## Gramática

I. Complete las respuestas usando el presente perfecto de subjuntivo.

1. ¿Estaban ellos en el quinto piso cuando ocurrió el terremoto?
   Ojalá que no ________________________________________.
2. ¿Llegaron los bomberos a tiempo?
   Espero que ________________________________________.
3. ¿Hubo muchos heridos?
   Es posible que ________________________________________.

II. Complete las oraciones llenando los espacios en blanco con el pluscuamperfecto de subjuntivo de los verbos en paréntesis.

1. (ver) Describes al artista como si lo ______________________ en persona.
2. (saber) Habría ido a verlo si yo ______________________ que iba a estar allí.
3. (romper) Aunque ella se cayó en el cemento, no creí que se ______________________ la pierna.

III. Complete las oraciones llenando los espacios en blanco de acuerdo con las indicaciones en inglés.

1. (*have gone*) Deseo que mis amigos ______________________ al museo a ver la exposición de Rufino Tamayo.
2. (*had had*) Temíamos que Uds. ______________________ un accidente.
3. (*had written*) Sentí que tú no ______________________ la carta dando las quejas al banco.
4. (*has done*) Espero que ella ______________________ el trabajo que le di.
5. (*has opened*) Es posible que el perro ______________________ la puerta del patio.

IV. Complete las respuestas llenando los espacios en blanco con el presente o el imperfecto de subjuntivo de los verbos en paréntesis. Cuidado con la secuencia de tiempos.

1. ¿Qué desea el gobernador del estado?
   (pagar) Que todo el mundo ______________ los impuestos antes del 15 de abril.
2. ¿Qué crees que va a pasar en las próximas elecciones?
   (elegir) No creo que la gente ______________ al mismo senador.
3. ¿Qué te pidió Francisca?
   (ir) Que yo ______________ con ella al capitolio.
4. ¿Qué le recomendó el jefe de la policía al alcalde?
   (aumentar) Que ______________ el número de policías en la ciudad.
5. ¿Qué me aconseja Ud.?
   (votar) Que ______________ por el juez Maldonado, que es el mejor de los candidatos.

V. ¿Indicativo o subjuntivo? Complete el párrafo llenando los espacios en blanco con la forma verbal correcta, del indicativo o del subjuntivo, de los verbos indicados a la derecha.

Anoche (yo) ______________ a un amigo de Oklahoma a comer en (*llevar*)
un restaurante puertorriqueño que ______________ una comida (*servir*)

exquisita. Yo le pedí al camarero que nos ______________ lechón[1] asado y plátanos maduros pues quería que mi amigo ______________ los platos típicos. Él pensaba que la comida puertorriqueña ______________ muy picante[2] y ______________ comprobar que ______________ equivocado. Le sorprendió mucho que ellos ______________ tantos platos regionales.

*(traer)* *(probar)* *(ser)* *(poder)* *(estar)* *(tener)*

[1]*pork* [2]*spicy hot*

**VI.** ¿Indicativo o subjuntivo? Complete las oraciones llenando los espacios en blanco con la forma verbal correcta, del indicativo o del subjuntivo, de los verbos en paréntesis.

1. (terminar) Salieron del cine antes de que ______________ la película.
2. (llegar) En cuanto yo ______________ a casa llamé a Elisa por teléfono.
3. (hacer) Estaremos en casa hasta que los niños ______________ la tarea.
4. (escribir) Estoy segura de que ella me ______________ mañana.
5. (pagar) Avísame tan pronto como él ______________ la hipoteca.
6. (estar) Si ellos ______________ ayer aquí, yo no los vi.

**VII.** Traduzca las siguientes oraciones al español usando el tiempo del subjuntivo que sea necesario.

1. *We prefer that you* (tú) *do the work.*

   ______________________________________________

2. *They wanted us to stay for dinner.*

   ______________________________________________

3. *I am glad you* (Ud.) *have come to see me.*

   ______________________________________________

4. *I wished (that) she had called last night.*

   ______________________________________________

5. *If I were María, I would accept that job.*

   ______________________________________________

**VIII.** Ud. quiere que su hija Cristina haga ciertas cosas mientras Ud. está fuera.

A. Escríbale unas líneas diciéndole que...

**MODELO:** ... llame al banco.
**Llama al banco.**

1. ... ponga la ropa en la secadora.

   ______________________________________________

2. ... le escriba a Fermín.

______________________________________________

3. ... vaya a la farmacia y traiga la medicina.

______________________________________________

4. ... se pruebe la blusa.

______________________________________________

B. Ahora recuérdele también que...

1. ... no abra la puerta.

______________________________________________

2. ... no salga con el perro.

______________________________________________

3. ... no se siente en las sillas que están pintadas.

______________________________________________

# Compruebe lo que aprendió

## Capítulo 5

### Estudio de palabras

Escoja las palabras correctas y complete las oraciones.

1. (mudar / mover) Hay que ________________ los libreros para poner la alfombra nueva.
2. (se mudó / movió) ¿Cuándo ________________ Ignacio de la casa que compró hace poco tiempo?
3. (encontró / fundó) El padre de Alberto fue el que ________________ la compañía de quesos que hoy es un negocio de millones de dólares.
4. (locutor / dependiente) Ayer entrevistamos al muchacho que va a trabajar de ________________ en la farmacia.
5. (despacho / consultorio) El abogado nos recibió en su ________________ y nos entregó los papeles que necesitábamos.

### Gramática

I. Complete las oraciones.

A. Llene los espacios en blanco con el artículo definido o las contracciones **al** o **del**.

1. _____ periódico dice que _____ inundaciones han sido muy grandes en _____ sur _____ estado porque _____ aguas _____ río se han desbordado y _____ calles de _____ ciudades cercanas parecen lagos.
2. Se dice que _____ amor es ciego, pero _____ mismo tiempo, es _____ sentimiento más noble _____ ser humano, capaz de hacer _____ sacrificios más grandes por _____ persona amada.

B. Ahora, llene los espacios en blanco con el artículo definido o el artículo indefinido para completar las oraciones.

1. Tengo _____ primo que tiene _____ perro danés precioso y cuando sale con él todo _____ mundo lo celebra.

2. _____ mujeres y _____ hombres merecen ganar _____ mismo salario. Es triste que _____ mujer, con igual educación a la de _____ hombre, gane menos dinero. Hay que tener _____ medida de igualdad para _____ dos.

II. A. ¿Los siguientes sustantivos son femeninos o masculinos? Llene el espacio en blanco con el artículo definido correcto.

1. _____ mapas
2. _____ tema
3. _____ programa
4. _____ manos
5. _____ libertad
6. _____ águila
7. _____ niñez
8. _____ sacapuntas

B. Ahora escriba el plural de los siguientes sustantivos.

1. la crisis ________________
2. la raíz ________________
3. el emperador ________________
4. el arma ________________
5. la mamá ________________
6. el jardín ________________

III. Escriba en los espacios en blanco los diminutivos de los sustantivos que están subrayados.

Miguel jugaba todas las tardes en un parque que había cerca de su casa. Allí se reunía con sus amigos que traían unos barcos de juguete para echarlos en el lago del parque. Yo me sentaba en un banco y me entretenía viéndolos jugar. A esa hora había siempre un aire fresco que movía suavemente los árboles y las flores.

________________
________________
________________
________________
________________
________________
________________
________________
________________
________________

IV. Escoja la palabra correcta para completar el diálogo entre Ud. y su amigo.

—Te aconsejo ________________ a la reunión de esta tarde. *(ir)(vayas)*
¿Quieres que ________________ por ti? *(pasar)(pase)*
—Sí, llámame antes de ________________. *(venir)(viniendo)*
—Espero ________________ de casa a eso de las tres. *(salga)(salir)*
—Es buena idea que ________________ temprano. *(llegar)(lleguemos)*
—Después de ________________ lo que van a decir en la reunión, sería bueno ________________ en un restaurante del centro. *(escuchando)(escuchar)* *(comer)(comamos)*

V. Complete las siguientes oraciones llenando los espacios en blanco de acuerdo con las indicaciones en inglés. Recuerde que en español frecuentemente el infinitivo sustituye al gerundio en inglés.

1. (*knowing my friend*) ____________________, no lo esperé a comer.
2. (*after visiting my grandparents*) ____________________ fui al cine con mis amigos.
3. (*moving his head from side to side*) Él se paró en la silla ____________________.
4. (*walking for twenty minutes*) ____________________ me hizo sentir mucho mejor.
5. (*they continue living*) ____________________ en San Antonio.
6. (*I am reading*) ____________________ una buena biografía de Miguel Ángel.
7. (*the girls are laughing*) ____________________ con los chistes de Ramón.
8. (*how much is he asking*) ¿____________________ por la casa?

# Compruebe lo que aprendió

## Capítulo 6

## Estudio de palabras

Complete las oraciones escogiendo de la lista que se da a continuación las palabras para sustituir las frases que están entre paréntesis.

**aseguró   en seguida   entregué   regalar   están de acuerdo**

1. (di personalmente) Le ________________ a Ricardo la pluma de oro que dejó olvidada en mi casa.
2. (dio seguridad) Mi amigo me ________________ que me devolvería en un mes el dinero que le presté.
3. (piensan igual) Ellos siempre ________________ en todo. Nunca los he visto discutir ni pensar diferente en nada.
4. (inmediatamente) El paciente del cuarto número quince es muy majadero[1]. Cuando llama quiere que la enfermera vaya ________________.
5. (dar un presente) ¿Qué le vas a ________________ a Andrés para su cumpleaños?

[1]*annoying, difficult*

## Gramática

I. Complete el párrafo usando pronombres directos, indirectos, o con preposición, según sea necesario. Cuidado con los acentos.

El mozo trajo la cuenta a la mesa y nosotros _____ _____ pasamos a papá, como de costumbre. Él _____ aceptó con la misma finura de siempre. Por supuesto, él estaba listo para llevar_____ al cajero cuando mi hermano, de pronto, _____ _____ quitó a papá de las manos. "Pero, hijo, ¿a qué se debe esto?" Mi hermano, con una enorme sonrisa, explicó que la compañía _____ había dado una buena regalía[1] y se sentía rico. "Será un placer para _____, papá. No _____ _____ quites." Mi padre, orgulloso, _____ respondió: "No _____ _____ quito, hijo. Aquí tienes la cuenta. Paga_____."

[1]*bonus*

**II.** Escoja el verbo correcto y complete las oraciones. Use el tiempo verbal que sea necesario.

1. (vestir / vestirse) Tenemos que ________________ porque vamos a salir en seguida.
2. (parecerse / parecer) Dicen que Luis ________________ a su abuelo.
3. (probarse / probar) Por favor, Isabel, ________________ la salsa del asado.
4. (quitar / quitarse) Chicos, no ________________ los zapatos sucios en la cocina.
5. (negar / negarse) El hombre ayer ________________ que había cometido el robo.

**III.** Complete las siguientes oraciones llenando los espacios en blanco de acuerdo con las indicaciones en inglés.

1. (*with you* [tú]) ¿Puedo ir al desfile ________________?
2. (*except me*) En mi cuadra todos tienen una piscina, ________________.
3. (*I bought it*) ¿Dónde compraste el televisor? ________________ en una tienda de descuento.
4. (*with her*) No quiero hablar ________________.
5. (*wash your hands*) Muchachos, ________________ antes de venir a comer.
6. (*the best thing*) ________________ es regresar temprano.

**IV.** Complete las oraciones con los pronombres correctos para expresar una acción involuntaria.

1. (A mí) _____ _____ olvidó darte mi dirección.
2. (A nosotros) _____ _____ fue el autobús de las diez.
3. (A ti) ¿_____ _____ perdió la billetera en la cafetería?
4. Al cantante _____ _____ olvidó la letra de la canción.
5. A ellos _____ _____ cayeron las tazas que estaban llenas de café.

**V.** ¿Cómo se dice en español...? Use una construcción con **se**.

1. *One eats well in this house.*

   ________________________________________________

2. *Stores are opened at nine.*

   ________________________________________________

3. *What language do they speak in Mallorca?*

   ________________________________________________

**VI.** Conteste las preguntas usando en las respuestas la información que está en paréntesis.

1. ¿Qué películas prefieren Uds.? (gustar las de suspenso)

   ________________________________________________

2. ¿Qué le pasa a Alicia? (doler la cabeza)

_______________________________________________

3. ¿Qué necesitas? (hacer falta $500,00)

_______________________________________________

4. ¿Por qué se ríen tanto ellos? (divertir los chistes de Pepito)

_______________________________________________

5. ¿Qué dices? (¿Si gustar (tú) las ostras?)

_______________________________________________

VII. Complete las siguientes oraciones llenando los espacios en blanco de acuerdo con las indicaciones en inglés.

1. (*did you* [tú] *like*) ¿_______________ la paella que hizo Pancho?
2. (*she likes to talk*) _______________, pero su amigo es muy callado.
3. (*interests the students*) El nuevo texto de historia _______________.
4. (*we lacked time*) _______________ para terminar el examen.
5. (*it seems to me*) _______________ que va a llover.

# Compruebe lo que aprendió

## Capítulo 7

## Estudio de palabras

Escoja las palabras correctas y complete las oraciones.

1. (crían / crean) Los Cortinas tienen un rancho donde ______________ pollos que venden en el mercado del pueblo.
2. (se casaron / se cansaron) Mis padres ______________ muy jóvenes y formaron un hogar lleno de amor y respeto.
3. (desarrollo / evito) Siempre ______________ el tener que hablar de política con Gregorio porque él no admite más opinión que la suya.
4. (puesto / equipo) Llamé al carpintero que me recomendaste, pero me dijo que no tiene el ______________ necesario para hacer los armarios en mi cocina.
5. (molesta / descompone) Él no se da cuenta que ______________ a la gente cuando habla en voz alta en la biblioteca.

## Gramática

I. De los relativos que se dan a continuación, escoja el que sea correcto para completar las oraciones.

**que quien cuyo el (los, la, las) que lo que a quienes**

1. El señor ______________ conocí anoche es guitarrista y la guitarra ______________ tenía la había comprado en Sevilla. Era un instrumento ______________ color era precioso.
2. ______________ llamó fue mi hermano Paco y me dijo ______________ ya todos sabemos.
3. Ésta es la compañía para ______________ trabaja mi padre, ______________ es contador.

4. ¿Para ______________ es el regalo? Es para Felicia, la muchacha ______________ trabaja conmigo, ______________ padres viven en Acapulco.
5. Ellos son los jóvenes ______________ les dieron las becas ______________ ofrece el Departamento de Español todos los años.

II. Complete las oraciones de acuerdo con las indicaciones en inglés.

1. (*the one who*) ______________ dirigió la película es un director joven mexicano (*whose*) ______________ nombre no recuerdo.
2. (*with whom*) Ésta es la muchacha ______________ yo fui a Salamanca en el verano. Tiene una hermana (*who*) ______________ estudia allá en la universidad.
3. (*whatever*) En esta tienda puedes comprar ______________ quieras. Hay de todo.
4. (*whom*) ¿______________ viste anoche en la reunión?
5. (*what*) Mi primo todavía no sabe ______________ quiere estudiar.

III. Complete las respuestas con un adjetivo posesivo.

1. ¿Cómo es la casa de Uds.? _____ casa es grande y cómoda.
2. ¿Qué estudia tu novio? _____ novio estudia dibujo comercial.
3. ¿Tienes mi libro de español? No, no tengo _____ libro. Ni lo he visto.
4. ¿Dónde están los hermanos de Gilberto? _____ hermanos están en la Marina.

IV. Complete las oraciones de acuerdo con las indicaciones en inglés.

1. (*that*) ______________ ciudad que se ve allá a lo lejos es donde nacieron mis padres.
2. (*the latter*) Adela y Elena trabajan conmigo. ______________, de secretaria y (*the former*) ______________, de traductora.
3. (*these*) ______________ zapatos me gustan más, pero (*those*) ______________ son más cómodos.

V. ¿Qué preguntas hacen falta para las siguientes respuestas? Use los interrogativos necesarios y la forma familiar en los verbos de las respuestas.

1. ¿______________________________________________?
   Tengo dos hermanos y una hermana.
2. ¿______________________________________________?
   Pagué $80,00 por los pantalones.
3. ¿______________________________________________?
   Soy de Costa Rica.

4. ¿________________________________________?
   Mi deporte favorito es el tenis.
5. ¿________________________________________?
   Las llaves están sobre la mesa del comedor.
6. ¿________________________________________?
   La graduación quedó muy bien.

VI. Su amigo le hace algunas preguntas sobre su familia. Complete sus respuestas con una expresión negativa.

1. ¿Tienes alguna familia en Jalisco?
   No tengo ________________ familia en Jalisco.
2. ¿Crees que tu abuelo tenga algún pariente allá?
   No creo que mi abuelo tenga ________________ pariente allá.
3. ¿Conoces a alguien que tenga el mismo apellido tuyo?
   No conozco a ________________ que tenga el mismo apellido mío.
4. ¿Sabes algo de los hermanos del abuelo?
   No sé ________________ de los hermanos del abuelo.

VII. Complete las oraciones de acuerdo con las indicaciones en inglés.

1. (*more than ever*) Ahora ________________________ deseo ir a la América del Sur.
2. (*ever*) ¿Ha estado Ud. ________________________ en el Museo del Oro en Bogotá?
3. (*never again*) ________________________ volveré a ir con Fermín en la motocicleta.
4. (*more than anything*) Me gusta el chocolate ________________________.
5. (*better than anyone*) Ella sabe hacer los churros ________________________.
6. (*none*) ________________________ de los muchachos pudo arreglar el aire acondicionado.

# Compruebe lo que aprendió

## Capítulo 8

### Estudio de palabras

Complete las oraciones escogiendo de la lista que se da a continuación las palabras para sustituir las frases que están entre paréntesis.

**se peleó  nombraron  fracasaron  escampe  precisa  alcanzó**

1. (no tuvieron éxito) Ellos ________________ por falta de experiencia.
2. (terminó la amistad) Lucila ________________ con su amigo y le devolvió todas las cartas que tenía de él.
3. (pare de llover) Ojalá que ________________ por la tarde porque quiero ir a montar a caballo.
4. (es necesario) ________________ que vaya hoy a comprar la grabadora que necesito. Es el último día de la venta especial que tienen.
5. (designaron) Los miembros del comité organizador del festival ________________ a Felipe director de los programas.
6. (obtuvo) Enrique ________________ todo lo que quiso. Él no sólo es inteligente sino que además tiene muy buena suerte.

### Gramática

I. ¿Qué adjetivos usaría para describir a las siguientes personas o cosas?

1. Un amigo que tiene lealtad. Un amigo ________________.
2. Una celebración con entusiasmo. Una celebración ________________.
3. Un muchacho que tiene pereza. Un muchacho ________________.
4. Un cura con humildad. Un cura ________________.
5. Una hermana que habla mucho. Una hermana ________________.
6. Un empleado que tiene capacidad. Un empleado ________________.

7. Una sociedad con riqueza. Una sociedad ________________.
8. Un enfermo con debilidad. Un enfermo ________________.

**II.** Llene los espacios en blanco con las palabras necesarias para completar las construcciones de comparación.

1. El mar estaba tan azul ________________ el cielo y la arena parecía más blanca ________________ la nieve.
2. Ella habla ________________ como su amigo y todas las noches conversan por teléfono más ________________ dos horas.
3. Ese programa de televisión es ________________ menos interesante ________________ esta temporada.
4. Tuve que vender la casa por menos dinero ________________ ________________ pagué por ella.
5. Luisa es ________________ más alta ________________ toda la familia.

**III.** Complete las oraciones de acuerdo con las indicaciones en inglés.

1. (*older than*) Javier es ________________________ su hermana.
2. (*the highest peak*) El Aconcagua es ________________________ de los Andes.
3. (*the owner himself*) ________________________ nos sirvió la comida en el restaurante.
4. (*better than*) La carretera nueva que va al lago es ________________________ la que había antes.
5. (*one hundred*) Acaban de llegar más de ________________ turistas al hotel.
6. (*a great man*) José Martí fue ________________________, pero no era (*a big man*) ________________________.
7. (*in the family*) Juan José es el más guapo ________________________.
8. (*only*) No tengo ________________ un hermano.
9. (*so much*) No debes beber ________________.
10. (*so many*) La casa tiene ________________ defectos que no la vamos a comprar.

**IV.** En el siguiente párrafo hay varios adjetivos y adverbios. Subraye con una línea los adjetivos y con dos líneas los adverbios. No olvide los adjetivos posesivos.

La iglesia de mi pueblo quedaba lejos de nuestra casa y por las mañanas podíamos oír el sonido alegre y familiar de las campanas que tocaban pausada y melancólicamente. La niebla ligera que cubría el campo verde iba desapareciendo lentamente y mientras caminábamos rápido para no llegar tarde a misa, el aire fresco de la mañana nos acariciaba las caras aún dormidas.

V. Para completar las oraciones, llene los espacios en blanco de acuerdo con las indicaciones en inglés.

1. (*it rains*) En el trópico ________________ con frecuencia y muchas veces con truenos y relámpagos.
2. (*it snowed*) Como ________________ tanto anoche, podremos ir a esquiar mañana.
3. (*at nightfall*) Llegaremos a Santa Cruz ________________.
4. (*it is very cloudy*) Me parece que hoy no vamos a ver el sol, ____________________.

# Compruebe lo que aprendió
## Capítulo 9

## Estudio de palabras

Escoja las palabras correctas y complete las oraciones.

1. (encargarse / empeñarse) Fermín va a ______________ de los programas de radio y de poner los anuncios en los periódicos.
2. (está dispuesta / hace caso) Ella siempre ______________ a ayudar en todo lo que haga falta. Es muy servicial y amable.
3. (pierda / saque) ¿Quieres que ______________ toda la ropa de la maleta? No, déjalo para más tarde. Ahora vamos a comer antes de que cierren el comedor del hotel.
4. (se quejó / se asomó) El público ______________ de la mala organización del festival.
5. (multas / cuadras) Tuvimos que caminar muchas ______________ para llegar al estadio. No había donde dejar el carro.

## Gramática

I. A. Llene los espacios en blanco con las preposiciones que sean necesarias para completar la siguiente narración.

La vida ______________ la ciudad donde vivíamos era reposada y llena ______________ paz. ______________ aquel tiempo estaba toda la familia reunida ______________ el mismo techo ______________ la casa ______________ que habían vivido los abuelos. ______________ las ventanas de la sala se podían ver las hermosas montañas, cubiertas ______________ nieve ______________ el invierno y secas y oscuras ______________ el verano. Aún hoy, pienso ______________ aquellos días felices y ______________ frecuencia sueño ______________ esa pequeña y querida ciudad que ______________ marzo _______________ mayo olía sólo a la flor _______________ los naranjos que la rodeaban. Ese perfume lo tengo grabado _______________ mi mente, así como la tristeza que sentí el día que tuve que alejarme _______________ allí _______________ ir _______________ la universidad.

B. Ahora, haga lo mismo con las siguientes oraciones.

1. Salimos _______________ las cuatro _______________ la tarde _______________ el aeropuerto y al entrar _______________ la autopista nos encontramos _______________ un accidente terrible ocurrido _______________ un camión _______________ carga y tres automóviles.
2. Tuve que lavar el mantel _______________ mano porque es muy delicado y quiero que me dure _______________ muchos años. _______________ poder comprar otro tendría que volver _______________ Bruselas, que fue donde lo encontré.
3. Me gustaba montar _______________ caballo cuando iba al rancho que quedaba _______________ unos 70 kilómetros _______________ donde vivíamos. _______________ cambio, nunca aprendí _______________ montar _______________ bicicleta y ahora me lamento porque es un buen ejercicio _______________ adelgazar.

II. Para completar las oraciones, llene los espacios en blanco usando **por** o **para** de acuerdo con las indicaciones en inglés.

1. (*for*) Ellos estuvieron fuera de San Diego _______________ tres años y (*luckily*) _______________ no vendieron la casa que tanto les gusta.
2. (*because of*) Me resfrié ayer _______________ no llevar el abrigo cuando salí (*in the morning*) _______________.
3. (*for*) Las flores que traje son _______________ Elisa y espero que duren (*for*) _______________ varios días.
4. (*per*) Ellos iban a 90 millas _______________ hora y un policía les puso una multa (*because of*) _______________ ir tan rápido.
5. (*in order to*) Quiero ir a Morelia _______________ practicar el español este verano. Estoy estudiando (*to be*) _______________ enfermera y, (*of course*) _______________, en California necesito hablar esa lengua.

III. ¿Cuál de las conjunciones **pero, sino** o **sino que** es la correcta para completar las oraciones?

1. Ricardo no sólo hizo un mal negocio comprando esas acciones, _______________ por poco pierde hasta la casa. _______________ encontró un verdadero amigo que lo ayudó para salir de la situación en que estaba.

2. Traje las fotos del viaje que hice a las Bahamas, ________________ nadie mostró mucho interés en ellas. Yo quería que vieran que el que está conmigo en las fotos no es Rafael ________________ su hermano Ernesto.

IV. En los casos que sea necesario, llene los espacios en blanco con la preposición **a** para completar el párrafo.

Cada vez que intento _____ limpiar el garaje de mi casa me digo que voy _____ tirar muchas cosas. Empiezo _____ separar lo que deseo _____ guardar para así poder _____ ver lo que decido _____ sacar para dárselo al Ejército de Salvación. Al final, son más las cosas que vuelven _____ quedarse en el garaje que las que voy _____ dar. ¿Qué puedo _____ hacer? No me queda más remedio que resignarme _____ seguir con el garaje lleno de cuanta cosa es posible imaginar.

V. Decida si necesita **de, en** o **con** para completar las oraciones.

1. Mi hermana se enamoró _____ un joven que conoció _____ Albuquerque. A pesar de que acababa _____ conocerlo se empeñó _____ casarse _____ él. No contó _____ la aprobación de la familia, así que cuando tropezó _____ ciertos problemas matrimoniales se lamentó _____ no haberlo pensado un poco más y _____ no haber tratado de conocerse mejor.
2. Mi amigo y yo habíamos convenido _____ ir al centro de compras. Allí nos encontramos _____ unos compañeros de la universidad que insistieron _____ que almorzáramos con ellos. Conversamos mucho y nos enteramos _____ todas las cosas que habían hecho desde que se graduaron.

# Compruebo lo que aprendió

## Capítulo 10

## Estudio de palabras

Complete las oraciones escogiendo de la lista que se da a continuación las palabras para sustituir las frases que están entre paréntesis.

**inundada a menudo adelgazó estrenar me atrasé**

1. (frecuentemente) Luisa y yo vamos muy ______________ al gimnasio para hacer ejercicios y para bañarnos en la piscina.
2. (me demoré) Hace rato que te estoy esperando. ¿Qué te pasó? Tuve que hacer muchas cosas urgentes en la oficina y por eso ______________ en salir.
3. (cubierta de agua) Se rompió una tubería[1] frente a mi casa y la calle está __________.
4. (se puso delgada) Felicia ______________ mucho y ahora se ve muy bonita y elegante.
5. (usar por primera vez) ¿Qué te vas a poner mañana? Voy a ______________ la falda y la blusa que acabo de comprar.

[1]*pipe*

## Gramática

I. Complete las respuestas usando la voz pasiva con **ser** + el participio pasado del verbo que está en la pregunta.

1. ¿Quién pintó el cuadro que me regalaste?

   ________________________ por Amelia Peláez.
2. ¿Dónde expondrán sus pinturas?

   ________________________ en el Museo de Arte Moderno.
3. ¿Cuándo las exhibirán?

   ________________________ el próximo otoño.
4. ¿Quién donó los cuadros al museo?

   ________________________ por la familia de la artista.

II. Usando una construcción pasiva con **se**, dígale a su amigo que...

MODELO: ... la noticia fue publicada ayer.
**Se publicó la noticia ayer.**

1. ... los impuestos serán aumentados.

_______________

2. ... la ley ya fue aprobada.

_______________

3. ... las nuevas regulaciones serán anunciadas en dos semanas.

_______________

III. ¿**Ser** o **estar**? Escoja el verbo correcto para completar las respuestas.

1. ¿Fuiste al desfile en Pasadena?
   (estuvo / fue) No, pero lo vi en casa porque ___________ transmitido por televisión.
2. ¿Vas a ir a la playa esta tarde?
   (es / está) No, porque ___________ muy nublado.
3. ¿Qué le pasa a Josefina?
   (está / es) Dice que ___________ muy cansada.
4. ¿Quién fundó las misiones de California?
   (estuvieron / fueron) ___________ fundadas por el cura franciscano Junípero Serra.

IV. A. Para completar las oraciones, llene los espacios en blanco de acuerdo con las indicaciones en inglés.

1. (*were distributed*) Los premios ___________ al final del banquete.
2. (*are worried*) Los estudiantes ___________ por el examen de mañana.
3. (*was signed*) No pude cobrar el cheque porque no ___________.
4. (*was translated*) La novela ___________ a muchos idiomas.

B. Ahora use una construcción pasiva con **se** para completar las oraciones.

1. (*were announced*) ___________ los nombres de los jugadores que irán a las Olimpiadas.
2. (*they say*) ___________ que van a construir más escuelas.
3. (*is opened*) El banco ___________ a las nueve.
4. (*it's believed*) ___________ que la situación económica del país mejorará.

V. Llene los espacios en blanco con la traducción adecuada de *become*.

1. Mi abuelo ______________ triste cuando le dijimos adiós.
2. Arturo, después de tantos años de estudio, al fin ______________ médico.
3. El público siempre ______________ loco aplaudiendo a los bailarines de flamenco.
4. Elena ______________ muy pálida después de la enfermedad que tuvo.

VI. Usando el verbo **hacer**, Ud. va a traducir al español las respuestas a las siguientes preguntas.

1. ¿Cuánto tiempo hace que está de vacaciones?
   *I have been on vacation for two weeks.*
   ________________________________________________
2. ¿Cuántos días hace que llegó a esta ciudad?
   *I arrived three days ago.*
   ________________________________________________
3. ¿Tomó un vuelo directo?
   *No, it made a stop in Quito.*
   ________________________________________________
4. ¿Pudo salir rápido del aeropuerto?
   *No, I had to stand in line to pick up my luggage.*
   ________________________________________________

VII. A. Usando frases con **tener**, complete las oraciones de acuerdo con las indicaciones en inglés.

1. (*I don't feel like*) ______________________ de ver esa película. Me dicen que es mala.
2. (*take into account*) Hay que ______________________ todo el trabajo que él ha hecho.
3. (*will take place*) El concierto ______________________ en el anfiteatro de la universidad.

B. Ahora, traduzca las expresiones idiomáticas que están en inglés para completar las oraciones.

4. (*sooner or later*) ______________________ se sabrá la verdad.
5. (*it rained cats and dogs*) Ayer ______________________.
6. (*was about to*) Cuando ella ______________________ salir, la llamó su jefe por teléfono.

# Respuestas • Capítulo 1

## Estudio de palabras

1. conté / regresaba 2. se dirigió 3. recoger 4. Siguen

## Gramática

I. Yo **voy** a la peluquería una vez a la semana y siempre me **atiende** Conchita que **sabe** cómo me **gusta** llevar el pelo. Como lo **tengo** largo, ella me **cambia** de peinado con mucha frecuencia. **Hace** muchos años que Conchita **es** mi peluquera y por eso no me **cobra** mucho.

II. 1. ¿Tuviste que esperar mucho? 2. ¿Pagaste mucho por ellas? 3. ¿Escogiste buenos asientos? 4. ¿Leíste lo que dicen del torero?

III. 1. El sábado pasado **fue** la fiesta que los compañeros de Andrés le **ofrecieron** para celebrar el ascenso que le **dieron** hace un mes. Yo no **sé** quien **va** a ocupar el puesto que él **tuvo** por tanto tiempo.
2. Me **gusta** mucho nadar en las playas del Caribe y del Golfo de México. La última vez que **fui** a Cancún **estuve** tres semanas y **me divertí** mucho. **Siento** no poder ir este año, pero el pasaje y el hotel **cuestan** mucho dinero porque los precios **subieron** el año pasado casi al doble de lo que yo **pagué** cuando **estuve** allí en 1995.
3. Frecuentemente yo **convenzo** a mi amigo para ir al teatro. Hace un momento él me **dijo** que **vamos** a ir esta noche y, para no llegar tarde, **me visto** en seguida. La semana pasada él **leyó** en el periódico que los actores **son** muy buenos.

# Respuestas • Capítulo 2

## Estudio de palabras

1. cambiarme 2. queda 3. gana 4. se quedó 5. enseñó 6. de madrugada 7. cabemos 8. las entradas

## Gramática

I. Cuando la semana pasada nosotros **llegamos** al aeropuerto de San Juan, en Puerto Rico, **hacía** mal tiempo. El piloto nos **informó** que el avión no **iba** a poder salir. Mi marido y yo no **sabíamos** si regresar al hotel o esperar en el aeropuerto, pues nadie **podía** predecir la demora. **Llovía** torrencialmente y **soplaba** un viento de huracán. (Nosotros) **Decidimos** esperar pacientemente y después de seis horas de espera **oímos** el anuncio de la salida de nuestro vuelo para Los Ángeles.

II. **Eran** las ocho de la noche y el viento con olor a humedad **anunciaba** la lluvia que **iba** a caer. Me **sentía** cansado después del largo día de trabajo y **deseaba** llegar pronto a mi casa. Mientras **caminaba pensaba** en todos los años que **llevaba** recorriendo las mismas calles y en los deseos que **tenía** de viajar para conocer otros países y romper la monotonía de mi vida.

Siempre **veía** las mismas caras y los mismos edificios. Todo me **parecía** aburrido. **Estaba** absorto en mis pensamientos cuando, de pronto, **sentí** que alguien se me **acercaba**. Me **detuve** y pronto se **presentó** delante de mí un joven de unos 25 años que me **extendió** la mano y que en voz baja me **dijo**: "No deseo ni su dinero ni su reloj. Sólo quiero algo que he anhelado toda mi vida." **Sentí** que las piernas me **temblaban** y con voz débil **pude** preguntar: "¿Y yo lo tengo?" "Sí", me **dijo**, "todos lo tenemos. Sólo quiero un amigo, una persona con quien hablar."

III. 1. nevará / llovería 2. Vendrán / aceptarán / llamarían
3. dirá / podremos / querrá / gustaría / pagará

IV. 1. ¿Qué hora sería cuando Paco vino anoche? Serían las dos cuando él llegó.
2. ¿Quién llamará tan tarde? No sé, será tu hijo. 3. ¿Iría Manuel al cine anoche?
4. ¿Llegará el cheque hoy?

V. 1. hemos aprendido 2. había dicho 3. habrías ido 4. habrán llegado

# Respuestas • Capítulo 3

## Estudio de palabras

1. gasta 2. huyó 3. duró 4. empleo 5. está lista

## Gramática

I. 1. será (es) / está / es / está / es / está
2. sería / serían / estaría / estaba / estaba
3. son / están / es / es
4. está / es / estuve / eran / Ha estado (Estuvo)
5. es / está / ser / estaba / estar

II. haya / sea / esté / paguen / mantengan

III. fuéramos / dejáramos / saliéramos / hiciéramos / dispusiéramos / haya

IV. 1. No es seguro que mis primos **puedan** venir a pasar las Navidades con nosotros porque es posible que la policía **cierre** la carretera debido a la tormenta de nieve. Aconsejan que no **se vaya** por esa ruta durante los días de la tormenta. Ojalá que el tiempo **mejore** y que el día de Navidad no **nieve** y que **haga** un sol brillante.

2. Es cierto que Canelo, el perrito que **tiene** Andrea, **es** muy bonito. Ella no quiere que Canelo **salga** afuera porque teme que un carro lo **mate**. Es verdad que **hay** mucho tráfico en la calle donde ella **vive**. Quiera Dios que no le **pase** nada al perrito porque es evidente que ella lo **adora**.

# Respuestas • Capítulo 4

## Estudio de palabras

1. maneja 2. recado 3. asistir 4. se probó 5. dondequiera 6. en cuanto

## Gramática

I. 1. Ojalá que no hayan estado en el quinto piso cuando ocurrió el terremoto.
2. Espero que hayan llegado a tiempo.
3. Es posible que haya habido muchos heridos.

II. 1. hubieras visto 2. hubiera sabido 3. hubiera roto

III. 1. hayan ido 2. hubieran tenido 3. hubieras escrito 4. haya hecho
5. haya abierto

IV. 1. pague 2. elija 3. fuera 4. aumentara 5. vote

V. Anoche (yo) **llevé** a un amigo de Oklahoma a comer en un restaurante puertorriqueño que **sirve** una comida exquisita. Yo le pedí al camarero que nos **trajera** lechón asado y plátanos maduros pues quería que mi amigo **probara** los platos típicos. Él pensaba que la comida puertorriqueña **era** muy picante y **pudo** comprobar que **estaba** equivocado. Le sorprendió mucho que ellos **tuvieran** tantos platos regionales.

VI. 1. terminara 2. llegué 3. hagan 4. escribirá 5. pague 6. estuvieron

VII. 1. Preferimos que hagas el trabajo.
2. Ellos querían que nos quedáramos a cenar.
3. Me alegro de que Ud. haya venido a verme.

4. Yo deseaba que ella hubiera llamado anoche.
5. Si yo fuera María aceptaría ese trabajo.

**VIII. A. 1.** Pon la ropa en la secadora. **2.** Escríbele a Fermín. **3.** Ve a la farmacia y trae la medicina. **4.** Pruébate la blusa.
**B. 1.** No abras la puerta. **2.** No salgas con el perro. **3.** No te sientes en las sillas que están pintadas.

# *Respuestas* • Capítulo 5

## *Estudio de palabras*

1. mover 2. se mudó 3. fundó 4. dependiente 5. despacho

## *Gramática*

**I. A. 1.** **El** periódico dice que **las** inundaciones han sido muy grandes en **el** sur **del** estado porque **las** aguas **del** río se han desbordado y **las** calles de **las** ciudades cercanas parecen lagos.
**2.** Se dice que **el** amor es ciego, pero **al** mismo tiempo, es **el** sentimiento más noble **del** ser humano, capaz de hacer **los** sacrificios más grandes por **la** persona amada.
**B. 1.** Tengo **un** primo que tiene **un** perro danés precioso y cuando sale con él todo **el** mundo lo celebra.
**2.** **Las** mujeres y **los** hombres merecen ganar **el** mismo salario. Es triste que **una** mujer, con igual educación a la de **un** hombre, gane menos dinero. Hay que tener **una** medida de igualdad para **los** dos.

**II. A. 1.** los **2.** el **3.** el **4.** las **5.** la **6.** el **7.** la **8.** el
**B. 1.** las crisis **2.** las raíces **3.** los emperadores **4.** las armas **5.** las mamás **6.** los jardines

**III.** Miguelito / parquecito / amiguitos / barquitos / laguito / banquito / airecito / arbolitos / florecitas

**IV.** ir / pase / venir / salir / lleguemos / escuchar / comer

**V. 1.** Conociendo a mi amigo **2.** Después de visitar a mis abuelos **3.** moviendo la cabeza de lado a lado **4.** El caminar por veinte minutos **5.** Ellos continúan viviendo **6.** Estoy leyendo **7.** Las muchachas se están riendo **8.** Cuánto está pidiendo él

# Respuestas • Capítulo 6

## Estudio de palabras

1. entregué 2. aseguró 3. están de acuerdo 4. en seguida 5. regalar

## Gramática

I. El mozo trajo la cuenta a la mesa y nosotros **se la** pasamos a papá, como de costumbre. Él **la** aceptó con la misma finura de siempre. Por supuesto, él estaba listo para llevár**sela** al cajero cuando mi hermano, de pronto, **se la** quitó a papá de las manos. "Pero, hijo, ¿a qué se debe esto?" Mi hermano, con una enorme sonrisa, explicó que la compañía **le** había dado una buena regalía y se sentía rico. "Será un placer para **mí**, papá. No **me lo** quites." Mi padre, orgulloso, **le** respondió: "No **te lo** quito, hijo. Aquí tienes la cuenta. Pága**la**."

II. 1. vestirnos 2. se parece 3. prueba 4. se quiten 5. negó

III. 1. contigo 2. excepto yo 3. Lo compré 4. con ella 5. lávense las manos 6. Lo mejor

IV. 1. Se me 2. Se nos 3. Se te 4. se le 5. se les

V. 1. Se come bien en esta casa. 2. Se abren las tiendas a las nueve. 3. ¿Qué idioma (lengua) se habla en Mallorca?

VI. 1. Nos gustan las de suspenso. 2. Le duele la cabeza. 3. Me hacen falta $500,00. 4. Porque les divierten los chistes de Pepito. 5. ¿Si te gustan las ostras?

VII. 1. Te gustó 2. A ella le gusta hablar 3. les interesa a los estudiantes 4. Nos faltó tiempo 5. Me parece

# Respuestas • Capítulo 7

## Estudio de palabras

1. crían 2. se casaron 3. evito 4. equipo 5. molesta

## Gramática

I. 1. que / que / cuyo 2. El que (Quien) / lo que 3. la que / que
4. quién / que / cuyos 5. a quienes / que

II. 1. El que / cuyo 2. con quien / que 3. lo que 4. A quién 5. lo que

III. 1. Nuestra 2. Mi 3. tu 4. Sus

IV. 1. Aquella 2. Ésta / aquélla 3. Estos / ésos (aquéllos)

V. 1. ¿Cuántos hermanos tienes? 2. ¿Cuánto pagaste por los pantalones?
3. ¿De dónde eres? 4. ¿Cuál es tu deporte favorito? 5. ¿Dónde están las llaves?
6. ¿Cómo quedó la graduación?

VI. 1. ninguna 2. ningún 3. nadie 4. nada

VII. 1. más que nunca 2. alguna vez 3. Nunca más 4. más que nada
5. mejor que nadie 6. Ninguno

# Respuestas • Capítulo 8

## Estudio de palabras

1. fracasaron 2. se peleó 3. escampe 4. Precisa 5. nombraron 6. alcanzó

## Gramática

I. 1. leal 2. entusiasta 3. perezoso 4. humilde 5. habladora 6. capaz
7. rica 8. débil

II. 1. como / que 2. tanto / de 3. el / de 4. del que 5. la / de

III. 1. mayor que 2. el pico más alto 3. El dueño mismo 4. mejor que 5. cien
6. un gran hombre / un hombre grande 7. de la familia 8. más que 9. tanto
10. tantos

IV. mi / lejos / nuestra / alegre / familiar / pausada / melancólicamente / ligera / verde /
lentamente / rápido / tarde / fresco / dormidas

V. 1. llueve 2. nevó 3. al anochecer 4. está muy nublado

# Respuestas • Capítulo 9

## Estudio de palabras

1. encargarse 2. está dispuesta 3. saque 4. se quejó 5. cuadras

## Gramática

I. A. La vida **de (en)** la ciudad donde vivíamos era reposada y llena **de** paz. **En** aquel tiempo estaba toda la familia reunida **bajo** el mismo techo **de** la casa **en** que habían vivido los abuelos. **Desde (De)** las ventanas de la sala se podían ver las hermosas montañas, cubiertas **de** nieve **en** el invierno y secas y oscuras **en** el verano. Aún hoy, pienso **en** aquellos días felices y **con** frecuencia sueño **con** esa pequeña y querida ciudad que **desde (de)** marzo **hasta (a)** mayo olía sólo a la flor **de** los naranjos que la rodeaban. Ese perfume lo tengo grabado **en** mi mente, así como la tristeza que sentí el día que tuve que alejarme **de** allí **para** ir **a** la universidad.

B. 1. Salimos **a** las cuatro **de** la tarde **para** el aeropuerto y al entrar **en** la autopista nos encontramos **con** un accidente terrible ocurrido **entre** un camión **de** carga y tres automóviles.

2. Tuve que lavar el mantel **a** mano porque es muy delicado y quiero que me dure **por** muchos años. **Para** poder comprar otro tendría que volver **a** Bruselas, que fue donde lo encontré.

3. Me gustaba montar **a** caballo cuando iba al rancho que quedaba **a** unos 70 kilómetros **de** donde vivíamos. **En** cambio, nunca aprendí **a** montar **en** bicicleta y ahora me lamento porque es un buen ejercicio **para** adelgazar.

II. 1. por / por suerte 2. por / por la mañana 3. para / por 4. por / por 5. para / para / por supuesto

III. 1. sino que / Pero 2. pero / sino

IV. Cada vez que intento limpiar el garaje de mi casa me digo que voy **a** tirar muchas cosas. Empiezo **a** separar lo que deseo guardar para así poder ver lo que decido sacar para dárselo al Ejército de Salvación. Al final, son más las cosas que vuelven **a** quedarse en el garaje que las que voy **a** dar. ¿Qué puedo hacer? No me queda más remedio que resignarme **a** seguir con el garaje lleno de cuanta cosa es posible imaginar.

V. 1. Mi hermana se enamoró **de** un joven que conoció **en** Albuquerque. A pesar de que acababa **de** conocerlo se empeñó **en** casarse **con** él. No contó **con** la aprobación de la familia, así que cuando tropezó **con** ciertos problemas matrimoniales se lamentó **de** no haberlo pensado un poco más y **de** no haber tratado de conocerse mejor.

2. Mi amigo y yo habíamos convenido **en** ir al centro de compras. Allí nos encontramos **con** unos compañeros de la universidad que insistieron **en** que almorzáramos con ellos. Conversamos mucho y nos enteramos **de** todas las cosas que habían hecho desde que se graduaron.

# Respuestas • Capítulo 10

## Estudio de palabras

1. a menudo 2. me atrasé 3. inundada 4. adelgazó 5. estrenar

## Gramática

I. 1. Fue pintado 2. Serán expuestas 3. Serán exhibidas 4. Fueron donados

II. 1. Se aumentarán los impuestos. 2. Se aprobó ya la ley. (Ya se aprobó la ley.)
3. Se anunciarán las nuevas regulaciones en dos semanas.

III. 1. fue 2. está 3. está 4. Fueron

IV. A. 1. fueron distribuidos 2. están preocupados 3. estaba firmado
4. fue traducida

B. 1. Se anunciaron 2. Se dice 3. se abre 4. Se cree

V. 1. se puso 2. llegó a ser (se hizo) 3. se vuelve 4. se quedó

VI. 1. Hace dos semanas que estoy de vacaciones.
2. Hace tres días que llegué.
3. No, hizo escala en Quito.
4. No, tuve que hacer cola para recoger mi equipaje.

VII. A. 1. No tengo ganas 2. tener en cuenta 3. tendrá lugar

B. 1. Tarde o temprano 2. llovió a cántaros 3. estaba a punto de

# Parte 2

# Ángel Balzarino

Ángel Balzarino nació en la provincia de Santa Fe, en la Argentina, en 1943. Este escritor argentino es conocido por sus cuentos, en los que la imaginación y el control de la lengua están siempre presentes. Su actividad creativa ha seguido una evolución ascendente, y sus diversos y sutiles relatos aparecen en múltiples antologías de cuentos hispanoamericanos.

Balzarino cuenta que su vocación literaria nació de la necesidad que tenía de expresar sus sentimientos° y de alcanzar una comunicación con el mundo que lo rodeaba. A los diez y siete años, la literatura surgió° en su vida como el único medio ideal para realizar sus propósitos. Leía apasionadamente, y la lectura y el estudio consciente de otros escritores fue alimentando su curiosidad creadora.

*feelings*

*appeared*

Ángel Balzarino ha recibido numerosos premios e importantes distinciones en reconocimiento a su obra literaria. Se pueden citar, entre otros, el premio Nacional "ALPI–1971" y el premio "Jorge Luis Borges–1976" y el correspondiente al año 1977. A finales de 1995, recibió el premio del Fondo Editorial de la Municipalidad de Rafaela en el género cuento, consistente en la edición de su obra titulada *Hombres y hazañas*. Su novela *Territorio de sombras* es su última obra, publicada en 1997.

Sus publicaciones comienzan en 1974 con *El hombre que tenía miedo*, al que le siguen *Las cenizas del roble, Horizontes en el viento,*

*La visita del general* y *La casa y el exilio* publicado en 1994. Entre las muchas antologías donde aparecen sus cuentos está *39 Cuentos argentinos de vanguardia*. Es en esta antología donde aparece su cuento "Rosa".

En "Rosa" el autor presenta el mundo de las máquinas que exhiben todas las características y sentimientos de los seres humanos, y el destino del personaje° central del cuento hace que el lector se identifique con él desde el principio. El contraste entre la primera parte, y la frialdad y la falta de sensibilidad de los hombres que aparecen al final del cuento, nos presenta una nueva dimensión del tema de la mecanización de la sociedad de hoy en día. Los hombres, al triunfar sobre el mundo de las máquinas, son ahora los que aparecen completamente deshumanizados, y el autor, con esta inversión de valores, nos hace especular sobre lo que será el mundo del futuro.

*character*

## VOCABULARIO ÚTIL

**Sustantivos**

| | | |
|---|---|---|
| la **amenaza** | dicho o hecho que da a entender que se quiere hacer mal | *threat* |
| el **anhelo** | deseo vehemente | *longing, yearning* |
| la **búsqueda** | acción de buscar algo | *search* |
| la **certeza** | lo que es cierto; seguridad | *certainty* |
| el **consuelo** | alivio de una pena o sufrimiento | *consolation* |
| la **derrota** | vencimiento, pérdida; opuesto de triunfo | *defeat* |
| la **frialdad** | estado de lo que está frío | *coldness* |
| la **partida** | acción de partir o salir | *departure* |
| la **pesadumbre** | tristeza, sufrimiento | *sorrow, grief* |
| la **recompensa** | cosa que se da en premio de algo | *reward* |
| la **señal** | marca, seña, letrero, indicación | *signal* |
| el **sitio** | lugar | *place* |
| el **tamaño** | volumen de una cosa | *size* |
| la **tarea** | labor, obra, trabajo | *task* |
| la **zozobra** | inquietud, ansiedad, preocupación | *anxiety, worry* |

**Adjetivos**

| | | |
|---|---|---|
| **amargo** | opuesto de dulce | *bitter* |
| **cercano** | a poca distancia o poco tiempo | *near, recent* |
| **envidiable** | digno de envidia | *enviable* |
| **esbelto** | bien formado, delgado | *svelte, slender* |
| **ineludible** | que no puede evitarse, inevitable | *unavoidable* |
| **pesado** | que tiene mucho peso | *heavy* |

| | | |
|---|---|---|
| **pulcro** | limpio, aseado | *neat, tidy* |
| **reluciente** | brillante | *shining, bright* |

**Verbos**

| | | |
|---|---|---|
| **agradar** | gustar, complacer, satisfacer | *to please* |
| **alentar (ie)** | animar, dar ánimo, confortar | *to cheer up, encourage* |
| **amontonar** | apilar, reunir en abundancia | *to pile up* |
| **descartar** | desechar, apartar, excluir | *to discard, reject* |
| **disimular** | fingir (que no se ve o se siente algo) | *to conceal, hide* |
| **disponer (g)(s)** | mandar, ordenar | *to order, give instructions* |
| **elegir (j)** | escoger, seleccionar, preferir | *to select, choose* |
| **encargarse (gu)** | tomar la responsabilidad de algo | *to be in charge, take charge* |
| **evitar** | eludir, rehuir, prevenir | *to avoid* |
| **lograr** | obtener, alcanzar | *to achieve, attain* |
| **merecer (zc)** | ser o hacerse digno de algo | *to deserve* |
| **permanecer (zc)** | mantenerse en su sitio o estado | *to remain* |
| **reemplazar (c)** | substituir una cosa por otra | *to replace* |
| **sublevarse** | levantarse en rebelión | *to revolt* |
| **trasladar** | mudar de lugar, cambiar de puesto | *to transfer* |

**Expresiones**

| | | |
|---|---|---|
| **a modo de** | como, a manera de | *like* |
| **de repente** | de pronto | *suddenly* |
| **era hora** | era el momento | *it was about time* |
| **estar a punto de** | estar en el momento de comenzar una acción | *to be about to* |
| **por supuesto** | sin duda, ciertamente | *of course* |
| **tener en cuenta** | tomar en consideración | *to take into account* |

## ESTUDIO PRELIMINAR DE VOCABULARIO

A. **Sinónimos** ◆ Dé una palabra o expresión que quiera decir lo mismo.

1. lugar 2. ansiedad 3. limpio 4. obra 5. salida

B. **Antónimos** ◆ Busque antónimos en la lista de vocabulario.

1. triunfo 2. alegría 3. lejano 4. dulce 5. opaco

C. Escoja la palabra que no pertenece al grupo.

| | | | |
|---|---|---|---|
| 1. esbelto | pesado | tamaño | amargo |
| 2. recompensa | regalo | amenaza | premio |
| 3. consuelo | sitio | sufrimiento | alivio |
| 4. trasladar | cambiar | descartar | agradar |

# Rosa

—¡Hoy es el día!—el tono de Rosa expresó cierta zozobra, la sensación de una derrota ineludible—. ¿Por qué habrán dispuesto eso?

—Nadie lo sabe, querida—se limitó a responder Betty.

—Así es. Son órdenes superiores—Carmen pareció resignada ante esa certeza—. Simplemente debemos obedecer.

Aunque la explicación resultaba clara y sencilla, no logró conformar a Rosa°. Ya nada le serviría de consuelo. Ahora sólo deseaba sublevarse, manifestar abiertamente la indignación que la dominaba sin

**no logró**... no consiguió satisfacer a Rosa

piedad° desde hacía una semana, cuando le comunicaron la orden increíble de sacarla de allí.

¡No quiero separarme de Uds.!—Ahora su voz tuvo el carácter de un ruego angustioso°—. ¡No puedo aceptarlo!

—Nosotras tampoco lo deseamos, Rosa.

—Posiblemente te trasladen a un sitio más importante—exclamó Carmen dulcemente, tratando de alentarla—. Tus antecedentes son extraordinarios. Sin duda los han tenido en cuenta para esta resolución.

—Por supuesto—confirmó Betty—. ¿Dónde te gustaría trabajar ahora?

Se produjo un largo silencio; embargada° por la duda, Rosa demoró una respuesta concreta, como si aún no hubiera contemplado esa posibilidad.

—No lo sé. No tengo ambiciones. Me agrada estar aquí.

—Pero ya permaneciste mucho tiempo, ¿no te parece?

—Tal vez sí. ¡Cuarenta y tres años!—la pesadumbre de Rosa se transformó de pronto en una ráfaga de orgullo°—. Fui la primera que empezó a trabajar en el Control de Datos Generales. Siempre me encargaron las tareas más complicadas. Nunca tuve una falla°, nadie me ha hecho una corrección.

—Lo sabemos, Rosa.

—¡Una trayectoria° realmente admirable!

—Por eso querrán trasladarte. Necesitarán tus servicios en otra parte. Quizá te lleven al Centro Nacional de Comunicaciones.

Las palabras de Betty reflejaron un vibrante entusiasmo, casi tuvieron una mágica sonoridad. Trabajar en ese lugar constituía un hermoso y envidiable privilegio. A pesar de ser un anhelo común, tácitamente° comprendían que eran remotas las posibilidades de concretarlo°, como si debieran recorrer un camino erizado de insuperables escollos°. Preferían, tal vez para evitar una amarga decepción, descartar la esperanza de ser elegidas.

—A cualquiera le gustaría estar allí—admitió Rosa sin énfasis—. Pero creo que ya soy demasiado vieja.

**sin piedad** *without mercy*

**ruego**... *anguished plea*

invadida, dominada

**ráfaga**... *burst of pride*

defecto, deficiencia

vida de trabajo

en silencio

*make it real*

**un camino**... un camino lleno de obstáculos difíciles

—Precisamente por eso te habrán elegido—dijo Betty con fervor—. Para trabajar allí se necesita tener mucha experiencia.

—Las cosas están cambiando, Rosa—continuó Carmen—. Todo se presenta bajo un aspecto nuevo, casi sorprendente. Es un proceso de reestructuración. Ellos parecen decididos a dar a cada cosa el lugar que le corresponde. Sin duda comprendieron que era hora de darte una merecida recompensa.

—Quizá tengan razón—dijo Rosa modestamente—. Cuarenta y tres años de eficiente labor tienen un gran significado. Aunque nunca me interesó recibir un premio. Simplemente me limité a trabajar de la mejor manera.

—Siempre serás un ejemplo para nosotras, Rosa.

—Nadie será capaz de reemplazarte. Estamos seguras.

—Sin embargo, desearía saber a quién pondrán en mi lugar.

Las palabras de Rosa quedaron de repente superadas° por el agudo repiquetear de unos pasos° cada vez más cercanos; entonces, algo sobresaltadas° por esa señal que parecía anunciar una grave amenaza, las tres permanecieron a la expectativa°.

*overcome*

**agudo**... *sharp beating of footsteps* / **algo**... *somewhat alarmed* / **a la expectativa** *expectantly*

—¡Allí vienen!

—Sí—Rosa no se preocupó en disimular su consternación—. ¡Ha llegado el momento!

Carmen y Betty se vieron contagiadas por ese estado de ánimo°; después, con forzada exaltación, sólo pudieron decir a modo de despedida:

**se vieron**... *they saw themselves caught up by that state of mind*

—¡Mucha suerte en tu nuevo trabajo, Rosa!

. . .

La puerta se abrió bruscamente y cuatro hombres jóvenes, de cuerpos esbeltos y vigorosos, penetraron en el amplio recinto° donde se amotonaban diversas máquinas y pantallas a las que las luces incandescentes les conferían° un aspecto pulcro, reluciente, casi de implacable frialdad.

cuarto

daban

—¿Cuál es?—preguntó uno de ellos.

El Suplente° deslizó lentamente la vista° a su alrededor, en una especie de reconocimiento o de búsqueda, hasta que tendió° una mano.

Substituto / **deslizó**... miró lentamente

*extended*

—Aquélla. Se la conoce con el nombre de Rosa.

Los tres hombres se dirigieron con pasos firmes y decididos hacia la computadora de mayor tamaño, cuyo material se notaba algo deteriorado por el uso y los años.

—¿La llevamos al lugar de costumbre?

—Sí, a La Cámara de Aniquilación°.

—Pronto volveremos por las otras.

—Está bien.

Mientras los hombres llevaban la vieja y pesada computadora, el Suplente fue a ocupar su puesto. Entonces no pudo evitar una franca sonrisa de seguridad, de absoluto triunfo al comprender que ya estaba a punto de finalizar la Era de las Máquinas.

**Cámara...** *Annihilation chamber*

## COMPRENSIÓN DEL CUENTO

A. **Preguntas**

1. ¿Por qué está Rosa tan angustiada?
2. ¿Qué razonamientos usa Carmen para alentar a Rosa?
3. ¿Qué se dice del trabajo que ha hecho Rosa?
4. ¿A qué se refiere la frase de Rosa "una trayectoria realmente admirable"?
5. ¿Qué significado tenía el trabajar en el Centro Nacional de Comunicaciones?
6. En la segunda parte del cuento, ¿qué sorpresa recibe el lector?
7. ¿Qué le pasa a Rosa al final?
8. ¿Qué significado tiene el Suplente en este cuento?

B. **Repaso** Explique la situación a que se refieren las siguientes frases que aparecen en el cuento.

1. ¡Hoy es el día!
2. ¡No quiero separarme de Uds!
3. Nunca tuve una falla.
4. ¡Allí vienen!
5. Aquélla. Se la conoce con el nombre de Rosa.

C. **Temas para presentación oral o escrita**

1. ¿Por qué cree Ud. que el autor ha usado tres nombres femeninos para las máquinas?
2. ¿Qué contraste de sentimientos hay entre la primera y la segunda parte del cuento?
3. ¿Qué mensaje cree Ud. que el autor presenta en este cuento?

# REPASO DE VOCABULARIO

A. Llene los espacios en blanco escogiendo las palabras que mejor completen el sentido del párrafo.

Rosa no podía disimular su ____1____ cuando le comunicaron que tenían que ____2____ de allí. Ella no quería ____3____ de Carmen y Betty, quienes trataban de ____4____ diciéndole que tal vez la llevarían al Centro Nacional de Comunicaciones, lo que significaba un ____5____ privilegio. Al mismo tiempo, pensaban que tal vez iban a darle una merecida ____6____ por sus años de servicio. Cuando llegó el momento de la ____7____, el Suplente les indicó a los hombres la computadora más ____8____ que se conocía con el nombre de Rosa para que la ____9____ a la Cámara de Aniquilación. Entonces, el Suplente ocupó el ____10____ de la máquina.

1. *pesadumbre / búsqueda*
2. *lograrla / sacarla*
3. *separarse / encargarse*
4. *evitarla / alentarla*
5. *esbelto / envidiable*
6. *derrota / recompensa*
7. *partida / zozobra*
8. *reluciente / pesada*
9. *eligieran / trasladaran*
10. *sitio / tamaño*

B. Indique en el cuento las frases donde aparecen las respuestas a las siguientes preguntas.

1. ¿Qué palabras se usan para describir las emociones que siente Rosa?
2. ¿Dónde se dice que Rosa representará un modelo para Carmen y Betty?
3. ¿Dónde se dice que Rosa tiene curiosidad por saber quién la reemplazará?
4. ¿Qué se dice de los hombres que vienen a buscar a Rosa?
5. ¿Dónde se dice que a Carmen y a Betty les pasará lo mismo que a Rosa?

C. Dos estudiantes conversan sobre el cuento "Rosa" que acaban de leer. Complete el diálogo de acuerdo con las indicaciones en inglés que están a la derecha.

—¿Qué te pareció la sorpresa que ____________ presenta el cuento? *(suddenly)*

—Muy buena, especialmente ____________ que el lector no sospecha que Rosa es una computadora. *(taking into account)*

—El autor nos dice que el mundo de las máquinas ____________ desaparecer. *(is about to)*

—Es verdad, pero también el autor encontró ____________ de presentar el contraste entre las máquinas y los hombres. *(the best way)*

—_______________, por eso las máquinas parecen tener sentimientos humanos y los hombres y el Suplente parecen estar deshumanizados. *(Of course)*

## REPASO DE GRAMÁTICA

¿Indicativo o subjuntivo? Llene los espacios en blanco escogiendo la forma verbal que sea correcta para completar las oraciones.

1. (se separara / se separaba) Carmen y Betty no deseaban que Rosa _______________ de ellas.
2. (trasladan / trasladen) Es posible que los hombres _______________ a Rosa a otro sitio.
3. (han / hayan) Sin duda _______________ tenido en cuenta sus antecedentes.
4. (habría / hubiera) Rosa demoró su respuesta, como si no _______________ contemplado otras posibilidades.
5. (llevan / lleven) Quizá _______________ a Rosa al Centro Nacional de Comunicaciones.
6. (será / sea) Estamos seguras de que nadie _______________ capaz de reemplazarte.

# Lectura 2

## Octavio Paz

Octavio Paz, una de las figuras más destacadas° de la literatura hispanoamericana, nació en 1914 en la Ciudad de México. Allí hizo todos sus estudios, recibiendo el Doctorado en Leyes de la Universidad Nacional de México. En los círculos literarios de todo el mundo, Paz es respetado y admirado por sus ideas y por la gran destreza° literaria que se observa en sus obras.

*outstanding*

*mastery, skill*

Octavio Paz recibió el Premio Nóbel de Literatura en 1990 y la Academia de Letras, en Suecia°, al otorgarle el premio, citó "la integridad humanística de Paz y el ancho horizonte que exhibe su obra". Ya en 1981, Paz había recibido el importante Premio Cervantes.

*Sweden*

Durante muchos años Octavio Paz estuvo en el servicio diplomático de su país. Fue Embajador de México en Suiza, Francia, el Japón y la India, y también formó parte de la delegación mexicana en las Naciones Unidas. Cuando en 1968 el gobierno mexicano hizo uso de una política represiva contra las demostraciones estudiantiles, Paz renunció° a su puesto° en el servicio diplomático. A partir de 1970, actuando como comentarista° político, Paz expresó su desaprobación° de la intervención soviética y cubana en Latinoamérica.

*resigned / position*

*commentator / disapproval*

El amor, la soledad y la angustia son temas que abundan en la obra de Octavio Paz. A través de innumerables símbolos que usa Paz en sus obras, percibimos al ser humano preso° en su soledad. El gran conocimiento que tiene de los problemas del hombre contemporáneo hace que su obra tenga un sentido de universalidad. Al mismo tiempo, nadie como Octavio Paz conoce la psicología del mexicano, tal y como lo demuestra en *El laberinto de la soledad: Vida y pensamiento de México* (1950).

Entre las muchas obras de Octavio Paz se deben mencionar además del citado *Laberinto, El arco y la lira* (1956), *Las peras del olmo*° (1957) y *Tiempo nublado* (1983). Junto a la producción ensayística de Paz está su valiosa obra poética. Es de gran importancia el libro *Libertad bajo palabra*, que contiene 207 poemas que fueron reunidos en 1958.

*elm*
*imprisoned*

"El ramo azul" apareció en *Arenas movedizas*, que fue publicado en 1949. El suspenso en este cuento está muy bien logrado y el diálogo entre los dos personajes principales es muy efectivo para llegar a la conclusión final del cuento.

## VOCABULARIO ÚTIL I

**Sustantivos**

| | | |
|---|---|---|
| el **ala** (las **alas**) | parte del cuerpo de algunos animales que les sirve para volar | *wing* |
| la **blancura** | de color blanco | *whiteness* |
| la **estrella** | astro | *star* |
| la **hamaca** | objeto que se cuelga de los extremos y sirve para dormir o mecerse | *hammock* |
| la **jarra** | recipiente para agua | *jug, pitcher* |
| el **ladrillo** | material de barro que se usa para la construcción | *brick* |
| la **mariposa** | insecto de cuerpo pequeño con alas grandes de colores brillantes | *butterfly* |
| el **mesón** | posada, venta | *inn* |
| el **muro** | pared grande, tapia | *outside wall* |
| el **pliegue** | doblez | *fold, pleat* |
| el **sudor** | agua que sale por los poros | *sweat* |
| el **trapo** | pedazo de tela viejo | *rag* |

**Adjetivos**

| | | |
|---|---|---|
| **descalzo** | sin zapatos | *barefoot* |
| **empapado** | mojado con mucha agua | *soaking wet* |
| **entrecerrado** | medio cerrado | *half closed* |
| **grisáceo** | que predomina el color gris | *grayish* |
| **minúsculo** | muy pequeño | *minute, tiny* |
| **ronco** | que tiene voz gruesa y áspera | *hoarse* |
| **tuerto** | que ve con un ojo solo | *one-eyed* |

**Verbos**

| | | |
|---|---|---|
| **acercarse (qu)** | aproximarse, ponerse cerca | *to get near, approach* |
| **alzar (c)** | levantar | *to raise, lift* |
| **aspirar** | atraer el aire a los pulmones | *to inhale* |
| **atravesar (ie)** | cruzar | *to cross* |
| **calzarse (c)** | ponerse los zapatos | *to put on shoes* |
| **encender (ie)** | prender la luz o un fuego | *to light* |
| **frotar** | restregar | *to rub* |
| **humedecer (zc)** | mojar para producir humedad | *to dampen* |
| **parpadear** | abrir y cerrar los ojos | *to blink* |
| **pisar** | poner el pie sobre alguna cosa | *to step on* |
| **regar (ie)(gu)** | irrigar, mojar el suelo | *to water, sprinkle* |
| **regresar** | volver | *to return* |
| **saltar** | brincar | *to jump, skip* |
| **secarse (qu)** | quitarse el agua o la humedad | *to dry up* |
| **soplar** | echar aire | *to blow* |
| **vaciar** | sacar el contenido | *to empty* |

**Expresiones**

| | | |
|---|---|---|
| **apretar el paso** | caminar más rápido | *to walk faster* |
| **a tientas** | sin ver, a ciegas | *feeling one's way, blindly* |
| **dar una vuelta** | dar un paseo | *to take a walk* |
| **de pronto** | de repente, súbitamente | *suddenly* |
| **detenerse en seco** | pararse abruptamente | *to stop abruptly* |

## ESTUDIO PRELIMINAR DE VOCABULARIO

A. **Sinónimos** ◆ Dé una palabra o expresión que quiera decir lo mismo.

1. volver 2. posada 3. pequeño 4. atravesar 5. descalzo

B. **Antónimos** ◆ Busque antónimos en la lista de vocabulario.

1. apagar
2. caminar lentamente
3. con zapatos
4. medio abierto
5. mojarse

C. Escoja la palabra que no pertenece al grupo.

| | | | |
|---|---|---|---|
| 1. pestaña | ojo | parpado | sudor |
| 2. mariposa | capricho | alas | insecto |
| 3. hamaca | cielo | estrella | luna |
| 4. muro | ladrillo | pared | pliegue |

## El ramo azul

### (I)

Desperté, cubierto de sudor. Del piso de ladrillos rojos, recién regado, subía un vapor caliente. Una mariposa de alas grisáceas revoloteaba encandilada alrededor del foco° amarillento. Salté de la hamaca y descalzo atravesé el cuarto, cuidando no pisar algún alacrán salido de su escondrijo° a tomar el fresco. Me acerqué al ventanillo y aspiré el aire del campo. Se oía la respiración de la noche, enorme, femenina. Regresé al centro de la habitación, vacié el agua de la jarra en la palangana de peltre° y humedecí la toalla. Me froté el torso y las piernas con el trapo empapado, me sequé un poco y, tras de cerciorarme° que ningún bicho° estaba escondido entre los pliegues de mi ropa, me vestí y calcé. Bajé

**revoloteaba**... *fluttered blindly around the light*
**alacrán**... *scorpion out of its hiding place*

**palangana**... *pewter washbasin*

**tras**... *after making sure / insect*

saltando la escalera pintada de verde. En la puerta del mesón tropecé con el dueño, sujeto tuerto y reticente. Sentado en una sillita de tule°, fumaba con el ojo entrecerrado. Con voz ronca me preguntó:

—¿Ónde va°, señor?

—A dar una vuelta. Hace mucho calor.

—Hum, todo está ya cerrado. Y no hay alumbrado° aquí. Más le valiera° quedarse.

Alcé los hombros, musité° "ahora vuelvo" y me metí en lo oscuro. Al principio no veía nada. Caminé a tientas por la calle empedrada. Encendí un cigarrillo. De pronto salió la luna de una nube negra, iluminando un muro blanco, desmoronado a trechos°. Me detuve, ciego ante tanta blancura. Sopló un poco de viento. Respiré el aire de los tamarindos°. Vibraba la noche, llena de hojas e insectos. Los grillos vivaqueaban° entre las hierbas altas. Alcé la cara: arriba también habían establecido campamento las estrellas. Pensé que el universo era un vasto sistema de señales, una conversación entre seres° inmensos. Mis actos, el serrucho del grillo°, el parpadeo de la estrella, no eran sino pausas y sílabas, frases dispersas de aquel diálogo. ¿Cuál sería esa palabra de la cual yo era una sílaba? ¿Quién dice esa palabra y a quién se la dice? Tiré el cigarrillo sobre la banqueta°. Al caer, describió una curva luminosa, arrojando breves chispas°, como un cometa minúsculo.

Caminé largo rato, despacio. Me sentía libre, seguro entre los labios que en ese momento me pronunciaban con tanta felicidad. La noche era un jardín de ojos. Al cruzar una calle, sentí que alguien se desprendía° de una puerta. Me volví, pero no acerté a distinguir nada. Apreté el paso. Unos instantes después percibí el apagado rumor de unos huaraches° sobre las piedras calientes. No quise volverme°, aunque sentía que la sombra se acercaba cada vez más. Intenté correr. No pude. Me detuve en seco, bruscamente. Antes de que pudiese defenderme, sentí la punta de un cuchillo en mi espalda y una voz dulce:

—No se mueva, señor, o se lo entierro°.

*bulrush, a reed-like wetland plant*

**¿Ónde va?** ¿Adónde va?

*light*

**más**... *it would be better*

*mumbled*

**desmoronado**... *crumbling here and there*

árboles tropicales

**los grillos**... *the crickets were camping*

*beings*

**serrucho**... *the sawing sound of the cricket*

(Méx.) *sidewalk*

*sparks*

se separaba, salía

tipo de zapato propio de México

*turn around*

**o se**... *or I'll bury it in you*

## VOCABULARIO ÚTIL II

| | | |
|---|---|---|
| **Sustantivos** | | |
| el **cabello** | pelo | *hair* |
| el **capricho** | antojo, deseo vehemente | *whim, caprice* |
| el **fósforo** | cerillo o cerilla | *match* |
| la **llama** | fulgor que sale del fuego | *flame* |
| el **párpado** | piel que cubre el ojo | *eyelid* |
| la **pestaña** | pelo que está al borde del párpado | *eyelash* |
| el **ramito** | ramillete pequeño | *small bouquet* |
| el **resplandor** | brillo, reflejo | *glare* |
| **Adjetivos** | | |
| **apenado** | avergonzado | *embarrassed, sorry* |
| **mañoso** | habilidoso, astuto | *skillful, cunning* |
| **remilgoso** | exageradamente delicado y afectado | *finicky* |
| **Verbos** | | |
| **alumbrar** | poner luz, iluminar | *to provide light* |
| **arrodillarse** | ponerse de rodillas | *to kneel* |
| **arrojar** | tirar | *to throw* |
| **engañar** | decir mentiras | *to deceive* |
| **entrecerrar (ie)** | poner a medio cerrar | *to half-close* |
| **permanecer (zc)** | quedarse | *to remain* |
| **Expresiones** | | |
| **a ver** | vamos a ver | *let's see* |
| **dar la vuelta** | volverse, virarse | *to turn around* |
| **de improviso** | imprevistamente | *unexpectedly* |
| **volver la cara** | virar la cara | *to turn one's face* |

### (II)

Sin volver la cara, pregunté:

—¿Qué quieres?

—Sus ojos, señor—contestó la voz suave, casi apenada.

—¿Mis ojos? ¿Para qué te servirán mis ojos? Mira, aquí tengo un poco de dinero. No es mucho, pero es algo. Te daré todo lo que tengo, si me dejas. No vayas a matarme.

—No tenga miedo, señor. No lo mataré. Nada más° voy a sacarle los ojos.

**nada más** solamente

Volví a preguntar:

—Pero ¿para qué quieres mis ojos?

—Es un capricho de mi novia. Quiere un ramito de ojos azules. Y por aquí hay pocos que los tengan.

—Mis ojos no te sirven. No son azules, sino amarillos.

—Ay, señor, no quiera engañarme. Bien sé que los tiene azules.

—No se le sacan a un cristiano los ojos así. Te daré otra cosa.

—No se haga el remilgoso°—me dijo con dureza—. Dé la vuelta.

Me volví. Era pequeño y frágil. El sombrero de palma le cubría medio rostro. Sostenía con el brazo derecho un machete de campo, que brillaba con la luz de la luna.

—Alúmbrese la cara.

Encendí y me acerqué la llama al rostro. El resplandor me hizo entrecerrar los ojos. Él apartó mis párpados con mano firme. No podía ver bien. Se alzó° sobre las puntas de los pies y me contempló intensamente. La llama me quemaba los dedos. La arrojé. Permaneció un instante silencioso.

—¿Ya te convenciste? No los tengo azules.

—Ah, qué mañoso° es usted—respondió—. A ver, encienda otra vez.

Froté otro fósforo y lo acerqué a mis ojos. Tirándome de la manga°, me ordenó:

—Arrodíllese.

Me hinqué°. Con una mano me cogió por los cabellos, echándome la cabeza hacia atrás. Se inclinó sobre mí, curioso y tenso, mientras el machete descendía lentamente hasta rozar° mis párpados. Cerré los ojos.

—Ábralos bien—ordenó.

Abrí los ojos. La llamita me quemaba las pestañas. Me soltó de improviso.

—Pues no son azules, señor. Dispense°.

Y desapareció. Me acodé° junto al muro, con la cabeza entre las manos. Luego me incorporé. A tropezones°, cayendo y levantándome, corrí durante una hora por el pueblo desierto. Cuando llegué a la plaza, vi

**No se**... *don't be so finicky*

**se alzó** se levantó

**qué mañoso** *how clever*

**tirándome**... *pulling my sleeve*

**me hinqué** *I knelt down*

*touch lightly*

*excuse me*

**me acodé** *I reclined*

**a tropezones** *stumbling*

al dueño del mesón, sentado aún frente a la puerta. Entré sin decir palabra. Al día siguiente huí de aquel pueblo.

## COMPRENSIÓN DEL CUENTO

A. **Preguntas** ◆

1. ¿Ocurre este cuento en una ciudad grande o en un pueblo pequeño? ¿Cómo lo sabemos?
2. ¿Por qué salió el narrador del mesón?
3. ¿Qué le dice el dueño del mesón al narrador cuando ve que éste sale a dar una vuelta?
4. ¿Qué es lo que el narrador siente, oye y ve al salir en la oscuridad de la noche?
5. Al cruzar una calle, ¿qué ruido sintió el narrador?
6. ¿Qué quería el hombre que amenazaba al narrador con el cuchillo?
7. ¿Para qué quería el hombre los ojos del narrador?
8. ¿Qué circunstancia es la que hace que el hombre no le saque los ojos al narrador?

B. **Repaso** ◆ Explique la situación a que se refieren las siguientes frases que aparecen en el cuento.

1. Me froté el torso y las piernas con el trapo empapado.
2. Más le valiera quedarse.
3. Percibí el rumor de unos huaraches.
4. No se mueva, señor, o se lo entierro.
5. Mira, aquí tengo un poco de dinero.
6. Es un capricho de mi novia.
7. Ay, señor, no quiera engañarme.
8. A tropezones, cayendo y levantándome, corrí durante una hora.

C. **Temas para presentación oral o escrita** ◆

1. ¿Cómo crea el autor el aspecto de suspenso en este cuento?
2. ¿Cómo interpreta Ud. el capricho de la novia que quiere los ojos azules, especialmente cuando el hombre dice que "por aquí hay pocos que los tengan"?
3. Comente Ud. la manera en que se hablan los dos hombres: el narrador le habla de "tú" al hombre, y éste se dirige al narrador con "usted". ¿Qué nos dice esto de los dos hombres?

## REPASO DE VOCABULARIO

A. Llene los espacios en blanco escogiendo las palabras que mejor completen el sentido del párrafo.

Al despertarse, el narrador estaba cubierto de ____1____ y salió de la hamaca ____2____ por temor a ____3____ un alacrán. ____4____ el cuerpo con una toalla mojada y salió del cuarto. El dueño del ____5____ era tuerto y tenía la voz ____6____. El narrador salió a dar una vuelta y caminó ____7____ porque no había alumbrado en las calles. ____8____ un cigarillo y ____9____ salió la luna. El hombre que se acercó al narrador quería sus ojos porque su novia tenía un ____10____. Ella quería un ____11____ de ojos azules. Al convencerse el hombre que los ojos del narrador no eran azules ____12____ rápidamente.

1. *resplandor / sudor*
2. *saltando / secando*
3. *soplar / pisar*
4. *Se frotó / Se calzó*
5. *muro / mesón*
6. *ronca / grisácea*
7. *a tientas / a ver*
8. *Encendió / Parpadeó*
9. *de pronto / de rodillas*
10. *capricho / cabello*
11. *murito / ramito*
12. *engañó / desapareció*

B. Indique en el cuento las frases donde aparece la siguiente información.

1. Salió de un salto del lugar donde había dormido.
2. Las calles no tienen luz eléctrica.
3. Lo que piensa el narrador sobre el universo.
4. Lo que sintió el narrador al cruzar la calle.
5. El hombre le ordena al narrador que encienda un fósforo para verlo bien.

C. Después de repasar el vocabulario complete las oraciones de acuerdo con las indicaciones en inglés que están a la derecha.

1. El narrador salió a ________ y caminó ________ por un rato. *(take a walk)* *(feeling his way)*
2. Cuando sintió que alguien se acercaba ________, pero un hombre apareció ________ y lo amenazó con un cuchillo. *(he walked faster)* *(unexpectedly)*
3. El hombre le ordenó al narrador que ________ y que ________ para verle los ojos. *(turn around)* *(turn his face)*
4. ________ el hombre desapareció cuando vio que el narrador no tenía los ojos azules. *(suddenly)*
5. Al despertarse el narrador estaba ________ y saltó de ________. *(covered with sweat)* *(the hammock)*
6. Como ________ caminó con mucho cuidado por miedo a ________ un alacrán. *(he was barefoot)* *(to step on)*
7. ________ por poco le quema ________ y ________. *(the flame)(the eyelashes)* *(the eyelids)*

8. El hombre le ordenó al narrador que ________________. *(kneel down)*
9. Con la luz de ________________ el hombre pudo ver el color de los ojos del narrador. *(a match)*
10. La novia del hombre tenía ________________ y quería un ________________ de ojos azules. *(a whim)* *(small bouquet)*

## REPASO DE GRAMÁTICA

Lea el siguiente párrafo. Después llene los blancos con la forma correcta de la palabra que aparece a la derecha.

Al _____1_____ vi que una mariposa volaba cerca del foco y que _____2_____ a quemarse _____3_____ ala. Yo _____4_____ lentamente a _____5_____ luz, _____6_____ no pisar un insecto en el suelo. _____7_____ movimientos asustaron a la mariposa y se alejó volando como _____8_____ cometa.

1. *despertarse*
2. *ir*
3. *uno*
4. *acercarse*
5. *el*
6. *cuidar*
7. *mi*
8. *uno*

# Lectura 3

## Jorge Luis Borges

Jorge Luis Borges nació en Buenos Aires en 1899 y murió en Ginebra, Suiza, en 1986.

Borges es uno de los escritores hispanos más notables del siglo XX y uno de los que más influyó en la renovación literaria de Hispanoamérica. Vivió siempre en un mundo intelectual rodeado de libros e ideas que contribuyeron a la profundidad° de sus conocimientos° y de su cultura.

*depth*
*knowledge*

Cuando tenía catorce años su familia se trasladó° a Europa donde él continuó sus estudios en Suiza, Inglaterra y España. Dominaba a la perfección el español, el inglés y el francés, además del alemán y el latín. Desde muy niño mostró gran inclinación a la lectura. Leía incansablemente obras de la literatura inglesa, francesa y española, así como de historia y de filosofía. Debido a una enfermedad congénita°, Borges empezó a perder la vista° siendo muy joven. Gracias a su increíble memoria y a los secretarios que siempre le leían, continuó su labor de escritor aun cuando quedó totalmente ciego°.

*moved*
*congenital*
*sight*
*blind*

Borges ocupó los puestos de Profesor de Literatura Inglesa en la Universidad de Buenos Aires y de Director de la Biblioteca Nacional de Argentina, además de ser Presidente de la Academia Argentina de Letras. Durante su larga vida recibió numerosos premios y honores.

Los cuentos de Borges ocupan un lugar prominente en la literatura universal. En ellos Borges desplaza° los elementos tradicionales del espacio, el tiempo y la identidad. Sus cuentos trascienden° el mundo de la realidad para proyectarse en esferas metafísicas que van más allá del tiempo y el espacio. Borges posee una rica imaginación, una fabulosa habilidad lingüística y una gran erudición.

*displaces*
*transcend*

Los temas que más aparecen en los cuentos de Borges son: el infinito, el universo como un laberinto°, la contradicción entre la apariencia° y la realidad, y el tiempo en forma circular. Para él, el universo es un laberinto caótico que sólo se puede ordenar a través de la inteligencia.

*labyrinth*
*appearance*

Entre las muchas obras de Borges se pueden citar las siguientes: *Fervor de Buenos Aires* (1923), *Inquisiciones* (1925), *Ficciones* (1944), *El Aleph* (1949), *Otras inquisiciones* (1952), *Obra poética* (1969), *La cifra* (1981) y *Nueve ensayos dantescos* (1982).

El cuento "Pedro Salvadores" pertenece a la colección *Elogio de la sombra* (1969). La narración ocurre en Argentina durante la dictadura de Juan Manuel Ortiz de Rosas*, que terminó en 1852. En esta historia Borges presenta una narración en forma objetiva sin añadir° nada de comentario personal. Al hablar de este cuento, Borges señaló lo siguiente°: "el texto no es una invención mía, es un hecho histórico, que he tratado de imaginar con cierta precisión. Un bisnieto° del protagonista me visitó en la Biblioteca Nacional".

*adding*
*observed the following*
*great-grandchild*

## VOCABULARIO ÚTIL

**Sustantivos**

| | | |
|---|---|---|
| el **amante** | persona con quien se tienen relaciones de amor | *lover* |
| el **casco** | uña de la pata de los caballos | *hoof* |
| la **cera** | substancia con que está hecho el panal de las abejas | *wax* |
| el **ejército** | fuerzas militares de una nación | *army* |
| el **griterío** | confusión de gritos; algazara | *shouting, uproar* |
| la **hondura** | profundidad | *depth* |
| la **madriguera** | cueva o guarida donde habitan ciertos animales | *burrow, hole* |
| el **paso** | pisada | *step* |
| el **personaje** | persona que se representa en una obra literaria | *character (in a literary work)* |
| la **servidumbre** | los sirvientes o criados | *servants, maids* |
| el **sótano** | parte subterránea de un edificio | *basement* |
| la **vajilla** | platos, fuentes, tazas que se usan para poner la mesa | *chinaware* |
| el **zaguán** | vestíbulo de una casa | *lobby, entrance hall of a house* |

---

*Juan Manuel Ortiz de Rosas (1793–1877), general y político argentino que gobernó dictatorialmente desde 1829 hasta 1852. Su modo tiránico de gobernar fue severamente combatido por los unitarios, partido político al cual pertenecían los principales hombres de letras y patriotas argentinos.

**Adjetivos**

| | | |
|---|---|---|
| **acosado** | perseguido, atormentado | *harassed* |
| **amenazado** | intimidado | *threatened* |
| **atroz** | horrible, espantoso | *atrocious* |
| **cobarde** | que no tiene valor o coraje | *cowardly* |
| **fofo** | blando | *flabby* |
| **incierto** | no cierto, falso | *untrue, doubtful* |

**Verbos**

| | | |
|---|---|---|
| **alzar (c)** | levantar | *to lift* |
| **azotar** | dar latigazos o golpes | *to whip, beat* |
| **coser** | unir con hilo y aguja | *to sew* |
| **delatar** | denunciar | *to denounce* |
| **derribar** | echar abajo | *to knock down* |
| **encarcelar** | poner en la cárcel | *to imprison, incarcerate* |
| **huir (y)** | escapar, fugarse | *to flee, run away* |
| **ocultar** | esconder | *to hide* |
| **registrar** | buscar o examinar con cuidado | *to search, inspect* |

**Expresiones**

| | | |
|---|---|---|
| **acaso** | tal vez, quizá | *perhaps, maybe* |
| **al cabo de** | al final de | *at the end of* |
| **ni siquiera** | ni aun | *not even* |
| **pasar de largo** | seguir y no detenerse | *to go on without making a stop* |
| **por más que** (+ verbo) | por mucho que | *no matter how much* (+ *verb*) |

## ESTUDIO PRELIMINAR DE VOCABULARIO

A. **Sinónimos** ◆ Dé una palabra o expresión que quiera decir lo mismo.

1. levantar 2. tal vez 3. esconder 4. espantoso 5. escapar

B. **Antónimos** ◆ Busque antónimos en la lista de vocabulario.

1. valiente 2. construir 3. al principio 4. liberar 5. seguro

C. Escoja la palabra que no pertenece al grupo.

| | | | |
|---|---|---|---|
| 1. ejército | general | soldado | servidumbre |
| 2. zaguán | vajilla | sótano | patio |
| 3. amante | fofo | novio | enamorado |
| 4. amenaza | golpe | casco | azote |

## Pedro Salvadores

*A Juan Murchison*

Quiero dejar escrito, acaso por primera vez, uno de los hechos más raros y más tristes de nuestra historia. Intervenir lo menos posible en su narración, prescindir de° adiciones pintorescas y de conjeturas aventuradas es, me parece, la mejor manera de hacerlo.

**prescindir**... *leaving out*

Un hombre, una mujer y la vasta sombra de un dictador son los tres personajes. El hombre se llamó Pedro Salvadores; mi abuelo Acevedo lo vio, días o semanas después de la batalla de Caseros. Pedro Salvadores, tal vez, no difería del común de la gente, pero su destino y los años lo hicieron único. Sería un señor como tantos otros de su época. Poseería (nos cabe suponer°) un establecimiento de campo y era unitario°. El apellido de su mujer era Planes; los dos vivían en la calle Suipacha, no lejos de la esquina del Temple. La casa en que los hechos ocurrieron sería igual a las otras: la puerta de calle, el zaguán, la puerta cancel°, las habitaciones, la hondura de los patios. Una noche, hacia

**nos**... *we suppose* / *name of a political party*

**puerta**... *inner door*

1842, oyeron el creciente y sordo rumor de los cascos de los caballos en la calle de tierra y los vivas y mueras° de los jinetes°. La mazorca°, esta vez, no pasó de largo. Al griterío sucedieron los repetidos golpes; mientras los hombres derribaban la puerta, Salvadores pudo correr la mesa del comedor, alzar la alfombra y ocultarse en el sótano. La mujer puso la mesa en su lugar. La mazorca irrumpió°; venían a llevárselo a Salvadores. La mujer declaró que éste había huido a Montevideo. No le creyeron; la azotaron, rompieron toda la vajilla celeste°, registraron la casa, pero no se les ocurrió levantar la alfombra. A la medianoche se fueron, no sin haber jurado° volver.

Aquí principia verdaderamente la historia de Pedro Salvadores. Vivió nueve años en el sótano. Por más que nos digamos que los años están hechos de días y los días de horas y que nueve años es un término abstracto y una suma imposible, esa historia es atroz. Sospecho que en la sombra que sus ojos aprendieron a descifrar, no pensaba en nada, ni siquiera en su odio ni en su peligro. Estaba ahí, en el sótano. Algunos ecos de aquel mundo que le estaba vedado° le llegarían desde arriba: los pasos habituales de su mujer, el golpe del brocal y del balde°, la pesada lluvia en el patio. Cada día, por lo demás, podía ser el último.

La mujer fue despidiendo° a la servidumbre°, que era capaz de delatarlos. Dijo a todos los suyos que Salvadores estaba en la Banda Oriental. Ganó el pan de los dos cosiendo para el ejército. En el decurso de los años° tuvo dos hijos; la familia la repudió°, atribuyéndolos a un amante. Después de la caída del tirano, le pedirían perdón de rodillas.

¿Qué fue, quién fue, Pedro Salvadores? ¿Lo encarcelaron el terror, el amor, la invisible presencia de Buenos Aires y, finalmente, la costumbre? Para que no la dejara sola, su mujer le daría inciertas noticias de conspiraciones y de victorias. Acaso era cobarde y la mujer lealmente le ocultó que ella lo sabía. Lo imagino en su sótano, tal vez sin un candil°, sin un libro. La sombra lo hundiría en el sueño. Soñaría, al principio, con la noche tremenda en que el acero buscaba la

**vivas**... *shouts of "long live" and "down with"* / *horsemen* / *secret police*

*burst in*

azul

**no**... *not without swearing*

prohibido

**brocal**... *the bucket on the stones of the well*

*dismissing* / sirvientes

**decurso**... *course of time* / *repudiated*

*oil lamp*

garganta, con las calles abiertas, con la llanura. Al cabo de los años no podría huir y soñaría con el sótano. Sería, al principio, un acosado, un amenazado; después no lo sabremos nunca, un animal tranquilo en su madriguera o una suerte de oscura divinidad.

Todo esto hasta aquel día del verano de 1852 en que Rosas huyó. Fue entonces cuando el hombre secreto salió a la luz del día; mi abuelo habló con él. Fofo y obeso, estaba del color de la cera y no hablaba en voz alta. Nunca le devolvieron los campos que le habían sido confiscados; creo que murió en la miseria.

Como todas las cosas, el destino de Pedro Salvadores nos parece un símbolo de algo que estamos a punto de comprender.

## COMPRENSIÓN DEL CUENTO

A. **Preguntas** ◆

1. ¿Es pura ficción el cuento de Pedro Salvadores? ¿Por qué?
2. ¿Por qué vino la mazorca a casa de Salvadores?
3. ¿Qué hizo Salvadores cuando sintió que estaban derribando la puerta?
4. ¿Cómo reaccionó la mazorca cuando la mujer declaró que su esposo había huido a Montevideo?
5. ¿Dónde estaba realmente Salvadores?
6. ¿Cómo fue la vida de Salvadores durante nueve años?
7. ¿Y cómo fue la vida de la mujer durante ese tiempo?
8. ¿Por qué la repudió la familia?
9. ¿Qué fin tuvo la vida de Pedro Salvadores?
10. Según el narrador, ¿por qué nos parece Salvadores un símbolo?

B. **Repaso** ◆ Explique la situación a que se refieren las siguientes frases que aparecen en el cuento.

1. La mazorca esta vez no pasó de largo.
2. No le creyeron, la azotaron, rompieron toda la vajilla celeste.
3. Cada día, por lo demás, podía ser el último.
4. Ganó el pan de los dos cosiendo para el ejército.
5. Después le pedirían perdón de rodillas.
6. Fofo y obeso, estaba del color de la cera.

C. **Comprensión de la lectura** ◆ Escoja las explicaciones que sean correctas.

1. ¿Qué hizo la mujer de Pedro Salvadores?
   a. Se unió al partido de los unitarios.

b. Demostró inteligencia y valor.
c. Aceptó la ayuda de la familia.
d. Se fue a vivir a Montevideo.

2. La mujer se quedó sola en la casa, sin los sirvientes, porque...
   a. éstos no querían trabajar para ella.
   b. éstos sabían que el esposo estaba escondido.
   c. ella temía que fueran a descubrir su secreto.
   d. ella se dio cuenta de que eran enemigos.
3. La mujer pudo mantenerse durante esos años porque...
   a. sabía coser.
   b. cocinaba para el ejército.
   c. tenía dinero guardado.
   d. pudo vender su vajilla.
4. ¿Cómo se sentía Salvadores al salir del sótano?
   a. Dispuesto a vengarse de sus enemigos.
   b. Decidido a irse de la Argentina.
   c. Dispuesto a trabajar y a ganar dinero.
   d. Destruido física y espiritualmente.
5. El autor nos dice que Pedro Salvadores...
   a. trató de escaparse de su madriguera.
   b. se quedó ciego de tanto leer.
   c. posiblemente se acostumbró a vivir en su escondite.
   d. acaso por primera vez, ayudó a su esposa a coser.

**D. Temas para presentación oral o escrita** ◆

1. ¿Qué habría hecho Ud. si hubiera estado nueve años encerrado en un sótano?
2. ¿Qué habría hecho Ud. si hubiera estado en el lugar de la esposa de Salvadores?
3. ¿Cree Ud. que Pedro Salvadores es símbolo del terror que produce una dictadura o símbolo del hombre cobarde que no se enfrenta a luchar por su libertad? Explique el por qué de su respuesta.
4. ¿Conoce Ud. casos semejantes al de Pedro Salvadores? Compártalos con la clase. Piense en el caso de Anne Frank.

## REPASO DE VOCABULARIO

A. Llene los espacios en blanco escogiendo las palabras que mejor completen el sentido del párrafo.

El sordo rumor de los ____1____ de los caballos anunció la llegada de la policía que con gran ____2____ comenzó a ____3____ la puerta. Salvadores se pudo ____4____ en el sótano y la mujer le dijo a la policía que su esposo había ____5____ y estaba en

1. *cascos / jinetes*
2. *griterío / ejército*
3. *alzar / derribar*
4. *registrar / ocultar*
5. *huido / delatado*

Montevideo. Después la mujer, poco a poco, fue _____6_____ a la _____7_____ para que no fueran a descubrir que su esposo estaba en el _____8_____. No es posible saber si Salvadores era _____9_____ o si se acostumbró a vivir como un animal en su _____10_____. Cuando cayó el dictador Rosas, Pedro Salvadores salió a la luz del día y estaba _____11_____ y tenía el color de la _____12_____.

6. *encarcelando / despidiendo*
7. *servidumbre / vajilla*
8. *zaguán / sótano*
9. *incierto / cobarde*
10. *hondura / madriguera*
11. *delgado / obeso*
12. *llanura / cera*

B. Después de repasar el vocabulario, complete las oraciones de acuerdo con las indicaciones en inglés que están a la derecha.

1. La policía esta vez __________ y, después de __________ a la mujer, rompió toda la vajilla azul. (*didn't go by without stopping*) (*beating*)
2. __________ tratemos, no podremos comprender cómo Salvadores pudo vivir nueve años encerrado en el sótano. (*no matter how much*)
3. Posiblemente Salvadores no pensaba en nada, __________ en su odio ni en el peligro que corría. (*not even*)
4. Cuando Salvadores salió del sótano __________ mucho tiempo estaba fofo y obeso. (*at the end of*)
5. Esta historia es tan __________ que parece __________. (*atrocious*) (*doubtful*)

## REPASO DE GRAMÁTICA

Repase el uso del condicional en el Capítulo 2. Note el uso frecuente del condicional para indicar probabilidad o conjetura en el cuento “Pedro Salvadores”. Después, traduzca las siguientes oraciones usando el condicional.

1. *Salvadores was probably like other men of this time. He supposedly owned a home in the country. The house in which the events occurred was probably the same as the others.*
2. *Could his wife have given him uncertain news about conspiracies? Could she have thought he was a coward?*
3. *At the end of many years he would not be able to escape and he would dream about the basement. He would be, at first, a harassed man. He would die in misery.*

# Guillermo Cabrera Infante

Guillermo Cabrera Infante nació en 1929 en la provincia de Oriente, Cuba. La obra de este novelista cubano está impregnada de un divertido sentido de humor y, al mismo tiempo, de una gran melancolía. Esta paradoja hace que Cabrera Infante ocupe un lugar especial entre los escritores hispanoamericanos de su generación.

Cabrera Infante comenzó a escribir en 1947, cuando abandonó los estudios de una soñada carrera médica, ganando varios premios y menciones literarias con sus cuentos. Su interés en el cine lo llevó a escribir crítica cinematográfica y a fundar la Cinemateca° de Cuba, la cual presidió de 1951 a 1956. Más tarde, fue uno de los directores del Instituto del Cine. En 1959 Cabrera Infante fundó la revista literaria *Lunes de Revolución*, la cual dirigió hasta 1961 cuando ésta fue clausurada por el gobierno. En 1962 salió de Cuba con el cargo de Agregado Cultural en Bruselas, y su postura de disidente frente al gobierno de Fidel Castro hizo que se quedara en Europa. Vivió primero en Madrid, y más tarde se estableció en Londres, donde vive desde 1966.

*film library*

Entre sus muchos libros se pueden citar *Así en la paz como en la guerra, Tres tristes tigres*, que obtuvo el premio Biblioteca Breve en 1964, *Mea Cuba*, publicado en 1992, y en 1995 apareció una colección de tres cuentos bajo el título de *Delito por bailar el chachachá*.

"Abril es el mes más cruel" forma parte de la colección de cuentos *Así en la paz como en la guerra*. En esta narración el escritor presenta un momento de la vida de una pareja enamorada. Según progresa el diálogo nos damos cuenta de que la esposa ha estado enferma y que detrás de la aparente normalidad de la vida de estas dos personas, algo inesperado va a ocurrir.

## VOCABULARIO ÚTIL

| | | |
|---|---|---|
| **Sustantivos** | | |
| la **ampolla** | bolsita que se forma en la piel | *blister* |
| el **bostezo** | acto de bostezar | *yawn* |
| la **botica** | farmacia | *drugstore* |
| el **crepúsculo** | cuando termina la luz del día | *dusk, twilight* |
| el **delantal** | prenda de vestir que se usa para que no se manche la ropa | *apron* |
| el **dormilón** | persona a quien le gusta dormir | *sleepyhead* |
| el **encargado** | persona que tiene a su cargo algunas cosas o tareas | *caretaker* |
| la **espuma** | burbujas que se forman en un líquido | *foam* |
| el **hoyo** | cavidad en la tierra; hueco | *hole* |
| la **loza** | platos y tazas | *dishes* |
| la **manteca** | grasa que se usa para cocinar | *lard* |
| la **nuca** | parte posterior del cuello | *nape of neck* |
| las **olas** | ondas en la superficie de las aguas | *waves* |
| el **olor** | aroma, fragancia | *smell, odor* |
| **Adjetivos** | | |
| **bobo** | tonto | *dumb, silly* |
| **despierto** | lo opuesto de dormido | *awake* |
| **grueso** | voluminoso; opuesto de delgado o fino | *full, thick* |
| **hirviente** | que hierve; muy caliente | *boiling* |
| **hondo** | profundo | *deep, profound* |
| **relajado** | que no está tenso | *relaxed* |
| **Verbos** | | |
| **aspirar** | atraer el aire a los pulmones | *to inhale* |
| **besar** | tocar con los labios en señal de amor, amistad o reverencia | *to kiss* |
| **bostezar (c)** | abrir la boca en señal de sueño, aburrimiento o debilidad | *to yawn* |
| **bromear** | hacer bromas, chistes como diversión o burla | *to joke* |
| **dormitar** | estar medio dormido | *to doze* |
| **entrecerrar (ie)** | poner medio cerrado | *to half-close* |
| **estirarse** | extenderse, desperezarse | *to stretch out* |
| **fregar (gu)** | lavar para limpiar (la loza) | *to wash (dishes)* |
| **molestarse** | incomodarse, ofenderse | *to get annoyed* |
| **quemarse** | calentarse mucho la piel en el sol | *to get sunburned* |
| **retratar** | sacar fotografías de | *to photograph* |
| **secar (qu)** | sacar la humedad de un cuerpo o cosa | *to dry* |

| **Expresiones** | | |
|---|---|---|
| **darse cuenta de** | tener conocimiento de algo | *to realize* |
| **dentro de una hora** | en una hora | *in an hour* |
| **de perfil** | postura del cuerpo de lado | *in profile* |
| **de veras** | de verdad | *truly, really* |
| **echó a andar** | empezó a caminar | *started to walk* |
| **luna de miel** | los primeros días que siguen al matrimonio | *honeymoon* |
| **puesta de sol** | momento en que el sol desaparece en el horizonte | *sunset* |

## ESTUDIO PRELIMINAR DE VOCABULARIO

A. **Sinónimos** ◆ Dé una palabra o expresión que quiera decir lo mismo.

1. onda 2. profundo 3. incomodarse 4. grasa 5. extenderse

B. **Antónimos** ◆ Busque antónimos en la lista de vocabulario.

1. dormido 2. delgado 3. frío 4. inteligente 5. tenso

C. Escoja la palabra que no pertenece al grupo.

| | | | |
|---|---|---|---|
| 1. nuca | cabeza | crepúsculo | cuello |
| 2. relajar | dormitar | bostezar | fregar |
| 3. espuma | delantal | agua | ola |
| 4. despierto | caliente | quemado | hirviente |

## Abril es el mes más cruel

No supo si lo despertó la claridad que entraba por la ventana o el calor, o ambas cosas. O todavía el ruido que hacía ella en la cocina preparando el desayuno. La oyó freír huevos primero y luego le llegó el olor de la manteca hirviente. Se estiró en la cama y sintió la tibieza de las sábanas escurrirse° bajo su cuerpo y un amable dolor le corrió de la espalda a la nuca. En ese momento ella entró en el cuarto y le chocó° verla con el delantal por encima de los shorts°. La lámpara que estaba en la mesita de noche ya no estaba allí y puso los platos y las tazas en ella. Entonces advirtió que estaba despierto.

*to slide*

**le chocó** *it shocked him* / (anglicismo) *shorts*

—¿Qué dice el dormilón?—preguntó ella, bromeando.

En un bostezo él dijo: Buenos días.

—¿Cómo te sientes?

Iba a decir muy bien, luego pensó que no era exactamente muy bien y reconsideró y dijo:

—Admirablemente.

No mentía. Nunca se había sentido mejor. Pero se dio cuenta que las palabras siempre traicionan°.

*betray*

—¡Vaya°!—dijo ella.

*Well! Indeed!*

Desayunaron. Cuando ella terminó de fregar la loza, vino al cuarto y le propuso que se fueran a bañar.

—Hace un día precioso—dijo.

—Lo he visto por la ventana—dijo él.

—¿Visto?

—Bueno, sentido. Oído.

Se levantó y se lavó y se puso su trusa°. Encima se echó la bata de felpa° y salieron para la playa.

*bathing suit*

**bata de felpa** *plush bathrobe*

—Espera—dijo él a medio camino—. Me olvidé de la llave.

Ella sacó del bolsillo la llave y se la mostró. Él sonrió.

—¿Nunca se te olvida nada?

—Sí—dijo ella y lo besó en la boca—. Hoy se me había olvidado besarte. Es decir, despierto.

Sintió el aire del mar en las piernas y en la cara y aspiró hondo.

—Esto es vida—dijo.

Ella se había quitado las sandalias y enterraba° los dedos en la arena al caminar. Lo miró y sonrió.

*buried*

—¿Tú crees?—dijo.

—¿Tú no crees?—preguntó él a su vez.

—Oh, sí. Sin duda. Nunca me he sentido mejor.

—Ni yo. Nunca en la vida—dijo él.

Se bañaron. Ella nadaba muy bien, con unas brazadas° largas, de profesional. Al rato él regresó a la playa y se tumbó° en la arena. Sintió que el sol secaba el agua y los cristales de sal se clavaban en sus poros° y pudo precisar dónde se estaba quemando más, dónde se formaría una ampolla. Le gustaba quemarse al sol. Estarse quieto, pegar la cara a la arena y sentir el aire que formaba y destruía las nimias dunas° y le metía los finos granitos en la nariz, en los ojos, en la boca, en los oídos. Parecía un remoto desierto, inmenso y misterioso y hostil. Dormitó.

*strokes*
**se tumbó** *lay down*
**se clavaban**... *got into his pores*
**nimias dunas** *small dunes*

Cuando despertó, ella se peinaba a su lado.

—¿Volvemos?—preguntó.

—Cuando quieras.

Ella preparó el almuerzo y comieron sin hablar. Se había quemado, leve, en un brazo y él caminó hacia la botica que estaba a tres cuadras y trajo picrato°. Ahora estaban en el portal y hasta ellos llegó el fresco y a veces rudo aire del mar que se levanta por la tarde en abril.

*ointment for sunburn*

La miró. Vio sus tobillos delicados y bien dibujados°, sus rodillas tersas y sus muslos torneados sin violencia°. Estaba tirada° en la silla de extensión°, relajada, y en sus labios, gruesos, había una tentativa de sonrisa.

*well shaped*
**muslos**... *well proportioned* / *stretched out* / **silla**... *deck chair*

—¿Cómo te sientes?—le preguntó.

Ella abrió sus ojos y los entrecerró ante la claridad. Sus pestañas eran largas y curvas.

—Muy bien. ¿Y tú?

—Muy bien también. Pero, dime... ¿ya se ha ido todo°?

**ya se**... *are you feeling better?*

—Sí—dijo ella.

Y... ¿no hay molestia°?

*discomfort*

—En absoluto. Te juro que nunca me he sentido mejor.

—Me alegro.

—¿Por qué?

—Porque me fastidiaría° sentirme tan bien y que tú no te sintieras bien.

**me**... *it would annoy me*

—Pero si me siento bien.

—Me alegro.

—De veras. Créeme, por favor.

—Te creo.

Se quedaron en silencio y luego ella habló:

—¿Damos un paseo por el acantilado°?

*rocky path*

—¿Quieres?

—Cómo no. ¿Cuándo?

—Cuando tú digas.

—No, di tú.

—Bueno, dentro de una hora.

En una hora habían llegado a los farallones° y ella le preguntó, mirando a la playa, hacia el dibujo de espuma de las olas, hasta las cabañas:

*cliffs*

—¿Qué altura crees tú que habrá de aquí a abajo?

—Unos cincuenta metros. Tal vez setenta y cinco.

—¿Cien no?

—No creo.

Ella se sentó en una roca, de perfil al mar con sus piernas recortadas° contra el azul del mar y del cielo.

*outlined*

—¿Ya tú me retrataste así?—preguntó ella.

—Sí.

—Prométeme que no retratarás a otra mujer aquí así.

Él se molestó.

—¡Las cosas que se te ocurren! Estamos en luna de miel, ¿no? Cómo voy a pensar yo en otra mujer ahora.

—No digo ahora. Más tarde. Cuando te hayas cansado de mí, cuando nos hayamos divorciado.

Él la levantó y la besó en los labios, con fuerza.

—Eres boba.

Ella se abrazó a su pecho.

—¿No nos divorciaremos nunca?

—Nunca.

—¿Me querrás siempre?

—Siempre.

Se besaron. Casi en seguida oyeron que alguien llamaba.

—Es a ti.

—No sé quién pueda ser.

Vieron venir a un viejo por detrás de las cañas del espartillo°.

—Ah. Es el encargado.

**cañas**... *stalks of sparto grass*

Los saludó.

—¿Ustedes se van mañana?

—Sí, por la mañana temprano.

—Bueno, entonces quiero que me liquide° ahora. ¿Puede ser?

**me liquide** *pay me, settle your account*

Él la miró a ella.

—Ve tú con él. Yo quiero quedarme aquí otro rato más.

—¿Por qué no vienes tú también?

—No—dijo ella—. Quiero ver la puesta de sol.

—No quiero interrumpir. Pero es que quiero ver si voy a casa de mi hija a ver el programa de boseo* en la televisión. Uste* sabe, ella vive en la carretera.

—Ve con él—dijo ella.

—Está bien—dijo él y echó a andar detrás del viejo.

—¿Tú sabes dónde está el dinero?

—Sí—respondió él, volviéndose°.

*turning his head*

—Ven a buscarme luego, ¿quieres?

—Está bien. Pero en cuanto oscurezca bajamos. Recuerda.

—Está bien—dijo—. Dame un beso antes de irte.

Lo hizo. Ella lo besó fuerte, con dolor.

Él la sintió tensa, afilada por dentro°. Antes de perderse tras la marea de espartillo° la saludó con la mano. En el aire le llegó su voz que decía te quiero. ¿O tal vez preguntaba me quieres?

**afilada**... *edgy inside*

**marea**... *waving sparto grass*

Estuvo mirando el sol cómo bajaba. Era un círculo lleno de fuego al que el horizonte convertía en tres cuartos de círculo, en medio círculo, en nada, aunque quedara un borboteo° rojo por donde desapareció. Luego el cielo se fue haciendo violeta, morado, y el negro de la noche comenzó a borrar los restos del crepúsculo.

*gush*

—¿Habrá luna esta noche?—se preguntó en alta voz ella.

Miró abajo y vio un hoyo negro y luego más abajo la costra° de la espuma blanca, visible todavía. Se movió en su asiento y dejó los pies hacia afuera, colgando en el vacío. Luego afincó° las manos en la roca y suspendió el

*crust*

*took hold*

---

*El autor, al imitar la forma de hablar del encargado, escribe **boseo** y **Usté** en lugar de **boxeo** y **Usted**.

cuerpo, y sin el menor ruido se dejó caer al pozo° negro y profundo que era la playa exactamente ochenta y dos metros más abajo.

*hole*

## COMPRENSIÓN DEL CUENTO

A. **Preguntas** ◆

1. Describa las acciones de los dos protagonistas al empezar el cuento.
2. ¿Qué hace la pareja después del desayuno?
3. ¿Qué pregunta es la que se repite entre ellos dos con gran insistencia?
4. ¿Qué quiere el viejo encargado cuando viene a llamarlos?
5. ¿Qué significado tiene la pregunta que hace la esposa en relación con la altura del acantilado?
6. ¿Por qué cree Ud. que la esposa se quedó en el acantilado y no fue con el esposo para pagarle al encargado?
7. ¿Qué desenlace trágico tiene el cuento?
8. ¿Cómo se imagina Ud. que es la esposa? ¿Qué adjetivos usaría para describirla?
9. ¿Cree Ud. que el esposo sospechaba lo que iba a hacer su esposa? Explique su respuesta.
10. ¿Qué función importante tiene el encargado en este cuento?

B. **Repaso** ◆ Explique la situación a que se refieren las siguientes frases que aparecen en el cuento.

1. Cómo voy yo a pensar en otra mujer ahora.
2. Unos cincuenta metros. Tal vez setenta y cinco.
3. Muy bien también. Pero, dime... ¿ya se ha ido todo?
4. Ve tú con él. Yo quiero quedarme aquí otro rato más.
5. ¿Habrá luna esta noche?

C. **Temas para presentación oral o escrita** ◆

1. Dé su interpretación del significado del título. ¿Por qué es cruel el mes de abril?
2. Escriba otro final para este cuento basándose en el hecho de que el esposo no se va con el encargado.
3. Analice la comunicación y la relación que hay entre la esposa y el esposo.
4. Analice los dos niveles de este cuento: el nivel de los hechos que se desarrollan en el día y la tragedia que el lector va descubriendo hasta llegar al final.

## REPASO DE VOCABULARIO

A. Llene los espacios en blanco escogiendo las palabras que mejor completen el sentido de las oraciones.

1. Al despertarse le llegó el ____1____ de lo que la esposa estaba ____2____. Cuando ella entró en el cuarto, a él le chocó verla con el ____3____ por encima de los shorts.
2. Después de desayunar decidieron ir a ____4____ rato y él se puso la ____5____.
3. El esposo se ____6____ por la esposa y cuando ella se ____7____ un poco en el sol, él temía que se le hicieran ____8____ y fue a la botica para comprarle una pomada[1].
4. El esposo retrató a la esposa ____9____ y ella le pidió que nunca más le sacara fotografías a otra mujer en ese lugar. Él se ____10____ con esa petición de su esposa, especialmente estando como estaba, en ____11____.

1. *olor / bostezo*
2. *cocinando / retratando*
3. *crepúsculo / delantal*
4. *dormitar / nadar*
5. *trusa / loza*
6. *estiraba / preocupaba*
7. *quemó / secó*
8. *olas / ampollas*
9. *de perfil / de veras*
10. *molestó / movió*
11. *luna de miel / puesta de sol*

[1]*ointment*

B. Indique en el cuento las frases donde aparece lo siguiente.

1. El esposo se preparó para ir a bañarse en el mar.
2. La esposa es una nadadora excelente.
3. Deseo que me pague lo que me debe.
4. Cuando ella lo besó fuertemente, él notó que ella estaba por dentro muy angustiada.
5. La descripción del atardecer.

C. Después de repasar el vocabulario complete las oraciones de acuerdo con las indicaciones en inglés que están a la derecha.

1. Cuando le llegó el ________ de los huevos que la esposa estaba friendo, él ________ en la cama y comprendió que estaba ________. *(smell)* *(stretched out)* *(awake)*
2. Al decir que se sentía admirablemente bien, ________ que las palabras engañan. *(he realized)*
3. Cuando ella terminó de ________ se fueron a la playa. *(wash the dishes)*
4. Después de nadar, él se tiró en la arena y ________ un rato. *(dozed)*
5. Ella ________ un poco y él temía que se le hicieran ________. Por eso, fue a ________ para comprarle una medicina. *(got burned)* *(blisters)(the drugstore)*

6. Cuando ella estaba en la silla de extensión él notó una ligera sonrisa en los labios ______________ de la esposa. *(full)*
7. ______________ cuando ella le dijo que le prometiera que no retrataría a otra mujer en ese lugar. *(he got annoyed)*
8. ¿______________ esta noche? se preguntó ella en voz alta. *(I wonder if there will be a moon)*

## REPASO DE GRAMÁTICA

¿Pretérito o imperfecto? Escoja la forma correcta del verbo.

No supo si lo (despertó / despertaba) la claridad que (entró / entraba) por la ventana o el calor, o ambas cosas. O todavía el ruido que (hizo / hacía) ella en la cocina preparando el desayuno. La oyó freír huevos primero y luego le (llegó / llegaba) el olor de la manteca hirviente. (Se estiró / Se estiraba) en la cama y (sintió / sentía) la tibieza de las sábanas escurrirse bajo su cuerpo y un amable dolor le (corrió / corría) de la espalda a la nuca. En ese momento ella (entró / entraba) en el cuarto y le chocó verla con el delantal por encima de los shorts. La lámpara que (estuvo / estaba) en la mesita de noche ya no estaba allí y (puso / ponía) los platos y las tazas en ella. Entonces advirtió que (estuvo / estaba) despierto.

# Lectura 5

## Ana María Matute

Ana María Matute nació en Barcelona, España, en 1926. Es una de las mejores escritoras de su generación y, posiblemente, una de las más fecundas por sus numerosas novelas y colecciones de cuentos.

Esta novelista contemporánea, de delicada sensibilidad, dedica preferente atención a los niños, presentando en sus obras la psicología infantil con ternura° maternal y profundo conocimiento de la misma. En sus cuentos, Ana María Matute vuelca° todas las impresiones de su niñez°, enriquecidas° por los cuentos que oyó a los campesinos°, a los pastores°, a su madre y a su abuela, así como un sentimiento de rebeldía contra los valores de la vida española de su tiempo.

*tenderness*
*pours*
*childhood / enriched / farmers / shepherds*

Los personajes en las obras de Matute se encuentran aislados° de la sociedad en que viven y están rodeados de un sentimiento de desolación y tragedia. La escritora logra° una presentación realista y sombría° de la vida de esos personajes que no pueden escapar de su propio destino. El tema de la soledad del individuo aparece frecuentemente en la obra de Matute.

*isolated*
*obtains*
*somber*

La prosa de Ana María Matute es sencilla, cargada° de lirismo poético, y sus descripciones de la naturaleza son ricas en imágenes visuales.

*loaded*

Son muchas las novelas de Ana María Matute. Entre éstas hay tres que han recibido premios importantes: *Pequeño teatro* (1954), Premio Planeta, *Hijos muertos* (1958), Premio Nacional de Literatura, y *Primera memoria* (1959), Premio Nadal. En el cuento se pueden citar las siguientes colecciones: *Historias de la Artámila* (1961) y *Algunos muchachos* (1968).

"El árbol de oro" es uno de los cuentos más populares de *Historias de la Artámila*. En él, Matute combina lo real con el mundo de lo sobrenatural° y nos presenta la perspectiva realista del narrador junto al mundo imaginativo y poético del chico Ivo, quien nos dice que ve un árbol de oro a través de la rendija de la pared.

*supernatural*

La Artámila es el nombre que Ana María Matute usa para ese país imaginario que, en la realidad, viene a estar situado en el nordeste de España.

## VOCABULARIO ÚTIL

### Sustantivos

| | | |
|---|---|---|
| la **aldea** | pueblo pequeño | *small village* |
| la **bombilla** / el **bombillo** | globo de cristal que contiene los filamentos eléctricos para dar luz | *light bulb* |
| la **cadena** | conjunto de eslabones trabados | *chain* |
| la **cal** | óxido de calcio | *lime* |
| el **charco** | depósito de agua en el suelo | *puddle* |
| el **don** | gracia o habilidad natural | *natural ability* |
| el **juanete** | hueso del dedo del pie cuando es muy abultado | *bunion* |
| la **mosca** | insecto | *fly* |
| la **rama** | parte que sale del tronco del árbol | *branch* |
| el **recreo** | tiempo de recreación (en la escuela) | *recess, recreation time at school* |
| la **red** | objeto de hilo o soga que sirve para pescar o cazar | *net* |
| la **rendija** | abertura pequeña | *small crack* |
| el **sosiego** | tranquilidad, quietud, paz | *tranquility, calmness* |
| la **torre** | parte más alta de un edificio | *tower* |
| la **vuelta** | regreso, retorno | *return* |
| la **zozobra** | angustia, preocupación, inquietud | *uneasiness, anxiety, worry* |

### Adjetivos

| | | |
|---|---|---|
| **aplicado** | estudioso | *studious* |
| **áspero** | que no tiene suavidad | *rough* |
| **bizco** | que mira torcido | *cross-eyed* |
| **codiciado** | deseado | *desirable, coveted* |
| **embustero** | mentiroso | *deceitful* |
| **gracioso** | que tiene gracia, que es divertido | *funny, amusing, witty* |
| **grasiento** | lleno de grasa, mugriento | *greasy, grubby, grimy* |
| **grueso** | gordo, de mucho espesor | *fat, thick* |
| **enrevesado** | torcido, enredado | *nonsensical, complex, intricate* |

| | | |
|---|---|---|
| **pedregoso** | lleno de piedras | *stony* |
| **pegajoso** | que se pega con facilidad | *sticky* |
| **sosegado** | calmado, tranquilo | *calm, quiet, peaceful* |

### Verbos

| | | |
|---|---|---|
| **agacharse** | doblarse o inclinarse | *to squat, bend down* |
| **alargar (gu)** | hacer una cosa más larga | *to lengthen, extend* |
| **arrastrar** | llevar a una persona o cosa por el suelo tirando de ella | *to drag, pull, haul* |
| **asentir (ie)(i)** | consentir, admitir como cierto | *to assent, agree* |
| **asistir** | hacer acto de presencia | *to attend* |
| **avergonzarse (c)** | sentir vergüenza | *to feel ashamed* |
| **ceder** | dar, dar preferencia a otra persona o cosa | *to yield, to give in* |
| **cegar (gu)** | que no deja ni puede ver | *to blind* |
| **codiciar** | desear lo que otro tiene | *to covet, desire* |
| **confiar** | tener confianza | *to entrust* |
| **disfrutar** | gozar | *to enjoy* |
| **enderezar (c)** | poner derecho | *to straighten* |
| **estafar** | apoderarse del bien ajeno por medio de engaño | *to swindle* |
| **guardar** | conservar, retener para sí | *to keep, put away* |
| **relampaguear** | producir un resplandor fuerte de luz | *to lighten, flash* |
| **resplandecer** | brillar, despedir rayos de luz | *to shine* |
| **retrasar** | demorar | *to delay, retard* |
| **tender (ie)** | extender | *to extend* |
| **vaciar** | sacar el contenido de un lugar | *to empty* |

### Expresiones

| | | |
|---|---|---|
| **andar bien (mal)** | ir o estar todo bien (mal) | *to go well, run well* |
| **dar con** | tropezar con | *to come upon, come across* |
| **dejarse** (+ infinitivo) | permitir | *to let oneself be* (+ *past participle*) |
| **de malos modos** | de mala gana, sin deseos | *unwillingly* |
| **de tal forma** | de una manera especial | *in such a way* |
| **hacer caso** | obedecer, prestar atención | *to pay attention* |
| **volverse de** (+ sustantivo) | cambiarse | *to become, turn into* |

## ESTUDIO PRELIMINAR DE VOCABULARIO

A. **Sinónimos** ◆ Dé una palabra o expresión que quiera decir lo mismo.

1. gozar 2. brillar 3. gordo 4. tropezar 5. prestar atención

B. **Antónimos** ◆ Busque antónimos en la lista de vocabulario.

1. agitación 2. llenar 3. sincero 4. sencillo 5. suave

C. Escoja la palabra que no pertenece al grupo.

| | | | |
|---|---|---|---|
| 1. mentir | asistir | codiciar | estafar |
| 2. charco | lluvia | cadena | tormenta |
| 3. enderezar | enrevesar | alargar | asentir |
| 4. aplicado | estudioso | trabajador | pegajoso |

## El árbol de oro

Asistí durante un otoño a la escuela de la señorita Leocadia, en la aldea, porque mi salud no andaba bien y el abuelo retrasó mi vuelta a la ciudad. Como era el tiempo frío y estaban los suelos embarrados° y no se veía rastro° de muchachos, me aburría dentro de la casa, y pedí al abuelo asistir a la escuela. El abuelo consintió y acudí a aquella casita alargada° y blanca de cal, con el tejado pajizo° y requemado° por el sol y las nieves, a las afueras del pueblo.

fangosos (*muddy*)
*trace, sign*
larga (*long*) / **tejado**... *straw-colored roof* / muy quemado

La señorita Leocadia era alta y gruesa, tenía el carácter más bien° áspero y grandes juanetes en los pies, que la obligaban a andar como quien arrastra cadenas. Las clases en la escuela, con la lluvia rebotando° en el tejado y en los cristales, con las moscas pegajosas de la tormenta y persiguiéndose alrededor de la bombilla, tenían su atractivo. Recuerdo especialmente a un muchacho de unos diez años, hijo de un aparcero° muy pobre, llamado Ivo. Era un muchacho delgado, de ojos azules, que bizqueaba° ligeramente al hablar. Todos los muchachos y muchachas de la escuela admiraban y envidiaban un poco a Ivo, por el don que poseía de atraer la atención sobre sí en todo momento. No es que fuera ni inteligente ni gracioso, y sin embargo, había algo en él, en su voz quizás, en las cosas que contaba que conseguía cautivar a quien le escuchase. También la señorita Leocadia se dejaba prender de aquella red de plata que Ivo tendía a cuantos° atendían sus enrevesadas conversaciones, y—yo creo que muchas veces contra su voluntad—la señorita Leocadia le confiaba a Ivo tareas deseadas por todos, o distinciones que merecían alumnos más estudiosos y aplicados.

**más**... *rather*
*bouncing*
*sharecropper*
*looked cross-eyed*
**a cuantos** a todos los que

Quizá lo que más se envidiaba de Ivo era la posesión de la codiciada llave de la torrecita. Esta era, en efecto, una pequeña torre situada en un ángulo de la escuela, en cuyo interior se guardaban los libros de lectura. Allí entraba Ivo a buscarlos, y allí volvía a dejarlos, al terminar la clase. La señorita Leocadia se lo encomendó a él, nadie sabía en realidad por qué.

Ivo estaba muy orgulloso de esta distinción, y por nada del mundo la hubiera cedido. Un día, Mateo Heredia, el más aplicado y estudioso de la escuela, pidió encargarse de la tarea—a todos nos fascinaba el misterioso interior de la torrecita, donde no entramos nunca—, y la señorita Leocadia pareció acceder. Pero

Ivo se levantó, y acercándose a la maestra empezó a hablarle en su voz baja, bizqueando los ojos y moviendo mucho las manos, como tenía por costumbre. La maestra dudó un poco, y al fin dijo:

—Quede todo como estaba°. Que siga encargándose Ivo de la torrecita.

**quede**... que todo continúe lo mismo

A la salida de la escuela le pregunté:

¿Qué le has dicho a la maestra?

Ivo me miró de través° y vi relampaguear sus ojos azules.

**de**... *sideways*

—Le hablé del árbol de oro.

Sentí una gran curiosidad,

—¿Qué árbol?

Hacía frío y el camino estaba húmedo, con grandes charcos que brillaban al sol pálido de la tarde. Ivo empezó a chapotear° en ellos, sonriendo con misterio.

*to splash*

—Si no se lo cuentas a nadie...

—Te lo juro°, que a nadie se lo diré.

**te**... *I swear to you*

Entonces Ivo me explicó:

—Veo un árbol de oro. Un árbol completamente de oro: ramas, tronco, hojas... ¿sabes? Las hojas no se caen nunca. En verano, en invierno, siempre. Resplandece mucho; tanto, que tengo que cerrar los ojos para que no me duelan.

—¡Qué embustero eres!—dije, aunque con algo de zozobra. Ivo me miró con desprecio.

—No te lo creas—contestó—. Me es completamente igual que te lo creas o no... ¡Nadie entrará nunca en la torrecita, y a nadie dejaré ver mi árbol de oro! ¡Es mío! La señorita Leocadia lo sabe, y no se atreve a darle la llave a Mateo Heredia, ni a nadie... ¡Mientras yo viva, nadie podrá entrar allí y ver mi árbol!

Lo dijo de tal forma que no pude evitar preguntarle:

—¿Y cómo lo ves...?

—Ah, no es fácil—dijo, con aire misterioso—. Cualquiera no podría verlo. Yo sé la rendija exacta.

—¿Rendija...?

—Sí, una rendija de la pared. Una que hay corriendo el cajón° de la derecha: me agacho y me paso horas y horas... ¡Cómo brilla el árbol! ¡Cómo brilla! Fíjate° que si algún pájaro se le pone encima° también se vuelve de

caja grande

*imagine*

*on top*

oro. Eso me digo yo: si me subiera a una rama, ¿me volvería acaso° de oro también?

No supe qué decirle, pero, desde aquel momento, mi deseo de ver el árbol creció de tal forma que me desasosegaba°. Todos los días, al acabar la clase de lectura, Ivo se acercaba al cajón° de la maestra, sacaba la llave y se dirigía a la torrecita. Cuando volvía, le preguntaba:

—¿Lo has visto?

—Sí—me contestaba. Y, a veces, explicaba alguna novedad.

—Le han salido unas flores raras. Mira: así de grandes, como mi mano lo menos°, y con los pétalos alargados. Me parece que esa flor es parecida al arzadú°.

—¡La flor del frío!—decía yo, con asombro—. ¡Pero el arzadú es encarnado°!

—Muy bien—asentía él, con gesto de paciencia—. Pero en mi árbol es oro puro.

—Además, el arzadú crece al borde de los caminos... y no es un árbol.

No se podía discutir con él. Siempre tenía razón, o por los menos lo parecía.

Ocurrió entonces algo que secretamente yo deseaba; me avergonzaba sentirlo, pero así era: Ivo enfermó, y la señorita Leocadia encargó a otro la llave de la torrecita. Primeramente, la disfrutó Mateo Heredia. Yo espié su regreso, el primer día, y le dije:

—¿Has visto un árbol de oro?

—¿Qué andas graznando°?—me contestó de malos modos, porque no era simpático, y menos conmigo. Quise dárselo a entender°, pero no me hizo caso. Unos días después, me dijo:

—Si me das algo a cambio, te dejo un ratito° la llave y vas durante el recreo. Nadie te verá...

Vacié mi hucha°, y, por fin, conseguí la codiciada llave. Mis manos temblaban de emoción cuando entré en el cuartito de la torre. Allí estaba el cajón. Lo aparté y vi brillar la rendija en la oscuridad. Me agaché y miré.

Cuando la luz dejó de cegarme, mi ojo derecho sólo descubrió una cosa: la seca tierra de la llanura

tal vez

**me**... *it made me restless* / *drawer*

**como**... *at least the size of my hand* / una planta de flor que crece en el noreste de España / rojo

**Qué**... *What are you chattering about*

**dárselo**... *make him understand*

*a little while*

*piggy bank*

alargándose hacia el cielo. Nada más. Lo mismo que se veía desde las ventanas altas. La tierra desnuda y yerma°, y nada más que la tierra. Tuve una gran decepción y la seguridad de que me habían estafado.

*barren*

Olvidé la llave y el árbol de oro. Antes de que llegaran las nieves regresé a la ciudad.

Dos veranos más tarde volví a las montañas. Un día, pasando por el cementerio—era ya tarde y se anunciaba la noche en el cielo: el sol, como una bola roja, caía a lo lejos, hacia la carrera terrible y sosegada de la llanura—, vi algo extraño. De la tierra grasienta y pedregosa, entre las cruces caídas, nacía un árbol grande y hermoso, con las hojas anchas de oro encendido° y brillante todo él, cegador. Algo me vino a la memoria, como un sueño, y pensé: "Es un árbol de oro". Busqué al pie del árbol, y no tardé en dar con una crucecilla de hierro negro, mohosa° por la lluvia. Mientras la enderezaba, leí: IVO MÁRQUEZ, DE DIEZ AÑOS DE EDAD.

*full of light*

*rusty*

Y no daba tristeza alguna, sino, tal vez, una extraña y muy grande alegría.

## COMPRENSIÓN DEL CUENTO

**A. Preguntas** ◆

1. ¿Dónde quedaba la escuela a la que asistió la narradora?
2. ¿Por qué quería la narradora asistir a la escuela?
3. ¿Cómo era la maestra? Descríbala.
4. ¿Cómo era Ivo? Descríbalo.
5. ¿Por qué le tenían envidia los niños a Ivo?
6. ¿Qué había en la pequeña torre?
7. ¿Tenía conocimiento la maestra del secreto de Ivo del árbol de oro? ¿Cómo lo sabemos?
8. ¿Cómo describe Ivo su visión del árbol de oro?
9. Cuando Ivo se enfermó, ¿a quién le dio la llave la maestra para ir a la torrecita?
10. ¿Qué le dio la narradora a Mateo Heredia para que éste le diera la llave por un ratito para subir a la torre?
11. ¿Qué vio la narradora desde la rendija de la torre?
12. En este cuento Ana María Matute usa varios diminutivos (casita, torrecita, ratito, cuartito, crucecilla). ¿Qué efecto obtiene la narradora al usar los diminutivos?

B. **Repaso** ◆ Explique la situación a que se refieren las siguientes frases que aparecen en el cuento.

1. El abuelo consintió y acudí a aquella casita alargada y blanca.
2. La obligaban a andar como quien arrastra cadenas.
3. También la señorita Leocadia se dejaba prender de aquella red de plata que Ivo tendía.
4. Ivo estaba muy orgulloso de esta distinción.
5. Vacié mi hucha y por fin conseguí la codiciada llave.
6. Busqué al pie del árbol y no tardé en dar con una crucecilla de hierro negro.

C. **Comprensión de la lectura** ◆ Escoja las explicaciones que sean correctas.

1. La narradora dice que todos los muchachos admiraban a Ivo porque...
   a. tenía un don especial que llamaba la atención de los demás.
   b. era extremadamente inteligente y era el más aplicado de la clase.
   c. era muy gracioso y divertido.
   d. tenía unos ojos muy lindos y siempre miraba de frente.
2. ¿Cómo describe la narradora su experiencia en la escuela de la señorita Leocadia?
   a. Con gran melancolía y frustración.
   b. Con burla hacia los sueños infantiles.
   c. Con gran delicadeza y conocimiento del mundo infantil.
   d. Con admiración hacia el sistema de escuelas de su país.
3. ¿Qué se dice del árbol de oro que veía Ivo desde la torrecita?
   a. Que aparecía por la mañana y desaparecía por la noche.
   b. Que representaba para Ivo la realidad de su imaginación.
   c. Que existía para todos los que subían a la torre.
   d. Que servía de símbolo de la vida triste de Ivo.
4. La última línea del cuento "Y no daba tristeza alguna, sino, tal vez, una extraña y muy grande alegría", sugiere que...
   a. la narradora se alegra de la muerte de Ivo.
   b. el cementerio está bien ciudado.
   c. la narradora comprueba que Ivo era un embustero.
   d. la ilusión y la fantasía de Ivo seguirán siempre existiendo para otras personas.
5. ¿Cuál es el tema de este cuento?
   a. El materialismo de algunos niños en la escuela.
   b. La fantasía y las ilusiones frente a la realidad.
   c. El atractivo de la escuela de la aldea.
   d. La envidia entre los estudiantes de la clase.

D. **Temas para presentación oral o escrita** ◆

1. ¿Cómo explica Ud. la visión del árbol que veía Ivo?
2. ¿Tuvo Ud. alguna experiencia similar a la de Ivo? Hable sobre ella.
3. ¿Cree Ud. que si la señorita Leocadia contara el cuento produciría el mismo efecto?
4. Describa al maestro o maestra de su niñez que le haya hecho la mayor impresión.

## REPASO DE VOCABULARIO

A. Llene los espacios en blanco escogiendo las palabras que mejor completen el sentido del párrafo.

La narradora asistió a la escuela de la ____1____ durante el otoño porque no estaba bien de salud y el abuelo ____2____ su ____3____ a la ciudad.

El carácter de la señorita Leocadia era ____4____; ella tenía grandes ____5____ en los pies. Ivo era un muchacho que ____6____ un poco al hablar. Los compañeros de la escuela admiraban en él el ____7____ que tenía de atraer la atención de todos, cautivando a cuantos atendían sus ____8____ conversaciones.

En la torrecita se ____9____ los libros de lectura y todos los días Ivo era el encargado de buscarlos. Le contó a la narradora la visión que él veía, al ____10____ a través de una ____11____ que había en la pared de la torrecita. Ella pensó que Ivo era ____12____ y no creyó lo que él decía. Cuando Ivo se enfermó, Mateo Heredia fue el encargado de la ____13____ de la torrecita y la narradora le dio dinero para que la dejara ir, durante el ____14____, a visitar la misteriosa torrecita. Su desilusión fue grande cuando descubrió sólo la tierra de la llanura y no la visión del árbol de oro que Ivo ____15____. Cuando la narradora volvió a la aldea, al cabo de dos años, al pasar por el cementerio vio algo extraño que salía de la tierra grasienta y ____16____: un árbol de oro había nacido, y al pie de éste estaba una crucecilla con el nombre de Ivo Márquez.

1. *cadena / aldea*
2. *retrasó / confió*
3. *recreo / regreso*
4. *áspero / aplicado*
5. *juanetes / zozobra*
6. *codiciaba / bizqueaba*
7. *don / charco*
8. *embusteras / enrevesadas*
9. *estafaban / guardaban*
10. *avergonzarse / agacharse*
11. *rendija / rama*
12. *gracioso / embustero*
13. *cal / llave*
14. *recreo / charco*
15. *disfrutaba / enderezaba*
16. *pedregosa / codiciosa*

B. Indique en el cuento las frases donde aparece la siguiente información.

1. El motivo por el cual la narradora asistió a la escuela de la aldea.
2. Cualidad que tenía Ivo que hacía que lo admiraran los compañeros de la escuela.
3. Lo que hacía Ivo en la escuela que producía mucha envidia.
4. La descripción que hace Ivo de la visión que ve desde la torrecita.

5. Lo que ve la narradora cuando sube a la torrecita.
6. La experiencia extraña que tuvo la narradora cuando, dos años más tarde, pasó por el cementerio.

C. Repase las expresiones en la lista de vocabulario y después complete las oraciones de acuerdo con las indicaciones en inglés que están a la derecha.

1. La salud de la narradora ________________. *(was not going well)*
2. Ivo decía que si un pájaro se subía al árbol que él veía desde la torrecita ________________. *(it would turn into gold)*
3. El deseo que la narradora tenía de ver el árbol creció ________________ que sólo pensaba en eso. *(in such a way)*
4. Mateo Heredia ________________ a lo que ella quiso decirle. *(did not pay attention)*
5. La narradora no tardó en ________________ una crucecilla que tenía el nombre de Ivo. *(come upon)*

## REPASO DE GRAMÁTICA

**Diminutivos** ◆ Repase la lección sobre los diminutivos en el Capítulo 5. Después escriba los diminutivos de las siguientes palabras y use cada una en una oración original.

1. torre
2. maestra
3. pies
4. rama
5. escuela
6. mosca
7. cajón
8. llave
9. flor
10. árbol

# Vocabulario

Observe que las palabras que comienzan con **ch** y con **ll** aparecen bajo la **C** y la **L**.

## ~A~

**abalanzarse** to rush to
**abandonar** to abandon, leave
**abatimiento** depression
**abeja** bee
**ablandar** to soften
**abogado** lawyer
**abombado** sticking out, puffed out
**abonar** to credit, pay; to fertilize, *refl* to subscribe, buy a season ticket
**abrazar** to embrace
**abrelatas** *m* can opener
**aburrir** to bore; *refl* to be bored
**acabar con** to put an end to
**acabar** to finish, end
**acalambrado** having a cramp
**acampanado** bell-shaped
**acantilado** cliff
**acariciar** to caress
**acaso** maybe, perhaps
**acceder** to accede, agree; to give in
**acciones** *f* shares
**accionista** *mf* shareholder, stockholder
**acechar** to spy on
**aceite** *m* oil
**acercar** to bring or place near or nearer; *refl* to approach, draw near
**acero** steel
**acertar** to guess right
**aclamar** to acclaim
**acodarse** to lean on one's elbows
**acoger** to welcome, receive
**aconsejar** to advise, counsel
**acordar** to agree
**acordarse de** to remember
**acosado** harassed
**acosar** to harass, pursue relentessly
**acostar** to put to bed; *refl* to go to bed, lie down
**acostumbrar** to accustom; *refl* become accustomed to
**actuar** to act, perform
**acudir** to go, attend; to resort
**adelgazar** to get thin; to taper off
**además** besides, moreover, in addition
**adorno** ornament, adornment
**aduana** customs, customhouse
**advertir** to warn, advise; to observe, notice
**afeitar** to shave; *refl* to shave oneself
**afición** *f* liking, fondness, dilettantism
**afincarse** to lean on, get hold of
**afligir** to afflict; to grieve
**agacharse** to bend down; to crouch, squat
**agarrar** to grab, grasp, take hold of
**agitar** to agitate, shake
**aglomerar** to agglomerate; to cluster
**agotar** to exhaust, wear out; to use up, consume completely
**agradar** to please, be pleasing
**agronomía** agronomy
**aguacate** *m* avocado
**aguacero** shower, downpour
**aguantar** to tolerate, put up with; to hold back; *refl* to endure, suffer
**aguardar** to wait for, await
**aguarse** to get watery

**agudo** sharp
**águila** eagle
**agujero** hole
**ahogarse** to drown; to choke
**ahondar** to go deep into
**ahorcar** to hang
**ahorrar** to save; to spare
**aislado** isolated
**ajeno** belonging to another; foreign, strange
**ají** *m* bell or chili pepper
**ala** wing
**alabanza** praise
**alacrán** *m* scorpion
**alambrado** wiring
**alargar** to lengthen, stretch; to prolong
**alarido** howl, screan, cry, shout
**alazán** sorrel-colored
**alborotado** excited, noisy
**alcalde** *m* mayor
**alcanzar** to reach, reach up
**aldea** small village
**alegar** to affirm, allege
**alegrar** to make glad; to brighten; **alegrarse de** to be glad
**alejarse** to move away, go far away
**alentar** to encourage
**alero** eave
**alfiler** *m* pin
**alfombra** rug, carpet
**algodón** *m* cotton
**alhaja** jewel
**alianza** alliance, league
**alimentar** to feed, nourish; to sustain
**alimento** food, nutriment
**aliviar** to alleviate, ease; *refl* to be relieved; to get better
**allanar** to level, flatten
**alma** soul
**almendra** almond
**almidonado** starched
**almohada** pillow, cushion
**alpaca** alpaca (South American animal)
**alquilar** to rent
**alrededor** around, about; *pl* surroundings
**altivo** haughty, proud
**alumbrado** street lights
**alumno** student
**alzar** to raise, lift; *refl* to rise (in revolt)
**amable** kind, courteous, amiable, friendly
**amanecer** to dawn; to awaken in; *nm* dawn, daybreak
**amante** *mf* lover; loving, fond
**amargo** bitter
**amarrar** to tie
**ambiente** *m* environment
**ambos** both
**ambulante** traveling, moving; **vendedor ambulante** *m* peddler
**amenaza** threat, menace
**amenazar** to threaten
**amo** master (of the house); owner
**amontonamíento** hoard, pile
**amontonar** to pile up
**amparar** to protect, help, shelter; *refl* to seek protection, shelter
**ampolla** blister
**añadir** to add
**anarquista** *mf* anarchist
**anclar** to anchor
**andaluz** Andalusian
**andén** *m* train platform
**angosto** narrow
**ángulo** angle
**angustia** anguish
**angustioso** distressed; distressing
**anhelar** to long for, desire anxiously
**anillo** ring
**animar** to cheer up; *refl* to be encouraged
**ánimo** mood; encouragement; **estado de ánimo** frame of mind
**anochecer** to become dark; *nm* twilight, nightfall
**ansiar** to crave
**ansiedad** *f* anxiety
**ansioso** eager
**anticuado** old-fashioned
**apacible** placid
**apagado** soft, weak, dull, dim, extinguished

**apagar** to put out, extinguish; to turn off
**apartarse** to go away, withdraw; to leave
**apego** fondness, affection, attachment
**apenado** sorry, sad; embarrassed
**apenar** to cause grief, embarrassment
**apenas** hardly, scarcely; with difficulty
**aperitivo** appetizer, cocktail
**apertura** opening, beginning; commencement
**aplastar** to crush, flatten
**aplaudir** to applaud
**aplazar** to postpone
**aplicado** studious
**aportar** to contribute, bring one's share; to provide support, help, backing
**apresurarse a** to hurry up
**apretar** to tighten; to press, squeeze;
  **apretar el paso** to walk faster
**apretón** *m* grip, squeeze;
  **apretón de manos** handshake
**aprisionar** to imprison; to capture
**aprobar** to approve
**apuntar** to take note
**araña** spider
**arbusto** shrub, bush
**archivar** to file
**arena** sand
**argumento** plot, theme, subject; argument, reasoning
**armadura** armor
**arqueólogo** archaeologist
**arquitectura** architecture
**arraigar** to root, establish firmly
**arrastrar** to haul, pull, drag; *refl* to crawl; to drag oneself
**arreglar** to arrange
**arrepentirse** to repent, regret
**arrimarse** to take shelter; to come close to
**arrodillarse** to kneel
**arrojar** to throw
**arroyo** brook, stream
**arruinar** to ruin, destroy
**arrullar** to cuddle; to bill and coo to; to lull or sing to sleep
**asado** roast
**asalto** assault, attack
**asar** to roast; *refl* to roast, feel very hot
**ascenso** promotion
**ascético** ascetic
**asco** disgust; nausea;
  **dar asco** to disgust
**asegurar** to assure; to insure, guarantee
**asentir** to assent, agree
**asesinar** to murder
**asiento** seat
**asimilar** to assimilate
**asimismo** likewise
**asistir** to attend
**asolear** to dry in the sun
**asomar** to peep into; to show; to stick out; *refl* to appear at; to look out of (a door, window, etc.)
**asombro** amazement
**asombroso** astonishing, amazing
**áspero** rough
**aspiradora** vacuum cleaner
**aspirar** to inhale, breathe in; to aspire
**astilla** splinter, chip
**asunto** topic, subject; matter
**atavío** dress, adornment; *pl* finery
**atender** to pay attention, take care of
**aterrizaje** *m* landing;
  **pista de aterrizaje** landing strip
**aterrizar** to land
**aterrorizar** to terrify
**atónito** astonished
**atravesar** to cross, go through
**atrever** to dare;
  **atreverse a** to venture to
**atribuir** to attribute; to confer, grant
**atrio** atrium
**atroz** atrocious, brutal, savage
**audacia** audacity
**audaz** audacious, daring, bold
**aumentar** to augment, increase
**aun** even
**aún** yet
**aureola** halo; aureole

**autopista** freeway, turnpike
**avanzar** to advance
**avergonzado** ashamed, embarrassed
**avergonzar** to shame, embarrass; *refl* to be ashamed, feel embarrassed
**averiguar** to find out, inquire into
**avisar** to warn; to inform; to advise
**ayuda** help
**ayuntamiento** city hall
**azafata** stewardess
**azahar** *m* orange or lemon blossom
**azotar** to flog, beat, whip

## ~B~

**bailarín** *m* dancer
**bajar** to go or come down; to bring or take down; to dismount
**balcón** *m* balcony
**balneario** bathing or beach resort
**bañadera** bathtub
**banqueta** *Mex* sidewalk
**barba** beard
**barca** boat
**barco** boat, ship
**barranca** ravine
**barrer** to sweep
**barroco** baroque
**basura** garbage, trash
**batalla** battle
**batería** battery;
**batería descargada** dead battery
**bautizar** to baptize, christen, name
**beca** scholarship
**becerro** calf
**beldad** *f* beauty
**belleza** beauty
**bendecir** to bless
**bendición** *f* blessing
**beneficio** benefit; profit
**besar** to kiss
**bicho** bug, insect
**bigote** *m* mustache
**billete** *m* bill;
**billete de lotería** lottery ticket
**billetera** wallet
**bizco** cross-eyed
**blancura** whiteness
**boda** wedding
**bodega** warehouse, storm room; wine cellar
**bofetada** slap in the face
**boina** beret
**bombero** fireman
**bombillo** or **bombilla** light bulb
**bono** voucher, bond
**borboteo** gushing, bubbling
**bordar** to embroider
**borde** *m* edge, side, fringe
**borrachera** drunkenness
**borrar** to erase; to fade away
**borrasca** storm, tempest
**bosque** *m* woods, forest
**bostezar** to yawn
**brazada** stroke (in swimming and rowing)
**brillar** to gleam, shine
**brinco** jump, leap
**bromear** to joke
**brotar** to sprout, bud; to break out, appear; to spring (water)
**brusco** rough
**buey** *m* ox
**bufanda** scarf
**bufete** *m* lawyer's office
**buho** owl
**bulla** noise, uproar
**bulto** bundle
**burlarse de** to make fun of, mock, ridicule
**buscar** to look for, search for
**búsqueda** search
**buzón** *m* mailbox

## ~C~

**caballería: novela de caballería(s)** book of chivalry
**caballero** gentleman; nobleman; knight
**caballo** horse
**cabaña** cabin
**cabello** hair
**caber** to fit
**cabra** goat

**cadena** chain;
**cadena perpetua** life sentence, life imprisonment
**cajero** cashier, teller
**cajón** *m* big box or case; drawer
**cal** *f* lime
**calar** to pierce, perforate; to soak, drench
**calentar** to heat, heat up
**calificación** mark, grade (on an examination)
**callejón** *m* alley
**calzar** to put on or wear shoes
**camarero** waiter
**cambiar** to change; to exchange; *refl* to change one's clothes
**campamento** camp
**campeón** *m* champion
**campesino** farmer, peasant
**camposanto** cemetery
**canción** *f* song
**candela** fire; light
**candelero** candlestick
**candil** *m* oil lamp
**cansado** tired
**cansarse** to get tired
**cantante** *mf* singer
**cantina** bar, tavern, canteen
**canturrear** or **canturriar** to hum, sing in a low voice
**caoba** mahogany
**caótico** chaotic
**capaz** capable, competent
**capitalino** from the capital
**capricho** whim, caprice
**captar** to earn, win (confidence, trust); to capture, attract (attention)
**carbón** *m* coal, charcoal
**carcajada** outburst of laughter
**cárcel** *f* prison, jail
**carecer** to lack
**carga** load, burden; cargo
**cargado** loaded
**cargar** to charge (an electric battery); to load
**caricia** caress
**cariño** love, affection
**carrera** career; race, run
**carretera** highway
**carroza** hearse; float
**casado** married
**casar** to marry; *refl* to get married
**casco** hoof; helmet
**castigar** to punish
**casulla** chasuble (priest's vestment)
**catarro** cold, flu
**catedral** *f* cathedral
**catedrático** university professor
**caudillo** leader, chief
**cautivar** to captivate, charm
**cavar** to dig; to dig up
**cebada** barley
**ceder** to cede, yield; to transfer; to relinquish, abandon, give up
**cegar** to blind
**ceguera** blindness
**celda** cell (in a convent or prison)
**celeste** sky blue; celestial, heavenly
**celo** jealousy; zeal
**celoso** jealous
**cenicero** ashtray
**ceniza** ashes
**cepillar** to brush
**cera** wax
**cerca** fence; *adv* near
**cercano** nearby
**cerciorarse** to assure; to find out
**cerrar** to close
**cerro** hill
**certero** accurate, certain
**certeza** certainty
**cerveza** beer
**cesar** to stop, cease
**césped** *m* lawn
**cesto** basket
**chantaje** *m* blackmail
**chapalear** to splash, splatter
**chapaleo** splashing, gurgling
**chaparro** short
**chapopote** *m* tar; *Mex.* **chapapote**
**chapotear** to splash
**charco** puddle
**charol** *m* patent leather

**chaval** *m* lad, youngster
**chiflado** *coll* crazy, mad, nuts
**chiflido** whistle
**chispa** spark
**chiste** *m* joke
**chocar** to collide, crash
**chorrete** *m* little stream
**chorro** spurt, big stream;
**avión a chorro** jet plane
**chotear** to make fun of, mock
**churro** fritter
**cicatrizar** to form a scar; to heal
**ciclista** *mf* bicycle rider
**ciclón** *m* storm
**ciego** blind man; *adj* blind
**cielo** heaven; sky
**cinturón** *m* belt
**cirugía** surgery
**cirujano** surgeon
**citar** to make an appointment with; to quote, cite
**ciudadanía** citizenship
**claridad** *f* clarity, clearness
**clavar** to nail
**clavel** *m* carnation
**clemencia** clemency, mercy
**cobarde** *mf* coward
**cobija** blanket, cover
**cobrar** to collect; to charge; to cash (a check)
**cocer** or **cocinar** to cook
**cocinero** cook
**codiciar** to covert, desire
**codicioso** greedy
**coger** to pick; to seize; to grasp; to take
**cojín** *m* cushion, pillow
**cojo** lame
**col** *f* cabbage
**colar** to strain, filter
**colcha** blanket
**colega** colleague
**collar** *m* necklace
**colmena** beehive
**colocar** to place, put (in place); to place or settle (a person in a job)
**colorado** red
**comadre** *f* name by which the mother of a child and the child's godmother call each other
**comerciante** *mf* merchant, trader, dealer, businessman
**compadecer** to feel sorry for, pity, sympathize with
**compañero** companion
**comparecer** to appear in court
**compatriota** *mf* fellow countryman
**competencia** *m* competition
**complacer** to please
**comprobar** to verify; to check; to prove
**comunión** *f* communion
**concurrencia** crowd; gathering; attendance
**concurrido** with lots of people
**concurrir** to attend; to gather
**condenar** to condemn; to sentence
**conejo** rabbit
**conferir** to award, grant
**confianza** confidence, trust; self-confidence, assurance
**confiar** to confide; to trust; to entrust
**confiscar** to confiscate
**conformarse** to be satisfied with
**conjetura** conjecture, supposition
**conocimiento** knowledge
**conseguir** to get, obtain
**consentir** to consent, agree to
**consiguiente** resultant;
**por consiguiente** consequently
**consuelo** consolation, comfort
**consultar** to consult
**consultorio** doctor's office (or clinic)
**contador** *m* accountant
**contagiar** to infect with, transmit
**contar** to tell, count
**contemporizar** to temporize
**contentarse** to be content or pleased
**contestador automático** *m* answering machine
**convenir** to be convenient; to suit; to agree
**convidar** to invite

**convivir** to live with, live together
**conyugal** conjugal
**coraje** *m* anger; courage
**corazón** *m* heart
**cordillera** mountain range
**coro** choir
**correa** belt
**corredizo** running, moving
**correr** to run
**corrido** *Mex* folk ballad
**cortar** to cut, cut into; to interrupt
**cosecha** crop, harvest
**coser** to sew
**costilla** rib
**costra** crust, scale, scab (of a wound)
**costumbre** *f* custom; practice, habit
**cotorra** parrot
**crear** to create
**crecer** to grow; to increase; to rise (as a river)
**creciente** *f* flood; *adj* growing, crescent
**crecimiento** growth
**creer** to believe
**crepúsculo** twilight, dusk
**criar** to bring up, raise
**cristiano** Christian
**cruz** *f* cross
**cruzar** to cross
**cuadra** block
**cuadrarse** to stand at attention
**cualquier** any
**cuenta** bill, check; account
**cuerda** cord, string
**cuerdo** sane
**cuerno** horn (of animals)
**cuero** rawhide, leather
**cuerpo** body
**culebra** snake
**culpa** blame, guilt
**culpable** guilty
**cumbre** *f* summit, crest, top
**cumplir** to fulfill;
  **cumplir siete años** to reach the age of seven
**cura** *m* priest; *f* cure

## ~D~

**dado** die; *pl* dice
**danés** Danish
**daño** damage; harm;
  **hacerse daño** to hurt oneself
**dar a luz** to give birth
**dar con** to find, meet
**darse cuenta** to realize
**dátil** *m* date (fruit)
**dato** piece of information; fact; datum
**deber** to owe;
  **deber de** ought to, must; *m* duty
**decano** dean
**décima** *Cuba* country ballad
**declarar** to declare; to make known;
  **declararse** to propose, express one's love
**dejar** to leave (something or someone behind one);
  **dejar de** to stop or cease
**delantal** *m* apron
**delatar** to denounce
**delgadez** *f* slenderness, thinness
**demandar** to demand; to file suit against
**demorar** to delay, retard
**denegar** to deny, refuse
**denotar** to denote
**dependiente** *m* clerk
**deplorar** to deplore, lament, regret
**deporte** *m* sport
**derecho** right, law; *adj* right; straight; upright;
  **derechos humanos** human rights;
  **no hay derecho** it's not fair, it's not right
**derretir** to melt
**derribar** to knock down
**derrotar** to defeat
**derrumbar** to collapse; to sink down; *refl* to collapse, cave in
**desafiante** defiant
**desamparar** to abandon
**desarrollar** to develop, promote; *refl* to develop oneself
**desasosegado** restless
**descalzo** barefoot

**descartar** to discard
**descifrar** to decipher
**descomponer** to break down (a machine)
**descompuesto** out of order; rude, impolite
**descubierto** uncovered; discovered
**descuidar** to neglect, overlook
**desdén** *m* contempt, scorn, disdain
**desdeñoso** disdainful, contemptuous
**desfile** *m* parade
**desgañitarse** to scream or yell at the top of one's voice
**desgraciado** unfortunate, unlucky
**desgreñado** disheveled, with unruly hair
**deshacer** to undo;
 **deshacerse de** to get rid of
**desheredar** to disinherit
**designio** purpose, plan, intention
**deslizar** to slide
**deslumbrante** brilliant, dazzling, glaring; overwhelming, bewildering
**deslumbrar** to dazzle, blind; to baffle
**desmayarse** to faint
**desmerecer** to be inferior (to); to compare unfavorably; to be unworthy of
**desmoronar** to crumble
**desnudar** to undress; to strip
**desnudo** naked, nude
**despachar** to dispatch, send off
**despacioso** slow, sluggish
**despedida** farewell
**despedir** to fire, dismiss; *refl* to take leave, say good-bye
**despegar** to unglue; to separate; to detach; to take off (an airplane)
**desperdiciar** to waste
**despertar** to awaken, wake up; to arouse, stir up
**desplazar** to displace; to move, shift
**despreciar** to despise, disdain
**desprecio** contempt, disdain, disregard
**desprenderse** to detach, become separated
**destacar** to emphasize, point out; to underline; *refl* to be distinguished, be outstanding or prominent
**destino** destiny, fate
**desventaja** disadvantage
**desviar** to detour, divert
**detalle** *m* detail
**detener** to stop, detain; to arrest
**deteriorado** damaged, worn out
**deuda** debt
**devolver** to return
**dibujar** to draw, sketch, outline
**dictadura** dictatorship
**diferir** to defer; to differ, be different
**dignidad** *f* dignity
**diluviar** to pour rain
**Dios** God;
 **por Dios** for heaven's sake
**dirigir** to direct; to conduct; *refl* to go to, address; to speak to
**disco** disk; record
**discusión** *f* discussion, argument
**discutir** to argue; to discuss
**diseñar** to design; to sketch
**disfrutar** to enjoy
**disimulado** dissembling, discreet
**disimular** to pretend; to cover up, conceal; to overlook
**disminuir** to diminish, reduce
**dispar** different, unequal, unmatched
**disparar** to shoot, fire; to throw, hurl
**disponer de** to dispose of;
 **disponerse a** to get ready to
**distinto** different
**disuadir** to discourage
**diversión** *f* entertainment, amusement
**divertir** to entertain; *refl* to have a good time
**doblar** to turn
**dolor** *m* pain, ache; grief
**don** *m* natural ability
**dondequiera** wherever, anywhere
**dorado** golden, gilded
**dormilón** *m* sleepyhead
**dormitar** to doze
**dudar** to doubt
**dueño** owner

**dulcero** candy vendor
**dulzura** sweetness, gentleness, tenderness
**duna** dune
**durar** to last

## ~E~

**echar** to throw; to throw out; to expel;
**echarse a perder** to be ruined; to turn bad
**eco** echo
**ecuestre** equestrian
**edad** *f* age
**edificio** building
**egoísta** selfish
**ejemplar** exemplary
**ejercer** to exercise; to exert; to practice a profession
**ejército** army
**elegir** to choose
**elogiar** to praise
**embarque** *m* shipment
**embarrar** to smear, splash with mud
**embobado** stupefied, fascinated
**emborracharse** to get drunk
**embrollo** confusion, mess
**embuste** *m* lie
**embustero** liar
**emigrar** to emigrate
**empapado** soaking wet
**empedrado** paved with cobblestones
**empellón** *m* push, shove
**empeñar** to pawn; *refl* to insist, persist; to go into debt;
**empeñarse en** to insist; to persist
**emperador** *m* emperor
**empleo** job, work
**emplumado** feathered
**empujar** to push
**empujón** *m* push, shove
**enamorado** in love
**enamorar** to enamor; to woo, court; *refl* to fall in love
**encandilar** to blind, dazzle
**encantado** delighted, enchanted
**encarcelar** to imprison, incarcerate
**encargarse** to be in charge of; to undertake
**encender** to light
**encerar** to wax
**encerrar** to shut in, lock up; to enclose, contain, include; *refl* to shut oneself up
**encima** on top
**encoger** to shrink;
**encogerse de hombros** to shrug one's shoulders
**encomendar** to entrust, commend
**encontrar** to find, come across; to meet, encounter
**encuerarse** to strip, undress
**enderezar** to straighten; to put or stand up straight
**endurecer** to harden, make hard; to become hard or cruel
**enfermarse** to become sick
**enfermero** nurse
**enfrentarse** to face, confront; to come face to face
**enfriar** to cool, chill
**engañar** to deceive
**engordar** to fatten; to get fat
**engrasar** to oil, lubricate
**enlagunado** covered with water
**enlazar** to join, link; to tie with cords or ribbons
**enloquecer** to go mad
**enmudecer** to become silent
**enojarse** to get angry
**enrevesado** nonsensical; complex, intricate
**enriquecer** to enrich
**enriquecimiento** enrichment
**enrojecer** to blush, turn red
**enroscado** twisted
**ensanchar** to widen; to enlarge, extend
**ensayar** to test, try; to rehearse
**ensayo** essay; rehearsal
**enseñanza** teaching
**enseñar** to teach; to show
**ensombrecer** to darken; to dim
**entender** to understand

**entendimiento** understanding, comprehension
**enterarse** to find out; to come to know
**entero** entire, whole, complete
**enterrar** to bury; to stick into
**entierro** burial; funeral
**entrada** entrance; entry; admission ticket
**entrecerrado** half-closed
**entregar** to hand over, give; to deliver
**entrenador** *m* coach, trainer
**entretanto** meanwhile, in the meantime
**entretener** to entertain, amuse; *refl* to amuse onself; to be delayed
**entrevista** interview
**entullido** numb
**envejecer** to get old, age
**envenenar** to poison
**envidia** envy
**envidiable** enviable
**envidiar** to envy
**envolver** to wrap
**época** epoch, era
**equipaje** *m* luggage
**equipo** equipment, team
**erigir** to build; to establish
**erizado** bristly; spiky
**erudición** *f* erudition, scholarship
**esbelta** svelte, graceful, slender
**escala** port of call; stopping point; **hacer escala** stop over
**escalón** *m* step of a stair
**escampar** to stop raining
**escarbar** to dig up
**escenario** setting, background; stage, scenery
**escoger** to choose, select, pick
**escollo** reef
**esconder** to hide, conceal
**escondrijo** hiding place
**escritor** *m* writer
**escudero** squire; shield bearer
**escurrirse** to slide
**esfera** sphere
**esforzarse** to strive, make an effort
**espalda** back (of the body)
**espectáculo** spectacle; sight; show, performance
**esperanza** hope
**espeso** thick
**espiar** to spy
**espuela** spur
**espuma** foam, lather
**esquiar** to ski
**esquina** corner
**establecer** to establish
**estacionamiento** parking
**estacionar** to park (a car)
**estafador** *m* swindler, crook
**estafar** to swindle; (legal) to defraud
**estirar** to stretch
**estrellado** with stars
**estrenar** to present for the first time; *refl* to use for the first time
**estropear** to spoil, ruin; to mistreat
**estruendo** noise, clamor
**evitar** to avoid, evade
**evolucionar** to evolve, develop
**excusar** to excuse; *refl* to apologize; to excuse onself
**expatriarse** to go into exile
**expectativa** expectation, hope
**extranjero** foreigner, alien; *adj* foreign
**extrañar** to miss; to wonder, find strange
**extrañeza** strangeness, oddness
**extraño** strange, odd
**extraviarse** to go astray; to get lost
**extravío** losing one's way; going astray

## ~F~

**fábrica** factory
**factura** invoice
**facultad** *f* faculty; school (of a university); faculty, authority; **facultades mentales** mental faculties
**falda** foothill; skirt
**falla** fault, defect, imperfection
**faltar** to be missing; to be lacking
**fantasma** *m* ghost
**farmacéutico** pharmacist; *adj* pharmaceutical
**fastidiar** to annoy, bother

**felicitar** to congratulate
**fertilizante** *m* fertilizer
**fidelidad** *f* faithfulness, fidelity; accuracy, precision
**fiel** faithful
**fijar** to fix, set; *refl* to notice
**fijo** fixed
**fingir** to pretend
**fiordo** fiord
**firmamento** firmament, sky
**firma** signature; business firm
**firmar** to sign
**flaco** thin, skinny
**flamante** brand-new; bright, brilliant
**flamboyán** *m* royal poinciana (a tropical tree)
**flan** *m* baked custard
**fleco** fringe
**florecer** to flower, blossom, bloom
**flotar** to float
**fluir** to flow
**foco** light bulb
**fofo** spongy, soft
**fondo** bottom; back, rear
**fortalecer** to fortify, strengthen
**fortaleza** fortress, stronghold; fortitude, strength
**forzar** to force
**fósforo** match
**fracasar** to fail
**fraile** *m* friar, monk
**franco** frank
**fraternal** brotherly
**fregar** to wash (dishes)
**freír** to fry
**frenesí** *m* frenzy; delirious excitement, rapture
**frenético** frantic
**freno** brake (of a car, etc.)
**frialdad** *f* coldness
**frondoso** leafy, luxuriant
**frontera** frontier, border
**frotar** to rub
**fuego** fire
**fundador** *m* founder
**fundar** to found
**fuente** *f* source
**fusilar** to execute by shooting (firing squad), shoot
**fusión** *f* fusion; merging, union

## ~G~

**gallina** hen, chicken
**gallinero** chicken coop
**gallo** cock, rooster
**gana** desire
**ganado** cattle
**ganador** *m* winner
**ganancia** profit, gain
**ganar** to earn; to win
**garganta** throat
**gastar** to spend; to wear out
**gaucho** gaucho, cowboy
**genial** genial; brilliant, inspired
**genio** genius; temper; temperament, disposition
**gente** *f* people
**geranio** geranium
**gerente** *mf* manager
**gesto** gesture
**gigante** *m* giant; *adj* gigantic, huge
**gigantesco** gigantic, huge
**gimnasia** gymnastics
**giro postal** money order
**gitano** gypsy
**gobernante** *mf* ruler; *adj* governing, ruling
**golondrina** swallow
**goloso** sweet-toothed
**golpear** to beat, strike, knock, tap; *refl* to hurt oneself
**golpe** blow; knock
**gordura** fatness
**gota** drop
**gozar** to enjoy
**grabar** to engrave; to record (music); to cut a record; *refl* to become engraved in the memory
**gracioso** funny, amusing; graceful
**grado** grade
**graduarse** to graduate
**granizar** to hail

**granizo** hail
**grano** grain; pimple
**grasiento** greasy, grubby, grimy
**gravedad** *f* gravity, seriousness
**griego** Greek
**grillo** cricket
**grisáceo** grayish
**gritar** to shout, cry, scream; call out; cry out
**grito** shout, cry, scream; outcry
**grosería** vulgarity, coarseness
**grueso** fat; thick
**guagua** *Cuba & Puerto Rico* bus
**guapo** handsome
**guardar** to keep; to preserve; to put away; to guard
**guerra** war
**guiar** to guide

## ~H~

**habitante** *mf* inhabitant
**hacha** ax
**hada** fairy
**hallar** to find
**hamaca** hammock
**hecho** deed, fact
**helado** ice cream
**hembra** female
**heredar** to inherit
**heredero** heir
**herencia** inheritance
**herir** to wound
**herradura** horseshoe
**herramienta** tool
**herrumbre** *f* rust
**hiedra** or **yedra** ivy
**hiel** *f* bitterness
**hielo** ice
**hiena** hyena
**hierro** iron
**hincarse** to kneel, kneel down
**hincharse** to swell; to swell up, fill up
**hipódromo** racetrack
**hipoteca** mortgage
**hirviente** boiling
**hoja** leaf
**holgazán** lazy, indolent
**hombro** shoulder
**hondo** deep, profound
**hondura** depth, profundity
**honradez** *f* honesty, integrity
**horario** timetable
**hormiga** ant
**horno** oven
**hoyo** hole
**huaraches** *mpl* *Mex* type of sandals
**hueco** hole
**huelga** strike
**huella** trace, mark, footprint
**huerta** orchard
**hueso** bone
**huésped** *mf* guest
**huevo** egg
**huir** to flee, escape
**humanista** *mf* humanist
**humedecer** to dampen
**humildad** *f* humility
**humilde** humble
**humo** smoke
**hundimiento** sinking
**hundir** to sink
**húngaro** Hungarian; *fig* gypsy
**huracán** *m* hurricane
**hurtar** to steal; to move away

## ~I~

**iglesia** church
**igualdad** *f* equality; uniformity
**impasible** impassive, unfeeling
**implacable** inexorable, relentless
**imponer** to impose; to command, order
**impresionante** impressive
**impuesto** tax
**incapaz** incapable, unable, incompetent
**incendiar** to set on fire
**incienso** incense
**inconmovible** firm, unyielding
**incontenible** uncontainable, irrepressible
**incredulidad** *f* incredulity, disbelief
**increíble** incredible
**indeleble** indelible

**índice** *m* index; indication, sign; index finger
**índole** *f* nature, character
**indolente** lazy
**indumentaria** clothing
**ineludible** unavoidable
**inequívoco** unmistakable, certain
**inexorable** inexorable, unyielding, relentless
**infalible** infallible
**infarto** heart attack
**influir** to influence
**informática** *f* computer science
**ingresar** to enter, become a member (of); **ingresar en la universidad** to enter the university (as a student)
**ininteligible** uninteligible
**injusticia** injustice, unfairness
**inmovilizar** to immobilize
**inolvidable** unforgettable
**inquietud** *f* uneasiness, restlessness
**insistir en** to insist on
**insoportable** insufferable, unbearable
**insuperable** insurmountable, unbeatable
**intercambiable** interchangeable
**interrogar** to question
**intervenir** to take part in, participate; to intervene, intercede
**intimidar** to threaten, frighten; to intimidate
**inundarse** to become flooded
**invadir** to invade
**irrumpir** to burst in

## ~J~

**jabón** *m* soap
**jaqueca** headache, migraine
**jarra** pitcher
**jazmín** *m* jasmine
**jesuita** *m* Jesuit
**jinete** *m* horseman
**joya** jewel
**juanete** *m* bunion
**jubilarse** to retire (from work)
**juez** *m* judge
**juguete** *m* toy
**juguetón** playful
**junto** together, connected; **junto a** next to
**jurado** jury
**jurar** to swear, declare upon oath
**justicia** justice
**juventud** *f* youth

## ~L~

**laberinto** labyrinth
**labor** *f* labor, work
**lacio** limp, lifeless, flaccid, languid; straight (hair)
**ladrar** to bark
**ladrillo** brick
**ladrón** *m* thief
**lágrima** tear
**laguna** lagoon
**lámpara** lamp
**lana** wool
**lanzar** to throw
**largarse** to go away
**lástima** pity, compassion
**lastimarse** to hurt oneself; to get hurt
**lavaplatos** *m* dishwasher
**lealtad** *f* loyalty
**lecho** bed
**lechón** *m* pig
**lectura** reading
**lejano** far away
**lengua** tongue, language
**lento** slow
**leña** firewood
**letras** *fpl* literature; liberal arts
**campo de las letras** field of literature
**letrero** sign, poster
**levantamiento** uprising
**levantar** to raise, pick up, lift; *refl* to get up
**leve** light; trivial, unimportant
**ley** *f* law
**librar** to free; to save, spare
**ligado** tied, bound, linked
**llaga** ulcer, sore
**llama** flame; llama (South American ruminant)
**llano** flatland; plain; level, flat, even

**llanta** tire
**llanto** weeping, crying
**llanura** plain, prairie
**llave** *f* key
**llegar** to arrive
**llevar** to take; to carry, transport, to wear, have on (clothes)
**llevar a cabo** to carry out; *refl* to take away; to take with one
**llorar** to cry
**llover** to rain
**lloviznar** to drizzle
**loco** crazy
**locutor** *m* commentator
**lodo** mud
**lograr** to achieve; to attain, obtain
**loza** dishes (dinnerware)
**luchar** to fight; to struggle
**lucir** to show, display; to look
**luminoso** bright
**luna** moon
**luto** mourning
**luz** *f* light

## ~M~

**maceta** flowerpot
**madrastra** stepmother
**madriguera** burrow, hole (of a rabbit, etc.)
**madrina** godmother
**madrugada** dawn, daybreak;
**de madrugada** early, at daybreak
**madurez** *f* maturity
**majestuoso** majestic
**maldecir** to curse, damn
**manantial** *m* spring of water; source
**mancha** stain, spot (of oil, dirt, etc.)
**manchar** to mar; to stain; to patch in a different color
**mandado** errand
**manejar** to drive
**manejo** handling
**manera** way, manner
**manía** habit, whim, fad
**manicomio** insane asylum
**maniobra** maneuver, move
**manojo** handful, bunch
**manteca** lard
**mañoso** cunning, tricky
**maquillarse** to put on makeup
**marfil** *m* ivory
**mariposa** butterfly
**marisco** seafood
**Marte** Mars
**masajista** *mf* masseur, masseuse
**mata** bush, shrub, plant
**matadero** slaughterhouse
**mate** *m* South American herb, tealike infusion
**mayoría** majority
**mecanógrafo** typist
**mecer** to rock, swing; to move to and fro
**medir** to measure
**mejorarse** to get better
**melena** long, loose hair
**mellizo** twin
**mensaje** *m* message
**mentado** aforementioned
**mentir** to lie
**mentira** lie
**merecer** to deserve
**mesón** *m* inn
**meter** to put in, insert; *refl* to meddle; to get into; to enter
**mezclar** to mix
**mezquita** mosque
**miedo** fear
**miel** *f* honey
**mimar** to pamper, spoil; to pet, fondle
**mirada** look, glance
**misa** mass
**mohín** *m* gesture, face
**mohoso** rusty
**mojar** to wet, soak, moisten; *refl* to get wet, soaked, moistened
**molestar** to bother, annoy
**molino** mill;
**molino de viento** windmill
**monaguillo** altar boy
**monedero** change purse
**monja** nun

**mono** monkey; *adj* cute
**montar** to ride (a horse, bicycle, etc.)
**montón** *m* heap, pile
**morder** to bite
**moribundo** dying
**morir** to die
**mortificar** to annoy, bother
**mosca** fly
**mostrador** *m* counter
**mostrar** to show
**motín** *m* mutiny
**mover** to move
**movilizar** to mobilize
**muchedumbre** *f* crowd
**mudarse** to move; to change (clothes)
**mudo** dumb, mute
**muerte** *f* death;
**pena de muerte** death sentence
**muestra** sample, specimen; proof; demonstration
**mujer** *f* wife; woman
**multitud** *f* crowd, multitude
**muñeca** wrist; doll
**muro** wall; fence
**musgo** moss
**muslo** thigh

## ~N~

**nadar** to swim
**natación** *f* swimming
**navaja** switchblade; razor blade
**nave** *f* ship;
**nave espacial** spaceship
**navegante** *mf* navigator, sailor
**navegar** to sail, navigate
**neblina** fog
**necio** foolish, stupid
**negar** to deny; to refuse; *refl* to decline to do
**negocio** business
**nicaragüense** from Nicaragua, Nicaraguan
**niebla** fog, mist, haze
**nieve** *f* snow
**niñez** *f* childhood
**nobleza** nobleness, nobility
**nombramiento** appointment
**nombrar** to appoint, elect, name
**nopal** *m* prickly pear
**nota** note; grade (in exam)
**nublado** cloudy
**nublarse** to become overcast or cloudy
**nublazón** *f* covered with clouds
**nuca** nape of the neck
**nuera** daughter-in-law

## ~O~

**obedecer** to obey
**obispo** bishop
**obligatorio** mandatory, compulsory
**obra** work; work (book, painting, etc.)
**obrero** worker, laborer
**ocote** torchwood (tropical American tree)
**oculista** *mf* eye doctor
**ocultar** to hide, conceal
**odiar** to hate
**odio** hate
**ojo** eye
**ola** wave
**oler** to smell
**olla** pot
**olor** *m* smell
**olvidar** to forget
**ómnibus** *m* bus
**oponer** to oppose
**oponerse a** to be opposed to
**oprimir** to oppress
**orar** to pray
**oreja** outer ear
**orgullo** pride
**orgulloso** proud
**orilla** bank, border, edge; shoulder of a road
**ortografía** spelling
**oscurecer** to become dark
**ovacionar** to give an ovation to, applaud, acclaim
**oveja** sheep

## ~P~

**pabellón** *m* pavilion, canopy
**pacifista** *mf* pacifist
**padecer** to suffer; to endure

**padrastro** stepfather
**padrino** godfather
**paella** Spanish rice dish with seafood and chicken
**paisaje** *m* landscape
**paisano** fellow countryman
**pájaro** bird
**pala** shovel
**palangana** washbasin
**palidecer** to turn pale, grow pale
**palidez** *f* paleness, pallor
**pampa** extensive grassy plain
**pantalla** screen
**pañuelo** handkerchief
**papel** *m* role, part; paper
**paquete** *m* package
**paraguas** *m* umbrella
**parar** to stop; *refl* to stand up
**parecer** to look like, seem; *refl* to look alike, resemble one another
**pareja** pair, couple
**parpadeo** blinking
**párpado** eyelid
**partidario** supporter, follower
**pasaje** *m* fare (price charged to transport a person)
**pasajero** passenger, traveler; *adj* passing, transient
**pasearse** to stroll, walk; to take a ride; to go for a ride
**paseo** walk, stroll; ride
**paso** step;
  **abrirse paso** to get through;
  **apretar el paso** to hasten one's step
**pastel** *m* pie, cake, pastry
**pastor** *m* shepherd
**pata** leg of an animal
**paterno** paternal; from the male line
**patinar** to skate
**patria** native land; country
**patrimonio** patrimony; heritage
**payaso** clown
**peatón** *m* pedestrian
**pecado** sin
**pecador** *m* sinner
**pecho** breast; chest
**pedalear** to pedal
**pedido** order, purchase
**pedir** to ask for
**pedrada** blow with a stone
**pedregoso** stony
**pegajoso** sticky
**pegar** to hit, beat; to stick, paste, glue; to move or push close together; to pass on (a disease, bad habit, an opinion, etc.); to fire (a shot)
**peinado** hairdo
**peinar** to comb; *refl* to comb one's hair
**pelarse** to get a haircut; to peel
**pelear** to fight, struggle; to contend, quarrel; *refl* to have a disagreement
**peligro** danger
**peligroso** dangerous
**pelota** ball
**peltre** *m* pewter
**pena** embarrassment, shyness; sorrow; pain;
  **es una pena** it is a pity;
  **valer la pena** to be worthwhile
**pensamiento** thought; idea
**percatarse** to realize, become aware
**percibir** to perceive, sense; to collect, receive
**perdición** *f* ruin, perdition
**perdonar** to forgive
**perezoso** lazy
**perfil** *m* profile
**periódico** newspaper
**perjuicio** damage, injury
**permanecer** to remain
**perseguir** to persecute; to pursue, chase
**persignarse** to make the sign of the cross
**personaje** *m* character (in literature, theater)
**persuasivo** persuasive
**pesado** heavy
**pesadumbre** *f* grief, pain, sorrow
**pesar** to weigh; *nm* sorrow, grief
**pescado** fish
**pescador** *m* fisherman
**pescar** to fish; to catch
**pésimo** very bad, terrible

**pestaña** eyelash
**petróleo** oil
**picante** spicy
**picar** to puncture, pierce; to sting, bite (insect, snake); to chop; to itch; to decay (a tooth)
**picaresco** picaresque; mischievous
**pico** peak, summit; beak (of bird)
**pie** *m* caption (under a photo or an illustration); foot
**piel** *f* skin
**píldora** pill
**pináculo** pinnacle, top
**pincel** *m* artist's paint brush
**pintura** paint; painting
**piña** pineapple
**pisar** to step on
**piso** floor
**planta** plant
**plantar** to set (foot) on; to plant
**platino** platinum
**plato** dish, plate
**pleito** fight
**pleuresía** pleurisy
**pliegue** *m* fold, pleat
**plomo** lead
**pluma** feather
**pobreza** poverty
**poco** small amount;
**por poco** almost, nearly
**podar** to prune
**poderoso** powerful
**podrido** rotten
**pomo** bottle
**ponerse** to put on
**portar** to carry, bear; *refl* to behave
**pos; en pos de** after; in pursuit of
**postal** *f* postcard
**postre** *m* dessert
**pozo** pit, well, hole
**prado** meadow, field
**precavido** cautious, careful
**preceder** to precede, go before
**precisar** to need
**precolombino** pre-Columbian
**precoz** precocious, advanced
**predominar** to predominate, prevail
**preguntón** *m* nosey
**premiar** to reward; to award a prize to
**premio** prize
**prenda** garment; jewel
**prender** to catch; to pin up; to seize; to turn on; to start (a motor)
**preocuparse** to worry
**preparativos** *pl* preparations
**preponderancia** preponderance, superiority
**prescindir** to do without
**presentir** to have a presentiment of something
**préstamo** loan
**prestar** to lend, loan
**presupuesto** estimate
**prevalecer** to prevail
**prever** to foresee
**principio** beginning
**prisa** haste, hurry
**proceder** to proceed, go on; *m* conduct, behavior
**proclama** proclamation, announcement
**profesar** to profess; to practice
**progenie** *f* progency; descent
**prohibir** to forbid
**prójimo** fellow man; neighbor
**prontitud** *f* promptness
**proporcionar** to provide, supply
**proyectarse** to project, stick out
**prueba** trial, test; proof, evidence; sample, piece to be tested; ordeal
**pudor** *m* modesty, chastity
**puente** *m* bridge
**puesta (de sol)** sunset
**puesto** job, position
**pulcro** neat, tidy
**pulir** to polish
**pulla** caustic or cutting remark
**pulmón** *m* lung
**pulque** *m* *Mex* a drink (the fermented juice of the maguey plant)
**pululante** abundant, teaming
**puntiagudo** sharp-pointed

**puntualizar** to report or describe in detail
**puño** fist; handful; cuff (of a sleeve); handle (of an umbrella, cane, etc.)
**pupila** pupil of the eye
**púrpura** purple

~Q~

**quebrar** to break; *refl* to break
**quechua** *m* South American Indian; language of the Quechua Indians
**quedar** to be located;
**quedar en** to agree; *refl* to remain, stay, be left behind
**quehacer** *m* chore, work, task
**quejarse** to complain; to groan, moan
**quemar** to burn
**quemazón** *f* burning, fire
**quiebra** bankruptcy
**quitar** to take off, remove

~R~

**rabia** anger, rage; rabies
**radical** *f* (*grammar*) stem
**radiografía** x-ray
**ráfaga** gust of wind
**raíz** *f* root; (*grammar*) stem
**rama** branch
**ramillete** *m* bouquet, cluster
**ramo** bouquet
**ranchería** settlement; camp
**raro** rare; odd, strange;
**rara vez** seldom
**rascacielos** *m* skyscraper
**rasgo** characteristic
**rastro** vestige, trace, sign; track; store or market of secondhand goods; slaughterhouse
**rato** while, short time;
**a cada rato** every now and then;
**a ratos** at times;
**largo rato** a long while
**rayo** ray
**razón** *f* reason
**realizar** to accomplish, fulfill; to carry out
**reanudar** to resume
**rebatir** to refute, rebut
**rebelarse** to revolt, rebel
**rebosar** to overflow with; to abound
**rebotar** to bounce
**recado** message
**recargar** to overload; to charge extra; to recharge
**receta** recipe
**rechazar** to reject, repudiate
**recién** recently
**recinto** space, area
**reclamar** to claim; to demand
**recobrar** to recover, recuperate; to regain
**recodo** bend
**recoger** to pick up; to collect, gather
**recompensa** reward
**reconocer** to recognize; to admit, acknowledge
**reconocimiento** recognition
**recordar** to remember; to remind
**recorrer** to run through; to look over; to cross
**recostarse** to lean, recline; to lie down (for a short while)
**recrearse** to amuse oneself
**recreo** recreation time at school
**rector** *m* president (of a university)
**recuerdo** memory, recollection, remembrance; *pl* regards, greetings
**red** *f* net; netting
**reemplazar** to replace
**reflejar** to reflect; to show; *refl* to be reflected
**reflejo** glare, reflection
**refugiarse** to take refuge
**regalar** to give, treat
**regalía** bonus, gratuity
**regañar** to scold
**regar** to water
**regazo** lap
**regio** royal, regal
**registrar** to examine, inspect, search; to record
**regresar** to come back
**rehusar** to refuse, turn down

**reírse** to laugh
**reja** railing, iron grillwork
**relajado** relaxed
**relampaguear** to lighten
**relegar** to put aside, forget
**reluciente** shining
**relucir** to shine, glitter; to excel
**remilgoso** finicky
**remordimiento** remorse
**renacer** to be reborn
**rendija** small crack
**rendir** to render; *refl* to surrender
**renunciar** to resign; to give up; to renounce
**reñir** to fight
**reo** *mf* criminal, offender, accused, defendant
**reparo** objection
**repartir** to distribute; to deliver
**repasar** to review, go over
**repente: de repente** suddenly
**repiquetear** to ring gaily, toll
**repleto** full
**repudiar** to repudiate
**requemar** to burn; to overcook, roast too much
**requisito** requirement
**res** *f* beef
**resbalar** to slip
**resbaloso** slippery
**reseco** very dry
**resfriado** or **resfrío** head cold
**resfriarse** to catch a cold
**resignarse** to resign oneself
**resollar** to breathe noisily
**respirar** to breathe
**resplandecer** to shine, glitter
**resplandor** *m* glare
**responso** response (prayer)
**respuesta** answer
**restricción** *f* restriction; restraint; limitation
**retar** to challenge, dare
**reticente** deceptive, misleading; noncommital
**retraído** withdrawn, kept aloof from
**retrasarse** to delay; to be late; to be behind time
**retratar** to photograph
**retrato** portrait; portrait painting or photograph; image, exact likeness
**retumbar** to resound, boom
**reunirse** to get together
**revelar** to reveal; to develop (a photograph)
**revisar** to revise, check
**revolcarse** to roll on the ground
**revolotear** to flutter
**rey** *m* king;
  **Reyes Magos** Three Wise Men
**rezar** to pray
**rezo** prayer
**rezongón** grumbling
**rico** rich
**rincón** *m* (inside) corner; remote place
**risa** laugh
**robar** to steal
**rocío** dew
**rodar** to roll
**rodear** to surround
**rodilla** knee
**rogar** to beg, implore; to pray
**rompecabezas** *m* jigsaw puzzle
**romper** to break
**ronco** hoarse
**rostro** face
**rozar** to rub
**ruego** request, petition, plea
**ruido** noise
**rumbo (a)** en route to, on the way to

~S~

**sábana** bed sheet
**sabor** *m* taste, flavor
**sabroso** delicious, tasty
**sacacorchos** *m* corkscrew
**sacar** to take out;
  **sacarse la lotería** to win the lottery
**sacerdote** *m* priest
**sacudir** to shake, jolt
**salpicar** to splash
**saltar** to jump, leap
**salud** *f* health
**saludable** healthy

**saludar** to greet, salute
**salvavidas** *m* lifesaver; lifeguard
**sandía** watermelon
**sangría** wine and fruit drink
**sarape** *m* Mexican shawl or blanket
**sastre** *m* tailor
**sauce** *m* willow tree
**secar** to dry; to dry up
**seco** dry; dried up
**sed** *f* thirst
**seguir** to go on, continue; to follow; to pursue
**seguridad** *f* assurance
**seguro** insurance
**selva** jungle; forest, woods
**semblante** *m* face; look, appearance
**sembrar** to plant; to seed; to sow
**semilla** seed
**sencillez** *f* simplicity, naturalness
**seno** bosom, heart; refuge
**sentido** sense; meaning; judgment;
  **los cinco sentidos** the five senses;
  **perder el sentido** to lose conciousness;
  **sin sentido** meaningless
**sentimiento** feeling, sentiment
**sentir** to feel
**señal** *f* signal, sign
**señalar** to point out; to point at; to put a mark or sign on
**sepultar** to bury
**serrucho** handsaw
**servible** usable
**servidumbre** *f* servants, domestic help
**siervo** slave;
  **siervo de Dios** servant of God
**siesta** afternoon nap
**siglo** century
**siguiente** following, next
**similitud** *f* similarity
**sindicato** labor union
**sinvergüenza** *mf* scoundrel, rascal
**sitio** place
**sobrar** to have extra
**sobrenatural** supernatural
**sobresalir** to stand out
**sobresaltado** frightened
**sobrevenir** to happen, take place
**sobrevivir** to survive
**socio** partner, member
**socorrer** to help, aid
**solar** *m* lot, yard
**soler** to be accustomed to, used to
**soldado** soldier
**soledad** *f* solitude, loneliness
**solicitud** *f* application; request, petition
**soltar** to untie, loosen; to let go, free
**soltero** single, unmarried
**solterón** *m* old bachelor;
  **solterona** old maid
**soltura** ease, confidence, assurance
**solucionar** to solve, resolve
**sombra** shade, shadow, darkness
**sombrilla** umbrella
**sombrío** somber, gloomy
**sonar** to strike (the hour); to sound
**sondear** to explore; to sound out
**sonreír** to smile
**sonrisa** smile
**soñar** to dream
**soplar** to blow; to blow away
**soplido** puff; blast of air
**sordo** deaf; muffled, dull
**sorprender** to surprise
**sosegado** calm, quiet, peaceful
**sosiego** calm, tranquility, quiet
**sospecha** suspicion
**sotana** cassock
**sótano** basement, cellar
**suave** soft
**sublevarse** to revolt
**subrayar** to underline; to emphasize
**suceder** to happen; to occur; to follow
**sucursal** *f* branch office
**sudor** *m* sweat
**sueldo** salary
**suelo** floor
**suelto** loose, free; at large
**suerte** *f* luck
**suicidarse** to commit suicide
**sujeto** fellow, individual; person; (*grammar*) subject

**sumiso** submissive, obedient
**superar** to overcome
**suplente** *mf* substitute, deputy, replacement
**suplicar** to beg, implore
**surgir** to spring up, arise; to present itself, appear
**suroeste** *m* southwest
**suspender** to interrupt, stop temporarily; to suspend, hang up
**suspirar** to sigh; to long for
**sustantivo** (*grammar*) noun
**sutil** subtle

## ~T~

**tacaño** stingy
**tallar** to carve
**tamaño** size
**tamarindo** tamarind; tamarind tree
**tamboril** *m* small drum
**tamborileo** the sound of a drum
**taquilla** box office
**tardar** to be long; to be late; to take a long time
**tarea** task, homework
**techo** roof, ceiling
**tejado** roof; tile roof
**tejer** to weave, knit, spin
**telaraña** cobweb
**telón** *m* drop curtain in the theater
**temblar** to tremble, shake
**temer** to be afraid
**temor** *m* fear
**templado** lukewarm; temperate
**tender** to extend; *refl* to stretch out; to hang (clothes) up or out to dry
**tentar** to tempt
**teñir** to dye
**terceto** tercet; trio
**ternura** tenderness
**terremoto** earthquake
**terso** smooth, glossy
**tesoro** treasure
**testigo** witness
**tibieza** warmth
**tibio** lukewarm, tepid
**tientas: a tientas** gropingly
**tierno** tender; soft; delicate
**tinta** ink
**tipejo** (*derog*) ridiculous little fellow
**tirar** to throw;
  **tirar de** to pull
**tiro** shot, shooting
**títere** *m* puppet, marionette
**toalla** towel
**tobillo** ankle
**tocadiscos** *m* record player
**tocar** to touch; to play (musical instrument); to ring, toll (bell); to be one's turn
**tontería** foolishness, silliness
**tonto** silly, foolish, stupid
**torneado** shapely
**torno** potter's wheel;
  **en torno a** about, in connection with
**torre** *f* tower
**torrencial** torrential
**tortilla** omelette; *Mex* thin cornmeal pancake
**toser** to cough
**traer** to bring; to carry
**traficante** *mf* trader, dealer
**tragar** to swallow
**traicionar** to betray
**traidor** *m* traitor
**traje** *m* dress, suit, gown; costume;
  **traje a la medida** made-to-order suit or dress
**trampolín** *m* diving board; springboard
**transcurrir** to go by, pass, elapse
**transparencia** transparency
**trapo** cloth, rag
**tras** after; behind
**trasladar** to transfer, move; *refl* to move, change residence
**trasplantar** to transplant
**trayectoria** path
**trecho** stretch (of space or time)
**trepar** to climb
**trigo** wheat
**trinar** to trill, warble
**trinchera** trench
**triunfo** triumph

**tronar** to thunder
**tronco** trunk
**tropezar** to stumble; to run into; to encounter;
**tropezar con** to bump into
**tropezón** *m* stumbling
**trusa** *Cuba* bathing suit
**tuerto** one-eyed man
**tule** *m* bulrush (a reedlike plant)
**tumbarse** to lie down
**tupido** dense, thick
**turbar** to disturb, upset; to confuse; to embarrass

## ~U~

**ubicar** to locate, situate; *refl* to be located
**ultrajar** to offend, affront, insult
**utilidad** *f* usefulness; profit, earnings

## ~V~

**vaciar** to empty
**vacío** emptiness; empty space; *adj* empty
**vajilla** table setting, set of dishes
**valer** to be worth
**valija** suitcase; mailbag
**vanidad** *f* vanity
**vaquero** cowboy
**varón** *m* male
**vasco** Basque
**vecindad** *f* neighborhood
**vecindario** neighborhood
**vecino** neighbor; *adj* neighboring, nearby
**vedar** to prohibit, forbid
**vejez** *f* old age
**velar** to watch; to watch over
**velocidad** *f* speed
**vengar** to avenge; *refl* to take revenge
**ventaja** advantage
**ventanilla** window (in airplane, railway coach, car, bank counter, etc.); ticket window (of box office, ticket office)
**verduras** *pl* vegetables, greens
**vergüenza** shame, bashfulness
**vestuario** wardrobe, clothes
**vez** *f* time;
**alguna que otra vez** occasionally, once in a while;
**de una vez** once and for all;
**de vez en cuando** from time to time;
**en vez de** instead of;
**rara vez** seldom;
**una y otra vez** again and again
**vicuña** vicuna (South American ruminant)
**videocasetera** *f* VCR
**vidrio** glass
**vigoroso** vigorous, strong
**villancico** Christmas carol
**virreinal** viceregal
**virreinato** viceroyalty
**vista** view
**viudo** widower
**vivaquear** to bivouac, camp
**vivencia** personal experience
**volante** *m* steering wheel
**volcar** to turn over, overturn
**voltereta** tumble, somersault
**volverse** to become
**vuelta** turn; return;
**a la vuelta** on returning;
**dar una vuelta** to take a walk, stroll;
**darse vuelta** to turn around

## ~Y~

**yedra** or **hiedra** ivy
**yegua** mare
**yermo** barren
**yerno** son-in-law

## ~Z~

**zafar** to rip; to loosen; to untie
**zafarrancho** rumpus, quarrel
**zaguán** *m* vestibule
**zorro** fox
**zozobra** uneasiness, anxiety, worry

# Apéndice

- Verbos regulares
- Verbos con cambios ortográficos
- Verbos irregulares
- Lista de verbos irregulares

| Infinitivo *Gerundio* *Participio pasado* | INDICATIVO (Tiempos simples) | | | | |
|---|---|---|---|---|---|
| | *Presente* | *Pretérito* | *Imperfecto* | *Futuro* | *Condicional* |
| **comprar**<br>comprando<br>comprado | compro<br>compras<br>compra<br>compramos<br>compráis<br>compran | compré<br>compraste<br>compró<br>compramos<br>comprasteis<br>compraron | compraba<br>comprabas<br>compraba<br>comprábamos<br>comprabais<br>compraban | compraré<br>comprarás<br>comprará<br>compraremos<br>compraréis<br>comprarán | compraría<br>comprarías<br>compraría<br>compraríamos<br>compraríais<br>comprarían |
| **vender**<br>vendiendo<br>vendido | vendo<br>vendes<br>vende<br>vendemos<br>vendéis<br>venden | vendí<br>vendiste<br>vendió<br>vendimos<br>vendisteis<br>vendieron | vendía<br>vendías<br>vendía<br>vendíamos<br>vendíais<br>vendían | venderé<br>venderás<br>venderá<br>venderemos<br>venderéis<br>venderán | vendería<br>venderías<br>vendería<br>venderíamos<br>venderíais<br>venderían |
| **recibir**<br>recibiendo<br>recibido | recibo<br>recibes<br>recibe<br>recibimos<br>recibís<br>reciben | recibí<br>recibiste<br>recibió<br>recibimos<br>recibisteis<br>recibieron | recibía<br>recibías<br>recibía<br>recibíamos<br>recibíais<br>recibían | recibiré<br>recibirás<br>recibirá<br>recibiremos<br>recibiréis<br>recibirán | recibiría<br>recibirías<br>recibiría<br>recibiríamos<br>recibiríais<br>recibirían |

INDICATIVO (Tiempos compuestos)

| *Presente perfecto* | *Pluscuamperfecto* | *Futuro perfecto* | *Condicional perfecto* |
|---|---|---|---|
| he comprado<br>has comprado<br>ha comprado<br>hemos comprado<br>habéis comprado<br>han comprado | había comprado<br>habías comprado<br>había comprado<br>habíamos comprado<br>habíais comprado<br>habían comprado | habré comprado<br>habrás comprado<br>habrá comprado<br>habremos comprado<br>habréis comprado<br>habrán comprado | habría comprado<br>habrías comprado<br>habría comprado<br>habríamos comprado<br>habríais comprado<br>habrían comprado |
| he vendido<br>has vendido<br>ha vendido<br>hemos vendido<br>habéis vendido<br>han vendido | había vendido<br>habías vendido<br>había vendido<br>habíamos vendido<br>habíais vendido<br>habían vendido | habré vendido<br>habrás vendido<br>habrá vendido<br>habremos vendido<br>habréis vendido<br>habrán vendido | habría vendido<br>habrías vendido<br>habría vendido<br>habríamos vendido<br>habríais vendido<br>habrían vendido |
| he recibido<br>has recibido<br>ha recibido<br>hemos recibido<br>habéis recibido<br>han recibido | había recibido<br>habías recibido<br>había recibido<br>habíamos recibido<br>habíais recibido<br>habían recibido | habré recibido<br>habrás recibido<br>habrá recibido<br>habremos recibido<br>habréis recibido<br>habrán recibido | habría recibido<br>habrías recibido<br>habría recibido<br>habríamos recibido<br>habríais recibido<br>habrían recibido |

| SUBJUNTIVO (Tiempos simples) | | IMPERATIVO | |
|---|---|---|---|
| *Presente* | *Imperfecto* | *Afirmativo* | *Negativo* |
| compre | comprara (comprase) | | |
| compres | compraras (-ses) | compra | no compres |
| compre | comprara (-se) | compre | no compre |
| compremos | compráramos (-semos) | compremos | no compremos |
| compréis | comprarais (-seis) | comprad | no compréis |
| compren | compraran (-sen) | compren | no compren |
| venda | vendiera (vendiese) | | |
| vendas | vendieras (-ses) | vende | no vendas |
| venda | vendiera (-se) | venda | no venda |
| vendamos | vendiéramos (-semos) | vendamos | no vendamos |
| vendáis | vendierais (-seis) | vended | no vendáis |
| vendan | vendieran (-sen) | vendan | no vendan |
| reciba | recibiera (recibiese) | | |
| recibas | recibieras (-ses) | recibe | no recibas |
| reciba | recibiera (-se) | reciba | no reciba |
| recibamos | recibiéramos (-semos) | recibamos | no recibamos |
| recibáis | recibierais (-seis) | recibid | no recibáis |
| reciban | recibieran (-sen) | reciban | no reciban |

| SUBJUNTIVO (Tiempos compuestos) | | |
|---|---|---|
| *Presente perfecto* | *Pluscuamperfecto* | *Gerundio compuesto* |
| haya comprado | hubiera (hubiese) comprado | habiendo comprado |
| hayas comprado | hubieras (-ses) comprado | |
| haya comprado | hubiera (-se) comprado | |
| hayamos comprado | hubiéramos (-semos) comprado | |
| hayáis comprado | hubierais (-seis) comprado | |
| hayan comprado | hubieran (-sen) comprado | |
| haya vendido | hubiera (hubiese) vendido | habiendo vendido |
| hayas vendido | hubieras (-ses) vendido | |
| haya vendido | hubiera (-se) vendido | |
| hayamos vendido | hubiéramos (-semos) vendido | |
| hayáis vendido | hubierais (-seis) vendido | |
| hayan vendido | hubieran (-sen) vendido | |
| haya recibido | hubiera (hubiese) recibido | habiendo recibido |
| hayas recibido | hubieras (-ses) recibido | |
| haya recibido | hubiera (-se) recibido | |
| hayamos recibido | hubiéramos (-semos) recibido | |
| hayáis recibido | hubierais (-seis) recibido | |
| hayan recibido | hubieran (-sen) recibido | |

# Verbos con cambios ortográficos

| | Pretérito | Presente subjuntivo | Imperativo |
|---|---|---|---|
| 1. Verbos terminados en **-car**.<br>Cambian **c** → **qu** delante de la vocal **e**. | | | |
| **Sacar** | saqué | saque<br>saques | saque<br>saquemos<br>saquen |
| buscar, tocar, colocar, dedicar, evocar, acercarse, chocar | | | |
| 2. Verbos terminados en **-gar**.<br>Cambian **g** → **gu** delante de la vocal **e**. | | | |
| **Llegar** | llegué | llegue<br>llegues | llegue<br>lleguemos<br>lleguen |
| pagar, jugar, obligar, negar, regar, plegar, rogar | | | |
| 3. Verbos terminados en **-zar**.<br>Cambian **z** → **c** delante de la vocal **e**. | | | |
| **Cruzar** | crucé | cruce<br>cruces | cruce<br>crucemos<br>crucen |
| gozar, alcanzar, avanzar, cazar, forzar, rezar | | | |
| 4. Verbos que tienen la terminación **-cer** o **-cir** precedida de una consonante.<br>Cambian **c** → **z** delante de las vocales **a**, **o**. | | | |
| **Vencer** | venzo | venza<br>venzas | venza<br>venzamos<br>venzan |
| convencer, ejercer, torcer, esparcir | | | |

| | *Pretérito* | *Presente subjuntivo* | *Imperativo* |
|---|---|---|---|
| 5. Verbos que tienen la terminación **-cer** precedida de una vocal. Llevan una **z** en la primera persona del singular del presente de indicativo y de subjuntivo. | | | |
| **Conocer** | conozco | conozca | conozca |
| establecer, parecer, ofrecer, agradecer | | | |
| 6. Verbos terminados en **-ger** o **-gir**. Cambian **g** → **j** delante de las vocales **a**, **o**. | | | |
| **Escoger** | escojo | escoja<br>escojas | escoja<br>escojamos<br>escojan |
| coger, recoger, proteger, regir, dirigir, elegir, corregir, fingir | | | |
| 7. Verbos terminados en **-guir**. Cambian **gu** → **g** delante de las vocales **a**, **o**. | | | |
| **Seguir** | sigo | siga<br>sigas | siga<br>sigamos<br>sigan |
| conseguir, distinguir, perseguir | | | |

| | *Pretérito* | *Imperfecto subjuntivo* | *Gerundio* |
|---|---|---|---|
| 1. Algunos verbos cambian la **i** (no acentuada) en **y** cuando va entre vocales. | | | |
| **Leer** | leyó<br>leyeron | leyera<br>leyeras | leyendo |
| caer, creer, proveer | | | |
| 2. Verbos cuya raíz termina en **ll** o **ñ**. Excluyen la **i** de algunas terminaciones. | | | |
| **Bullir** (*to boil*) | bulló<br>bulleron | bullera<br>bulleras | bullendo |
| **Reñir** | riñó<br>riñeron | riñera<br>riñeras | riñendo |
| teñir, bruñir, ceñir, gruñir | | | |

# Verbos irregulares

| Infinitivo *Gerundio* *Participio pasado* | INDICATIVO | | | | |
|---|---|---|---|---|---|
| | *Presente* | *Pretérito* | *Imperfecto* | *Futuro* | *Condicional* |
| **1. andar**<br>andando<br>andado | ando<br>andas<br>anda<br>andamos<br>andáis<br>andan | anduve<br>anduviste<br>anduvo<br>anduvimos<br>anduvisteis<br>anduvieron | andaba<br>andabas<br>andaba<br>andábamos<br>andabais<br>andaban | andaré<br>andarás<br>andará<br>andaremos<br>andaréis<br>andarán | andaría<br>andarías<br>andaría<br>andaríamos<br>andaríais<br>andarían |
| **2. caber**<br>cabiendo<br>cabido | quepo<br>cabes<br>cabe<br>cabemos<br>cabéis<br>caben | cupe<br>cupiste<br>cupo<br>cupimos<br>cupisteis<br>cupieron | cabía<br>cabías<br>cabía<br>cabíamos<br>cabíais<br>cabían | cabré<br>cabrás<br>cabrá<br>cabremos<br>cabréis<br>cabrán | cabría<br>cabrías<br>cabría<br>cabríamos<br>cabríais<br>cabrían |
| **3. caer**<br>cayendo<br>caído | caigo<br>caes<br>cae<br>caemos<br>caéis<br>caen | caí<br>caíste<br>cayó<br>caímos<br>caísteis<br>cayeron | caía<br>caías<br>caía<br>caíamos<br>caíais<br>caían | caeré<br>caerás<br>caerá<br>caeremos<br>caeréis<br>caerán | caería<br>caerías<br>caería<br>caeríamos<br>caeríais<br>caerían |
| **4. conducir**<br>conduciendo<br>conducido | conduzco<br>conduces<br>conduce<br>conducimos<br>conducís<br>conducen | conduje<br>condujiste<br>condujo<br>condujimos<br>condujisteis<br>condujeron | conducía<br>conducías<br>conducía<br>conducíamos<br>conducíais<br>conducían | conduciré<br>conducirás<br>conducirá<br>conduciremos<br>conduciréis<br>conducirán | conduciría<br>conducirías<br>conduciría<br>conduciríamos<br>conduciríais<br>conducirían |
| **5. conocer**<br>conociendo<br>conocido | conozco<br>conoces<br>conoce<br>conocemos<br>conocéis<br>conocen | conocí<br>conociste<br>conoció<br>conocimos<br>conocisteis<br>conocieron | conocía<br>conocías<br>conocía<br>conocáimos<br>conocíais<br>conocían | conoceré<br>conocerás<br>conocerá<br>conoceremos<br>conoceréis<br>conocerán | conocería<br>conocerías<br>conocerías<br>conoceríamos<br>conoceríais<br>conocerían |

| SUBJUNTIVO | | IMPERATIVO | |
|---|---|---|---|
| *Presente* | *Imperfecto* | *Afirmativo* | *Negativo* |
| ande | anduviera (anduviese) | | |
| andes | anduvieras (-ses) | anda | no andes |
| ande | anduviera (-se) | ande | no ande |
| andemos | anduviéramos (-semos) | andemos | no andemos |
| andéis | anduvierais (-seis) | andad | no andéis |
| anden | anduvieran (-sen) | anden | no anden |
| quepa | cupiera (cupiese) | | |
| quepas | cupieras (-ses) | cabe | no quepas |
| quepa | cupiera (-se) | quepa | no quepa |
| quepamos | cupiéramos (-semos) | quepamos | no quepamos |
| quepáis | cupierais (-seis) | cabed | no quepáis |
| quepan | cupieran (-sen) | quepan | no quepan |
| caiga | cayera (cayese) | | |
| caigas | cayeras (-ses) | cae | no caigas |
| caiga | cayera (-se) | caiga | no caiga |
| caigamos | cayéramos (-semos) | caigamos | no caigamos |
| caigáis | cayerais (-seis) | caed | no caigáis |
| caigan | cayeran (-sen) | caigan | no caigan |
| conduzca | condujera (condujese) | | |
| conduzcas | condujeras (-ses) | conduce | no conduzcas |
| conduzca | condujera (-se) | conduzca | no conduzca |
| conduzcamos | condujéramos (-semos) | conduzcamos | no conduzcamos |
| conduzcáis | condujerais (-seis) | conducid | no conduzcáis |
| conduzcan | condujeran (-sen) | conduzcan | no conduzcan |
| conozca | conociera (conociese) | | |
| conozcas | conocieras (-ses) | conoce | no conozcas |
| conozca | conociera (-se) | conozca | no conozca |
| conozcamos | conociéramos (-semos) | conozcamos | no conozcamos |
| conozcáis | conocierais (-seis) | conoced | no conozcáis |
| conozcan | conocieran (-sen) | conozcan | no conozcan |

| **Infinitivo**<br>*Gerundio*<br>*Participio pasado* | INDICATIVO | | | | |
|---|---|---|---|---|---|
| | *Presente* | *Pretérito* | *Imperfecto* | *Futuro* | *Condicional* |
| **6. contar** | cuento | conté | contaba | contaré | contaría |
| contando | cuentas | contaste | contabas | contarás | contarías |
| contado | cuenta | contó | contaba | contará | contaría |
| | contamos | contamos | contábamos | contaremos | contaríamos |
| | contáis | contasteis | contabais | contaréis | contaríais |
| | cuentan | contaron | contaban | contarán | contarían |
| **7. dar** | doy | di | daba | daré | daría |
| dando | das | diste | dabas | darás | darías |
| dado | da | dio | daba | dará | daría |
| | damos | dimos | dábamos | daremos | daríamos |
| | dais | disteis | dabais | daréis | daríais |
| | dan | dieron | daban | darán | darían |
| **8. decir** | digo | dije | decía | diré | diría |
| diciendo | dices | dijiste | decías | dirás | dirías |
| dicho | dice | dijo | decía | dirá | diría |
| | decimos | dijimos | decíamos | diremos | diríamos |
| | decís | dijisteis | decíais | diréis | diríais |
| | dicen | dijeron | decían | dirán | dirían |
| **9. dormir** | duermo | dormí | dormía | dormiré | dormiría |
| durmiendo | duermes | dormiste | dormías | dormirás | dormirías |
| dormido | duerme | durmió | dormía | dormirá | dormiría |
| | dormimos | dormimos | dormíamos | dormiremos | dormiríamos |
| | dormís | dormisteis | dormíais | dormiréis | dormiríais |
| | duermen | durmieron | dormían | dormirán | dormirían |
| **10. entender** | entiendo | entendí | entendía | entenderé | entendería |
| entendiendo | etiendes | entendiste | entendías | entenderás | entenderías |
| entendido | entiende | entendió | entendía | entenderá | entendería |
| | entendemos | entendimos | entendíamos | entenderemos | entenderíamos |
| | entendéis | entendisteis | entendíais | entenderéis | entenderíais |
| | entienden | entendieron | entendían | entenderán | entenderían |
| **11. estar** | estoy | estuve | etaba | estaré | estaría |
| estando | estás | estuviste | estabas | estarás | estarías |
| estado | está | estuvo | estaba | estará | estaría |
| | estamos | estuvimos | estábamos | estaremos | estaríamos |
| | estáis | estuvisteis | estabais | estaréis | estaríais |
| | están | estuvieron | estaban | estarán | estarían |

| SUBJUNTIVO | | IMPERATIVO | |
|---|---|---|---|
| *Presente* | *Imperfecto* | *Afirmativo* | *Negativo* |
| cuente | contara (contase) | | |
| cuentes | contaras (-ses) | cuenta | no cuentes |
| cuente | contara (-se) | cuente | no cuente |
| contemos | contáramos (-semos) | contemos | no contemos |
| contéis | contarais (-seis) | contad | no contéis |
| cuenten | contaran (-sen) | cuenten | no cuenten |
| dé | diera (diese) | | |
| des | dieras (-ses) | da | no des |
| dé | diera (-se) | dé | no dé |
| demos | diéramos (-semos) | demos | no demos |
| deis | dierais (-seis) | dad | no deis |
| den | dieran (-sen) | den | no den |
| diga | dijera (dijese) | | |
| digas | dijeras (-ses) | di | no digas |
| diga | dijera (-se) | diga | no diga |
| digamos | dijéramos (-semos) | digamos | no digamos |
| digáis | dijerais (-seis) | decid | no digáis |
| digan | dijeran (-sen) | digan | no digan |
| duerma | durmiera (durmiese) | | |
| duermas | durmieras (-ses) | duerme | no duermas |
| duerma | durmiera (-se) | duerma | no duerma |
| durmamos | durmiéramos (-semos) | durmamos | no durmamos |
| durmáis | durmierais (-seis) | dormid | no durmáis |
| duerman | durmieran (-sen) | duerman | no duerman |
| entienda | entendiera (entendiese) | | |
| entiendas | entendieras (-ses) | entiende | no entiendas |
| entienda | entendiera (-se) | entienda | no entienda |
| entendamos | entendiéramos (-semos) | entendamos | no entendamos |
| entendáis | entendierais (-seis) | entended | no entendáis |
| entiendan | entendieran (-sen) | entiendan | no entiendan |
| esté | estuviera (estuviese) | | |
| estés | estuvieras (-ses) | está | no estés |
| esté | estuviera (-se) | esté | no esté |
| estemos | estuviéramos (-semos) | estemos | no estemos |
| estéis | estuvierais (-seis) | estad | no estéis |
| estén | estuvieran (-sen) | estén | no estén |

| Infinitivo *Gerundio* *Participio pasado* | INDICATIVO | | | | |
|---|---|---|---|---|---|
| | *Presente* | *Pretérito* | *Imperfecto* | *Futuro* | *Condicional* |
| **12. haber** | he | hube | había | habré | habría |
| habiendo | has | hubiste | habías | habrás | habrías |
| habido | ha | hubo | había | habrá | habría |
| | hemos | hubimos | habíamos | habremos | habríamos |
| | habéis | hubisteis | habíais | habréis | habríais |
| | han | hubieron | habían | habrán | habrían |
| **13. hacer** | hago | hice | hacía | haré | haría |
| haciendo | haces | hiciste | hacías | harás | harías |
| hecho | hace | hizo | hacía | hará | haría |
| | hacemos | hicimos | hacíamos | haremos | haríamos |
| | hacéis | hicisteis | hacíais | haréis | haríais |
| | hacen | hicieron | hacían | harán | harían |
| **14. huir** | huyo | huí | huía | huiré | huiría |
| huyendo | huyes | huiste | huías | huirás | huirías |
| huido | huye | huyó | huía | huirá | huiría |
| | huimos | huimos | huíamos | huiremos | huiríamos |
| | huís | huisteis | huíais | huiréis | huiríais |
| | huyen | huyeron | huían | huirán | huirían |
| **15. ir** | voy | fui | iba | iré | iría |
| yendo | vas | fuiste | ibas | irás | irías |
| ido | va | fue | iba | irá | iría |
| | vamos | fuimos | íbamos | iremos | iríamos |
| | vais | fuisteis | ibais | iréis | iríais |
| | van | fueron | iban | irán | irían |
| **16. lucir** | luzco | lucí | lucía | luciré | luciría |
| luciendo | luces | luciste | lucías | lucirás | lucirías |
| lucido | luce | lució | lucía | lucirá | luciría |
| | lucimos | lucimos | lucíamos | luciermos | luciríamos |
| | lucís | lucisteis | lucíais | luciréis | luciríais |
| | lucen | lucieron | lucían | lucirán | lucirían |
| **17. mentir** | miento | mentí | mentía | mentiré | mentiría |
| mintiendo | mientes | mentiste | mentías | mentirás | mentirías |
| mentido | miente | mintió | mentía | mentirá | mentiría |
| | mentimos | mentimos | mentíamos | mentiremos | mentiríamos |
| | mentís | mentisteis | mentíais | mentiréis | mentiríais |
| | mienten | mintieron | mentían | mentirán | mentirían |

| SUBJUNTIVO | | IMPERATIVO | |
|---|---|---|---|
| *Presente* | *Imperfecto* | *Afirmativo* | *Negativo* |
| haya | hubiera (hubiese) | | |
| hayas | hubieras (-ses) | | |
| haya | hubiera (-se) | | |
| hayamos | hubiéramos (-semos) | | |
| hayáis | hubierais (-seis) | | |
| hayan | hubieran (-sen) | | |
| haga | hiciera (hiciese) | | |
| hagas | hicieras (-ses) | haz | no hagas |
| haga | hiciera (-se) | haga | no haga |
| hagamos | hiciéramos (-semos) | hagamos | no hagamos |
| hagáis | hicierais (-seis) | haced | no hagáis |
| hagan | hicieran (-sen) | hagan | no hagan |
| huya | huyera (huyese) | | |
| huyas | huyeras (-ses) | huye | no huyas |
| huya | huyera (-se) | huya | no huya |
| huyamos | huyéramos (-semos) | huyamos | no huyamos |
| huyáis | huyerais (-seis) | huid | no huyáis |
| huyan | huyeran (-sen) | huyan | no huyan |
| vaya | fuera (fuese) | | |
| vayas | fueras (-ses) | ve | no vayas |
| vaya | fuera (-se) | vaya | no vaya |
| vayamos | fuéramos (-semos) | vayamos | no vayamos |
| vayáis | fuerais (-seis) | id | no vayáis |
| vayan | fueran (-sen) | vayan | no vayan |
| luzca | luciera (luciese) | | |
| luzcas | lucieras (-ses) | luce | no luzcas |
| luzca | luciera (-se) | luzca | no luzca |
| lucamos | luciéramos (-semos) | luzcamos | no luzcamos |
| luzcáis | lucierais (-seis) | lucid | no luzcáis |
| luzcan | lucieran (-sen) | luzcan | no luzcan |
| mienta | mintiera (mintiese) | | |
| mientas | mintieras (-ses) | miente | no mientas |
| mienta | mintiera (-se) | mienta | no mienta |
| mintamos | mintiéramos (-semos) | mintamos | no mintamos |
| mintáis | mintierais (-seis) | mentid | no mintáis |
| mientan | mintieran (-sen) | mientan | no mientan |

| Infinitivo<br>*Gerundio*<br>*Participio pasado* | INDICATIVO | | | | |
|---|---|---|---|---|---|
| | *Presente* | *Pretérito* | *Imperfecto* | *Futuro* | *Condicional* |
| **18. oír**<br>oyendo<br>oído | oigo<br>oyes<br>oye<br>oímos<br>oís<br>oyen | oí<br>oíste<br>oyó<br>oímos<br>oísteis<br>oyeron | oía<br>oías<br>oía<br>oíamos<br>oíais<br>oían | oiré<br>oirás<br>oirá<br>oiremos<br>oiréis<br>oirán | oiría<br>oirías<br>oiría<br>oiríamos<br>oirías<br>oirían |
| **19. pedir**<br>pidiendo<br>pedido | pido<br>pides<br>pide<br>pedimos<br>pedís<br>piden | pedí<br>pediste<br>pidió<br>pedimos<br>pedisteis<br>pidieron | pedía<br>pedías<br>pedía<br>pedíamos<br>pedíais<br>pedían | pediré<br>pedirás<br>pedirá<br>pediremos<br>pediréis<br>pedirán | pediría<br>pedirías<br>pediría<br>pediríamos<br>pediríais<br>pedirían |
| **20. pensar**<br>pensando<br>pensado | pienso<br>piensas<br>piensa<br>pensamos<br>pensáis<br>piensan | pensé<br>pensaste<br>pensó<br>pensamos<br>pensasteis<br>pensaron | pensaba<br>pensabas<br>pensaba<br>pensábamos<br>pensabais<br>pensaban | pensaré<br>pensarás<br>pensará<br>pensaremos<br>pensaréis<br>pensarán | pensaría<br>pensarías<br>pensaría<br>pensaríamos<br>pensaríais<br>pensarían |
| **21. poder**<br>pudiendo<br>podido | puedo<br>puedes<br>puede<br>podemos<br>podéis<br>pueden | pude<br>pudiste<br>pudo<br>pudimos<br>pudisteis<br>pudieron | podía<br>podías<br>podía<br>podíamos<br>podíais<br>podían | podré<br>podrás<br>podrá<br>podremos<br>podréis<br>podrán | podría<br>podrías<br>podría<br>podríamos<br>podríais<br>podrían |
| **22. poner**<br>poniendo<br>puesto | pongo<br>pones<br>pone<br>ponemos<br>ponéis<br>ponen | puse<br>pusiste<br>puso<br>pusimos<br>pusisteis<br>pusieron | ponía<br>ponías<br>ponía<br>poníamos<br>poníais<br>ponían | pondré<br>pondrás<br>pondrá<br>pondremos<br>pondréis<br>pondrán | pondría<br>pondrías<br>pondría<br>pondríamos<br>pondríais<br>pondrían |
| **23. querer**<br>queriendo<br>querido | quiero<br>quieres<br>quiere<br>queremos<br>queréis<br>quieren | quise<br>quisiste<br>quiso<br>quisimos<br>quisisteis<br>quisieron | quería<br>querías<br>quería<br>queríamos<br>queríais<br>querían | querré<br>querrás<br>querrá<br>querremos<br>querréis<br>querrán | querría<br>querrías<br>querría<br>querríamos<br>querríais<br>querrían |

| SUBJUNTIVO | | IMPERATIVO | |
|---|---|---|---|
| *Presente* | *Imperfecto* | *Afirmativo* | *Negativo* |
| oiga | oyera (oyese) | | |
| oigas | oyeras (-ses) | oye | no oigas |
| oiga | oyera (-se) | oiga | no oiga |
| oigamos | oyéramos (-semos) | oigamos | no oigamos |
| oigáis | oyerais (-seis) | oíd | no oigáis |
| oigan | oyeran (-sen) | oigan | no oigan |
| pida | pidiera (pidiese) | | |
| pidas | pidieras (-ses) | pide | no pidas |
| pida | pidiera (-se) | pida | no pida |
| pidamos | pidiéramos (-semos) | pidamos | no pidamos |
| pidáis | pidierais (-seis) | pedid | no pidáis |
| pidan | pidieran (-sen) | pidan | no pidan |
| piense | pensara (pensase) | | |
| pienses | pensaras (-ses) | piensa | no pienses |
| piense | pensara (-se) | piense | no piense |
| pensemos | pensáramos (-semos) | pensemos | no pensemos |
| penséis | pensarais (-seis) | pensad | no penséis |
| piensen | pensaran (-sen) | piensen | no piensen |
| pueda | pudiera (pudiese) | | |
| puedas | pudieras (-ses) | puede | no puedas |
| pueda | pudiera (-se) | pueda | no pueda |
| podamos | pudiéramos (-semos) | podamos | no podamos |
| podáis | pudierais (-seis) | poded | no podáis |
| puedan | pudieran (-sen) | puedan | no puedan |
| ponga | pusiera (pusiese) | | |
| pongas | pusieras (-ses) | pon | no pongas |
| ponga | pusiera (-se) | ponga | no ponga |
| pongamos | pusiéramos (-semos) | pongamos | no pongamos |
| pongáis | pusierais (-seis) | poned | no pongáis |
| pongan | pusieran (-sen) | pongan | no pongan |
| quiera | quisiera (quisiese) | | |
| quieras | quisieras (-ses) | quiere | no quieras |
| quiera | quisiera (-se) | quiera | no quiera |
| queramos | quisiéramos (-semos) | queramos | no queramos |
| queráis | quisierais (-seis) | quered | no queráis |
| quieran | quisieran (-sen) | quieran | no quieran |

| Infinitivo<br>*Gerundio*<br>*Participio pasado* | INDICATIVO<br>*Presente* | <br>*Pretérito* | <br>*Imperfecto* | <br>*Futuro* | <br>*Condicional* |
|---|---|---|---|---|---|
| **24. reír** | río | reí | reía | reiré | reiría |
| riendo | ríes | reíste | reías | reirás | reirías |
| reído | ríe | rió | reía | reirá | reiría |
| | reímos | reímos | reíamos | reiremos | reiríamos |
| | reís | reísteis | reíais | reiréis | reiríais |
| | ríen | rieron | reían | reirán | reirían |
| **25. saber** | sé | supe | sabía | sabré | sabría |
| sabiendo | sabes | supiste | sabías | sabrás | sabrías |
| sabido | sabe | supo | sabía | sabrá | sabría |
| | sabemos | supimos | sabíamos | sabremos | sabríamos |
| | sabéis | supisteis | sabíais | sabréis | sabríais |
| | saben | supieron | sabían | sabrán | sabrían |
| **26. salir** | salgo | salí | salía | saldré | saldría |
| saliendo | sales | saliste | salías | saldrás | saldrías |
| salido | sale | salió | salía | saldrá | saldría |
| | salimos | salimos | salíamos | saldremos | saldríamos |
| | salís | salisteis | salíais | saldréis | saldríais |
| | salen | salieron | salían | saldrán | saldrían |
| **27. ser** | soy | fui | era | seré | sería |
| siendo | eres | fuiste | eras | serás | serías |
| sido | es | fue | era | será | sería |
| | somos | fuimos | éramos | seremos | seríamos |
| | sois | fuisteis | erais | seréis | serías |
| | son | fueron | eran | serán | serían |
| **28. tener** | tengo | tuve | tenía | tendré | tendría |
| teniendo | tienes | tuviste | tenías | tendrás | tendrías |
| tenido | tiene | tuvo | tenía | tendrá | tendría |
| | tenemos | tuvimos | teníamos | tendremos | tendríamos |
| | tenéis | tuvisteis | teníais | tendréis | tendríais |
| | tienen | tuvieron | tenían | tendrán | tendrían |

| SUBJUNTIVO | | IMPERATIVO | |
|---|---|---|---|
| *Presente* | *Imperfecto* | *Afirmativo* | *Negativo* |
| ría | riera | ríe | no rías |
| rías | rieras | ría | no ría |
| ría | riera | riamos | no riamos |
| ríamos | riéramos | reíd | no riáis |
| riáis | rierais | rían | no rían |
| rían | rieran | | |
| sepa | supiera (supiese) | | |
| sepas | supieras (-ses) | sabe | no sepas |
| sepa | supiera (-se) | sepa | no sepa |
| sepamos | supiéramos (-semos) | sepamos | no sepamos |
| sepáis | supierais (-seis) | sabed | no sepáis |
| sepan | supieran (-sen) | sepan | no sepan |
| salga | saliera (saliese) | | |
| salgas | salieras (-ses) | sal | no salgas |
| salga | saliera (-se) | salga | no salga |
| salgamos | saliéramos (-semos) | salgamos | no salgamos |
| salgáis | salierais (-seis) | salid | no salgáis |
| salgan | salieran (-sen) | salgan | no salgan |
| sea | fuera (fuese) | | |
| seas | fueras (-ses) | sé | no seas |
| sea | fuera (-se) | sea | no sea |
| seamos | fuéramos (-semos) | seamos | no seamos |
| seáis | fuerais (-seis) | sed | no seáis |
| sean | fueran (-sen) | sean | no sean |
| tenga | tuviera (tuviese) | | |
| tengas | tuvieras (-ses) | ten | no tengas |
| tenga | tuviera (-se) | tenga | no tenga |
| tengamos | tuviéramos (-semos) | tengamos | no tengamos |
| tengáis | tuvierais (seis) | tened | no tengáis |
| tengan | tuvieran (-sen) | tengan | no tengan |

| Infinitivo *Gerundio* *Participio pasado* | INDICATIVO | | | | |
|---|---|---|---|---|---|
| | *Presente* | *Pretérito* | *Imperfecto* | *Futuro* | *Condicional* |
| **29. traer** | traigo | traje | traía | traeré | traería |
| trayendo | traes | trajiste | traías | traerás | traerías |
| traído | trae | trajo | traía | traerá | traería |
| | traemos | trajimos | traíamos | traeremos | traeríamos |
| | traéis | trajisteis | traíais | traeréis | traeríais |
| | traen | trajeron | traían | traerán | traerían |
| **30. valer** | valgo | valí | valía | valdré | valdría |
| valiendo | vales | valiste | valías | valdrás | valdrías |
| valido | vale | valió | valía | valdrá | valdría |
| | valemos | valimos | valíamos | valdremos | valdríamos |
| | valéis | valisteis | valíais | valdréis | valdríais |
| | valen | valieron | valían | valdrán | valdrían |
| **31. venir** | vengo | vine | venía | vendré | vendría |
| viniendo | vienes | viniste | venías | vendrás | vendrías |
| venido | viene | vino | venía | vendrá | vendría |
| | venimos | vinimos | veníamos | vendremos | vendríamos |
| | venís | vinsteis | veníais | vendréis | vendríais |
| | vienen | vinieron | venían | vendrán | vendrían |
| **32. ver** | veo | vi | veía | veré | vería |
| viendo | ves | viste | veías | verás | verías |
| visto | ve | vio | veía | verá | vería |
| | vemos | vimos | veíamos | veremos | veríamos |
| | veis | visteis | veíais | veréis | veríais |
| | ven | vieron | veían | verán | verían |
| **33. volver** | vuelvo | volví | volvía | volveré | volvería |
| volviendo | vuelves | volviste | volvías | volverás | volverías |
| vuelto | vuelve | volvió | volvía | volverá | volvería |
| | volvemos | volvimos | volvíamos | volveremos | volveríamos |
| | volvéis | volvisteis | volvíais | volveréis | volveríais |
| | vuelven | volvieron | volvían | volverán | volverían |

| SUBJUNTIVO | | IMPERATIVO | |
|---|---|---|---|
| *Presente* | *Imperfecto* | *Afirmativo* | *Negativo* |
| traiga | trajera (trajese) | | |
| traigas | trajeras (-ses) | trae | no traigas |
| traiga | trajera (-se) | traiga | no traiga |
| traigamos | trajéramos (-semos) | traigamos | no traigamos |
| traigáis | trajerais (-seis) | traed | no traigáis |
| traigan | trajeran (-sen) | traigan | no traigan |
| valga | valiera (valiese) | | |
| valgas | valieras (-ses) | val | no valgas |
| valga | valiera (-se) | valga | no valga |
| valgamos | valiéramos (-semos) | valgamos | no valgamos |
| valgáis | valierais (-seis) | valed | no valgáis |
| valgan | valieran (-sen) | valgan | no valgan |
| venga | viniera (viniese) | | |
| vengas | vinieras (-ses) | ven | no vengas |
| venga | viniera (-se) | venga | no venga |
| vengamos | viniéramos (-semos) | vengamos | no vengamos |
| vengáis | vinierais (-seis) | venid | no vengáis |
| vengan | vinieran (-sen) | vengan | no vengan |
| vea | viera (viese) | | |
| veas | vieras (-ses) | ve | no veas |
| vea | viera (-se) | vea | no vea |
| veamos | viéramos (-semos) | veamos | no veamos |
| veáis | vierais (-seis) | ved | no veáis |
| vean | vieran (-sen) | vean | no vean |
| vuelva | volviera (volviese) | | |
| vuelvas | volvieras (-ses) | vuelve | no vuelvas |
| vuelva | volviera (-se) | vuelva | no vuelva |
| volvamos | volviéramos (-semos) | volvamos | no volvamos |
| volváis | volvierais (-seis) | volved | no volváis |
| vuelvan | volvieran (-sen) | vuelvan | no vuelvan |

# Lista de verbos irregulares

Cada verbo va seguido del modelo de verbo irregular a que va asociado.

acertar (pensar)
acordarse (contar)
acostarse (contar)
adquirir (mentir)
advertir (pedir)
agradecer (conocer)
almorzar (contar)
aparecer (conocer)
apostar (contar)
aprobar (contar)
atraer (traer)
atravesar (pensar)
atribuir (huir)
calentar (pensar)
cerrar (pensar)
colgar (contar)
comenzar (pensar)
complacer (conocer)
componer (poner)
concluir (huir)
confesar (pensar)
conseguir (pedir)
consentir (mentir)
construir (huir)
contener (tener)
convenir (venir)
costar (contar)
defender (entender)
demostrar (contar)
desaparecer (conocer)
descender (entender)
deshacer (hacer)
despedir (pedir)
despertar (pensar)
destruir (huir)
detener (tener)
devolver (volver)
disolver (volver)
distraer (traer)
distribuir (huir)
divertir (pedir)
doler (volver)
elegir (pedir)
empezar (pensar)
encender (entender)
encerrar (pensar)
encontrar (contar)
envolver (volver)
excluir (huir)
extender (entender)
favorecer (conocer)
fluir (huir)
forzar (contar)
hervir (pedir)
impedir (pedir)
imponer (poner)
incluir (huir)
influir (huir)
intervenir (venir)
introducir (conocer)
invertir (pedir)
jugar (contar)
manifestar (pensar)
mantener (tener)
merecer (conocer)
morder (volver)
morir (dormir)
mostrar (contar)
mover (volver)
nacer (conocer)
negar (pensar)
obtener (tener)
ofrecer (conocer)
oponer (poner)
parecer (conocer)
perder (entender)
permanecer (conocer)
perseguir (pedir)
plegar (pensar)
preferir (mentir)
probar (contar)
producir (conducir)
proponer (poner)
quebrar (pensar)
recomendar (pensar)
reconocer (conocer)
recordar (contar)
reducir (conducir)
referir (mentir)
regar (pensar)
regir (pedir)
reír (pedir)
repetir (pedir)
reproducir (conducir)
requerir (mentir)
resolver (volver)

# Índice

# Photo Credits

**Preliminary** *Page 3:* ©Corbis-Bettmann. *Page 18:* ©M. Antman/The Image Works **Chapter 1** *Opener:* ©Stuart Cohen/Comstock, Inc. *Page 21:* ©Peter Menzel/Stock, Boston. *Page 30:* ©Corbis-Bettmann. *Page 37:* ©1998 Estate of Pablo Picasso/Artists Rights Society. Museo del Prado, Madrid, Spain/Giraudon/Art Resource. *Page 38:* ©Mark Antman/The Image Works. **Chapter 2** *Opener:* ©Stuart Cohen/Comstock, Inc. *Page 48:* ©Stuart Cohen/Comstock, Inc. *Page 53:* © Robert Frerck/Odyssey Productions. *Page 56:* ©Stuart Cohen/Comstock, Inc. *Page 59:* ©Luis Villota/The Stock Market. *Page 63:* ©Peter Menzel/Stock, Boston. **Chapter 3** *Opener:* ©Ulrike Welsch. *Page 72:* ©Richard Harrington/Comstock, Inc. *Page 77:* ©Owen Franken/Stock, Boston. *Page 81:* ©Nancy D'Antonio/Photo Researchers. *Pages 84 & 93:* ©Stuart Cohen/Comstock, Inc. **Chapter 4** *Opener:* ©Robert Frerck/Odyssey Productions. *Page 101:* ©Stuart Cohen/Comstock, Inc. *Page 108:* ©Owen Franken/Stock, Boston. *Page 113:* ©Peter Menzel/Stock, Boston. *Page 116:* ©Mangino/The Image Works. *Page 121:* Laurie Platt Winfrey, Inc. **Chapter 5** *Opener:* ©Carl Frank/Photo Researchers. *Page 127:* ©Jim Harrison/Stock, Boston. *Page 132:* Collection of The Salvador Dali Museum, St. Petersburg, Florida/©1997 Salvador Dali Museum, Inc. *Page 140:* ©Ulrike Welsch. *Page 143:* ©Stuart Cohen/Comstock, Inc. **Chapter 6** *Opener:* ©Andrew Rakoczy/Monkmeyer Press Photo. *Page 160:* ©Rene Burri/Ulrike Welsch Photography. *Page 166:* ©Ulrike Welsch. *Page 172:* ©Stuart Cohen/Comstock, Inc. *Page 179 (left):* UPI/Corbis-Bettmann. *Page 179 (right):* © Henri Cartier-Bresson/Magnum Photos, Inc. *Page 182:* ©Victor Englebert/Photo Researchers. **Chapter 7** *Opener:* ©Georg Gerster/Comstock, Inc. *Page 188:* ©Peter Menzel/Stock, Boston. *Page 193:* ©Stuart Cohen/Comstock, Inc. *Page 198:* ©Carl Frank/Photo Researchers. *Page 207:* ©Michael Dwyer/Stock, Boston. *Page 209:* ©Alicia Sanguinetti/Monkmeyer Press Photo. **Chapter 8** *Opener:* Diego Rivera, *Sugar Cane*, 1931/Philadelphia Museum of Art: Gift of Mr. and Mrs. Cameron Morris. *Page 218:* ©Macduff Everton/The Image Works. *Page 220:* Courtesy Mexican Government Tourist Office. *Page 224:* ©Spencer Grant/Monkmeyer Press Photo. *Page 229:* ©Stuart Cohen/Comstock, Inc. *Page 236:* ©Peter Menzel/Stock, Boston. *Page 238:* Collection, The Museum of Modern Art, New York. **Chapter 9** *Opener:* ©Hazel Hankin. *Page 248:* ©Mimi Forsyth/Monkmeyer Press Photo. *Page 253:* ©Hugh Rogers/Monkmeyer Press Photo. *Page 257:* Courtesy the Puerto Rico Tourism Company. *Page 260:* ©Marvin Collins/Impact Visuals. *Pages 265 & 268:* ©Ulrike Welsch. *Page 274:* Courtesy Armando Valladares. **Chapter 10** *Opener:* ©Carl Frank/Photo Researchers. *Page 279:* ©Michael Dwyer/Stock, Boston. *Page 283:* ©Peter Menzel/Stock, Boston. *Pages 287 & 295:* ©Stuart Cohen/Comstock, Inc. **Lecture 1** *Page 339:* Courtesy Angel Balzarino. *Page 342:* ©Tony Stone Images/New York, Inc. **Lecture 2** *Page 348:* ©Nola Tully/Sygma Photo News. *Page 351:* ©Ulrike Welsch/Photo Researchers. **Lecture 3** *Page 358:* ©Sophie Bassouls/Sygma Photo News. *Page 361:* Culver Pictures, Inc. **Lecture 4** *Page 366:* Courtesy Agencia Literaria Carmen Balcells, S.A. *Page 368:* ©Peter Menzel/Stock, Boston. **Lecture 5** *Page 376:* Courtesy Editorial Planeta, S.A., Barcelona. *Page 379:* ©Kees Van Den Berg/Photo Researchers.